LE MALHEUR
D'HENRIETTE GÉRARD

LE MALHEUR
D'HENRIETTE GÉRARD

PAR

DURANTY

AVEC QUATRE EAUX-FORTES D'ALPHONSE LEGROS

PARIS
POULET-MALASSIS ET DE BROISE
LIBRAIRES-ÉDITEURS
9, rue des Beaux-Arts

—

1861

Traduction et reproduction réservées

A MON CHER AMI CHAMPFLEURY

En faisant ce livre, mon excellent ami, j'ai songé à vous donner, selon la mesure de mes forces, une sorte de témoignage de reconnaissance.

Si le livre réussit, il sera donc le gage de cette profonde reconnaissance que je vous dois, comme au conseiller le plus juste et le meilleur que j'aie trouvé en toutes choses.

S'il ne réussit pas, je tâcherai de faire mieux une autre fois, et de justifier davantage l'encourageante amitié dont vous m'honorez.

DURANTY.

Mars 1860.

AVERTISSEMENT

Ce roman a été écrit en 1856 et 1857. Il paraît donc trois ans environ après le jour où il a été terminé.

Si l'auteur rappelle par là qu'il avait vingt-quatre ans au moment où il finissait son livre, c'est afin qu'on ait plus d'indulgence envers lui.

Il pense d'ailleurs que chaque chose devrait paraître à l'heure où elle a été faite.

Sinon, l'écrivain pourrait être exposé à ce qu'on se méprît sur son compte.

La première œuvre qui sort de la plume est quelquefois la moins bonne, quelquefois la meilleure : il est par cela même important qu'elle soit classée à sa date.

Mars 1860.

LE MALHEUR

D'HENRIETTE GÉRARD

CHAPITRE Ier

LES PANTINS AVEC LEURS FICELLES

À une demi-lieue de Villevieille, chef-lieu d'arrondissement, se trouve une jolie propriété qu'on appelle *les Basses-Tournelles*.

La maison d'habitation est gaie, le parc assez grand. Les terres qui en dépendent, très fertiles, produisent un revenu d'environ quinze mille francs.

Cette maison gaie, entourée de gazons et de jeunes bois, a renfermé une famille dont les troubles intérieurs et les catastrophes ont beaucoup préoccupé le pays, d'autant plus qu'elle avait d'abord paru fort unie, et d'apparences presque patriarcales, sous lesquelles la malignité provinciale eut quelque peine à démêler les plaies et les désordres.

Le père, M. Pierre Gérard, s'était placé à la tête de l'agriculture de l'endroit, et les gens qui considéraient le propriétaire important, l'éleveur de beaux bœufs, ne s'inquiétaient pas de la largeur de son sens moral, et n'analysaient point sa physionomie rusée, matérielle et un peu basse.

La mère, femme de quarante-deux ans à peu près, dure et

froide de visage, représentait, pour la société de province, un type de distinction parisienne. On accordait à madame Gérard la réputation de la femme la plus spirituelle du département. Elle avait pris l'initiative de la charité et de la philanthropie dans le pays, où quelques établissements de bienfaisance se fondèrent par ses soins. Un prêtre estimé à Villevieille, M. Euphorbe Doulinet, curé d'une des paroisses de la ville, était son directeur et semblait posséder une grande influence aux Basses-Tournelles.

Les personnes qui furent invitées chez madame Gérard, et qui lui rendirent des visites, virent toujours dans son salon M. le curé Doulinet, qui était le commensal assidu et respectable de la maison, et M. Moreau de Neuville, président du tribunal de Villevieille, qui passait pour un esprit caustique et un homme de la meilleure compagnie.

Ce ne fut que plus tard qu'on fit des réflexions sur la présence continuelle du président aux Basses-Tournelles, où il dînait presque tous les jours, et l'on remarqua aussi que la nomination de M. de Neuville, à Villevieille, suivit de quelques semaines à peine l'arrivée des Gérard.

On s'intéressait à une belle jeune fille qui travaillait ordinairement près de la table, dans l'ombre de l'abat-jour, et à un gros garçon de vingt ans, plein de santé, qui ne disait jamais rien quand il y avait des étrangers.

On admirait le talent musical de mademoiselle Henriette Gérard, et on louait la modestie de son frère Aristide.

Enfin le frère de Pierre, l'oncle Corbie Gérard, être d'un aspect fortement campagnard, complétait les réunions de famille quotidiennes. Celui-là n'habitait pas sous le toit de madame Gérard. Il s'était installé dans un petit village tout proche, appelé Bourgthéroin, où il vivait avec ses quatre mille livres de rentes, soigné par une vieille servante. Mais, comme le curé et le président, Corbie passait sa vie aux Tournelles.

« Quelle union ! disait-on, ce père et cette mère qui passent toutes leurs soirées avec leurs enfants, leurs amis, leur frère ! Le travail, la charité, la bonne éducation ! »

Telles furent les exclamations à Villevieille pendant les premiers mois !

Puis, lorsque la situation du président dans le ménage eut été un peu éclaircie aux yeux des plus pénétrants, il se manifesta quelque hésitation parmi la société de la petite ville, et une certaine fraction très rigoriste commença à montrer de la froideur envers les Gérard, dont la considération officielle ne fut cependant pas amoindrie.

Or, la famille seule, par sa force d'organisation et la puissance de l'habitude, maintenait réunis la plupart des personnages dont j'ai parlé, que divisait au contraire profondément la lutte des passions et des caractères.

Ce petit monde tendait à une dissolution et était rempli de querelles secrètes, de paroles aiguës et d'inimitiés sourdes qu'une succession d'événements, partis d'une origine inattendue, fit grandir et éclater en quelque temps.

Ainsi, un matin, Pierre Gérard entendit du bruit dans la chambre de sa femme, et reconnut qu'elle paraissait irritée contre sa fille, dont la voix douce, mais par moments mordante, répondait brièvement, d'une façon un peu hautaine.

Le mécontentement apparut un instant sur la figure de Pierre. Il se leva, hésita, puis quitta son cabinet, passa, en marchant sur la pointe du pied, devant la porte qui le séparait de sa femme et de sa fille, et descendit dans le parc.

« Comme cela, se dit-il avec satisfaction, je suis en dehors de l'affaire! »

Mais, comme s'il eût été destiné, ce jour-là, à recevoir quelque grave leçon, un autre petit tableau de la discorde lui apparut encore dans son jardin.

Pierre avait pris une allée qui conduisait à un petit bosquet où, ordinairement, on allait s'asseoir pour lire et causer.

Là se trouvaient son frère, le curé et le président. Il put écouter quelques phrases avant qu'on s'aperçût de son arrivée.

« Est-ce vous, monsieur le curé (1), dit Corbie d'un air chagrin, qui auriez défendu à Henriette d'aller au bal ce soir?

(1) Il y a peut être quelque puérilité, de la part de l'auteur, à déclarer ici un principe de composition littéraire qui choque beaucoup de personnes : c'est qu'il laisse systématiquement des fautes de français dans la bouche de ses personnages, afin de se rapprocher davantage de la naïveté ou de l'abandon négligent du réel.

— Mais non, répondit le prêtre, madame sa mère y va et l'accompagne.

— Parbleu! s'écria le président, c'est évident; il y a là-dedans quelque bon conseil en dessous main!... une petite question de péché finement soulevée.

— Vous vous trompez, répliqua M. Doulinet, j'ai assez de confiance en madame Gérard pour ne pas la contrarier dans tout ce qu'elle juge convenable de faire.

— Voyez-vous cela, reprit railleusement le président, qui montrait une intention malveillante; vous êtes déjà assez avancé pour avoir tant de confiance... Décidément vous rendez les environs de Villevieille dangereux. »

Le curé ne comprit pas la perfidie de M. de Neuville.

Pierre entra alors dans le bosquet.

« Bah! dit-il, mon cher Moreau, il ne faut pas jeter la pierre à M. l'abbé. »

Le président se tut immédiatement.

Le curé dit à Pierre :

« Eh bien! je vais aller retrouver madame Gérard. Voici notre heure de recueillement. »

M. de Neuville fit une figure très longue, et suivit, avec des yeux armés d'une singulière irritation, la soutane de M. Doulinet, qui se balançait à travers les arbres.

« L'influence des prêtres dans les maisons! » laissa-t-il échapper avec une évidente mauvaise humeur.

Pierre le regarda d'une certaine façon ironique, et reprit :

« Mon cher *Moreau*, si vous rentrez à la maison, faites-moi donc le plaisir de dire au domestique de m'apporter mon chapeau rond. »

Puis, sans attendre la réponse, il ajouta : « Qu'y a-t-il donc? j'ai entendu ma femme s'animer tout à l'heure. Quelqu'un de vous est-il au courant de ce qui se passe? »

Enfin, comme s'il emmêlait toutes les idées, ou se rappelât une chose qu'il voulait dire un moment auparavant, Pierre continua : « Vous n'avez rien à craindre de l'influence des prêtres, mon cher Moreau, depuis douze ans que vous êtes des nôtres. »

Le président devint légèrement rouge; mais, se tournant

vers Corbie, que tous ces mots à ressort secret laissaient fort indifférent, M. de Neuville lui dit :

« Expliquez donc à votre frère qu'Henriette ne veut pas aller au bal.

— Et sa mère se fâche ? demanda Pierre.

— Vous devriez insister vous-même auprès d'Henriette.

— Oh ! sa mère a de plus grands talents diplomatiques que moi !

— Ce serait dommage ! dit Corbie. Henriette est la plus jolie aux bals de Villevieille.

— Elle a un rude caractère, cette petite entêtée-là, dit Pierre. Je ne suis pas fâché qu'elle donne un peu de mal à ma femme.

— Il y a des jours où elle est charmante, ajouta le président ; mais quand elle se forge ses idées !...

— Dans le fait, on n'y comprend plus rien ; elle a aussi pris l'habitude d'être impertinente et dédaigneuse.

— Oh ! dit Corbie, elle a tant de talent et d'esprit, pourtant !

— Je crois qu'elle s'ennuie, reprit le président.

— Raison de plus pour aller au bal, s'écria Corbie.

— Elle ira, dit Pierre ; ma femme finit toujours par en venir à bout. »

Le refus de la jeune fille d'aller au bal paraissait remplir toute la maison de trouble, car Aristide arriva à son tour.

« Ça m'aurait bien étonné, dit-il, si elle avait voulu venir là-bas ce soir. Mais, comme toujours, on va trouver ça charmant ! C'est toujours si beau... tout ce qu'elle fait ! »

Aristide était un garçon dont l'éducation, un peu trop rustique, n'avait raffiné ni les manières ni le langage. Son père ne tenait pas beaucoup à l'élégance, et les résultats obtenus par ce système sur Aristide montraient que malheureusement il avait tort.

« Oh ! c'est égal, reprit Corbie, elle a bien des qualités !

— Oh ! répliqua Aristide, parce que tout le monde le dit.

— C'est bien, ajouta Pierre, qui ne jugeait pas utile l'intervention de son fils dans cette grave affaire ; va me chercher mon chapeau.

1.

— Ce n'est pas à elle qu'on donne des commissions ! » murmura, en s'en allant, Aristide, qui, du reste, envoya le domestique, à sa place, porter le chapeau.

Pierre partit pour ses fermes ; le président retourna au salon avec Corbie, que les intentions d'Henriette semblaient tenir dans l'anxiété.

Le combat continuait entre madame Gérard et sa fille.

« Enfin ! s'écria la mère en voyant entrer Corbie et M. de Neuville, et les prenant à témoin : je voudrais bien savoir quels sont tes vrais motifs de rester ici ce soir.

— Mais je l'ai toujours dit, répliqua Henriette : je n'aime pas le monde, la toilette m'est insupportable ; je préfère me coucher de bonne heure et bien dormir. On connaît cependant mon indolence !

— Alors, c'est par système philosophique, reprit madame Gérard avec un sourire dédaigneux ; mais la philosophie commande aussi de suivre les convenances !

— Je suis mal à mon aise au bal... je m'y ennuie ; les gens de Villevieille n'ont rien de bien intéressant.

— Non, non ; tu as quelque raison particulière que tu caches. Mais j'ai mes raisons, moi aussi, de ne pas tolérer ce parti pris d'obtination et de censure que tu affectes ici maintenant.

— Oh ! dit Henriette, il n'y a là ni obstination, ni censure ! Vous faites les choses plus graves qu'elles ne sont. Je voudrais éviter une soirée d'ennui, voilà tout... je le répète. D'ailleurs, j'irai, puisqu'on y tient ; mais je n'ai rien de prêt.

— Je le sais bien ; tu t'es arrangée de façon à n'être pas prête. Mais je te coifferai moi-même, s'il le faut. Je ne veux pas te laisser le plaisir de nous contrarier. C'est par trop ridicule !

— Est-ce moi qui ne suis pas d'accord avec les autres, ou les autres qui ne sont pas d'accord avec moi ? répondit Henriette.

« Au fait, reprit-elle, puisque c'est une si grande question d'État, je vais aller voir là-haut si je n'ai pas encore des gants et des rubans frais, afin que le public ne soit pas mécontent quand on m'exposera devant lui.

— Ah! vous y viendrez! » s'écria l'oncle Corbie enchanté. Il la suivit hors du salon et lui demanda :

« Voudrez-vous danser avec moi, quoique... Enfin si je vous invite?

— Certainement, dit Henriette en souriant, rien n'est plus convenable. »

Le président et madame Gérard, restés ensemble, causèrent à demi-voix.

« Mon cher Charles, cette petite fille a un esprit insolent qui me met hors de moi. Cette tranquilité en vous disant des choses désagréables est exaspérante.

— Je crois, répliqua M. de Neuville, que des formes trop impératives la froissent un peu...

— J'ai peut-être des torts envers elle, allez-vous dire? reprit madame Gérard.

— Ma chère amie, personne n'a de torts ici...

— Je trouve qu'elle en a...

— Des caprices d'enfant ne sont pas très importants.

— Vous avez raison de prendre son parti : elle est toujours fort aimable pour vous.

— C'est ce dont il ne faudrait peut-être pas nous plaindre.

— Mais je ne lui en fais pas un mérite. Je me suis toujours assez bien comportée envers elle pour qu'elle n'ait rien à me reprocher.

— Ne la croyez-vous pas pénétrante?

— Oh! elle n'a que de l'amour-propre. »

Comme on le voit, Henriette était jugée diversement par les siens, et, en général, avec plus de malveillance que de tendresse.

Du reste, voici pourquoi cette jeune fille se refusait à aller au bal contre le gré de sa famille, et ce n'était point, en effet, la première résistance qu'elle eût faite aux désirs des siens, à leurs goûts, à leurs penchants ou à leurs sentiments. Au moment où ces récits commencent, une sorte de lutte s'engageait entre elle et ses parents.

Depuis longtemps elle songeait qu'elle ne vivait point dans une bonne atmosphère, au milieu des quelques difformités morales qui, on a pu l'entrevoir déjà, affligeaient la famille Gérard.

La jeune fille, animée par une droiture inexpérimentée naturelle à la jeunesse, souffrait de se trouver parfois en hostilité avec son entourage. Mais, froissée par des sentiments qui n'étaient point très élevés, elle ne pouvait se défendre de manifester un peu d'éloignement pour l'infériorité morale du petit monde des Tournelles. Elle aurait voulu retenir souvent l'expression de ses contrariétés ou de ses répugnances, mais les chocs devenaient inévitables et chaque jour plus fréquents.

Henriette était toujours disposée à prendre le contrepied des opinions préconisées par ce groupe de personnages, dont les défaillances lui semblaient une mauvaise recommandation de sens et de dignité.

Partant de ce principe, fatalement, forcément enraciné dans son esprit, que sa famille ne pouvait juger avec une autorité légitime le bon ou le mauvais, l'honnête ou l'inconvenant, Henriette se défiait de toutes les idées et de toutes les actions de ses parents et de leurs amis, et croyait préférable de s'appuyer sur ses propres instincts, sans savoir qu'elle s'exposait ainsi à des erreurs et à de cruels mécomptes.

La jeune fille était le plus souvent triste, et eût vivement désiré connaître quelqu'un qui lui fût sympathique, en qui elle eût confiance et qui rafraîchît un peu son esprit par des conseils salutaires, des idées plus larges.

Elle n'aimait point à sortir, tenait en aversion la société de Villevieille, et n'avait pu se faire d'amies de son âge, ni rencontrer quelque femme âgée, éclairée, douce, de bon sens et d'esprit, à laquelle elle se serait attachée passionnément; car elle souhaitait avec ardeur trouver sur sa route une personne d'une intelligence plus élevée que n'était celle des gens de Villevieille et des environs.

Quoi qu'il en soit, elle ne se doutait pas, ce jour-là, que ce bal, où elle ne voulait point se laisser conduire, allait avoir une grande influence sur sa destinée.

En effet, ce fut là qu'Henriette fit la rencontre d'un jeune homme nommé Émile Germain, dont la physionomie laide, mais pleine de bonté et d'esprit, sortait des types auxquels elle était habituée.

La jeune fille eut subitement la révélation du laid moral et du grotesque en comparant ce corps svelte, ce quelque chose qui lui parut bon à regarder, avec la carrure et le gros ventre de Pierre Gérard, la taille courte et trapue de Corbie, la longue et triste figure du curé, et la petite tête de singe sur un corps de bois du président au tribunal de Villevieille.

Henriette plut aussi au jeune homme, et ils se regardèrent assez souvent pour comprendre qu'il fallait finir par se parler. Émile vint inviter la jeune fille à danser, et, sans se rendre bien compte de ce qui se passait entre eux, le sourire dont on l'accueillit lui sembla un soleil auprès des sourires des autres jeunes filles. Henriette ne pouvait croire qu'un bal fût si lumineux et si gai.

Dans le dernier intervalle de la contredanse, Émile, après avoir beaucoup cherché et choisi entre cent questions, lui demanda :

« Habitez-vous Villevieille ?

— Non, Monsieur, répondit-elle ; nous demeurons aux Tournelles. »

Henriette se sentait, avec étonnement, portée à dire mille choses presque intimes à Émile, et se résistait à elle-même. Il lui sembla qu'elle venait de faire une confidence grave, parce qu'elle sentit que celle-là venait d'ouvrir une porte par où pouvaient en passer beaucoup d'autres.

Émile sourit d'un air joyeux et étonné.

« Je connais les Tournelles, dit-il ; j'allais chez M. Bertet, qui avait la propriété avant monsieur votre père. J'ai joué bien souvent dans le parc, autrefois. »

La fin du quadrille coupa brutalement cette première racine de conversation, mais pour lui donner plus de force et de vie dans l'esprit des deux jeunes gens. Ils furent très frappés de ce hasard qui les avait amenés tour à tour dans la même habitation, et, certainement, l'idée qu'ils se retrouvaient ensemble après avoir passé, sans le savoir, dans les mêmes lieux, fut un lien entre eux. Ils commentèrent cette coïncidence et y virent un signe mystérieux, qui leur donna la plus grande envie de se connaître davantage, envie qui s'était déjà assez bien emparée d'eux, comme un petit diable tourmentant.

Je crois que, quand on raconte ces commencements d'amour, on peut bien sourire un peu, parce qu'ils ont un petit côté de gaieté et de fête, mais rien de très sérieux encore.

Emile aurait volontiers dansé tout seul au milieu du salon, et il méprisait tous les gens qui étaient là bêtement, sans y avoir aucun intérêt. Dès qu'il put, car il ne savait que la contredanse, il dansa une seconde fois avec Henriette, bien décidé à utiliser toutes les pauses pour parler.

« On a fait beaucoup de changements aux Tournelles, dit Henriette, qui fut la plus prompte; vous ne vous y reconnaîtriez plus. »

Ce dernier mot voulait dire vaguement dans sa pensée : Si vous pouviez y venir! C'était un désir timide comme un pauvre honteux.

Emile le pénétra et répondit :

« Est-ce que madame votre mère recevra?

— Oh! non, dit Henriette, la saison est trop avancée.

— Venez-vous souvent à Vieilleville? demanda alors Emile.

— Moi rarement, dit-elle, mais ma mère assez souvent. Je n'aime pas les visites; je préfère qu'on me laisse tranquille dans mon coin. Quand je suis à moi-même et que j'espère n'être dérangée par personne, j'ai tout ce qu'il me faut. Je lis, je travaille, ou je me promène dans le parc.

— Il y avait autrefois, dit Emile, dont l'esprit s'arrêtait sur ces promenades dans le parc, du côté du bois, un fossé, et une grille qui laissait voir la propriété du dehors.

— Maintenant il y a un mur qui cache tout. Le fossé est comblé.

— A-t-on changé aussi la maison?

— Non, dit Henriette.

— Alors je parie, dit Emile, que je devine où est votre chambre. »

Henriette rougit; l'instinct subtil et éveillé des amoureux

lui faisait entrevoir toutes sortes de conséquences à chaque parole.

« Si vous m'avez vue à la fenêtre, en passant sur la route ! répondit-elle.

— J'ai idée, reprit Emile, que vous avez la petite chambre à l'angle du second, du côté de la ville, du côté du soleil.

— Oui, dit Henriette ; comment le savez-vous ?

— Je ne le sais pas, dit Emile en riant : c'est celle que me donnait M. Bertet quand je venais aux Tournelles. »

Il y a un peu de magnétisme dans certaines conversations ; on est mené, on ne sait par quoi, dans une voie particulière. C'est ainsi que, très innocemment, il était question de détails topographiques très importants, que madame Gérard n'eût peut-être pas été ravie de voir confiés à un jeune homme.

« Il est singulier, ajouta Emile, que nous ayons respiré le même air, et que cette fois nous nous trouvions réunis de plus près.

— Oui, répondit Henriette, qui n'osait plus rien dire, parce qu'il lui semblait qu'on voyait tout ce qu'elle pensait, comme si elle eût été de verre.

— Votre famille est nombreuse ? demanda Emile, qui avait soif de savoir bien des choses, et qui, lui aussi, n'osait pas faire de questions trop nettes.

— Tenez, dit-elle, regardez-les, les voilà tous là. »

Emile fut surpris de cette manière leste et dédaigneuse de parler de ses parents. Il les considéra et ne les trouva pas sympathiques ; il prit le président pour un oncle.

« Est-ce que vous n'êtes pas heureuse avec eux ? dit-il.

— Oh ! pas malheureuse, reprit Henriette, mais ils m'étonnent trop.

— Comment cela ?

— Ils me disent tous les jours des choses auxquelles je n'aurais jamais pensé. Nous ne nous entendons pas.

— Je le crois, dit Emile, ce ne sont pas les mêmes natures que la vôtre. »

Henriette se reprocha de parler au jeune homme comme à un confident qu'elle aurait connu depuis longtemps, et Emile fut plus heureux du petit coin intime qui venait de lui être dévoilé que de tout le reste.

Cette conversation, menée à travers le quadrille, fut une source de troubles et de fautes, dont souffrirent les autres danseurs. Quelques hommes d'un âge mur, qui s'étaient mêlés à la jeunesse pour faire briller les restes d'une ancienne réputation de beau jarret, furent surtout choqués des distractions de mademoiselle Henriette et de son cavalier, et le témoignèrent par des regards furieux et quelques paroles aigres.

En revenant de conduire Henriette à sa place, Emile entendit une vieille dame à tête d'oiseau dire en prenant du tabac : « Ah! ah! le petit Germain a dansé *deux fois* avec mademoiselle Gérard. » Cela le rendit furieux. « Il faut que j'introduise une réforme dans les bals, pensa-t-il : on obligera tous ces hibous à se retourner vers la muraille, pour qu'ils ne fassent plus tout haut des remarques dangereuses.

« Henriette a l'air de s'amuser beaucoup ce soir », dit madame Gérard au président. En effet, elle s'amusait beaucoup. La joie d'avoir rencontré un être pour elle différent des autres donnait à son visage une animation particulière qui frappait tout le monde. Quant à Emile, il se tenait dans l'embrasure d'une porte et suivait tous les mouvements de la jeune fille. Lorsque ses yeux se fixaient sur ceux d'Henriette, qui les cherchaient franchement à tout instant, ils devenaient brillants, comme s'ils eussent été éclairés d'une lumière très vive.

L'oncle Corbie dansa aussi deux ou trois fois avec sa nièce, apportant à l'opération une solennité et un silence très comiques. Il avait, de son côté, un grand bonheur ignoré, comme Emile.

Pendant le retour aux Tournelles, Henriette resta silencieuse au fond de la voiture, tandis que les autres bavardaient à tort et à travers.

La jeune fille se demandait avec une certaine angoisse si ce jeune homme, pour lequel elle avait ressenti une sympathie dont elle ignorait auparavant la douceur complète, n'était pas destiné à lui tendre la main et à la conduire dans un air meilleur. Elle éprouvait un profond serrement de cœur en pensant qu'elle ne le reverrait cependant peut être plus.

Emile rentra aussi très agité chez sa mère. Il ne put s'endormir qu'au jour. Il pensa à Henriette toute la nuit, et le matin, dès qu'il se leva, le bavardage lui jaillit des lèvres.

« J'ai vu hier au bal une bien jolie personne, dit-il à madame Germain.

— Qui donc?

— Mademoiselle Gérard, des Basses Tournelles.

— Ceux qui ont acheté la propriété de M. Bertet?

— Oui, dit Emile. Je n'ai jamais vu des yeux si remarquables, et elle a une voix comme je n'en ai jamais entendu, un timbre doux, prolongé. On ne peut pas expliquer cela. Je lui ai parlé. Elle n'est pas bien avec sa famille.

— Ah! dit madame Germain, pourquoi?

— Je crois qu'elle est avec des gens à qui elle est supérieure.

— Quel âge a-t-elle donc? dit madame Germain, qui n'admettait pas cette supériorité des enfants sur les parents qui paraissait toute naturelle à Emile.

— Je ne sais pas, répondit Emile; dix-huit ans, peut être vingt. Une chose très étrange, c'est qu'elle a là-bas justement la chambre que me donnait M. Bertet.

— Cela n'a rien de bien étonnant.

— Ma foi si! dit Emile.

— Ce sont des gens riches? demanda un peu sèchement madame Germain.

— Oui, » dit Emile.

Et il ajouta en souriant:

« Je crois, Dieu me pardonne! que je vais en devenir amoureux.

— Tu feras mieux, dit madame Germain, qui craignait toujours la mobilité d'esprit et toute espèce d'engouement chez son fils, de songer à travailler, à avancer à la préfecture. Quand tu auras une bonne place, tu pourras te marier avec une femme qui soit ton égale par sa position. »

Elle aurait jeté tout à coup son fils dans un ruisseau glacé qu'elle n'eût pas mieux réussi à lui être désagréable et à le consterner. Il ne répliqua plus, prit son chapeau et décampa, laissant sa mère aussi surprise que mécontente.

Madame Germain ne se douta pas qu'elle venait de souffler dans l'esprit de son fils un feu violent auquel il aurait voulu faire brûler son bureau de bois noir, les paperasses jaunes, les cartons verts, le chef, le sous-chef, la sous-préfecture et le sous-préfet. Ne pouvant cependant tout détruire, Émile se borna à protester, en se promettant de ne pas aller travailler ce jour-là.

« Tant pis si je perds ma place! se dit-il : le plus important est d'aller aux Tournelles voir si on se promène dans le parc. »

Il est certain qu'à ce moment-là, perdre sa place, se trouver sans pain, lui paraissait plus simple que de ne pas revoir Henriette.

De Villevieille aux Basses-Tournelles il y a une demi-lieue. Emile courut presque tout le temps ; le chemin lui faisait l'effet de ces escaliers qu'en rêve on croit descendre pendant cent ans. Enfin il arriva, et fut presque étonné de trouver des arbres, un mur et une maison : il lui semblait qu'Henriette devait tout remplir.

Ce mur l'embarrassa, parce qu'une fois là, rien n'était fait : il restait six pieds à franchir. Emile jura de dépit ; il avait peur, en passant par-dessus, de rencontrer quelque visage barbu et peu tendre. Il pensa qu'il fallait employer un moyen de se faire reconnaître, et siffla le plus fort possible. Quand les lèvres lui firent mal, il se tordit presque les yeux à vouloir regarder à travers les fentes de la porte, par lesquelles il ne put voir que deux ou trois mètres du sable de l'allée. Le jeune homme longea le mur, espérant trouver une brèche; puis il retourna sur la route, d'où l'on apercevait la fenêtre d'Henriette.

Le cœur lui battait, s'attendant à chaque instant à voir la jeune fille apparaître. Il cherchait à écouter s'il n'entendrait pas quelque rire, quelque bruit de voix ou de pas. Mais rien. Une fois il entendit parler et devint tout pâle ; son sang s'arrêtait. Ce n'était que deux paysannes qui passaient sur la route. Il leur dit intérieurement toutes sortes d'injures.

Emile commença à s'inquiéter, un voile noir tomba sur sa tête, il se dit : « Elle ne pense plus à moi, je suis une bête! » Les larmes lui vinrent aux yeux en songeant qu'il avait pu se tromper et que lui seul mettait toutes ses pensées à cette seconde entrevue.

« Elle n'a pas fait attention à moi ! » Cette idée se mit à sourdre et à couler goutte à goutte, puis de plus en plus vite dans son esprit, et la colère s'ensuivit. « Je n'en ai pas besoin, après tout », se dit-il. Et le bureau sombre lui parut subitement un endroit plus agréable que le petit bois des Tournelles. « Il y en a d'autres qui valent mieux, ajouta Emile : si je retournais à Villevieille ! » Il marcha pendant cent pas avec résolution, mais il ne put y tenir. A mesure qu'il s'éloignait, le désir d'entrer dans le parc devenait plus tyrannique : Henriette pouvait y être. Juste au moment où il partirait, elle mettrait le pied sur le gazon ; comment savoir si, peut-être, elle n'était pas assise tout près, en face de l'endroit où il était arrêté ?

Emile revint, monta dans un arbre, de là sur le mur, en se cramponnant aux branches, ne pensant pas au danger. Il regarda, mais les massifs étaient trop serrés pour qu'on pût distinguer au loin. Emile sauta par terre. Il fit rapidement son plan, afin d'expliquer sa présence dans le cas où le rencontrerait quelqu'un de la famille, et se décida même à aller audacieusement parler à madame Gérard de la Société de bienfaisance de Saint-Vincent-de-Paul, s'il n'avait d'autre moyen de voir Henriette que d'entrer dans la maison.

Personne ne le vit ; il eut la hardiesse de traverser des pelouses de gazon où tous les yeux de la maison pouvaient se porter. Enfin il aperçut, récompense juste, une robe grise qui criait certainement par tous ses plis : « Je suis la robe d'Henriette. »

C'est alors qu'il put bénir l'idée heureuse de n'être pas retourné à Villevieille ; seulement il eut bien plus peur à ce moment que lorsqu'il avait grimpé sur le mur et craint d'être surpris.

Comme il n'était venu que pour *la voir*, il ne savait plus ce qu'il pourrait lui dire, et il eut envie de se cacher.

Il était ému comme s'il avait eu à paraître devant un être surnaturel. Il alla au-devant d'Henriette en homme qui se dit : « Advienne que pourra ! »

La jeune fille devint toute rouge à sa vue, et resta interdite. Il comprit qu'il fallait cependant parler.

« Vous êtes probablement étonnée de me voir ? dit-il d'une voix troublée.

— Non, répondit Henriette ; mais comment avez-vous fait ? »

Emile montra le mur. Dans le premier trouble, ni l'un ni l'autre ne firent attention à ce *non* fort grave qui venait d'être prononcé.

« Vous avez dû vous faire mal ! s'écria Henriette.

— Pas le moins du monde.

— Pourvu qu'on ne vous ait pas vu ! » dit la jeune fille.

Ainsi déjà, pour la moindre chose, la conscience s'éveillait et faisait le guet en vigilante gardienne.

« Oh ! j'espère que non, » répondit Emile.

Du reste, un signe maçonnique ne leur eût pas mieux appris à se connaître ou à se reconnaître que cette espèce de convention de secret et de mystère qui était venue tout naturellement et immédiatement. « *On ne vous a pas vu ? — J'espère que non.* » On peut tomber dans les bras l'un de l'autre après cela !

Henriette, ravie, émue, reconnaissante, n'osait pas soutenir le regard d'Emile.

« Pensiez-vous que je viendrais ? » lui dit-il presque tout bas, comme s'il avait peur de s'entendre parler si criminellement.

Henriette fut encore plus intimidée : elle baissa la tête en souriant.

« Voyez-vous quelque inconvénient à me donner votre main ? » dit-il.

Henriette la laissa prendre ; il la pressa dans la sienne et la baisa vivement. Henriette retira tout de suite sa main.

Tout cela était bien vite. Mais une fille élevée à la campagne, dans la solitude, n'a peut-être pas été suffisamment prémunie contre une pareille et soudaine occurrence. On ne lui a peut-être pas enseigné la réserve et la prudence inflexibles que nécessitent par exemple les tentations multipliées et les dangers de la vie de Paris. Il est difficile qu'elle ne se sente point de reconnaissance envers un garçon qui a exposé sa vie et franchi une muraille pour la voir et lui parler.

D'ailleurs, la situation pénible d'Henriette, au milieu d'une famille qui n'était point un modèle de haute pureté, la poussait plus qu'une autre à se jeter brusquement dans le sein d'un jeune homme en qui elle mettait une sorte d'espérance, toute de pressentiment et d'instinct.

« J'ai tellement pensé à vous, reprit-il, que je n'aurais pas pu passer la journée sans venir ici.

— Moi, dit-elle, je m'étais levée toute triste ce matin.

— Pas moi, dit Emile ; mais je me suis presque querellé avec ma mère à cause de vous... »

Le cœur d'Henriette était bouleversé à chaque instant par des paroles qui s'y gravaient.

« A cause de moi !... dit-elle.

— Oui, elle me disait que *cela* ne signifiait rien.

— Elle aussi !

— Pourquoi elle aussi ?

— Parce que je n'entends pas dire autre chose par tout le monde.

— Est-ce que vous avez eu quelque ennui de la part de vos parents ? demanda Emile.

— Non, répondit Henriette ; j'étais triste ce matin sans savoir pourquoi. Je me figurais que... » Elle s'arrêta.

« Que... ? dit Emile doucement inquiet.

— Enfin, vous voyez que nous avons eu la même idée, puisque je venais de ce côté-ci, où je ne me promène pas habituellement. »

Puis, pour changer la conversation, dont le tour intime l'émouvait trop, Henriette ajouta :

« Eh bien, vous reconnaissez-vous encore aux Tournelles ?

— Oui, dit Emile ; voilà votre fenêtre. Quand M. Bertet est parti, j'étais loin d'imaginer que je reviendrais...

— Je ne m'y plais pas, dit Henriette.

— C'est pourtant très joli, répondit Emile, qui pensait qu'Henriette y habitait.

— Je m'y suis tant ennuyée!

— Est-ce que vous voudriez partir d'ici?

— J'aimerais mieux habiter Villevieille.

— Nous nous y serions connus plus tôt si vous y étiez venue... »

Il y avait entre eux une confiance très naïve. Il semblait que s'être revus fût pour leur simplicité de cœur un gage sérieux et solennel, et ils se sentaient si sûrs de leurs sentiments réciproques, cimentés par ce mutuel élan qui venait d'amener Emile aux Tournelles et Henriette au fond du parc, qu'ils ne songeaient pas à se tâter d'avance par les subtilités ordinaires au début de l'amour. Ils regardaient cette seconde entrevue comme un aveu tacite qu'ils s'étaient fait, et causaient ensemble ainsi que des amoureux engagés depuis un certain temps.

« Voulez-vous, dit Emile, me permettre de vous demander... mais ce serait peut-être indiscret...

— Quoi donc?

— Pour parler, ce sera plus commode... je ne connais pas votre petit nom.

— Mais ni moi le vôtre.

— Nous pourrions bien nous faire mutuellement ce petit cadeau », dit gaiement Emile.

Ils trouvèrent que c'étaient deux forts jolis noms, quoique chacun fît mine de ne pas être content du sien.

Il est assez difficile de suivre la filiation des idées; je ne sais si cet échange des noms rappela à Emile les fiançailles, l'échange des anneaux : l'idée d'épouser Henriette traversa son cerveau comme un éclair, mais il comprit qu'il était bien tôt pour en parler.

Henriette demanda à voir l'endroit où il avait sauté. La trace des pieds était marquée sur la terre.

« Il faut effacer cela », dit-elle.

Puis, calculant la hauteur du mur :

« Mais il y a de quoi se tuer! s'écria-t-elle; il faudra bien prendre garde! »

Emile fut très fier d'avoir bravé un danger, et il la rassura, affligé même que la muraille n'eût pas dix pieds pour qu'il parût encore plus héroïque.

« Je ne veux plus, dit Henriette, que vous fassiez des choses pareilles.

— Oh! ce n'est pas vous qui m'en empêcherez; au contraire », dit Emile en riant et tout joyeux.

Henriette aurait bien voulu répondre : « Si vous m'aimez, je vous le défends. » Mais ce jeune homme qu'elle voyait pour la seconde fois, quelle opinion aurait-il d'elle ? Y penser la fit devenir toute rouge.

En ce moment, de grands éclats de rire retentirent assez près.

« C'est mon frère! s'écria Henriette, qui pâlit; sauvez-vous! » Elle lui tendit la main sans savoir ce qu'elle faisait. Emile prit la main, attira à lui tout le bras, puis tout le corps; il embrassa Henriette sur le front avant qu'elle fût revenue de sa surprise, et, en un saut, il fut de l'autre côté, mais en s'abîmant et en se déchirant.

Henriette s'imaginait que tout le monde allait lire sur sa figure d'où elle venait, et elle se promena encore une heure pour se remettre et penser à cette espèce de rêve qui la possédait depuis la veille.

Qu'est-ce que la plus belle musique auprès des hymnes et des chansons qui se chantent dans le cœur des amoureux ?

Emile fut très occupé, tout le long de la route, de son amour par-dessus une muraille, amour qui lui parut presque impossible. Pour qu'Henriette fût bien à lui, il fallait l'épouser. Être obligé de fuir au moindre bruit, comme le rat des champs, le révoltait. Il était sûr qu'une fois ensemble il lui dirait tant de choses, il lui ferait partager si complétement toute sa vie, que, jusqu'à la fin, l'union serait étroite; il n'y aurait jamais de troubles dans le ménage. Dans le mariage seulement était le bonheur, et rien de plus facile que d'être toujours heureux : il n'y avait qu'à le vouloir. Il revint chez lui la tête tout enflammée de projets, et après avoir fait une course d'au moins deux heures presque sans s'en apercevoir.

Madame Germain parut surprise : son fils rentrait avant l'heure ordinaire.

« D'où viens-tu donc, lui dit-elle, pour t'être mis dans ce bel état ? Tu n'es pas allé à la préfecture.

— Moi, je viens des Tournelles.

— C'est cela, tu perds ton temps. Ah ! tu ne veux pas m'écouter. Tu compromets ton avenir ! J'ai pris des renseignements sur les Gérard.

— Eh bien ?

— Tu ferais mieux de ne plus penser à tout cela. Tu abandonnerais tout pour une fantaisie qui te passe par la tête ! Tu es bien peu raisonnable.

— Mais, si j'aime Henriette, dit Emile, je pourrais l'épouser.

— Ce sont des enfantillages.

— Non, c'est sérieux, je me marierais avec elle !

— Ah ! cela t'est venu du soir au lendemain.

— Quel mal y aurait-il à ce que cela se fît ? On voit bien que tu ne la connais pas.

— Et tu la connais, toi, mon pauvre enfant ? Tu ne sais donc pas que ça amuse les jeunes filles de faire courir les garçons sur la grande route ?

— Il est inutile d'en dire du mal avant de la connaître, reprit Emile presque indigné.

— Mais, dit la mère, vous vous êtes à peine vus ; je ne peux rien trouver de sérieux là-dedans, malgré toute ma bonne volonté. Et puis une jeune fille qui donne des rendez-vous au premier venu, comme cela promet pour l'avenir !

— Oh ! le premier venu ! s'écria Emile, que tout froissait dans ce nouvel entretien. Et quant à des rendez-vous, ajouta-t-il, elle ne m'en a pas donné.

— Alors tu n'y retourneras plus ? dit madame Germain avec un air de doute doucement moqueur.

— Si, j'y retournerai.

— Oui, mais elle ne t'attendra pas, n'est-ce pas ?

— Enfin, dit Emile, nous ne nous sommes pas donné de rendez-vous. J'aime mieux n'en plus parler que d'entendre toutes ces choses-là : « Comme ça promet pour l'avenir ! »

C'est moi qui sais ce que sera l'avenir, et non pas toi! »

Il ne faut jamais dire aux jeunes gens qu'ils font des enfantillages : rien ne les excite davantage. Et en vérité on ne peut guère accuser la jeunesse d'enfantillages, car elle a une force bouillante et active qui peut amener de grands désastres. Il faut, au contraire, compter sérieusement avec elle.

« Si ce que tu me dis est vrai, reprit madame Germain, c'est très fâcheux.

— Fâcheux! s'écria Emile, étonné que ce qui le rendait heureux pût être fâcheux.

— Je t'ai dit que j'avais pris des renseignements sur les Gérard. Ce sont des gens riches qui ont vingt mille francs de rente, et qui tiennent à l'argent. Crois-tu qu'avec tes vingt ans et ta place de 800 fr. tu sois un parti pour leur fille?

— Cela s'est vu, dit Emile.

— Oui, en rêve. Le jour où tu voudras leur en parler, tu leur paraîtras absurde ou impertinent, et ils te mettront à la porte.

— Si nous le voulons bien tous les deux, Henriette et moi! dit Emile.

— Elle a donc déjà dit qu'elle n'épouserait jamais que toi?

— Non, mais tu comprends que cela se sent. Maintenant, je ne leur demande pas leur argent, aux Gérard. S'ils consentent à attendre, je travaillerai.

— Ils attendront qu'il vienne un garçon plus riche, mon cher enfant.

— Pourquoi voudraient-ils rendre Henriette malheureuse?

— Tu ne manques pas de confiance en toi-même, mais enfin j'admets cette adoration de mademoiselle Gérard pour tes mérites. »

Emile haussa un peu les épaules : il en voulait à sa mère de toutes ses innocentes plaisanteries.

« Ils ne seront pas assez bons, dit madame Germain, pour penser au cœur de la petite. Ils ne comprennent pas cela; ils voudront au contraire lui éviter d'être malheureuse, en l'empêchant de se marier avec un pauvre comme toi.

— Cependant, si je leur parlais? Ils ne peuvent forcer Henriette à se marier malgré elle.

— Cela arrive tous les jours dans une excellente intention.

— Ainsi tu penses que moi, jeune homme, tel que je suis enfin, me présentant devant eux, je serais repoussé ? Je leur dirai que je suis intelligent, que j'ai l'avenir, ce qui est vrai...

— Tu crois toujours avoir affaire à des gens d'esprit, mon cher enfant. Le moindre lopin de terre leur conviendrait mieux que tous les discours que tu pourrais leur faire. On a horreur du mariage d'inclination.

— Il n'y a pourtant que celui-là, dit Emile.

— C'est une règle presque absolue de le rejeter. On croit qu'il tourne toujours mal, et qu'en y prêtant les mains on prépare de grands chagrins aux enfants, trompés par la fausse apparence d'un bonheur immédiat.

— Est-ce que tu penses aussi comme cela ? dit Emile.

— Quelquefois, dit la mère. Je suis pour ce qui est sage. Je ne veux pas qu'on tente l'impossible, qu'on s'y lance par un coup de tête, pour un caprice !

— C'est pour moi, cela ?

— Oui. Tu trouveras une jeune fille aussi jolie que mademoiselle Gérard, et que tu pourras aborder librement, sans rendez-vous clandestins, ce qui est nuisible à la réputation d'une jeune fille, à moins que l'on ne veuille en faire sa maîtresse.

— S'il n'y avait que ce moyen ! murmura entre ses dents Emile, qui s'irritait de voir le grand écroulement de ses beaux châteaux.

— Il paraît que tu l'aimes plus pour toi que pour elle, reprit madame Germain : la pauvre fille serait flattée de l'estime qu'on lui porte. »

Un voleur qui a manœuvré pour échapper à un cercle de gendarmes, et qui, espérant toujours se sauver, s'est vu cerner, puis acculer peu à peu, n'est pas plus désespéré qu'Emile, qui brisait les ongles de sa volonté contre des difficultés insurmontables.

« Eh bien ! s'écria-t-il, il arrivera ce qu'il pourra ; tant pis si c'est un malheur ! »

Il ouvrit la porte.

« Où vas-tu ? » lui cria sa mère inquiète ; mais elle se rassura en lui voyant prendre le chemin de la promenade.

« Jamais les choses heureuses ne peuvent se faire ! » s'écria-t-il.

Le jeune homme tournait et retournait les paroles de sa mère, et songeait, avec une impatience irritée, à la différence de la fortune d'Henriette et de la sienne. Les idées riantes étaient déjà toutes enfuies, lorsque devant lui passa la diligence de l'Ouest, au milieu d'un nuage de poussière. La grosse voiture jaune emporta avec elle l'esprit d'Emile. Il se dit qu'elle renfermait peut-être un homme heureux, qui allait en Amérique, s'y enrichirait, et qui reviendrait épouser, en France, une jeune fille dont il était attendu.

Emile en fut entraîné à se faire une petite histoire d'amour et de joie. Il se vit, lui aussi, dans la diligence, arrivant dans un pays éloigné, puis gagnant rapidement, avec une rapidité fabuleuse, des centaines de mille francs, Dieu sait comment ! il chercherait le moyen plus tard. Il revenait triomphant, frappait à la porte des Tournelles, mais se présentait d'abord humblement ; Henriette s'évanouissait. Les Gérard le recevaient avec leurs grands airs, comme le petit garçon d'autrefois. Il s'en amusait un moment, puis tout à coup la scène changeait, il jetait sur la table un portefeuille, et... Il s'aperçut qu'il rêvait des folies, et que, si sa mère ne l'appuyait dans sa grande entreprise, il resterait bien faible et bien petit, seul, devant toute la famille Gérard.

« Mère, s'écria Emile en rentrant, tu ne veux pas t'en mêler ?

— Non, répondit madame Germain, si ce n'est pour t'en détourner.

— Si tu voyais Henriette, tu aimerais à l'avoir pour belle-fille.

— Je serais curieuse de la voir ; mais, écoute, je veux te donner un dernier conseil : si tu le suis, il est encore temps d'éviter des ennuis et peut-être pis que des ennuis ; car, mon pauvre cher fils, il faut bien te figurer que tu es un véritable enfant sans raison. »

Emile se redressa comme un coq.

« Ne fais pas la grimace, ajouta-t-elle, c'est la vérité. Tu es un fou, un exalté, un entêté, et tu m'as fait peur quand tu m'as dit qu'il pourrait arriver malheur. Vois-tu bien, cher enfant, tu connais à peine mademoiselle Gérard ; tu n'as pas eu le temps de t'y attacher. N'y pense plus, éloigne-t'en. Cela se peut sans inconvénients. Au besoin, demande un congé de quinze jours, et va chez ma sœur, à Château-du-Haut.

— Je ne puis pas décrire ce qui se passe en moi, répondit Emile. Seulement, quand je pense à sa robe grise, j'ai envie de faire des cabrioles et je vois le printemps partout. Si elle me disait de me jeter à l'eau, je le ferais avec une joie telle que je n'en ai jamais eu de pareille pour aucune des choses les plus agréables qui me soient arrivées.

— Oui, et que la mère reste dans son coin, voilà la morale, » dit madame Germain, un peu attristée de ce qu'il existait une femme que son fils aimait plus qu'elle.

Cette parole consterna Emile, qui ne s'y attendait pas.

« Oh ! dit-il d'un air suppliant, ce n'est pas la même chose. » Et il ne sut rien dire de plus.

« Mon pauvre cher enfant, reprit madame Germain, crois ta mère. Les autres femmes cessent de vous aimer. Au moins avons-nous cet avantage sur celles qui vous enlèvent d'auprès de nous. Va seulement passer quinze jours chez ta tante ! »

Madame Germain pensait à écrire à sa sœur pour la prier de mettre Emile en relation avec la fille de quelque voisin qui pourrait effacer l'image de son Henriette. Mais Emile mit à néant ce beau projet.

« Non ! non ! s'écria-t-il, je n'ai rien à faire là-bas. Il ne manque plus que j'aille trahir Henriette !

— Mais, dit madame Germain, que parles-tu de trahir ! Que s'est-il donc passé entre vous déjà ?

— Oh ! rien, dit en rougissant Emile, qui vit une supposition injurieuse à son honneur dans cette phrase.

— Enfin, peu importe ! reprit la mère, es-tu sûr qu'elle ne te trahira pas, puisque trahir il y a ? »

Emile ne pouvait supporter la moindre pensée défavorable à Henriette : aussi brisa-t-il la conversation comme la précédente, et comme toutes celles qu'il eut plus tard avec madame Germain au sujet de la jeune fille. Il vit dans la tendre et prévoyante insistance de sa mère une sorte d'hostilité systématique contre Henriette, et il se jura d'être d'autant plus attaché à la jeune fille qu'on voulait l'en éloigner.

Il y avait là-dedans toute la naïveté de la jeunesse, qui est un peu égoïste, ou plutôt un peu avantageuse en amour, et qui croit aussi largement au bonheur qu'elle donne qu'à celui qu'elle reçoit.

Quant à madame Germain, elle se demandait ce qui allait advenir, et elle regrettait d'être seule à mener son fils; elle aurait désiré la main vigoureuse d'un homme pour retenir Emile malgré lui.

Henriette, après avoir quitté Emile, demeura exaltée pour toute la journée. Le soir, elle se montra animée, brillante; chanta, causa avec une chaleur, une expansion de toutes ses facultés qui entraînèrent tout l'entourage dans une véritable sarabande d'idées joyeuses, actives et rapides.

Aristide, stupéfait, n'eut pas la présence d'esprit de se livrer à ses plaisanteries ordinaires et extraordinaires. Madame Gérard, débordée dans sa faconde, se vit contrainte à suivre en satellite la conversation de sa fille, qu'habituellement elle interrompait, et dominait en s'emparant de ses idées. Le curé se réjouit de n'être pas retourné à Villevieille avant dîner. Le père resta éveillé. Le président eut la joie de donner quelques répliques à Henriette. Enfin, Corbie ne dit rien de toute la soirée, parce qu'il éprouva une des impressions les plus profondes qu'il eût ressenties de sa vie, impression qui le raffermit encore dans le dessein d'un entretien qu'il voulait avoir avec sa nièce.

CHAPITRE II

LA CAMPAGNE FAITE POUR L'AMOUR

Quoique Henriette ne lui eût pas donné de rendez-vous, Emile courut aux Tournelles, le lendemain, de meilleure heure encore, entraîné comme par des chevaux emportés.

Sa muraille à franchir le rendait toujours joyeux; il eût peut-être été moins ardent sans cette muraille qui lui donnait la joie d'accomplir des prodiges d'agilité et de vaincre un danger.

Le jeune homme accourait, impatient de consulter Henriette sur le projet de mariage. Son espoir le poussait en avant, comme la vapeur qui chasse une locomotive sous sa puissance d'expansion. Mais le jeune homme commença aussi à avoir froid en réfléchissant qu'un refus pourrait bien être essuyé, malgré le premier accueil, surtout de la part d'une jeune personne élevée dans les principes de la convenance sociale, et qui ignorait sa position infime de petit employé. Sa hardiesse rentra au fourreau.

Cependant Henriette l'attendait déjà dans le parc, inquiète et remuante comme une alouette, avide de boire la conversation d'Emile, qui lui faisait l'effet d'une tasse de lait chaud et pur.

« Comment vous portez-vous? lui dit Emile en lui tendant la main.

— Très bien, merci; et vous ? » répondit Henriette.

Et cet abord les amusa beaucoup, car ils se mirent à rire

follement, y trouvant apparemment un comique particulier.

Puis Henriette ajouta : « Voyons vos mains.

— Pourquoi ?

— Montrez-les-moi d'abord; je m'expliquerai ensuite. »

Emile devina ce que voulait voir la jeune fille; il cacha ses mains derrière son dos.

« Non, sérieusement, reprit-elle, je veux que vous me les montriez. »

Emile lui tendit ses deux mains enflammées et assez déchirées par les pierres du mur.

« Ah! dit Henriette, vous voilà encore tout abîmé. Hier je m'en étais déjà aperçue, mais je n'avais pas osé vous faire de reproches.

— Oh! qu'est-ce que cela! s'écria Emile; il ne manquerait plus que je n'eusse pas le droit de me faire une pauvre égratignure, si bon me semble. Je trouve que ce n'est point assez, au contraire. Je voudrais qu'il y eût plus de peine à arriver jusqu'ici : ce serait au moins une espèce de mérite. Le dernier petit paysan ne craint pas de s'exposer à se casser la jambe pour un nid d'oiseau. Vraiment je suis humilié que vous fassiez attention à si peu de chose.

— Je ne trouve pas que ce soit peu de chose, » reprit gravement Henriette.

Emile méditait une sorte de chemin couvert pour amener l'idée du mariage jusqu'à l'esprit d'Henriette. Il laissa donc tomber la grande question des mains et dit : « J'ai encore parlé de vous avec ma mère tout hier.

— Ah! dit-elle, vous êtes plus heureux que moi, je ne puis en ouvrir la bouche, je me ferme à tout le monde. »

Emile fut consterné. Bien! pensa-t-il, voilà que de ce côté-là la route est coupée.

« Je ne puis me confier à personne », reprit Henriette, voyant sa tristesse et l'attribuant à une sympathie compatissante pour ses propres peines.

Alors on passa en revue les physionomies des hôtes des Tournelles, que la jeune fille lui expliqua à sa façon. Puis elle le renvoya bien plus tôt que la veille, parce qu'elle craignait que quelqu'un ne les surprît. Emile éprouvait une grande contrariété de n'avoir pu se soulager de ses beaux projets en les avouant; mais il reçut une douce consolation, car Henriette, avant de le laisser partir, lui dit tout bas avec une délicate confusion : « Venez le plus souvent possible, à la même heure. » Elle n'avait pas osé dire : tous les jours! quoiqu'elle crût Emile entièrement maître de son temps.

Emile jugea qu'il serait plus brave dans une lettre que dans un entretien. Malheureusement, lorsqu'il voulut écrire, il fut effrayé de l'incohérence apportée dans le style par la vivacité des idées, et il se décida de nouveau à parler quand même !

Tous les essais d'éloquence littéraire se faisaient au détriment de la besogne du bureau.

Du reste, madame Germain vint sans le savoir aiguillonner Emile. Elle lui demanda en plaisantant, et au milieu de sa première effervescence d'amoureux :

« Eh bien! quand épouses-tu mademoiselle *chose?* »

Ce mot de mademoiselle *chose* froissa le jeune homme; il ne répondit rien, mais se dit qu'en effet et malgré tout il l'épouserait, et qu'il lui en ferait la proposition brusquement, dût-elle s'en fâcher ou en rire. Il passait la soirée à rêver avenir, fortune, et il couvrait ses papiers de petits chiffres, qui représentaient des projets de budget fabuleux pour le ménage futur. Au bureau, ses chefs s'inquiétaient de sa façon de travailler et de son irrégularité.

Madame Germain entrevoyait des inconvénients et même des dangers dans la passion d'Emile, et elle aurait aimé à se figurer que ce ne serait qu'une petite poignée de paille bien vite consumée.

Tout en adorant son fils, madame Germain n'était pas tout à fait heureuse avec et par lui. Elle avait à souffrir d'un caractère inquiet et faible, qui le rendait inégal, brusque, et parfois sans égards. Elle redoutait sa facilité grande à s'illusionner et plus grande à se décourager.

Emile fixa le lendemain comme le jour de la proposition. Il était bien décidé. La seule difficulté consistait à amener à point le petit discours. Il inventa plusieurs manières de s'en tirer, et ne put se résoudre à en choisir une seule. A la fin, il compta que les circonstances l'inspireraient, et il retourna aux Tournelles.

Emile enjamba donc de nouveau son mur, ne se doutant pas, dans sa chevalerie, du côté comique de ces perpétuelles grimperies, qui rendaient son existence d'amoureux plus laborieuse que celle d'un mousse.

Depuis qu'Henriette savait qu'il pouvait y avoir sur terre un coin, un nid où aller après avoir quitté cette maison des Tournelles, dont il lui semblait qu'on avait remplacé les pierres par des plaques de fer brûlant, elle rêvait au moyen de se délivrer, et, comme un prisonnier qui, longtemps renfermé dans une cour étroite et sombre, aperçoit tout à coup une porte ouverte sur une campagne vaste et admirable, elle vit le mariage avec Emile lui apporter la liberté la plus douce et la plus chérie.

En trois jours, la tête des deux jeunes gens avait si bien marché qu'il aurait fallu une catastrophe pour les arrêter.

Toutefois, quand il eut rejoint de nouveau Henriette, et après le bonjour souhaité, Emile se trouva si empêché de lui dire qu'il voulait se marier avec elle, qu'il resta silencieux, plein d'angoisse et de dépit. Elle-même ne parlait pas, réfléchissant à la même chose. Ils marchaient à côté l'un de l'autre.

Les amoureux n'aiment guère à ne pas parler; le mot le plus insignifiant leur paraît préférable au silence. Entendre la voix! cela vous touche par tout le corps comme une impression électrique, tandis que, dans le silence, on a toujours à craindre qu'il ne commence à se creuser quelque fossé sur lequel, plus tard, on ne pourra plus jeter un pont. En amour, tout devrait se passer par chants et par musique, comme à l'Opéra.

Au bout de deux minutes, Henriette dit à Emile :

« A quoi pensez-vous ? »

Il fallut à celui-ci un grand effort pour arracher de ses lèvres cette réponse :

« A vous. »

Henriette crut sentir une caresse en entendant ce mot. Toutes les sensations chastes les plus voluptueuses ne peuvent se comparer à ce qu'elle éprouva.

Si seulement il avait fait nuit, Emile aurait tout dit d'un seul trait. Au grand jour, il se défiait de sa contenance.

Henriette n'osait lui demander plus de détails, et elle chercha à les obtenir par des feintes subtiles.

« Est-ce bien sûr? dit-elle; je ne crois pas que je vous occupe autant; ce serait une grande présomption de ma part de m'imaginer que vous dites la vérité. »

Cette petite coquetterie artificieuse peina Emile, qui crut sérieusement qu'on ne le jugeait pas sincère.

Il avait l'air d'un suppliant en répondant :

« Si, vraiment, je vous assure que je pensais à vous.

— Je vous en remercie, » dit Henriettte presque haletante. Sa respiration était suspendue par le désir d'entendre le reste.

Mais Emile se livrait de grandes batailles pour se forcer à en dire davantage, et, comme le combat resta indécis, la conversation s'arrêta là; le même mortel silence redevint le maître.

« Est-ce que votre mère vous a encore parlé de...? dit Henriette, sans terminer sa phrase.

— De...? demanda Emile, feignant de ne pas comprendre.

— De nous, dit Henriette.

— Oui, » reprit le jeune homme d'un air grave qui promettait de grandes révélations.

Henriette ne fit pas d'autre question.

« Oui!... répéta Emile en soupirant fortement.

— Est-ce qu'elle.... est mécontente? dit la jeune fille.

— Oh! non, s'écria Emile, qui venait de trouver un canal, tortueux comme les stretteé de Venise, pour s'expliquer, et qui allait se lancer là-dedans avec joie. Non, ma mère avait pensé à me marier depuis quelque temps. »

Henriette reçut un choc dans son cœur, qui devint cruellement agité, car elle ne s'attendait pas à ce que ces pensées de mariage vinssent tout à coup au jour, et, comme elle ne savait pas bien ce qui se passait en son nouvel ami, elle eut peur d'une mauvaise nouvelle.

— Oui, reprit Emile, ma mère dit qu'il faut se marier, qu'il y a de grands avantages à cela, surtout en province. En se mariant jeune, on peut toujours s'aimer. L'avenir d'un jeune homme se trouve accéléré de dix ans... Je crois qu'elle a raison...

— C'est possible ! répondit Henriette, sentant une vague terreur qu'il ne s'agit d'une autre jeune fille, et cependant comprenant qu'Emile ne serait pas venu exprès pour lui parler, à *elle*, d'une autre personne. Une petite envie de se venger de l'anxiété que lui causaient les ambiguïtés du jeune malicieux se mit aussi de la partie dans sa tête.

— Est-ce que vous n'êtes pas de cet avis-là ? demanda Emile, qui s'amusait à la tourmenter.

— Je ne sais pas, dit-elle. Si quelqu'un vous plaît, vous ferez peut-être bien de l'épouser ; je ne me suis guère occupée de ces idées-là. »

Emile fut troublé à son tour et craignit de commettre quelque maladresse.

« Moi, dit-il, cela m'a remué toute la cervelle. A présent, je me vois toujours marié, et je ne vois rien de plus beau. Il me semble être dans mon appartement, avec ma femme, seuls, libres, maîtres de nous, ayant tout l'intérêt d'une vie qu'on règle soi-même. Je vois nos deux fauteuils, le feu dans la cheminée, la lampe sur la table, ma..... femme..... d'un côté, moi de l'autre, causant ou lisant tout haut. A nous deux, nous..... »

Henriette baissa la tête en rougissant. Ce mot : *à nous deux*, battait dans son cœur comme le bourdon d'une cloche. Emile était toujours inquiet.

Henriette releva la tête, regarda le jeune homme, et, rencontrant ses yeux, rebaissa les siens.

« Mais enfin, dit Emile, que me conseillez-vous ? croyez-vous que je ferais bien....

— Vous voyez tout si en beau ! dit-elle..... Vous paraissez enthousiasmé ; d'ailleurs, si votre mère vous le conseille, et puisque vous êtes tout disposé......je ne crois pas que vous ayez besoin de consulter les autres..... C'est bien bon de votre part, même, de confier vos affaires à quelqu'un que vous ne connaissez pas depuis longtemps..... Moi je souhaite que vous soyez heureux ; si cette... personne vous plaît... pourquoi ne pas l'épouser ?

— Mais vous ne savez pas qui c'est, dit Emile d'un air narquois.

— Oh! je ne tiens pas à le savoir... cela ne me servirait pas beaucoup, je crois.

— Oh! en effet, dit Emile, mais cela pourrait peut-être vous déterminer à me donner le conseil que je vous demande.

— Mais, dit Henriette, ce n'est pas à mon âge qu'on peut donner des conseils sur une chose aussi importante... Il faudrait que j'y réfléchisse.

— Enfin, reprit le jeune homme, je vois que vous personnellement, vous êtes ennemie du mariage, et que vous pensez qu'il ne faut jamais se marier....

— Je ne dis pas cela...

— Alors, dit Emile, il a dû être question déjà dans votre famille de vous faire passer aussi par ce chemin-là... Vous avez bien dû voir quelques prétendus.

— Oh! non, jamais! s'écria vivement Henriette, il n'en a jamais été question.

— Eh bien! si par hasard il s'en présentait un... est-ce que vous lui conseilleriez de se retirer? »

Henriette était dans un embarras divin ; elle jouissait de se laisser forcer petit à petit à avouer ses chers désirs.

Elle ne répondit pas, afin que M. Emile, avec tous ses détours, fût obligé d'arriver front découvert.

« Vous ne vous en soucieriez pas beaucoup! » dit Emile, recommençant à avoir peur et devenant beaucoup plus grave, car Henriette restait immobile et ne disait rien. Le jeune homme ne pouvait même voir son visage.

« Ainsi, Mademoiselle, reprit-il d'une voix émue, il ne faudrait pas songer... à vous demander en mariage... »

Il attendit quelques secondes, ne voyant plus rien, pris de vertige... Il sentit enfin la main d'Henriette serrer doucement la sienne, et la jeune fille répondit d'une voix basse et faible, mais bien distincte, bien douce :

« Si! »

Emile était comme un condamné à mort tout à coup gracié. Dans l'élan de sa joie, il saisit Henriette dans ses bras et l'embrassa comme un fou.

Ce baiser fut une action imprudente, car une sensation étrange et nouvelle se logea dans leur cœur, pour ne plus leur laisser de repos. La fièvre et le trouble s'emparèrent d'eux, et les consumèrent désormais de préoccupations âcres, qui dominèrent l'idée du mariage et qui devaient pour ainsi dire être punies plus tard.

« Vous m'avez fait bien peur pendant un moment, dit Émile.

— Comment cela?

— J'ai cru que tout était fini, que vous ne vouliez pas : cela me donnait la même angoisse que lorsqu'on se sent tomber de haut.

— Oh! dit Henriette, j'avais bien pensé au mariage, de mon côté, dès que je vous ai vu; mais, aujourd'hui, vous aviez l'air de parler d'une autre !

— J'étais si embarrassé que je ne savais comment m'y prendre !

— Et pourquoi?

— Je craignais de vous déplaire.

— Ah! Dieu! je ne pouvais pas me douter que vous aviez cette pensée-là : moi qui attendais avec tant d'impatience que vous vous expliquiez... Mais pourquoi craindre de m'être désagréable? »

Emile rougit et hésita à répondre.

« Pourquoi? dites-moi, » répéta Henriette avec sa douceur la plus douce, qui était comme une clef avec laquelle elle ouvrait tous les secrets du jeune homme.

« Eh bien, dit-il avec un peu d'embarras, je ne suis pas grand'chose : je n'ai qu'une petite place à la sous-préfecture.

— Petite ou grande! dit Henriette, sans vous, que serais-je devenue? On ne sauve pas plus complétement quelqu'un qui se noie que vous ne me sauvez en voulant bien m'épouser. Je n'ai jamais pensé un seul instant que vous pouviez être riche ou point riche, quand vous vous exposez pour venir me trouver et me faire passer les meilleurs moments de ma vie... »

Émile lui baisa la main pour la remercier : il n'avait pas de paroles!

« Maintenant, ajouta-t-elle avec une espèce d'indécision. l y a les parents !...

— J'irai les trouver... dit Émile.

— Quand comptez-vous y aller ?

— Le plus tôt possible... »

En ce moment le chapeau de l'oncle Corbie apparut au loin, derrière une petite ondulation de terrain, puis sa grosse tête, puis son gros petit corps comique.

« Vous verrai-je demain? dit Henriette à Émile.

— Oui, oui, je l'espère; à moins qu'il n'y ait quelque chose d'extraordinaire, » répondit-il du haut du mur où il était déjà monté. Quelques plâtres tombèrent à terre, détachés par ses efforts, et Henriette l'entendit s'éloigner rapidement.

Se retournant, elle vit l'oncle Corbie qui s'agitait de tous les côtés, ayant l'air de chercher à apercevoir quelqu'un; et, en effet, comme elle était obligée de sortir du taillis, il parut se diriger vers sa nièce dès qu'elle fut en vue. Henriette considéra du coin de l'œil la démarche grotesque de l'oncle qui roulait comme une boule; puis, comme il ne l'amusait pas, et à cet instant surtout, elle feignit de ne l'avoir pas vu et se coula lestement d'un autre côté, bien sûre qu'il ne la rattraperait pas. Corbie s'arrêta tout désappointé, puis essaya de couper à travers une pelouse pour rejoindre la direction qu'avait prise Henriette; mais, comme ce fut parfaitement inutile, il se décida à cesser sa chasse et à rentrer à la maison.

CHAPITRE III

REMUE-MÉNAGE GÉNÉRAL

La soirée où Henriette avait fait tant d'impression sur Corbie était celle du 2 mai.

Le frère de Pierre Gérard était un être d'une intelligence bornée, et très préoccupé de lui-même, des qualités qu'il pensait posséder.

Il avait la vanité d'être doué de tous les mérites et aurait voulu qu'on ne lui parlât que de lui, qu'on le régalât continuellement de son éloge. Il se reconnaissait toujours dans tous les portraits avantageux qu'on faisait des autres, et sollicitait souvent, en petit comité, la famille de constater qu'il était digne d'éloges sous tous les rapports.

Toutefois, une profonde timidité le condamnait au silence la plupart du temps, et l'empêchait de se montrer tracassier ou de paraître trop grotesque.

L'oncle Corbie avait vu grandir Henriette, et depuis un an surtout qu'elle avait achevé le développement de son adolescence, il se sentait de mauvaise humeur, quand il rentrait à Bourgthéroin, contre l'aspect vieux et laid de sa servante.

La timidité de Corbie l'avait tenu toute sa vie éloigné des femmes, sauf peut-être deux ou trois aventures involontaires. Henriette, par ses talents, sa beauté, son esprit, lui inspirait une sorte de crainte, en même temps qu'elle avait enflammé toutes ses aspirations contenues. Ce n'était pas de l'amour, mais une sorte de croyance comique qu'Henriette était faite pour lui, et que, seul, il était digne d'elle, par son caractère et ses sentiments. Rapprochant ces divers petits faits, qu'Henriette lui avait peint son portrait, qu'elle le regardait souvent, plaisantait avec lui, tenait à connaître son avis sur les romances qu'elle chantait, les figures qu'elle dessinait, Corbie imaginait qu'elle le distinguait. Il se disait que les oncles épousaient les nièces fréquemment. Une seule chose l'inquiétait : il n'avait que 4,000 fr. de rentes, et les vues de son frère et de sa belle-sœur s'élevaient à un beaucoup plus riche parti pour leur fille. Aussi n'avait-il jamais osé leur ouvrir son cœur à ce sujet; mais, persuadé qu'Henriette serait ravie d'un tel mariage, il jugeait qu'étant ainsi deux à le vouloir, on ne contrarierait pas leur vœu commun.

Néanmoins sa timidité s'opposait à ce qu'il tentât aucune ouverture auprès de sa nièce, dont la supériorité lui inspirait du respect, lorsqu'une conversation qui eut lieu chez madame Gérard vint le remplir de confiance et de hardiesse.

Le gros homme s'était trouvé à une des réceptions de sa belle-sœur, où la conversation tomba sur le cœur et l'esprit, la jeunesse et la vieillesse. On épuisa tout La Rochefoucauld, je crois; jeunes gens ardents, vieillards spirituels et femmes intelligentes, tout le monde venait chez madame Gérard pour causer, et on y causait consciencieusement, comme si on avait joué à ces jeux, si chers à la province, qu'on appelle la syllabe, la sellette, etc. Cette conversation émut beaucoup Corbie, et il lança enfin, avec anxiété, une question qui habitait depuis longtemps dans son sein.

« N'y a-t-il pas, dit-il, des gens qui conservent longtemps le cœur et l'esprit jeunes, quoiqu'ils puissent passer, par leur âge, pour n'être plus jeunes?

— Certainement, s'écria madame Gérard, qui avait l'air de Corinne, cela se voit, et on le reconnaît à des signes manifestes, qui forment une loi immuable, presque sans exceptions. »

Corbie était tendu de toute son attente, comme un chien qui s'apprête à recevoir un os que suce son maître.

« En général, ajouta madame Gérard, le physique participe à ce printemps prolongé. On rencontre quelquefois des hommes semi-grisonnants, dont les cheveux noirs luttent avec acharnement contre les blancs. Ils ont des yeux vifs, le teint animé, des gestes brusques ou plutôt rapides..., tout le monde en a vu. »

Et l'oncle Corbie, tout frémissant, comme s'il avait été une corde de violon pincée par sa belle-sœur, se disait tout bas : « C'est moi, c'est bien moi ! » Il était étonné que tout le monde ne se tournât pas de son côté et ne s'écriât pas : « Mais c'est comme M. Corbie. » Ses petits yeux brillaient, un sourire modeste tortillait sa bouche; son ventre avait de petits soubresauts joyeux, et sa chaise craquait sous lui, partageant son allégresse.

« L'âge véritable, continua madame Gérard, est cependant empreint sur leur physionomie, personne ne s'y trompera. Chacun dira : « Voilà un homme de cinquante-six ans, » par exemple. »

« Moi ! » continuait à se dire tout bas Corbie, qui avait cinquante-six ans.

« Mais on gardera une vague impression, comment dirai-je, d'un dessous de trente-huit ans... »

L'oncle fut tout ravi de se voir faire ainsi cadeau de dix-huit ans !

« C'est charmant ! » dirent avec de fins sourires les personnes qui écoutaient. Madame Gérard était comme un nageur qui dans l'eau se sent une facilité de mouvements toute réjouissante et barbote à plaisir. Ayant lu dans un feuilleton ce qu'elle récitait, elle barbotait dans sa propre éloquence et faisait des passes pour éblouir son public.

Une seule créature avait l'abomination d'être à cent lieues de ces symphonies d'esprit. C'était Aristide, que préoccupait depuis un quart d'heure un petit lacet dénoué, sautillant sur la jupe de la robe de madame Gérard. Ce petit lacet suivait tous les mouvements de celle qui parlait, et semblait appuyer par sa vivacité les dires de la mère d'Aristide. Le jeune homme ne méditait rien moins que de réduire le lacet au silence en l'attachant sournoisement à un bouton de l'habit de Corbie. Il faillit troubler plusieurs fois l'entretien en cherchant à exécuter son complot, mais il ne lui fut pas permis de détruire ainsi le germe d'une aventure funeste qui se préparait ce jour-là.

Madame Gérard continuait : « C'est que l'homme intérieur domine l'homme extérieur. Voyons, par exemple : tenez, comme une lumière qui rend transparentes les parois d'une lanterne. »

Cette phrase fit les délices de l'auditoire; il y eut un murmure véritablement flatteur pour l'improvisatrice. Et pourtant, si Henriette se fût trouvée là, elle aurait désorganisé ce triomphe, car elle avait lu le matin, dans le journal, le discours de madame sa mère.

Corbie, plein d'impatience, s'écria : « Et quel caractère a-t-il, cet homme? » sans qu'on pût savoir s'il voulait parler de l'homme intérieur ou de l'homme extérieur.

« Attendez, reprit sa belle-sœur en souriant, cette illumination dont nous parlons provient de la nature des idées qui occupent cet homme de 38-56. Les idées jeunes, gracieuses ou fougueuses, ont une phosphorescence qui subsiste toujours. »

Cette hauteur de prétentieux ne fit pas sourciller un front; on trouvait cela toujours très remarquable, et on l'écoutait comme un solo dans un orchestre.

« Cette phosphorescence demeure d'autant plus vive qu'elle surgit dans les premières obscurités de l'âge mûr, de la vieillesse même, et cela en raison du contraste. Ainsi ces caractères aiment les oiseaux, les fleurs, le coucher du soleil, toutes choses qui constituent le gracieux de la vie.

— Oui! » dit Corbie avec une profonde conviction.

De toutes parts s'élevèrent des : « Comme c'est vrai! Quelle finesse d'observation! On devrait écrire cela! »

« En même temps, dit madame Gérard, ils aiment le bruit, le mouvement, les aventures, les récits de batailles, les romans rudement taillés; c'est la partie exaltée de leur nature, et ils y joignent la simplicité, c'est-à-dire l'absence de manies, la facilité à vivre, la bonne humeur; ils ont l'expérience, la pratique de l'existence, la bonté; ce sont peut-être les meilleures organisations. »

Le pauvre visionnaire Corbie se tordait de plaisir sur sa chaise, en entendant faire ainsi ce qu'il appelait son éloge.

Quand on trouve des diamants, on les enferme soigneusement; puis, soir et matin, on les contemple et on les caresse dans sa main; Corbie renferma tout aussi précieusement en lui-même les paroles de sa belle-sœur. Il venait de se voir révéler son âme par cette femme omnisciente et omnipotente. Il se trouvait *garanti*, breveté excellente nature, par la mère d'Henriette. Cela le décida, certain, en s'offrant à la jeune fille, de lui offrir un être souverainement bon et agréable, dont les qualités payeraient à peu près à leur prix les talents surhumains qu'elle possédait. Cependant, il n'osa pas davantage s'en ouvrir au père ou à la mère, et il chercha pendant plusieurs jours une occasion d'entretenir sa nièce seule.

Quant à madame Gérard, elle avait deux langages: un d'apparat, dont elle se servait pour les réceptions, et un autre plus simple, plus humain, pour les affaires de famille et d'intérêt. Je dis cela pour expliquer les raffinements de causerie qui ont paru tout à coup, et qui pourraient faire croire qu'elle s'exprimait toujours de cette façon ambitieuse et professorale.

Du reste, toute la colonie des Tournelles vivait à ce moment dans une grande activité d'esprit et de mouvement.

Il était arrivé depuis six mois à Villevieille une madame veuve Baudouin, femme assez riche, originaire de la ville, et qui s'y réfugiait un peu en souvenir de son enfance qui s'y était écoulée, et beaucoup pour être la première dans cette petite ville. Ses trente mille livres de rentes lui assuraient, en effet, une incontestable prééminence. C'était une grosse femme, d'un âge assez mûr, sans méchanceté et sans bonté, grandement insignifiante, à qui il fallait de la société autour d'elle, et une société un peu soumise, qu'elle comptait s'attacher par des dîners et des petits gâteaux.

Celle-là était plus dévote que madame Gérard, et, de plus, l'était *avec désintéressement*. Dans sa vie, elle avait pratiqué quelques évêques, ce qui donnait aussi plus de relief à sa dévotion.

En s'installant à Villevieille, elle fit assez de fracas, meubla une maison richement et invita *ce qu'il y avait de mieux*. Elle

Reliure serrée

avait apporté une lettre d'un évêque pour le curé de Saint-Louis, paroisse rivale de celle de Saint-Anselme, dirigée par le curé Doulinet. M. l'abbé Durieu s'abattit aussitôt sur madame Baudouin. Les choses se passèrent au rebours de ce qui existait entre M. Doulinet et madame Gérard, qui était la dominatrice de cet ecclésiastique, homme doux et timide. L'abbé Durieu s'empara de madame Baudouin et lui donna des conseils sur la conduite à tenir. Il lui dit d'abord que si elle cherchait à éclipser et à dominer, ce rôle serait encore plus difficile en province qu'à Paris, parce qu'à Villevieille, où tout le monde était parent ou allié, on se retirerait d'une maison où l'on verrait des intentions de primauté trop marquées. « Ce n'est que par la piété et la charité que vous obtiendrez ici une influence réelle, lui dit-il; vous pouvez employer votre fortune par ces deux voies, sans exciter l'inimitié ou l'envie. On louera votre conduite, et on aura raison. »

Madame Baudouin aimait les prêtres, parce qu'elle les avait toujours trouvés plus agréables pour elle que les autres hommes, l'insignifiance de sa personne ayant toujours rebuté les gens qui n'avaient aucun intérêt à être aimables, tandis que chez les prêtres elle avait trouvé ces attentions, ces hommages qui lui plaisaient. Les prêtres recherchent en effet volontiers la société des femmes, car les autres hommes leur sont presque toujours hostiles et les accueillent d'une manière acerbe et moqueuse.

Le curé Durieu était mortifié de ce que madame Gérard lui eût préféré le curé Doulinet, auquel il se savait supérieur par l'intelligence; il la représenta donc à madame Baudouin comme une femme légère, compromise même, à cause du président, et qu'on ne pouvait pas voir. La nouvelle venue ne fit pas de visite à madame Gérard, ce dont celle-ci fut très froissée.

En outre, le curé de Saint-Louis, voyant les avantages que son collègue retirait de l'appui de madame Gérard, qui avait fondé une Société de bienfaisance dite de Saint-Vincent-de-Paul, dont le trésor fut confié à l'abbé Doulinet, persuada à madame Baudouin de fonder la société de la Protection maternelle.

Madame Baudouin vit alors se rallier autour d'elle le monde

le plus distingué de la ville. On lui sut gré de ses petites fêtes, et, comme on apprit bientôt que madame Gérard était contrariée de tout ce manége, on mit un peu de malice à aller chez madame Baudouin.

Attiré par le mouvement de la foule, le curé de Saint-Anselme manifesta naïvement l'intention d'entrer en relations avec la nouvelle venue; le président parla aussi de la voir, puisqu'il devait rencontrer dans son salon les personnes qu'il fréquentait habituellement. Madame Gérard, fort irritée, le leur défendit positivement. Elle voyait une petite guerre dans les manifestations de madame Baudouin, et elle redoubla d'activité; elle inventa à la fois une loterie de bienfaisance et une exposition d'horticulture, prenant magistralement le pas sur sa rivale. Madame Gérard suivit, de plus, une autre voie pour guerroyer : elle se posa en pénitente austère, prétendit que c'était elle qui avait refusé d'aller chez la veuve, et déclara tout haut que madame Baudouin vivait trop luxueusement pour quelqu'un qui fait profession de charité. Elle l'attaqua aussi sur son bon goût, et tâcha d'éveiller la susceptibilité des provinciales contre ses prétentions. En même temps, la dévotion de madame Baudouin excita la sienne, et les deux curés ne s'en trouvèrent point mal.

Du reste, l'abbé Euphorbe Doulinet s'était donné une mission à accomplir; il s'affirmait tous les jours à lui-même que, s'il allait si souvent aux Tournelles, ce n'était que pour y combattre le péché; mais peut-être se trompait-il un peu, car le péché ne reculait pas devant lui, et le pauvre curé ne pressait pas assez vivement madame Gérard d'y renoncer. En effet, si elle s'accusait de sa faiblesse passée envers le président de Neuville, de temps à autre aussi elle parlait vaguement de fautes nouvelles. Peut-être le curé ne se sentait-il pas assez de force pour briser un de ces attachements dont les dernières convulsions ne finissent pas. Il est certain que, de loin en loin, M. de Neuville et madame Gérard avaient, pendant quatre ou cinq jours de suite, un air singulièrement contrit vis-à-vis l'un de l'autre, un air penaud comme des gens attrapés. Ces époques indéterminées formaient même une petite saison de maximes, parce que la mère y sentait tout à coup le besoin de donner beaucoup de conseils à sa fille. Henriette avait depuis longtemps démêlé la vérité, et M. de Neuville ne paraissait jamais devant ses yeux sans qu'elle lui appliquât intérieurement la terrible épithète : « l'amant de ma mère ! » Mais sa délicatesse avait toujours trompé madame Gérard, qui ne lui soupçonnait point du tout ce cruel savoir.

Le curé Doulinet sanctionnait donc par sa faiblesse les fautes de sa pénitente, en y assistant; mais c'est qu'il avait été enlacé par toutes sortes de séductions. L'esprit de madame Gérard le rendait fier de son intimité ; cette intimité l'intéressait à la famille, et il se plaisait mieux aux Tournelles, endroit si intellectuel, que chez les vieilles dévotes de Villevieille.

Au commencement, pourtant, M. Doulinet avait eu à subir les reproches de son ancien entourage : Comment mettait-il le pied dans cette maison de perdition ? Comment pouvait-il tolérer le scandale ?

Il répondait, il est vrai : « Je ne le tolère pas, je le combats d'aussi près que je puis. Cette dame est très pieuse, elle est venue m'appeler à son secours ; elle souffre, je ne l'abandonnerai pas. Des liens formés depuis longtemps sont si lents à se dénouer ! »

A force de s'enthousiasmer pour madame Gérard, l'abbé en vint à dire un jour, « qu'au point de vue mondain, ce devait même être un beau spectacle que la force de l'attachement de madame Gérard pour le président. »

Cette femme avait besoin de se rendre intéressante de toutes les façons, et feignait auprès de son curé des déchirements pareils à ceux d'Héloïse ; et lui, trouvait qu'une belle lutte à entreprendre pour l'amour de Dieu, c'était de la ramener à la plus pure vertu ; seulement, il restait trop en contemplation.

Ses paroles firent venir des idées baroques aux vieilles dévotes ses amies. Elles se constituèrent en une espèce d'ordre secret pour le salut de madame Gérard, et le curé fut encouragé dans sa mission d'apôtre. Toutes les semaines il y avait un conciliabule. « Eh bien, disait-on, que font-ils ? où en est-ce ? Cette malheureuse femme revient-elle aux bons sentiments ? »

L'abbé Doulinet répondait : « Elle est pleine de bonne volonté, elle pleure ; mais les passions mondaines sont si tenaces ! »

Les dévotes faisaient alors des neuvaines à l'église pour l'âme de madame Gérard. Elles faillirent rédiger une lettre pour la supplier de rentrer dans la bonne voie. Le curé donnait force pénitences à madame Gérard, mais il abordait très timidement la question de rupture. Le doux personnage craignait de n'être pas assez éloquent pour agir sur un être aussi supérieur. Sa nature caressante, son caractère *serviteur*, ne lui inspiraient pas l'énergie. Enfin, par ses atermoiements, il avait l'avantage de meubler petit à petit son pauvre Saint-Anselme tout nu, et il se laissait dominer par ce terrible raisonnement : « Si elle n'était pas un peu coupable, elle n'aurait pas à apaiser sa conscience. Or, les dons qu'elle fait à l'église du Seigneur rachètent en partie ses fautes. » Et il expliquait avec attendrissement aux dévotes le système de rédemption que représentaient la chaire, les bénitiers de marbre et les tableaux donnés par madame Gérard.

Le curé était bien tombé, car personne n'est mieux disposé à meubler les églises nues que les femmes un peu légères et attardées dans la légèreté. Elles ne croient pas précisément avec une foi bien ardente, mais elles veulent se concilier le bon Dieu, dans le cas où tout ce qu'on en dit serait vrai. Elles prennent leurs précautions et ne renoncent pas au monde. De sorte qu'il n'existe pas d'association plus avantageuse pour chacun des associés, que celle d'une femme ainsi troublée et d'un prêtre réparateur. Celle-là y gagne le ciel sans perdre ses amants ; celui-ci fait prospérer sa fabrique et sauve une âme.

Madame Gérard mettait de l'art à se confesser au curé. Elle pensait bien que ses contritions devaient transpirer dans la ville et pouvaient lui attirer quelque intérêt de la part des dévotes, et elle craignait que l'abbé Durieu et madame Baudouin ne lui enlevassent ces complaisantes spectatrices de son rôle de Madeleine, à l'attention desquelles elle tenait beaucoup.

A ce moment, la grande préoccupation de l'abbé Doulinet était d'obtenir un tableau et des lampes. Il eût été absolument heureux aux Tournelles sans le président, qui le harcelait durement. L'abbé Euphorbe lui répondait presque toujours avec une douceur suave et angélique, mais parfois, poussé à bout, il rendait épigramme pour épigramme. Du reste, il considérait le magistrat comme chargé par le ciel de lui faire subir des épreuves, et il apportait la résignation des anciens martyrs dans ses relations avec le président farouche et tortionnaire.

Villevieille étalait donc un luxe ridicule de sociétés de bienfaisance, car à peine la Société de la Protection maternelle et celle de Saint-Vincent-de-Paul avaient-elles vingt pauvres à secourir. Néanmoins l'abbé Durieu eût voulu fonder un hospice; mais les quatre-vingt mille francs nécessaires ne se décidèrent jamais à sortir de la bourse de madame Baudouin, qui n'avait pas d'ambition.

Durant ces luttes, quelques personnes furent enlevées à la nouvelle venue par madame Gérard, comme à la pointe de l'épée. Un revirement se fit. On trouva que madame Baudouin affichait une hostilité de mauvait goût. Alors l'abbé Durieu fit changer de front à sa subordonnée : elle dut se mettre à chanter les louanges de la maison des Tournelles, dire qu'elle n'avait point compris la haute valeur de madame Gérard, et envoyer un don très riche à la loterie. La guerre se poursuivit à coups de compliments et par combats d'argent. Saint-Anselme et Saint-Louis s'embellirent considérablement. Toutefois madame Gérard fut écrasée un moment par les profusions de sa rivale. Elle se tourna alors vers les objets d'art et triompha davantage. Le président ne fut plus occupé qu'à déterrer de vieilles peintures, de vieilles boiseries, de vieux cuivres, récompensé de ses fatigues par l'admiration générale envers de brillantes découvertes, et par le bonheur d'écrire des notices élégantes pour la société archéologique du département.

L'abbé Durieu se désolait de son infériorité artistique, à laquelle il ne pouvait remédier et qui attirait de fortes moqueries sur certains vitraux de son invention, commandés à une maison de Paris féconde en travaux de pacotille. Aussi pensait-il déjà à réconcilier les deux femmes et à les diriger toutes deux ensuite.

Madame Gérard était donc au fort de cette lutte vers le mois de mai ; elle menait grand train une loterie de bienfaisance et rassemblait des patronesses pour l'exposition d'horticulture au profit des indigents. Or, il n'y avait ni horticulture ni indigents à Villevieille, mais, à force de génie, on pouvait créer l'un et l'autre. Le curé et le président succombaient à la tâche, surtout le président, à la fois conseiller archéologique, charitable et juridique.

A tout cela se joignait un procès qu'avait Pierre Gérard avec un de ses voisins ; et encore ne peut-on guère prétendre que Pierre eût ce procès, car il avait dit : « Cela regarde ma femme et *Moreau*. » Et c'était, en effet, madame Gérard qui avait soulevé le *litige*.

La propriété des Tournelles s'arrêtait à cinquante mètres environ d'un petit ruisseau de campagne, très clair, très joyeux, qui coulait dans un pré. Un sentier étroit séparait ce pré, appartenant au voisin Seurot, ancien boulanger, du pré de Pierre Gérard, mais bizarrement, sans raison topographique. Les gens qui venaient pour la première fois aux Tournelles croyaient que cette *eau* en dépendait, et ne manquaient jamais de dire aux Gérard : « Que vous êtes heureux d'avoir de l'*eau* ! » et le ruisseau coulait pour le voisin ! Ce refrain agaçait madame Gérard, qui était furieuse d'être complimentée sur l'*eau* qu'elle n'avait pas. Une terrible envie d'avoir le *ruisseau* la tourmentait. Pierre avait l'idée fixe que, d'après la configuration naturelle, la propriété avait dû s'étendre jusqu'au delà du *ruisseau*, ou au moins jusqu'au *ruisseau* même. Aristide s'amusait à y jeter de temps en temps un sien ami, nommé Perrin, qui était sa victime, dans l'espérance de le faire rosser par le voisin comme violateur de son bien. Les domestiques y remplissaient furtivement leurs seaux ; enfin, toutes les têtes de la maison avaient l'air de danser autour du *ruisseau*, comme les mouches autour d'un morceau de sucre.

Madame Gérard, toujours acharnée à agir, fouilla, pendant deux jours de suite, tous les papiers de famille. On aurait dit le travail d'une taupe ou de quelque autre animal fouisseur.

L'instinct la guidait : elle découvrit un plan de la propriété, remontant à vingt ans de date, d'après lequel le ruisseau faisait partie des Tournelles. A la faveur des fréquents changements de maîtres qu'avaient subis les Tournelles pendant ces derniers vingt ans, le voisin s'était sournoisement emparé de quelques arpents de terre, avec la satisfaction moqueuse d'un homme qui berne son prochain. Comme aucun acte de vente n'indiquait qu'on eût aliéné la moindre parcelle depuis cette époque, et que la prescription n'était pas acquise au voisin dangereux, madame Gérard proposa d'abord de lui faire un procès, un jour même, je crois, où il se promenait béatement sur le bien mal acquis, en vue des fenêtres de ses adversaires.

Pierre Gérard, très ardent à poursuivre des droits de créancier, parce qu'alors sa position procédurière était toute tracée et bien définie, ne se souciait guère d'une revendication épineuse et montra beaucoup de répugnance à entamer le procès.

« Alors, dit madame Gérard, il faut forcer le voisin à nous attaquer.

— Faites comme vous voudrez, dit Pierre ; moi je ne bougerais pas pour cette affaire-là.

— Mais, s'écria Aristide, nous aurons des truites, il y en a dans le ruisseau.

— Voyez-vous, dit Pierre sentencieusement à sa femme, la terre et la loi se tiennent par la main, la loi n'aime guère à troubler la terre. »

La loi, la terre et l'argent étaient devenus pour Pierre trois personnes de chair et de sang comme pour un peintre officiel, et il en abusait dans la conversation en guise de marionnettes économiques.

Le lendemain de cette conférence, madame Gérard, décidée comme une lionne, se leva à cinq heures du matin, et fit venir quatre jeunes paysans vigoureux sur le terrain envahi, avec ordre de bêcher à outrance. Quelques heures après, le boulanger Seurot, qui faisait sa tournée, vit ces grands gaillards sur son pré. D'abord, il ne comprit pas très bien, mais il commença à se mettre en colère de loin, parce qu'il n'aimait pas voir un pied étranger chez lui. Les paysans, tout en sueur, s'essuyaient le visage; ils avaient tout remué à la pioche jusqu'au ruisseau.

« Que faites-vous là, brigands? s'écria le voisin stupéfait; je vais vous faire arrêter.

— Dame, répondit l'un d'eux, nous travaillons le bien de M. Gérard. »

On eût secoué le boulanger comme une bouteille qu'on n'eût pas plus agité son sang. Il faillit avoir une attaque d'apoplexie, sous l'assaut d'un mélange de honte, de fureur, de crainte et de surprise combinées. Les paysans racontèrent le soir qu'ils avaient cru un moment qu'il allait *crever*.

Après ce faux étouffement, il se remit un peu, réfléchit, pensa qu'il ne serait pas facile aux Gérard de prouver leur droit de possession, et il commença par vouloir leur faire peur. Il alla immédiatement chez madame Gérard.

Elle fut d'abord très choquée de le voir entrer comme un cheval de labour, brutalement, sans se faire annoncer, presque sans la saluer. Il le prit d'un ton très insolent, en criant très haut :

« C'est inqualifiable! on ne se conduit pas comme ça! c'est la violation de la propriété! La justice se prononcera sur une agression aussi scandaleuse. »

Madame Gérard lui répondit alors de son air le plus glacialement hautain, un air *blanc* qui valait bien l'air *violet* du boulanger :

« Monsieur, un homme comme il faut se comporte plus poliment que vous ne faites. Non-seulement il ne doit pas manquer d'égards envers une femme, à qui cela donne une triste opinion de son caractère, mais lorsqu'il est dans une fausse position, il doit avoir le bon goût et la pudeur de ne point faire de bruit.

— Comment, Madame, s'écria Seurot, vous faites des insinuations sur mon compte? Tout cela, c'est une affaire de mauvaise foi!

— Comme vous dites, Monsieur, répliqua madame Gérard très irritée; c'est vous-même qui vous jugez. Et je vous engage à ne point demeurer dans mon salon pour vous y conduire d'une façon inconvenante. Il y a trois hommes dans ma famille, et vous oubliez qu'ils pourraient vous entendre. Du reste, ajouta-t-elle, il n'y a rien de commun entre moi et vous, et mon dédain m'est une protection suffisante contre vos grossiers procédés. »

Se voyant brusquement mis à la porte, Seurot, dominé par les manières de madame Gérard, sortit machinalement ; mais du corridor il s'écria avec un juron terrible : « Vous entendrez parler de moi ! »

Ce vieux boulanger était un sanguin plus patient qu'un chat, dans les affaires, quand il était calme, et plus violent qu'un taureau lorsque le sang lui montait à la tête. Il alla droit au parquet à Villevieille déposer une plainte en violation de propriété. Comme il n'y avait pas beaucoup d'affaires au tribunal depuis quelque temps, greffier, juge d'instruction, procureur, se jetèrent sur celle-là en affamés, et le président prévint le même jour madame Gérard que la guerre était déclarée.

Quant à Pierre, tandis que l'activité de sa femme s'éparpillait comme l'eau qui tombe d'une pomme d'arrosoir, il concentrait toute la sienne, au contraire, en un seul point. Une méditation obstinée l'absorbait ; il voulait inventer une charrue merveilleuse, et il en tombait presque dans des rêves. Son imagination ne lui apporta d'abord qu'une petite idée mesquine, maigrelette, présent dérisoire du dieu des inventeurs : l'idée de changer quelques pièces de bois dans les roues ! C'était peu quand il considérait qu'il fallait s'occuper de l'avanttrain, de l'arrière-train, du soc, du manche, et qu'il songeait que sa machine devrait modifier l'économie agricole !

Il s'entourait de papiers, de dessins, de bouts de bois, de morceaux de fer, couvrait des albums de croquis, et, le soir, fabriquait d'étranges petites choses qu'il défaisait ensuite avec impatience. Sa femme ne voulait pas lui permettre de travailler au salon, qu'il salissait avec ses menuiseries : elle eut beaucoup de peine à lui faire cette concession. Ce travail était la cause qui empêchait Pierre de prendre part au procès. L'affaire avec Seurot eût brisé l'avenir de la charrue Gérard. Avant même d'avoir rien trouvé, Pierre tâtait les paysans ; il disait devant eux :

« Ah ! si on pouvait inventer une charrue qui fît le travail toute seule, bien légère et creusant profond ! »

Et il ajoutait d'un certain air :

« Qui sait ? elle nous viendra peut-être un jour. »

La charrue est une des machines les plus étranges, les plus fantastiques qui existent, qu'elle soit dans sa simplicité primitive ou dans sa complication moderne. Elle ressemble certainement à un immense insecte, un de ces insectes armés de sabres, de haches, pour creuser la terre et s'y faire des nids, et qu'on aurait grossi au microscope. Pierre finissait par avoir des cauchemars terribles où la charrue Stewart combattait contre la charrue Adams et la dévorait : les roues tournaient comme des yeux, le manche frétillait comme une queue de scorpion, les socs se tordaient comme des pattes, l'articulation des deux trains semblait une arête dorsale, une sorte de reins sur lesquels se dressait l'avant-corps de la machine, pour lutter. Et, en attendant, son esprit torturé s'était mis à combiner une partie d'une invention anglaise avec une partie d'une invention américaine et une autre d'une invention française, et Pierre se figurait que cette compilation involontaire constituerait une création originale.

Enfin, Aristide avait aussi son *dada* dans la personne de Perrin, pauvre être rudimentaire qu'il avait découvert à Villevieille, au fond de la boutique d'un épicier, son père, et dont il faisait son compagnon, sa victime, son confident et son serviteur. Perrin agréait à Aristide, parce que celui-ci exerçait sur lui une supériorité sans conteste. Considéré lui-même, aux Tournelles, comme un garçon de peu d'importance et d'intelligence, Aristide avait été enchanté de trouver une sorte d'imbécile sur qui il triomphait continuellement, auprès duquel il était un aigle. Il le mystifiait avec acharnement, lui contait des bourdes incroyables et le jetait dans des aventures dangereuses ; mais Perrin ne se fâchait jamais ; il avait pour Aristide une tendresse idiote. En effet, son ami lui donnait une espèce de vie. Tous les autres rudoyaient ou raillaient Perrin, et le traitaient plutôt comme une *chose* que comme un être. Aristide seul semblait s'intéresser à lui, le promenait, le remuait, lui procurait quelques plaisirs. Perrin en était reconnaissant comme un chien, et subissait les coups et les farces sans en chercher la raison, attribuant ses mésaventures au hasard, et les oubliant dès le lendemain ; très heureux de cette tutelle de tous les instants qu'Aristide exerçait sur lui, car le jeune Gérard ne voulait pas s'en séparer et le traînait partout.

A ce moment, il y avait à Villevieille un cirque établi pour quelques jours ; Aristide et Perrin y étaient continuellement fourrés, et le premier se mit en tête de faire apprendre à son esclave le saut périlleux, tel que le pratiquait Antonio, le clown de la troupe.

« Tu vois, lui disait-il, comme on applaudit Antonio ; est-ce que tu ne serais pas content qu'on t'applaudît comme lui ? Il faut étudier le tour : ce n'est pas difficile.

— Oh ! dit Perrin, on n'apprend ça qu'étant enfant.

— Bah ! dit Aristide, Antonio n'est plus enfant, et il va très bien tout de même. Vois-tu, on décompose le travail ; on commence par le simple et on finit par le composé.

— Oui, dit Perrin qui voulait toujours avoir l'air de comprendre.

— On commence par la culbute simple, reprit Aristide ; tu sais bien faire la culbute ?

— Pardieu ! s'écria Perrin en posant ses mains sur le gazon.

— Va ! »

Perrin fit sa culbute, mais sans grâce ; et comme il y a des êtres voués à un perpétuel malheur, ses reins frottèrent sur un caillou.

« Tu es un cul-de-plomb, dit Aristide ; regarde donc Antonio, comme il est vif !

— Comme une anguille ! répondit Perrin ; et, entraîné par l'ambition d'acquérir plusieurs talents, il ajouta : Je voudrais bien savoir faire la roue.

— Bon, dit Aristide, quand tu sauras faire le saut périlleux, tu apprendras facilement la roue.

— Ce serait tout de même fameux ! s'écria Perrin exalté : tout le monde me regarderait !

— Après la culbute simple en mettant les deux mains, reprit Aristide, viendra la culbute à une seule main, et ensuite sans mettre les mains. Tu vois la gradation. Avec la gradation, on fait tout ce que l'on veut. Le saut périlleux, c'est une culbute sans mettre les mains, en donnant un coup de reins.

— C'est bien sûr, dit Perrin, quand je saurai, nous la ferons chez toi?

— Oui, dit Aristide, mais il faut de la persévérance. Si au bout de huit jours tu vas changer comme une girouette!

— Oh! dit Perrin, scandalisé qu'on doutât de lui.

— Il faudra d'abord, ajouta Aristide, faire deux cents culbutes par jour au moins. Il faut de la volonté. Sans la volonté, l'empereur n'aurait pas été empereur.

— C'est vrai, dit Perrin, l'empereur! »

Le lendemain de cette conversation, le domestique Jean et la cuisinière furent prévenus des grands exercices d'étude qu'allait entreprendre M. Perrin. Vers dix heures du matin ils entendirent des cris singuliers et coururent à une petite pelouse, où ils trouvèrent les deux compagnons.

Perrin avait débuté par une quinzaine de culbutes assez heureusement exécutées, mais il s'était fatigué de ce travail épouvantable et contraire aux vertèbres du cou. Il n'accomplissait plus sa tâche qu'avec une lenteur pénible et douloureuse. On voyait sa tête apparaître, puis descendre, et en place s'élever un fond de culotte grotesque, qui roulait à son tour et disparaissait; on entendait un coup sourd et une plainte. Aristide, sans pitié pour la sueur qui coulait du front de son ami, le forçait à continuer, en lui donnant, chaque fois qu'il accomplissait sa révolution sur lui-même, de grands coups de pied dans le derrière, en criant: « Mais va donc, lourdaud! » Il le tirait aussi par les jambes ou par la tête, mais le meilleur aiguillon, c'étaient les coups de pied. Perrin retombait lourdement sur le nez ou sur le dos, seulement sa conscience l'empêchait de renoncer.

A la fin, Aristide, le bourrant de toute sa force, lui fit faire la culbute malgré lui, sans s'inquiéter de ses cris et de ses gigotements désolés. « Tu en as deux cents à faire, lui criait-il, grand lâche! c'est pour ton bien! » Le domestique et la cuisinière riaient si fort qu'Aristide comprit son propre comique, et, lâchant son ami, il s'en alla presque tomber à la renverse, tant il riait aussi. Perrin se releva humilié, et il eut une courbature qui dura huit jours, après laquelle Aristide l'obligea à reprendre ses études. Mais Perrin ne pouvait s'élever au-dessus de la culbute vulgaire, et souffrait des reproches que lui faisaient Jean et la cuisinière sur son inaptitude.

« Qu'est-ce que vous voulez, disait-il: on a le don ou on ne l'a pas. »

Quant au président, il avait un faible tout spirituel pour Henriette. Il éprouvait un plaisir singulier à voir la jeune fille. Tout fin qu'il croyait être, M. de Neuville n'était pas homme à comprendre d'où venait ce plaisir. Il n'eût jamais pensé que la sensation de repos et de fraîcheur qui le gagnait lorsqu'il contemplait Henriette était analogue à celle qu'on éprouve en été lorsqu'on quitte un terrain sec, aride et grillé, pour entrer sous un bois plein d'ombre. Tous les visages des Tournelles, y compris le sien, étaient secs, arides et grillés. Henriette, du reste, avait soin de ne montrer dans ses manières aucune répugnance visible pour lui, afin qu'on ne reconnût pas quelle science du bien et du mal elle possédait.

M. de Neuville aimait à faire parler la jeune fille, la regardait longuement et se sentait l'envie de lui écrire des odes. Les magistrats deviennent souvent disciples d'Horace, lisent, admirent et relisent Horace; de là en eux un tendre de sentiments tout païen et mythologique, des idées de couronnes de roses, de Cécube et de Falerne.

Mais, d'un autre côté, madame Gérard était mécontente des attentions de M. de Neuville pour sa fille, et elle les observait soigneusement et silencieusement.

CHAPITRE IV

LES JOURS VALENT LA PEINE D'ÊTRE COMPTÉS

Ce n'était plus le mariage qui préoccupait Emile, mais le besoin d'être avec Henriette.

L'avenir reculait devant le présent, représenté par de nouveaux désirs tourmentants, et pour la première fois Emile songea que la nuit serait plus propice à ses entrevues avec la jeune fille. Pendant deux jours de suite il n'alla pas à la sous-préfecture, ne pouvant s'arracher d'auprès d'Henriette, avec laquelle il avait des entretiens pleins d'épanchements, de récits de l'enfance, de confidences des douleurs ou des joies passées, d'admirations réciproques.

Chaque fois il resta une heure aux Tournelles, après quoi il montait dans un arbre sans qu'elle le sût, et la regardait encore passer et repasser dans le parc, jusqu'à ce qu'elle fût rentrée dans sa chambre, et même il la revoyait encore à sa fenêtre. Et comme elle lui avait dit que sa mère la mènerait à Villevieille, il la vit une fois en outre sur la route, puis suivit la voiture en courant, et vit une quatrième fois et une cinquième fois son Henriette descendre et remonter.

Il y avait pour eux une sorte de besoin nerveux d'être ensemble. Séparés, ils étaient mal à l'aise, inquiets, leur sommeil se remplissait de songes tristes.

Tels sont les commencements de l'amour. Réunis, ceux qui s'aiment croient se trouver dans une serre tiède et inondée de soleil ; éloignés, ils retombent dans le brouillard glacé.

Malheureusement, le matin du troisième jour, Emile reçut

une lettre de la sous-préfecture, sèche et menaçante : « Monsieur Germain est instamment prié de vouloir bien expédier la besogne qu'il a laissée en retard sur son bureau depuis le commencement de la semaine. Ses collègues sont trop occupés de leurs propres travaux pour pouvoir se charger des siens. »

Emile n'osa pas résister, ou plutôt il eut ce bon sens; il se rendit à son bureau, avec colère, et en même temps décidé à soulever des montagnes d'ouvrage pour apaiser et sa conscience et le mécontentement du chef. Il travailla comme un lutteur, gagnant à cet excès de ne pas penser à Henriette qui l'avait attendu. Mais la soirée fut pleine de toute la tristesse que le travail avait refoulée; Emile ne put ni lire, ni écrire, ni dormir; les pieds lui brûlaient, et il craignit d'être accusé par la jeune fille; d'anciennes rages contre sa pauvreté revinrent le secouer et le tirailler cruellement, et il aurait voulu être débarrassé de tous ces soucis. La vie n'est pas heureuse! pensée dangereuse qui voltigea plusieurs fois dans sa chambre. L'amour ne lui apparaissait plus cette fontaine de joies sans cesse jaillissantes qu'il avait tant entendu célébrer, et il voyait l'inquiétude, l'amertume, l'impuissance, muettes, tristes et grimaçantes, assises tout autour.

Les entrevues des deux jeunes gens ne pouvaient avoir lieu avec la régularité du cours d'un petit ruisseau clair qui coule sans être troublé, et de grands tourments commencèrent à s'abattre sur eux lorsqu'il leur arriva de ne pas se rencontrer. Ils s'imaginaient malades, ou oublieux, ou bien partis pour toujours, et les nuits leur devenaient cruelles quand ils songeaient que leurs premières joies allaient être brisées et perdues. Mais, lorsqu'après ces alarmes ils se revoyaient, le bonheur était plus grand et la confiance dans le sort plus complète.

Henriette éprouvait une secrète terreur devant Emile depuis le terrible baiser, et elle était à la fois troublée par l'instinct d'un danger inconnu et par l'obligation de s'en préserver. Elle pressa Emile de s'occuper du mariage, dont il n'avait pas reparlé.

« Quand comptez-vous donc aller chez ma mère? demanda-t-elle. Il n'est pas convenable que nous nous voyions ainsi. »

Elle excita dans l'esprit d'Emile une combinaison tout autre qu'elle ne croyait. Il pensa que, puisque Henriette trouvait elle-même compromettantes ces entrevues de jour, il ne serait peut-être pas difficile de lui persuader de les remettre à la nuit.

« Je suis tout prêt à y aller, répondit-il sans beaucoup d'élan.

— Eh bien, il faut fixer un jour.

— Oh! ce ne sera pas très commode : je ne puis savoir quel jour le travail me laissera libre.

— Enfin, irez-vous bientôt? »

Ainsi excité, Emile se reprocha cependant de manquer de courage.

« Eh bien, dit-il, j'irai demain.

— Ma mère est si polie, elle vous recevra bien.

— Ce qui m'embarrasse surtout, répondit-il, c'est d'abord votre mère. Je ne sais parler qu'avec les personnes à qui on peut tout dire naïvement.

— Oh! dit Henriette en riant, ce n'est pas bien terrible de dire : Madame, je viens vous prier de me donner la main de mademoiselle votre fille, elle ne veut épouser que moi... Enfin, pas tout à fait comme cela cependant, un peu arrangé...

— Oui, un peu arrangé! reprit Emile en secouant comiquement la tête.

— Songez donc, dit Henriette, qu'après vous, moi, j'aurai aussi à parler. »

Violenté, aiguillonné de la sorte, Emile eut d'abord une parfaite confiance en lui-même.

Mais en s'habillant toutes voiles dehors pour aller aux Tournelles, il se rappela quels caractères Henriette lui avait décrits en lui peignant sa famille, et il jugea qu'il ne pouvait y avoir aucune sympathie entre lui et tout ce monde. Il se dit à voix basse qu'il échouerait. Il savait ce qui se passe entre gens antipathiques, et combien un esprit intelligent et jeune peut être décontenancé par l'hostilité d'une personne plus âgée, en qui tout respire sécheresse et étroitesse.

Les regards échangés à la première vue font éprouver un

petit choc. De même que les géologues essayent des pierres avec de petits marteaux, ces regards touchent comme un coup de marteau, et la personne à qui on a affaire est *essayée*. Or Emile était sans force envers les êtres antipathiques, n'espérant pas les gagner et n'osant pas les froisser.

Au départ cependant sa fermeté semblait assez solide. Mais bientôt je ne sais quelle faiblesse l'envahit, son cœur battait à se faire entendre, et une singulière résistance intérieure luttait contre sa volonté. L'enfer ne tourmente pas tant que ces timidités de jeunesse. Emile arriva jusqu'à la porte du parc; mais, là, les mauvais côtés de sa mission l'assaillirent avec tant de cris, comme les monstres de l'île d'Alcine, dans *Roland Furieux*, qu'il ne désira plus qu'une chose, s'en délivrer. Il retourna sur ses pas. Le nombre de retraites que ce garçon avait faites dans sa vie était incalculable : car, chose bizarre! il avait la manie de tenter continuellement des expéditions. Il s'arrêta pourtant honteux de lui-même, et, se redressant après avoir plié, il voulut, pour l'honneur de sa force morale, vaincre cette lâcheté.

Emile chassa toute idée amollissante, se concentra fortement sur ce qu'il avait à faire, revint à la porte et posa la main sur le bouton de la sonnette. Par malheur il entendit que son cœur recommençait à battre, et il tira tout doucement, se recroquevillant si bien encore une fois en lui-même, que, s'il y avait eu là quelqu'un, il aurait parlé à voix basse.

Le coup de sonnette d'Emile ne retentit naturellement pas, et le lâche garçon fut enchanté de pouvoir arranger ce résultat de sa faiblesse en jugement du Ciel. Il se sauva, prétendant que c'était le sort qui le voulait ainsi.

Henriette et lui étaient convenus de ne pas se voir ce jour-là, par ce que la jeune fille saurait bien par sa mère comment Emile aurait été reçu. Elle fut dans une grande agitation depuis le matin jusqu'au soir, se figurant qu'il se présenterait peut-être après le dîner. Tout son temps se passsa à *attendre*. C'est une manière fort rapide de passer le temps, quoi qu'on dise. On se lève, on s'asseoit, on marche, on regarde aller les aiguilles de la pendule, on compte les minutes, on écoute tous les bruits, on récapitule toutes les raisons pour ou conre *l'attendu*; on s'intéresse à tous ceux qui arrivent : « C'est lui ! » Après quatre ou cinq minutes on reconnaît que ce n'est pas lui. Il est impossible d'être plus affairé.

Emile ne savait donc trop comment s'expliquer, et il n'était pas très glorieux de lui-même; il mit l'aventure sur le compte du bureau. Il lui en coûta de n'être pas sincère avec Henriette, et il faillit lui avouer la vérité : mais c'eût été vraiment trop grave, et elle n'aurait peut-être pas gardé une grande estime pour ce brin de paille appelé Emile.

Henriette essaya de s'habituer aux exigences du bureau, et elle ressentit aussi ce triste état de malaise, de souffrance, ces navrantes angoisses dont on est pris loin de ceux pour qui on a de l'amour; cette crainte, sans motifs, de les perdre, de ne plus jamais les revoir dès qu'on les a quittés; ce trouble incessant qui agite autour de vous mille choses mauvaises, de vrais fantômes.

A cette époque, les rendez-vous furent troublés par l'oncle Corbie, qui venait fumer de grosses pipes du côté du massif où se retrouvaient les deux jeunes gens.

Corbie se promenait comme une sentinelle pendant une heure. Emile n'osait pénétrer dans le parc, Henriette ne se hasardait point à paraître, et tous deux demeuraient dans une pénible anxiété, Emile se croyant surveillé et la jeune fille craignant qu'il ne se décourageât.

L'échec de la timidité d'Emile à la porte du parc mit en déroute les bonnes idées de mariage et donna la victoire aux projets dangereux. Emile se décida à expliquer sa nouvelle manière de voir à Henriette dès qu'il put rencontrer la jeune fille.

« J'ai beaucoup réfléchi, et je crois qu'il serait inutile de parler dès à présent.

— Pourquoi ? dit Henriette étonnée.

— Il vaut mieux remettre l'explication à plus tard. Je voudrais que vos parents pussent me connaître un peu d'abord. En attendant encore, il peut se présenter des circonstances qui nous mettent en rapport. Peut-être entendront-ils parler de moi. Je voudrais aussi avoir quelque avancement à la sous-préfecture; avec des appointements moins ridicules, j'irais trouver votre mère plus tranquillement. Tomber des nues sur son dos et lui dire : Je suis M. un tel, âgé de tant, riche de ceci, né à... Vous concevez quel discours à faire! et comme je serais à l'aise! J'entasserais les unes sur les autres mille sottises, qui serviraient à votre mère pour étouffer nos pauvres espérances, tandis qu'étant un peu connu d'elle par exemple, ce serait plus simple.

— Mais qu'est-ce qui vous a donc découragé? demanda Henriette, qui devenait toute triste.

— Je ne suis pas découragé, répondit Emile en rougissant : vous ne trouvez donc pas raisonnable ce que je dis?

— Si, très raisonnable..., dit Henriette assez froidement.

— Et puis, dit Emile, je ne veux pas aller si tôt chez votre mère, pour que nos rendez-vous durent encore quelque temps et qu'il n'y ait que nous qui le sachions; dès que nous aurons parlé, ce sera fini, nous ne serons plus libres ; on ne sera occupé qu'à nous regarder, à sourire, à se mêler de notre conversation; on nous ôtera à chacun au moins la moitié de l'autre, en nous tracassant à chaque instant de questions, de compliments, de finesses. Dès que nous le voudrons, d'ailleurs, il me sera facile de prendre mon habit et d'être là-bas dans le salon, à faire mes cérémonies avec votre mère, vous comprenez ?

— Oui, mais il ne faut pas que cela tarde trop longtemps, répondit Henriette.

Elle était ébranlée par cette argumentation qui lui donnait la crainte de perdre trop vite son bien le plus précieux, cette chère heure de la journée qui avait le mérite d'être *secret* comme le disait Emile. Ne plus avoir ce secret, en effet, lui causait une impression pareille à celle d'un homme qui se voit obligé de partager sa maison avec d'autres, justement quand il a tout fait pour éviter ce partage.

Il ne lui paraissait plus si mal d'attendre, afin de jouir plus longtemps de ce qui était à elle seule.

« Seulement, ajouta Emile, comme on pourrait finir par me voir et que cela vous compromettrait, nous ferions bien de nous retrouver à la nuit maintenant. »

Il essaya de dire cela de la façon la plus simple et comme une chose toute naturelle.

Mais à peine eut-il prononcé ces cinq ou six mots, que le cœur battit fortement à Henriette.

Elle sentit toute l'importance d'une pareille proposition, qu'elle désirait dans le plus secret de son cœur et qui se rattachait à ses pensées, à ses agitations. Mais en raison de l'élan qui la poussait à accepter, elle avait peur, et il aurait fallu, pour vaincre des scrupules qui pourtant ne demandaient qu'à être vaincus, de longues et tendres instances. Heureusement Emile était intimidé par les idées mêmes que remuaient ses paroles, et il craignit de blesser Henriette en insistant.

« Oh! c'est impossible! dit la jeune fille.

— Ah! murmura Emile, qui selon l'ordinaire commença à faiblir devant la première résistance; pourtant ce serait plus prudent.

— Oh! je ne veux pas, et je ne peux pas, reprit Henriette également faiblissante.

— Mais, dit Emile, en plein jour, nous ne pouvons manquer d'être découverts, et si nous voulons continuer...

— Cependant, dit-elle, jusqu'à présent il ne nous est rien arrivé. Dans le bois il ne vient jamais personne, et ici on ne distingue rien.

— Mais votre oncle?

— Il n'y est pas toujours... D'ailleurs je l'empêcherai de venir.

— Vous m'avez dit vous-même que vous trouviez mes visites compromettantes.

— Mais non du tout... j'ai vu que je me trompais.

— Le soir, dit Emile, au lieu de nous cacher comme des malfaiteurs et de rester blottis sous les feuilles, nous pourrions nous promener dans le parc, causer plus longtemps. »

Henriette sembla séduite par ce tableau et elle ne put se retenir de dire: « On ne se couche pas très tard ici! »

Mais elle se repentit aussitôt d'avoir ainsi laissé entrevoir qu'elle admettait la possibilité de ce rendez-vous, et elle ajouta : « Non, je ne viendrai pas, la nuit est trop triste. Je ne veux pas que vous couriez les chemins : il fait très humide, vous vous rendriez malade. »

Henriette semblait ne pas avoir le courage d'opposer à Emile une barrière solide.

« Ne vous inquiétez pas de moi, dit-il, je me suis très souvent promené la nuit, et si vous n'en avez pas essayé, vous ne pouvez avoir une idée du plaisir, du calme qu'on ressent.

— Oh ! il ne faut pas y penser ! reprit Henriette de l'accent dont elle aurait jeté un cri de détresse.

— Allons ! reprit Emile, n'en parlons plus, puisque cela vous contrarie ; je vous le proposais dans votre intérêt... pour votre réputation. »

Il était irrité, et Henriette le sentit bien ; elle était à bout de forces pour résister. Elle ne dit plus rien, pensant que si Emile recommençait à vouloir la convaincre, elle céderait.

Le jeune homme était devenu muet, tout remué en dedans par l'idée de ne plus revenir, puisqu'*on refusait*, puisqu'on lui tranchait ses joies d'un seul coup.

« Je ne sais pas quand vous me reverrez ! s'écria-t-il enfin d'une façon assez sèche.

— Vous êtes fâché ? dit Henriette, qui aurait presque pleuré.

— Mais je vous assure que non, répondit-il en lui prenant la main ; quelle drôle d'idée ! vous savez bien que je ne suis pas le maître de mon temps ; on me l'a déjà fait sentir à la sous-préfecture. »

Henriette trouva une immense quantité de reproches résignés sous ces deux ou trois dernières réponses d'Emile, et fut prête à implorer son pardon ; mais un diable lui serra la gorge pour l'empêcher de parler. Emile lui dit adieu, lui serra la main. Le refus d'Henriette l'avait exaspéré et consterné. Sa colère fit qu'il lut le soir, pour se distraire, et qu'il dormit bien ; et, le matin, en s'éveillant, sa première pensée fut de constater qu'il ne pensait plus à Henriette. Il se palpa, et il reconnut qu'aucun point de ses sentiments n'était plus impressionné par le souvenir de la jeune fille. En bâillant, il dit : « Elle m'ennuyait! », et il était tout guilleret de voir son cœur vide de l'amour d'Henriette; il ne s'apercevait pas cependant qu'il ne s'occupait que d'elle. A dix heures, il avait envie de rire de ce qu'Henriette allait être tourmentée. Il n'éprouvait réellement plus le désir de la revoir, si bien que le soir il était un peu inquiet d'avoir arraché cette bouture de passion; il la croyait mieux plantée et pour ainsi dire *prise* et enracinée.

Henriette pleura toute la journée, désolée de sa propre dureté et de ses scrupules, qui avaient fâché et peut être éloigné Emile pour jamais.

Du reste, la bouderie du jeune homme fut plus cruelle pour tous les deux qu'il n'avait pensé. Il fut retenu quelque temps par le travail, tandis que sa tendresse revenait plus grande encore.

Henriette ne comprenait plus rien à cette absence prolongée; si elle avait su l'adresse d'Emile, elle aurait écrit. Sa terreur devint presque désordonnée. A un moment, involontairement elle se jeta la face sur son lit, en s'écriant : « Il ne m'aime donc pas! » Se voir abandonnée était une pensée insupportable, et l'idée folle que cette souffrance devait durer toute une éternité, idée sans motifs, inexplicable, mais réelle, augmentait sa douleur.

Elle se fit passer pour malade; mais alors sa mère, ses parents, l'assaillirent de questions, de marques d'intérêt, qui, dans son état, étaient comme des tenaillements avec des pinces rougies au feu.

Et ce ne fut pas tout, car, pendant trois jours consécutifs, l'oncle Corbie les empêcha de se rejoindre, par ses promenades destinées à amener un entretien avec sa nièce.

C'était à ne plus y tenir, chaque journée faisait monter les angoisses comme une marée. Ceux qui se trouvent abandonnés seuls, dans une île déserte, sans herbe, sans eau, sans animaux, ne souffrent pas davantage. Enfin, Emile revit Henriette; et telles étaient leurs émotions, que, pour ne pas s'en laisser maîtriser, ils s'abordèrent froidement, silencieusement, et ce ne fut que peu à peu, de syllabe en syllabe, qu'ils en vinrent à de longs épanchements. Ils pleurèrent ensemble, se pardonnèrent mutuellement, firent mille tendres combats, séchèrent leurs larmes et la tristesse de leur cœur, et se séparèrent presque joyeux d'avoir été si malheureux pendant huit jours, puisqu'ils avaient eu plus de bonheur le huitième, assez de bonheur pour ne pas être affligés de se quitter.

CHAPITRE V

LA GUERRE DES VIEILLARDS CONTRE LES JEUNES GENS

En mer, quand le ciel est très pur, les capitaines qui commandent les navires aperçoivent tout à coup un petit point noir à l'horizon, que les passagers insoucieux ou inexpérimentés ne voient jamais. Ce point noir fait frémir les marins ; bientôt il grandit et se change en tache, la tache devient un nuage, puis un troupeau de nuages pareils à des béliers noirs et courant avec fureur ; les nuages prennent tout le ciel, secouent des éclairs comme des torches, et crèvent en ouragans impitoyables qui jettent navires et gens au fond de la mer. Un pareil petit point noir naissait à l'horizon, au loin des deux jeunes gens.

On était un lundi. Emile annonça à Henriette qu'il ne reviendrait que le vendredi. Il avait l'intention de faire faire son portrait par un jeune peintre d'assez de talent qui habitait la ville. Une centaine de francs d'économies (il ne dépensait rien dans cette province) avaient été destinés par lui à payer ce travail que le peintre exécutait rapidement.

Le vendredi, le temps fut très beau. Le ciel était d'un bleu vigoureux ; les ombres de la matinée, courtes, dures et très noires, maintenaient encore la fraîcheur de la rosée sur les herbes et dessinaient les massifs d'arbres en lignes nettes et comme coupantes. Toutes les mouches de la création criaient autour des fleurs, dont l'odeur était dans toute sa puissance. A force de soleil, l'herbe ne paraissait plus être verte, mais jaune. Dans les allées, sur le sable safrané et gai à voir, des barbots habillés en marquis venaient à chaque instant faire une promenade. Les lointains disparaissaient à la fois dans la lumière et dans l'ombre, et se partageaient en deux grandes bandes, l'une claire, l'autre sombre. L'herbe montait assez haut dans les prés, ainsi que le blé dans les champs, semés ensemble de fleurs joyeuses, telles que les coquelicots, les soucis, les marguerites. Au coin d'un champ, les maçons construisaient une maison en chantant; de gros oiseaux quittaient les bois et y rentraient à toute minute. Les paysans étaient courbés çà et là, sans craindre la sueur; les jupons rouges des femmes avaient l'air de grosses pivoines.

Et à la même heure à peu près, Pierre Gérard inspectait son monde. Emile marchait sur la route des Tournelles, et la pensée d'Henriette ne pouvait cependant l'empêcher de s'intéresser à ce qu'il y avait des deux côtés du chemin. Aristide et Perrin faisaient une balançoire au fond du parc, Aristide méditant le meilleur moyen de se retirer de son bout de planche juste pour bien faire tomber son ami. Le curé Doulinet posait un tableau dans son église, dont il examinait amoureusement les embellissements. Henriette, à sa fenêtre, regardait vers la route de Villevieille, comme si ses yeux eussent percé les arbres du bois et reconnu Emile, à une demi-lieue de distance. Madame Gérard travaillait, dans son salon, à une tapisserie qu'elle destinait à sa loterie. L'oncle Corbie songeait, sur la porte du petit café de Bourgthéroin, à sa nièce.

Enfin la cuisine des Tournelles était très animée; les fourneaux allumés faisaient un bruit du diable; de petits tas de carottes, de salades, de pommes de terre, attendaient paisiblement qu'on les mit dans la casserole. Les belles casseroles reluisaient au milieu de pots gris à ceinture bleue et de marmites qu'on aurait dites frottées au caramel, et on ne voyait qu'aller et venir les gros bras rouges de la cuisinière, qui ressemblaient à deux homards d'une étrange activité.

Le président s'était senti en verve le matin et avait rempli plusieurs feuillets d'une écriture aiguë et heurtée. Il venait d'achever quelques esquisses, et il relisait à haute voix, refaisant les lettres douteuses, mettant les points sur les *i*, les virgules à leur place. Sa manie était d'écrire le portrait des gens qu'il connaissait. Il les affublait d'un nom grec et méditait de les mettre dans un livre qui serait intitulé : *Nouveaux Caractères de Labruyère ; ou Les Loisirs d'un Magistrat.*

Le premier portrait était celui du curé.

« *Théopompe* est bien un homme de sa caste. Quand il entre, il regarde autour de lui avec méfiance, comme s'il redoutait d'être surveillé. Quand il parle, c'est à voix basse, comme pour ne pas réveiller un écouteur invisible.

« Il est insinuant, il approuve chacun, il flatte, et c'est à peu près pour arriver à demander une aumône.

« Théopompe est tout miel. Sa complaisance est infatigable. Qui n'aimerait un si charmant homme? Malheureusement, pourquoi Théopompe a-t-il des intérêts mondains comme nous tous, et pourquoi n'a-t-il pas la sincérité de l'avouer? Il n'y a que les êtres malfaisants qui se cachent. Il tient, d'un ordre célèbre, le mystère. Sa douceur est feinte. Ses mouvements sont ceux d'une araignée qui fait sa toile : il cherche à envelopper... Sa figure est fausse, elle paraît aimable. Son caractère est pire, il paraît bon.

« Il n'y a qu'un vrai fourbe qui puisse si naturellement remplir le rôle d'un fourbe. Il joue une comédie pateline pour se rendre insondable, mais il ne trompe que les esprits superficiels et prévenus. Théopompe se trahit auprès des gens sincères et observateurs. Une odeur de tricherie s'exhale de sa personne. Il le sait. Quand il a reconnu un adversaire pénétrant, son œil se trouble, sa voix s'aigrit et expire. Il redevient lui-même, peureux et méchant à la fois. Le vrai lutte avec le contraint sur sa physionomie et le rend un objet de dégoût.

« Ces êtres à l'échine souple sont dangereux. Ils sont organisés élastiquement pour passer par tous les trous. Théopompe a fait des vœux. Cependant, lorsqu'il est avec des femmes, il s'en approche bien près. Le traître ne fait pas de bruit en marchant; il sourit, se courbe, et le voilà plus près encore. Ses lèvres remuent à peine, un son presque imperceptible s'en échappe, et il se penche poliment pour qu'on puisse l'entendre, il est plus près encore. Il est bien fait et si doux ! »

Le portrait continuait avec des variantes nombreuses et infinies. La dernière phrase montrait la blessure du président. Il était inquiet et jaloux. Tous les contes de La Fontaine et de Boccace tournoyaient dans sa tête et le tracassaient. Parfois des colères le soulevaient tout entier contre le malheureux abbé. Alors le portrait devenait noir et cruel comme un tableau espagnol. Il arrivait souvent à M. de Neuville, en revenant des Tournelles, de griffonner rageusement de nouveaux paragraphes, où le curé était mis sur le gril comme saint Laurent. Cela donnait une littérature dantesque. Mais le lendemain l'homme de goût rejetait ces attaques dépourvues de mesure et rentrait dans le sentier de l'étude fine et achevée.

M. de Neuville avait aussi travaillé à dessiner Pierre Gérard et en avait fait une sorte de panégyrique.

« *Triptolème* a de l'imagination, de la finesse, de la singularité, mais aussi beaucoup de rondeur et de franchise qui sont dans tous ses gestes. Qu'il s'asseie, se lève, cause, travaille ou dorme, l'homme fort, sensé et *respectable*, se sent dans toutes ses attitudes comme dans ses discours. Triptolème est proche parent de Cérès, c'est presque le demi-dieu de la charrue. Passionné pour le travail agricole, il éventre la terre avec furie. Sagement matérialiste, son œuvre compte pour la prospérité publique. Convaincu de l'utilité de sa vie, il dédaigne peut-être un peu trop les fruits de l'esprit pour ceux de la terre; mais c'est une erreur de la passion. Il ne discute pas, il énonce sa pensée dans un langage imagé autant que juste, et ses idées, fortement appuyées sur les faits matériels, triomphent par leur seule évidence. Son commerce est sûr, son esprit indulgent. Il est bon et doux, quoique sévère. Sa rigidité s'étend surtout à ce qui est utile et pratique. Le reste, il en décline la compétence avec une abnégation et une modestie étonnantes qui prouvent la vigueur paisible de son être. »

Tout cela avait une sous-tournure d'épigramme. Le disert président faisait patte de velours à son ami Pierre. Peut-être, au fond, sentait-il réellement un grand besoin de le voir en beau, afin qu'ils en fussent relevés tous les deux.

Un troisième papier, intitulé : *Uranie*, restait en blanc ; mais un quatrième contenait une véritable ode à Henriette.

« *Céphise* est parée de toutes les grâces de la jeunesse. Les fées bienveillantes ont entouré son berceau, lui prodiguant à l'envi leurs dons précieux. Un charme inimaginable réside en sa personne. La pudeur, la modestie, la beauté, l'enjouement, la douce malice, forment son cortége. Cette aimable jeune fille, dont les neuf sœurs eussent fait leur compagne, possède une incomparable harmonie dans tous ses mouvements. Sa démarche est d'une légèreté divine, son rire a le timbre du pur cristal, sa voix est une douceur suave, son regard une fontaine limpide. Son esprit surpasse peut-être sa beauté et sa bonté surpasse son esprit. Jamais femme n'a été pétrie de plus d'attraits pour faire le bonheur d'un honnête homme. »

L'honnête homme était peut-être le président lui-même ! A trente ou trente-cinq ans, M. de Neuville eût été encore assez spirituel pour ne point écrire de ces choses-là. Mais chez la plupart des hommes, il se fait des ravages effrayants entre trente-cinq et quarante-cinq ans. A cet âge, commence pour beaucoup de gens une sorte d'hiver qui détruit tout ce qu'ils ont d'intelligent.

A onze heures, le curé et le président arrivèrent pour déjeuner aux Tournelles. Henriette se plaignit d'un mal de tête violent, et annonça qu'elle allait se promener dans le parc au lieu de rester à table. On était habitué à ses prétendues maladies, on la laissa sortir sans s'étonner. Corbie aurait voulu la suivre aussitôt, mais il manquait d'un prétexte ; il ne sut rien inventer et fut obligé de rester à ce repas, qu'il troubla par ses agitations extraordinaires. Il semblait qu'un lutin se fût introduit dans les bras et les jambes du pauvre oncle. Ses coudes accrochaient les bouteilles et les renversaient, ses mains tremblantes laissaient pencher les plats et couler les sauces sur son gilet ; il avalait de travers, se mordait la langue, donnait des coups de pied sous la table à ses voisins, et stupéfiait tout le monde par cette conduite de personnage de la pantomime.

En arrivant vers la muraille, Henriette s'aperçut qu'on l'avait garnie de tessons de verre, comme pour empêcher les escalades ; elle eut peur qu'Emile ne se blessât, et elle essaya de débarrasser de ces verres dangereux au moins une petite partie du mur, en jetant des cailloux et des branches cassées.

Ce qui fut assez comique, c'est qu'Emile, qui venait d'arriver de l'autre côté, en ce même moment, recevait sur la tête toutes ces pierres et toutes ces branches, sans pouvoir comprendre ce que cela signifiait, se demandant ce que voulait dire l'emploi de cette espèce d'artillerie, et si elle était dirigée contre lui. Au bout d'un certain temps, après être resté coi pour ne pas fixer les doutes de son ennemi, il devina qu'on cherchait à faire tomber le verre qu'il avait remarqué avec une certaine inquiétude. Ce n'était donc pas un ennemi. Il toussa, pour parlementer avec la place, et aussitôt Henriette cria à demi-voix : « Est-ce-vous ? »

Emile grimpa, et, afin de ne pas inquiéter Henriette en manœuvrant devant elle au milieu des tessons de bouteille, il sauta par-dessus le mur d'un seul élan, au risque de se tuer.

La jeune fille ne se rendit pas compte du danger qu'il courait ; mais elle eut, malgré son sens assez élevé, une sorte de petite satisfaction de vanité à voir la vigueur et la légèreté de monsieur son amoureux.

« Depuis quand donc a-t-on mis du verre? dit Emile, qui pensait que le retour serait plus difficile.

— Je ne sais pas, dit Henriette, je ne m'en suis aperçue qu'aujourd'hui. Vous devriez m'aider à l'ôter, vous qui êtes plus grand.

— Mais, dit Emile, est-ce que ce serait votre oncle qui l'aurait fait mettre? Il faut bien qu'on se soit douté de quelque chose.

— On ne parle de rien, les figures ne sont pas changées... Je serais très étonnée que qui que ce soit fût sur la trace...

— On s'est cependant bien aperçu qu'on passait par-dessus le mur...

— Peut-être est-ce le jardinier ; je ne sais pas du tout comment cela s'est fait, » dit Henriette.

Des soupçons entrèrent subitement dans l'esprit d'Emile.

« On veut vous marier ! dit-il brusquement.

— Je vous assure que non, Emile.....

— J'ai rêvé cette nuit qu'on vous mariait.....

— Je vous assure bien encore une fois qu'on n'y songe pas...

— Des jeunes gens riches, ajouta-t-il, remportent si facilement l'avantage sur ceux qui ne le sont pas !

— Oh! soyez bien tranquille, Emile : comme c'est *moi* qu'on doit marier, dit-elle en souriant, on ne me mariera qu'avec celui que je voudrai épouser.

— Vous serez seule contre quatre ou cinq personnes qui vous obséderont, qui vous tromperont...

— Nous n'avez donc pas confiance en moi, Emile ?

— Si ; mais pourquoi a-t-on mis ce verre?... C'est certainement contre moi.

— C'est le jardinier qui aura cru qu'il venait des voleurs de fruits. »

Emile avait une vague idée qu'Henriette ne disait pas la vérité, et, quoiqu'ayant grande envie de lui donner son portrait, il s'en retenait, serrant la boîte entre ses doigts, afin de ne pas être agréable à quelqu'un qui semblait lui cacher ce qui se passait.

Henriette fut tout émue de son visage sérieux, presque malveillant.

« Pourquoi donc n'avez-vous pas confiance en moi, dites, Emile? s'écria-t-elle.

— Non, répondit-il, il y a quelque chose dans l'air; vous ne me dites pas tout.

— Mais alors, reprit-elle, c'est donc vous qui savez quelque mauvaise nouvelle?... Vous m'inquiétez beaucoup.

— Mais non! les mauvaises nouvelles ne peuvent pas venir de mon côté.

— Mais qu'avez-vous donc? Vous êtes changé; vous avez l'air d'être fâché contre moi. Je ne pensais pas aux ennuis de cette espèce; je vais être toute troublée à présent. Vous avez donc entendu dire qu'on voulait me marier?

— Non, c'est une idée que je me fais.

— Mais qu'est-il arrivé? Oh! comme je suis tourmentée ! Pourquoi n'allez-vous pas trouver ma mère le plus tôt possible.

— C'est inutile...

— Mais, mon Dieu, vous ne voulez donc plus de moi? » s'écria Henriette avec un naïf chagrin.

Emile était mécontent et ne se sentait pas en disposition de dire une seule bonne parole.

« Est-il seulement bien sûr que vous vouliez de moi? reprit-il.

— Oh! qu'avez-vous donc? s'écria Henriette, je ne vous ai pas encore vu comme cela. Je vous supplie, je vous presse depuis quinze jours d'aller chez ma mère, je me tourmente de ne pas vous voir, je pleure, je suis toute changée, je ne pense qu'à vous, et voilà ce que vous avez à me dire! Ah! vous ne savez pas ce qui se passe en moi! Emile, il faut qu'on ait confiance en moi, je ne puis pas supporter le doute. Vous m'avez blessée. »

Emile fut rappelé à lui par le ton un peu sec et hautain d'Henriette. Il n'était pas fâché de la contrarier et de lui faire peur, parce qu'alors elle devenait plus tendre, plus expansive pour l'apaiser; mais cette fois il rencontra un orgueil et une irritation inattendus, et il éprouva une sorte de terreur d'avoir allumé ces sentiments avec une phrase qu'il avait laissée tomber comme une étincelle.

« Ainsi il n'y a rien de nouveau? reprit-il d'une voix affectueuse.

— Mais puisque je vous ai dit que non, répondit Henriette avec émotion.

— Il y a des jours où je pense que vous devriez partir avec moi, ajouta Emile pensif.

— Je ne vous comprends pas, répliqua Henriette. Pourquoi ne voulez-vous pas aller chez ma mère? car je vois à présent que vous ne voulez pas y aller.

— Eh bien, c'est vrai, dit Emile, je suis sûr que je serais refusé.

— Quelqu'un vous aura persuadé, on vous aura mis cela dans la tête...

— Non, dit Emile, c'est ma mère...

— Ah! elle ne m'aime pas alors, votre mère..!

— Oh! elle ne vous connaît pas... Mais voyons, est-ce qu'il ne vous paraît pas évident que la vôtre m'éconduira?

— Non... dit Henriette sans beaucoup d'assurance.

— D'après la manière dont vous m'avez parlé de son caractère, cependant !...

— Que compteriez-vous donc faire alors ? »

Emile baissa la tête, réfléchit, et, ne trouvant aucune voie à prendre, il répondit avec dépit et en souriant de lui-même à la fois :

« Y aller... vous avez raison... il faut au moins savoir à quoi s'en tenir.

— Comme vous êtes irrésolu ! » ne put s'empêcher de dire Henriette.

Ce mot châtiait cruellement Emile : ce fut un de ceux qu'il n'oublia pas. Il savait maintenant qu'un des mauvais coins de son caractère était connu de la jeune fille.

« Peut-être moins qu'on ne croit, s'écria-t-il ; seulement je pense qu'il y a du bon sens à s'arrêter devant l'impossible.

— Enfin réfléchissez, » répondit Henriette, voulant adoucir par condescendance le breuvage amer qu'elle venait de lui verser.

Emile employait maintenant tous les arguments de sa mère qu'il avait tant combattus; madame Germain eût été étonnée de ce changement de front, et les nouvelles évolutions de son fils lui eussent paru incompréhensibles. Le jeune homme songea à faire venir dans l'esprit de son amie des idées moins défavorables, et il présenta le précieux portrait, qui fut reçu avec transports. Henriette regretta de n'avoir pas pensé de son côté à lui faire un cadeau; elle se plaignit aussi que le portrait fût trop grand pour pouvoir être porté au cou, mais elle ne fut pas insensible à la bonne exécution de la peinture. La petite toile absorba alors toutes les pensées, et il ne se passa plus rien d'intéressant. Emile partit.

Henriette revint vers la maison, réfléchissant au caractère du jeune homme et ne ressentant pas le même enthousiasme pour lui, éprouvant une sorte de profond ennui de se retrouver seule, désirant qu'il fût là et entrevoyant des défauts dans la nature d'Emile ; mais prête à l'aimer parce qu'il l'aimait.

Elle était tellement préoccupée qu'elle n'avait pas pris ses précautions contre son oncle, et ne put éviter qu'il vînt à elle.

Corbie marchait à grands pas et ses lèvres tremblaient. Sa nièce n'entendit pas ce qu'il dit d'abord, parce que sa voix était presque inarticulée. Henriette le contempla, et, soit qu'elle ne l'eût jamais bien regardé, soit que le personnage, sous l'empire d'une vive sensation, fût plus fortement accentué, elle se rendit compte pour la première fois de l'aspect de Corbie Gérard, petit, trapu, habillé de gris et secouant une grosse tête bouffie, rouge, noire et grise, éclairée par des yeux rusés, méchants et vides en même temps ; une pensée bouffonnement sérieuse la tourmenta : « Mon oncle est trop court, » se dit-elle en l'examinant.

« Eh bien ! comment vous trouvez-vous, Henriette ? » dit-il.

Elle ne répondit pas. Corbie n'eut pas l'air de vouloir continuer ; il la regardait, puis détournait les yeux, puis les ramenait, et des gouttes de sueur rendaient son front tout brillant.

Au bout d'un instant il ouvrit la bouche, mais il s'arrêta : le gros homme n'avait pas encore trouvé ce qu'il voulait dire ; enfin il le trouva et reprit :

« Je ne sais si on a voulu me flatter, ou si on m'a dit la vérité, mais ils ont prétendu à table que j'avais l'air d'un homme de trente-huit ans. »

Henriette, tout imprégnée de la vue des vingt ans d'Emile, trouvait que son oncle paraissait en avoir plus de soixante ; cependant elle répondit :

« Vous êtes bien conservé !

— Bien conservé ! s'écria Corbie en faisant une demi-grimace ; un homme de trente-huit ans est jeune. En avoir l'apparence, c'est en avoir l'âge.

— Oui, dit Henriette, mais il y a une différence d'idées.

— Entre nous ? demanda Corbie qui se croyait déjà compris.

— Entre nous ? qui ? dit Henriette.

— Eh bien ! que vouliez-vous dire ? s'écria Corbie.

— Je veux dire que, quoiqu'il puisse être agréable de ne paraître avoir que trente-huit ans, on n'en a pas moins les idées d'un homme de cinquante.

— Je suis peut-être encore plus jeune de ce côté-là.

— Je ne le nie pas, mon oncle, dit Henriette qui commençait à être ennuyée.

— Où se voit la jeunesse ? dit Corbie : si c'est aux yeux et aux jambes, comme je le lisais hier au soir, j'ai de bons yeux et je marche bien.

— Je le vois bien, répondit la jeune fille.

— C'est dans le cœur, ajouta l'oncle, et dans l'esprit qu'on est jeune !

— Et pas autrement, certes, » dit Henriette en se moquant.

Corbie la regarda bien un peu de travers, et il répéta comme un écho :

« Certes ! »

Henriette pressait le portrait d'Émile dans son corsage avec son bras, elle aurait donné des millions pour être débarrassée de l'oncle.

« Je me suis étudié, dit Corbie. J'aime les oiseaux, les fleurs, les chiens...

— Et les papillons ? dit Henriette agacée.

— Les papillons aussi. »

Henriette crut que son oncle avait de l'esprit et qu'il faisait une farce. Elle le regarda ; il avait l'air très grave. Corbie prit ce regard pour un encouragement et poursuivit :

« Ce sont ces goûts-là qui me démontrent que je suis jeune. *C'est le côté gracieux de l'homme !*

— Ah ! répondit Henriette étonnée de ces phrases.

— J'aime d'un autre côté les aventures, le mouvement, les récits de bataille, les romans terribles, voilà la part de la fougue. Je suis facile à vivre, je n'ai pas de manies, c'est là une chose importante. Toujours de bonne humeur ! vous avez bien dû le voir.

— Personne n'est toujours de bonne humeur, dit Henriette.

— Oh ! répliqua Corbie, je suis toujours gai. Quel homme peut revendiquer des qualités, des facultés, ou enfin des propriétés, des manières d'être, plus intrinsèquement jeunes ?

— Vous ne portez pas de perruque ? » demanda Henriette d'un air sérieux ; elle était enchantée de se venger de l'ennui par un peu d'impertinence.

Corbie montra de la défiance sur sa physionomie, et dit avec assez d'à propos :

« Ajoutez à mon caractère que je ne fais pas de malices, d'épigrammes. Je suis un homme bon, pratique, observateur, rêveur...

— Mais, dit Henriette, pourquoi venez-vous perdre ce panégyrique au fond d'un bois. C'est au bal, devant les jeunes personnes, et monté sur une chaise, qu'il faudrait dire cela. »

Corbie répondit :

« J'aime beaucoup votre esprit, ma chère Henriette. Ainsi, vous croyez donc qu'un pareil caractère ne m'éloigne pas trop d'une imagination de jeune fille.

— C'est selon la jeune fille, dit Henriette ; mais vous voulez donc vous marier ?

— Justement.

— Et depuis quand ?

— Oui, dit Corbie qui se troublait de nouveau.

— Que vous a-t-on dit à table ?

— Je n'en ai pas parlé.

— Qu'est-ce que j'y peux donc !

— Avant tout, je voulais vous consulter.

— Ma mère serait plus en état que moi de vous conseiller. »

Corbie lui prit galamment la main et dit :

« Vous me connaissez, vous m'avez toujours témoigné de l'affection. J'ai 4,000 livres de rente. Cela ne sortira pas de la famille. Nous vivrons tous ensemble ; vous comprenez que je devais vous consulter la première. »

Henriette était abasourdie et ne savait pas si elle comprenait ; elle restait comme hébétée en face de son oncle.

« Il fallait bien vous le dire comme cela, reprit Corbie ; me voulez-vous pour votre mari ?

— Moi ! » s'écria Henriette, comme si elle eût marché sur un crapaud.

Corbie commençait à se décontenancer.

« Une jeune fille de dix-huit ans avec un homme de cinquante-cinq ans, un oncle ! » ajouta Henriette, qui avait envie de se sauver et qui semblait se trouver en présence d'une énormité inimaginable.

« C'est impossible! dit-elle vivement; vous n'avez seulement pas osé en parler à mon père et à ma mère.

— Pas osé! marmotta Corbie, qui reprit, pareil à un homme qui étrangle : Vous refusez... Henriette... ainsi!...

— Vous n'avez pas parlé sérieusement! » répondit-elle en haussant les épaules.

Corbie devint tout rouge, il serra les lèvres, mit la main sur le bras de sa nièce et dit : « Oui, c'était une plaisanterie; » puis il s'éloigna assez vite.

Henriette crut à une farce bizarre dont elle ne pouvait comprendre l'intention, et cinq minutes après elle ne pensait plus à son oncle.

La jeune fille rentra au salon, heureuse d'avoir ce portrait sur son cœur sans que personne s'en doutât.

Sa mère, M. de Neuville, le curé et Aristide écrivaient les numéros sur les billets de loterie.

« Ah! voilà mademoiselle « la Perle », s'écria Aristide.

— Comment es-tu ? » dit madame Gérard.

Henriette craignit qu'on ne lui fît faire aussi des billets de loterie.

« Toujours un peu souffrante, » répondit-elle.

« Voyons, dit Aristide, remuons-nous tous : des tisanes! bassinons le lit! Allons, monsieur l'abbé! allons, monsieur de Neuville!

— Je remonte dans ma chambre, dit Henriette.

— Redescendras-tu pour dîner? demanda madame Gérard.

— Oui, j'essayerai. »

Quand elle fut partie, les quatre autres remirent le nez sur les petits carrés de papiers, parlant de temps en temps sans cesser leur tâche.

« Gagnera-t-on le procès? dit le curé.

— Pourquoi pas? reprit brusquement le président.

— L'organisation de la justice est bien remarquable, » repliqua M. Doulinet sans aucune malice.

Le président se blessa de cette phrase, où il vit une ironie.

« Certes, mon cher monsieur l'abbé Euphorbe Doulinet, répondit-il, les organisations laïques ont au moins un bon côté, sans prétendre à l'infaillibilité des institutions ecclésiastiques, et malgré des allures plus modestes...

— Nierez-vous que le tribunal de Dieu ne soit plus auguste que le tribunal de Villevieille? s'écria le curé en rougissant de son courage.

— Avec des phrases, on va loin, reprit M. de Neuville. Je vous conterai, moi, des histoires augustes et édifiantes sur vos confrères... »

Madame Gérard s'amusait de ces escarmouches, mais elle mettait du savoir-vivre à les arrêter.

« A propos, Messieurs, dit madame Gérard, avez-vous reçu une nouvelle invitation de madame Baudouin?

— Oui, Madame.

— Vous savez que je ne suis pas invitée !

— Puisque vous n'êtes pas en relations avec elle, dit avec embarras M. de Neuville.

— Je ne sais, dit madame Gérard, s'il n'y aurait pourtant pas bonne grâce et fermeté d'esprit à résister aux influences un peu vulgaires de la richesse; madame Baudouin est une femme sans esprit et qui s'est conduite sottement envers moi...

— Mon Dieu, dit le président, je n'y suis allé qu'une fois, et je n'y remettrai pas les pieds.

— Moi, je n'y suis jamais allé, dit avec un air de triomphe le curé, qui espérait gagner un mérite aux yeux de madame Gérard.

— Cette femme et le curé de Saint-Louis ont été odieusement ridicules, reprit madame Gérard. Je ne sais pas ce qu'elle a cru, mais je compte qu'elle s'en mordra les doigts. Je leur ai montré que je ne suis pas une provinciale, et ils apprendront qu'il y a des personnes envers qui il est dangereux de commettre des impertinences.

— Madame Baudouin semble s'en repentir, dit M. de Neuville.

— Vous avez toujours eu un faible pour ces étalages qu'elle a faits.

— Oh! dit M. de Neuville, vous pensez bien que je lui sais trop mauvais gré de ses procédés à votre égard.

— Je sais que vous avez mis de la tiédeur à vous déclarer contre elle. Si cette femme était persuadée de votre intention de n'y point aller, pourquoi vous inviterait-elle?

— Mais, dit le président embarrassé, je ne puis être responsable de son manque de tact. Vous ne me ferez pas l'injure de douter que vos ennemis ne soient pas les miens. »

Le curé trouva que M. de Neuville était bien inconvenant, ou montrait du moins bien du sans-façon, en exprimant si *clairement* son alliance avec madame Gérard. Il en fut mis mal à son aise et rougit, dans sa naïveté, faisant intérieurement des réflexions pudiques.

« C'est égal, reprit madame Gérard, ni faiblesses, ni transactions! Si mes amis voulaient bien me témoigner un peu de dévouement, on verrait bien vite la déroute de cette grosse marchande de modes, vulgaire et mal élevée. Je la ferais repentir de ses grands airs et de ses malheureuses prétentions de guerre.

— Les billets sont finis, dit Aristide, qu'enchantait l'idée de couper la conversation de sa mère.

— Alors, reprit madame Gérard, monsieur le curé se chargera de ceux-ci, et vous, monsieur de Neuville, de ceux-là. » Elle leur en donna un gros paquet à chacun.

La Justice et la Religion firent une mine assez piteuse et semblèrent peser dans leurs mains le poids de tous les ennuis, de toutes les démarches qu'allait leur coûter le placement des carrés de papier.

« Demain, ajouta madame Gérard, mon cher de Neuville, vous n'oublierez pas de passer chez le marchand de papiers pour la tenture de la salle à manger, et vous demanderez au sous-préfet la salle des ventes pour exposer nos lots. »

Quelquefois, et par mégarde, malgré son adresse, madame Gérard donnait de telles commissions au président devant son mari. Alors Pierre ressentait une joie railleuse, et ne manquait pas de prier le pauvre Moreau de faire aussi quelques courses pour lui. M. de Neuville, quoique bronzé sur bien des petites choses de délicatesse, ne supportait ces vexations que dans l'espoir fort vague qu'un coup de sang emporterait

Pierre un matin et que madame Gérard pourrait devenir présidente.

Madame Gérard se leva pour aller chercher une broderie dans la chambre voisine.

M. Doulinet et M. de Neuville demeurèrent ensemble avec Aristide. Le curé et le président ne s'aimaient pas. Le second se plaisait toujours à taquiner l'autre. Le curé baissa le nez et tapota sur la table du bout des doigts, tandis que le président le considérait d'un air superbe. En même temps, Aristide, garçon d'un esprit singulier, contemplait tour à tour leurs profils, avec un œil de dessinateur, en murmurant entre ses dents un petit air sur ces paroles : « C'est l'abbé le plus laid, laid, laid ! »

Madame Gérard rentra et se mit à parler de magnétisme, dont elle avait la prétention de s'occuper.

Or, le président aurait désiré, ce jour-là, rester seul avec son amie. Je ne sais quelle tendresse et quel renouveau de printemps s'emparaient de son cœur ; mais il voyait avec fureur l'éternel curé enraciné sur sa chaise, ou cloué par les pieds sur le plancher. Le curé avait en effet le défaut de ne plus s'en aller, une fois installé quelque part.

M. de Neuville essaya de désigner des yeux, à madame Gérard, le doux abbé Euphorbe, afin qu'elle le renvoyât ; mais elle ne comprit point.

« Le magnétisme, dit-elle, peut m'ouvrir une vie nouvelle ; il faut continuer nos essais.

— Madame, interrompit le curé, je vous demanderai la permission de ne plus assister aux séances. Il y a défense de Monseigneur.

— Ainsi vous croyez que le démon est en madame Gérard, dit le président en ricanant.

— Je me soumets à l'ordre.

— L'indépendance du rabat ! marmotta le président, qui ne voulait rien pardonner à l'ennemi de son bonheur.

— Monsieur le curé, s'écria madame Gérard pour arrêter les hostilités, je vous enverrai le tableau bientôt ; c'est un Subleyras authentique !

— Madame, je me fais une fête d'égayer un peu les yeux de mes paroissiens, grâce à vos bontés.

— M. de Neuville écrira un de ces jours au maire de Severs pour ces panneaux sculptés à sujets de sainteté dont je vous ai parlé.

— Avec deux lampes, dit le curé d'un ton résigné, l'église commencera à se vêtir.

— Je m'en occuperai, » répliqua madame Gérard.

Le président, exaspéré qu'on voulût toujours l'employer à la chasse des panneaux de bois à sujets de sainteté, pour le compte du curé, n'y tint plus.

« A propos de panneaux, monsieur l'abbé Euphorbe, s'écria-t-il, avez-vous su celui dans lequel est si drôlement tombé votre confrère le curé Minaquet?

— Non, dit faiblement le curé, pressentant des désagréments.

— C'était un bel homme, occupé surtout de ses paroissiennes, et, parmi ses paroissiennes, d'une charbonnière encore fort blanche; une commère comme il en faudrait davantage pour les abbés Minaquet! »

Ce tour léger fit frémir le curé.

« Est-ce une histoire de cour d'assises? demanda-t-il en jetant un regard de détresse à madame Gérard.

— C'est une histoire de l'espèce grasse, dit M. de Neuville; la comédie salée n'existe plus que chez les gens d'église.

— Moi, je crois à la moralité des gens de loi, dit l'abbé; mais c'est peut-être par charité.

— Eh bien, ayez la charité d'écouter mon histoire, reprit le président, mon cher monsieur l'abbé Euphorbe Doulinet.

— Monsieur le président Moreau de Neuville, répondit le curé, fâché de la façon ironique dont l'autre étalait toujours son nom et son titre, croit systématiquement à la calomnie. Les robes de loi ont les manches plus larges que les nôtres.

— Eh bien?

— On peut y cacher aussi... dit le curé intimidé.

— Nous n'avons pas fait de vœux. L'abbé Minaquet avait fait vœu de chasteté, et pourtant on l'a retrouvé dans le sac à charbon, et fort court vêtu, sans compter les coups de bâton du charbonnier et les plaisanteries de la charbonnière. Tout votre diocèse a la renommée des prélats joyeux.....

— Vous êtes mieux instruit que moi, interrompit le curé; j'ignorais toutes ces belles choses.

— Moi, je n'y crois pas, dit madame Gérard intervenant enfin; la religion est si belle, qu'elle force à s'élever le caractère de ses desservants.

— C'est cela même! s'écria le curé, ranimé comme Wellington par l'arrivée de Blücher à Waterloo.

— Vous avez encore fait un mariage hier, dit madame Gérard pour les séparer.

— Oui, Madame, deux jeunes gens charmants.

— Henriette a vingt ans, reprit-elle pensivement.

— Voilà une ravissante enfant! » s'écria le président.

Madame Gérard le regarda fixement.

« On est bien heureuse d'être mère, quand on a des enfants comme mademoiselle Henriette et M. Aristide », dit le curé, reconnaissant et aimable.

Aristide grogna tout bas : « Ah oui! la princesse Parfaite! les voilà qui vont commencer. »

« Je ne suis pas contente de ma fille », dit madame Gérard.

Aristide se mit à rire.

« Pourquoi ris-tu comme un sot? » demanda la mère, contrariée d'être interrompue.

Aristide resta tout coi, et madame Gérard continua : « Elle a un caractère altier et ne veut pas se plier aux exigences de la vie. Il faut pourtant à une femme une certaine souplesse, une dextérité d'esprit, qui lui permettent d'être le grand lien dans les relations du monde. C'est un art, il est vrai, difficile.

— Et que vous possédez si bien, dit M. de Neuville.

— Oh! oui, appuya le curé, madame Gérard a tant d'esprit! »

Le président haussa les épaules et soupira.

« Henriette, dit madame Gérard, manque d'esprit! »

Le rire d'Aristide s'éleva de nouveau.

« Tais-toi, ou laisse-nous », s'écria la mère qui se croyait critiquée par son fils, tandis qu'au contraire c'était la joie de la sympathie d'opinions qui débordait en lui.

— Oh! dit le président, Henriette possède tout : amabilité, talents...

— C'est vrai! dit le curé.

— Je lui voudrais des qualités plus sérieuses, reprit madame Gérard.

— Ce serait préférable, ajouta le curé, heureux de faire la cour à tout le monde.

Ah! dit tristement madame Gérard, la cire ne se pétrit pas toujours au gré de la main.

— C'est bien vrai! ne manqua pas de lancer le curé.

— On ne peut toujours réussir à couler le moule où on veut jeter sa propre expérience, sa raison.

— Ah! dit le curé, oui, si on le pouvait!

— Henriette, répliqua madadame Gérard, est acerbe et a trop de prétentions! »

Un rire étouffé, comprimé, mais qu'on sentait plein de bonheur, recommença vers le coin où se tenait Aristide. Madame Gérard allait se fâcher, lorsque le président reprit vivement :

« L'œil sévère d'une mère trouve des défauts à sa fille, mais nous, nous ne lui en voyons point.

— Oh! certainement », dit le curé.

L'éloge des perfections de la fille faisait éclater aussi celles de la mère aux yeux du président.

« Le curé s'en ira, que diable! » se dit-il ; et, s'adressant brusquement à celui-ci :

« Vous êtes lié avec l'abbé Poireau?

— Un peu », répondit l'autre, défiant.

Madame Gérard, stupéfaite qu'on lui changeât sa conversation, fixait des yeux terribles sur M. de Neuville.

« C'était un voleur, dit M. de Neuville tout absorbé par son entreprise ; vous savez ce qui lui est arrivé?

— Je n'aime pas à médire du prochain, répliqua le curé, prenant enfin son chapeau.

— C'était un voleur et un gourmand », répéta impitoyablement le président, joyeux de réussir.

Le curé se leva.

« Puisqu'il était votre ami, la chose vous paraîtra plus piquante, continua M. de Neuville.

— Mais non, je n'y trouve aucun intérêt.

— C'est l'histoire de la cloche à melons où il s'est pris le pied en allant voler des fruits chez son voisin.

— Ça me rappelle, dit Aristide, ce que j'ai fait à Perrin.

— Pourquoi as-tu pris cet idiot pour ami? » demanda madame Gérard.

Aristide, ravi, rit encore aux éclats et répondit : « Il n'y a pas un garçon plus bête. L'autre jour, je l'ai jeté la tête la première dans le tonneau du potager.

— Ç'a dû lui être agréable!

— Lui? oh! c'est un bon garçon. On peut lui faire tout ce qu'on veut. Cet imbécile-là, je lui avais fait croire qu'au-dessous de l'eau on voyait le portrait de la femme qu'on épouserait, juste au-dessous de son portrait à soi! et qu'il fallait seulement entrer la tête sous l'eau et bien regarder. Il se défiait bien; mais quand il s'est penché, je l'ai poussé et il entré jusqu'au fond. Quand je l'ai retiré, il était si drôle! Nous nous faisions un fameux bon sang avec Jean et la cuisinière.

— Tu as une manière de parler triviale! dit madame Gérard.

— Je parle comme tout le monde, » répliqua Aristide très choqué.

Puis, n'ayant pas trouvé beaucoup d'enthousiasme au récit de ses farces, et craignant d'autres attaques contre son langage, Aristide s'en alla en grognant. Le curé profita de son départ pour fuir également. Dès qu'ils furent dehors, madame Gérard dit à son ami :

« Vous tourmentez toujours ce pauvre curé!

— Il est insupportable de le trouver toujours fourré ici!

— Mais c'est qu'apparemment cela me convient.

— Il y a cependant des moments.... où il est de trop, chère amie, dit le président en se levant pour se rapprocher. Pouvais-je vous dire devant lui combien vous m'apparaissez toujours charmante, toujours jeune? Vous ne m'accordez que bien rarement de causer seul avec vous, maintenant. »

Madame Gérard se regarda à la dérobée dans une glace, se vit bonne mine, le teint animé, elle comprit l'émotion de M. de Neuville.

« Mon cher Charles, répondit-elle, c'est justement pour nous sauvegarder contre nous-mêmes, pour nous rappeler à la sagesse de notre âge, que j'aime à ce que M. Doulinet soit avec et entre nous. Le temps est venu de faire de sérieuses réflexions, et ses conseils, son appui, sont excellents. Je craindrais mes remords, sans lui.

— Ah! ma chère Caroline, s'écria M. de Neuville, si vous pouviez vous voir avec mes yeux, vous ressentiriez ce que j'éprouve. Je me reportais tout à l'heure à cinq ou six ans en arrière, aux mêmes jours : c'est un souvenir si émouvant, et il se joint si étroitement aux sensations douces que donne ce délicieux temps d'aujourd'hui! Ah! ma chère amie, tout cela éveille mes regrets sur ce qui se passe en vous. Je vous assure que ce m'est un chagrin mortel de vous voir vous acheminer froidement vers ce... sérieux, cette sagesse, comme vous dites, sans vous soucier des tristes impressions que je...

— Vous serez toujours faible, dit madame Gérard; il faut cependant songer à réparer nos torts. Pierre a été si généreux!

— Oh! dit M. de Neuville, laissez-moi pour la dernière fois effleurer ces chères lèvres qui depuis longtemps ne s'approchent plus des miennes! »

Un gros pas lourd se fit entendre dans le corridor. M. de Neuville et madame Gérard tressaillirent et s'écartèrent vivement l'un de l'autre.

« Vous voyez bien que ce n'est pas raisonnable, » dit-elle à demi-voix.

L'oncle Corbie entra assez tragiquement et sans se douter des malheurs qui avaient failli arriver. Les autres crurent, à son air sombre, qu'il soupçonnait la vérité; mais comme ils le dédaignaient, ils reprirent leur tranquillité très promptement.

« Eh bien! Corbie, dit M. de Neuville d'un ton assez dégagé, quelle longue promenade vous avez faite!

— J'ai été voir les blés, répondit celui-ci : ils sont superbes. »

Il s'assit en s'essuyant le front et ne dit plus rien.

« Il fait très chaud pour la saison, reprit madame Gérard; je voudrais que le procès fût bientôt décidé pour qu'on pût utiliser *la reprise*.

— Ah! oui, dit Corbie distrait.

— Quand je pense, ajouta madame Gérard, que Pierre ne se souciait pas de ce procès et que mon beau-frère était neutre et sans opinion, selon son habitude!

— Oh! neutre, s'écria Corbie, ma belle-sœur sait trop bien ce qu'il faut faire pour que je ne sois pas de son avis en tout.

— Vous êtes rebelle quelquefois!...

— Corbie a une singulière nature, » dit le président.

L'oncle fut profondément remué, parce qu'il compta qu'on allait lui ouvrir quelques horizons nouveaux sur sa propre personne.

« Oui, répéta le président, une nature simple, droite, et cependant défiante, parce que vous avez la tête vive et prompte à s'égarer, ce qui explique vos défiances.

— Je ne me trompe pas déjà si souvent, dit Corbie que son aventure avec Henriette n'aurait pas dû rendre si affirmatif.

— Non, certes, vous avez du bon sens, Corbie; mais luttez contre vos passions.

— Mon beau-frère est surtout un homme *naturel*, « dit madame Gérard.

Corbie sourit d'abord de plaisir de s'entendre appeler homme naturel et passionné, mais cela lui rappela aussitôt qu'Henriette l'avait méconnu, et sa figure redevint soucieuse.

« Il faut bien, se dit-il, qu'elle ait de la mauvaise volonté! Cette petite fille-là n'est que malice! »

« Vous avez l'air triste, reprit madame Gérard.
— Moi? pas du tout... Où est Aristide?
— Aux chiens!
— Je vais y aller. »

En effet, Corbie ne s'épanouissait très librement qu'entre Aristide et Perrin. Il n'aimait pas à rester longtemps avec des personnes qui lui paraissaient trop spirituelles.

Des visites survinrent et sauvèrent ainsi définitivement madame Gérard et son ami du naufrage.

CHAPITRE VI

LA CONVERSATION EST L'ŒUF D'OÙ SORT L'ACTION

Les imbéciles sont des êtres navrants dans les petites choses comme dans les grandes. Ces conversations que je viens de rapporter, avec quelques autres qui suivront, expriment tout entière l'existence des Tournelles, existence certainement très mouvementée, grâce à l'esprit tracassièrement actif de madame Gérard. Il n'y avait pas un seul *ennuyé* dans toute la maison, depuis qu'Henriette avait trouvé à placer ses idées et ses sentiments sur la tête d'Emile, et c'est un résultat miraculeux en province.

La jeune fille, remontée dans sa chambre, fut tentée d'écrire à Emile, pour l'amuser, ce qui s'était passé avec l'oncle après son départ; elle avait oublié l'aspect redoutable et inquiétant de Corbie lorsqu'il l'avait abordée. Et cependant ces impressions qu'on ne reçoit qu'une fois et subitement sont des avertissements auxquels on ne saurait trop se fier ; mais elle était trop occupée de ses combinaisons personnelles pour réfléchir là-dessus.

En revenant pour dîner, l'abbé rencontra sous le vestibule Aristide, qui se regardait dans un petit miroir, et qui lui dit :

« N'est-ce pas, monsieur l'abbé, que je ne suis pas beau! Mais Perrin est encore plus laid que moi. Henriette, elle, est magnifique, ça ne pouvait pas manquer. On devrait la marier à Perrin, ce serait une bonne farce.

— Vous aimez à vous amuser, dit le curé qu'embarrassait toujours la manière de raisonner de ce jeune homme déraisonnable ; c'est bien permis, lorsque cela ne fait de mal à personne.

— Monsieur l'abbé, reprit Aristide, j'ai mes chagrins comme les autres !

— Mon cher enfant, répondit le curé, il faut savoir les supporter.

— Voilà ce que c'est, dit Aristide : je suis l'homme, je suis l'aîné : pourquoi suis-je mal partagé ? c'est injuste. Personne ne me fait jamais de compliments. Henriette a tout. On est toujours après elle, à l'admirer. Il me semble que c'est moi qui aurais dû avoir l'avantage. »

Le curé ne prenait pas Aristide au sérieux, mais il avait peur de ses farces grossières ; ne se sentant pas la force de remettre un peu de clarté dans cet esprit troublé, il se retrancha derrière la religion.

« Dieu a ses raisons pour tout, lui dit-il ; ce qui paraît mal fait est bien fait. Ce dont vous vous plaignez est probablement un bien.

— Pourtant, dit Aristide, si c'était moi qui avais su dessiner, faire de la musique, lire des vers, parler de tout, quel mal ça aurait-il pu me faire ?

— Ce sont, dit le curé, des dons brillants, mais dangereux ; il faut se féliciter plutôt de ne pas les avoir.

— Bon ! dit Aristide, triomphant de se raccrocher à une logique évidente, c'est donc dangereux pour ma sœur ? Pourquoi les lui a-t-on appris, alors ?

— Madame votre mère est trop sage, trop supérieure, pour n'avoir pas élevé mademoiselle votre sœur comme il convenait.

— Si ma mère a bien fait de faire apprendre tout ça à Henriette, ce n'est pas dangereux, et il serait plus juste que ce fût moi qui eusse ces talents-là. »

Le curé ne fut pas content de s'être laissé ramener au point de départ du débat, par Aristide. Il avait envie d'entrer au salon le plus vite possible, mais l'autre le tenait et semblait commencer à le considérer comme une espèce de sot.

« Madame votre mère, répondit-il, a donné à mademoiselle Henriette des principes solides, dont ces talents ne sont que l'ornement. C'est lorsque celui qui les possède n'a pas de principes salutaires, que de tels dons deviennent un poison.

— Est-ce que je n'ai pas de principes? demanda Aristide.

— Ce n'est pas là ce que je dis, s'écria le curé; les talents dont nous parlons ne sont bons qu'à donner de la vanité, à exciter l'envie. Ils sont plus séants chez une femme, à cause de leur frivolité. Avant tout, il faut servir Dieu.

— Je sais bien, dit Aristide; mais puisque je suis l'aîné, l'homme, il ne devrait pas être qu'on mette ma sœur au-dessus de moi, qu'on ne fasse attention qu'à elle. »

Et il ajouta, reconnaissant que l'abbé ne semblait pas bien attristé de ce malheur : « On a toujours l'air de ne pas savoir ce que je veux dire.

— Mais il me semble, dit le sage curé, que vous devriez être très-satisfait d'avoir une sœur comme mademoiselle Henriette. Les hommes ne peuvent pas entrer en rivalité avec les femmes, d'ailleurs !

— Qu'on ne la mette pas au-dessus de moi !

— Vous êtes un peu enfant en ce moment, dit le curé.

— Ah! vous ne valez pas mieux que les autres, répondit Aristide furieux, on ne peut rien vous faire comprendre. »

Et là-dessus, le jeune homme s'en alla en grondant, et laissant là le curé désolé de son inimitié.

Quand Pierre Gérard fut revenu des champs, on dîna. Perrin eut l'insigne honneur de s'asseoir à la table. Aristide le faisait lever de temps en temps pour servir pendant que le domestique allait chercher les plats à la cuisine.

Ce fut le dîner le plus silencieux et le moins gai qu'on eût jamais vu aux Tournelles : Corbie et Aristide étaient désarçonnés, le président et madame Gérard regrettaient la journée perdue, Henriette examinait tout le monde, Pierre mangeait énormément, l'abbé essayait de se réconcilier avec Aristide par toutes sortes de petits soins de voisinage.

On passa au salon, les femmes prirent leur ouvrage, les hommes le journal. Aristide employait son temps à attirer

Perrin tout autour d'une table couverte de porcelaines qu'il espérait lui faire renverser.

On aurait cru à une famille, ou endormie, ou consternée.

Un huissier vint demander Pierre, qui sortit pour lui parler. Tout le monde attendit la rentrée de Pierre comme un événement curieux. On le vit revenir.

« C'est le fermier des Brosses que je suis obligé de faire saisir, dit-il.

— Obligé ! » s'écria Henriette involontairement.

Il y eut alors au sujet de la saisie une lutte dans laquelle les bons et les mauvais esprits se rangèrent sous deux bannières opposées. A la fin le parti d'Henriette l'emporta, et sa mère se mit à renchérir alors d'idées généreuses sur elle.

Corbie, plein de rancune contre sa nièce, aurait voulu la contredire, mais il n'était pas assez hardi pour faire paraître sa colère. Cependant il laissa échapper un mot amer qui peignit l'état de son âme. Il venait de dire qu'il ne fallait pas faire plus qu'on ne doit. Madame Gérard et le président s'étant récriés, il répliqua :

« Oh ! c'est une idée de vieillard, parbleu ! »

En fin de compte, Aristide, à son grand mécontentement, fut obligé de courir avec Perrin chez l'huissier pour donner ordre d'arrêter les poursuites. Autre grief contre sa sœur, dont la bonté causait ce dérangement ennuyeux à huit heures du soir.

Ensuite on parla d'une jeune fille de l'âge d'Henriette, nommée Eugénie Charrier, qui avait épousé un homme de soixante ans, assez riche.

Tout le monde blâma ce mariage, excepté Corbie, qui, prenant le parti du mari âgé, s'écria :

« Quel mal y a-t-il donc à épouser un honnête homme ? »

Henriette entendit avec joie son père et sa mère s'élever contre les parents qui sacrifiaient leur enfant à l'argent.

Le président se mit à attaquer le curé comme toujours, et pour couper court à ses tracasseries, on fit chanter Henriette au piano.

Aristide et Perrin étaient revenus.

« Va donc souffler les bougies de ma sœur, dit Aristide, ce sera amusant.

— Oui ! ton père se fâchera !

— Mais non, ça fera rire !

— Ta sœur ne sera pas contente.

— Elle ne dira rien, va donc ! »

Perrin se leva, marcha jusqu'au milieu du salon, et, voyant qu'on le regardait avec étonnement, n'osa plus ni avancer ni reculer. M. de Neuville lui fit un geste menaçant ; Perrin s'enfuit terrifié, et au moment où il voulut s'asseoir, Aristide trouva plaisant, pour troubler la musique, de lui retirer sa chaise. Perrin tomba sur le derrière, et Aristide jeta la chaise à terre avec un fracas épouvantable en criant :

« Fait-il du bruit, cet animal-là ! »

Corbie se mit à rire, à cause d'Henriette ; les autres se fâchèrent.

La jeune fille refusa de continuer. Perrin n'osait plus souffler, ni regarder personne.

« Si Henriette nous disait les derniers vers de Victor Hugo ? demanda le président.

— C'est donc le grand spectacle aujourd'hui ? » marmotta le frère.

Henriette récita ses vers avec une grande docilité.

Quand elle eut fini, Aristide s'écria :

« Fermez la serinette ! » Ce qui fit rire bruyamment de nouveau l'oncle Corbie.

Madame Gérard s'inquiéta de la contemplation enthousiaste où le président restait plongé devant Henriette, et, dans le subtil travail de son esprit, elle attribua les tendresses que le président avait eues pendant le jour à un reflet de son affection pour la jeune fille.

Le père Gérard s'endormait visiblement. Henriette en avait assez, elle reprit le prétexte de sa maladie pour se retirer.

Sa sortie occasionna un mouvement dont Aristide profita pour lancer Perrin dans une de ces expéditions périlleuses et burlesques qu'il aimait tant à inventer. Il lui dit : « Il y a un u très drôle. On va derrière une personne et on crie : « Corbeau ! corbeau ! » Alors la personne répond. Tu verras. »

Il le mena derrière l'abbé, puis le laissa, et de loin lui fit signe. Le confiant Perrin cria consciencieusement : « Corbeau ! corbeau ! » Le pauvre curé bondit. Madame Gérard, furieuse, s'écria : « C'est trop fort ! Aristide, renvoie cet imbécile ! »

Aristide, riant aux larmes, poussa Perrin dehors en lui répétant cruellement : « Va-t'en, imbécile ! »

Henriette ne se doutait pas que son départ allait être le signal de ses malheurs.

Sa mère, jalouse de M. de Neuville, se décidait à la marier depuis quelques jours, pour se délivrer de ses inquiétudes. Il y a quelquefois des mères de famille qui, pour consoler leur amant de leur retraite dans la simple amitié à la fin des amours, lui donnent leur fille avec une belle dot. Mais madame Gérard n'en était point encore arrivée à ce point de détachement, où l'on a tant de courage et où l'on croit devoir offrir un dédommagement. Aussi :

« Il me semble, dit-elle, qu'il serait temps de marier Henriette.

— Ah ! dit le président, voilà un mariage que vous serez heureux de faire, monsieur l'abbé.

— Avec qui ? demanda Corbie, songeant follement qu'on allait peut-être lui répondre : Avec vous !

— Avec un bon parti, répliqua la mère ; il faut nous mettre tous en campagne. »

Il passa dans la tête de Corbie l'idée qu'on pouvait mal marier Henriette, ce qui le vengerait. Le curé entrevit un nouvel appui pour Saint-Anselme ; M. de Neuville seul aurait voulu qu'on ne se pressât pas tant.

« Je compte beaucoup sur vous, lui dit justement madame Gérard de l'air d'une personne qui donne un coup de poignard.

— Un bon gendre en prés et en bois, s'écria Pierre en riant.

— Ce sera amusant, dit Aristide, une noce !

— Voyez-vous déjà dans le pays quelqu'un qui puisse nous convenir ? demanda madame Gérard.

— C'est assez difficile, répondit M. de Neuville : les fortunes territoriales sont ou trop considérables ou trop faibles.

— Vous voyez toujours le difficile partout, reprit brusquement madame Gérard, qui était de mauvaise humeur contre lui.

— Trop faibles, soit, mon cher Moreau, dit Pierre, ceci doit être écarté de notre programme; mais trop considérables, ce mot n'existe pas plus pour nous que l'impossible pour Napoléon. Henriette vaut des millions.

— Au moins deux cents! grogna Aristide.

— Demandera-t-on au moins quelques qualités au mari! répliqua M. de Neuville, irrité à la fois contre Pierre et contre sa femme.

— Un homme est toujours bon, dit Gérard, s'il a des millions. C'est un engrais qui améliore les qualités pratiques! rien que cela! Les bonnes terres ne sont pas pittoresques. »

Madame Gérard ajouta à son tour :

« C'est une grave et sérieuse affaire pour des parents, que de se séparer de leur enfant après l'avoir élevée, vue grandir, soutenue et amenée jusqu'au bord de la vie.

— Henriette est mon plus bel épi, dit Pierre en riant; le comice agricole me doit un prix de première classe pour ce produit-là. »

Puis, comme ses idées se trouvaient ramenées vers l'agriculture, il crut entrevoir la forme de sa charrue comme dans un éclair, il sauta vers la table, prit son crayon et son papier en criant :

« Cette fois, je l'ai ! »

On le regardait avec stupéfaction et d'un air d'attente, pensant qu'il avait trouvé un mari pour sa fille ; mais quand on le vit barbouiller une sorte de dessin, puis le déchirer et frapper du pied en murmurant : « Ce n'est pas ça! » chacun sentit l'ironie entrer dans sa poitrine, une ironie spéciale à chaque nature. Aristide ramassa les morceaux de papier et les fourra dans le dos de Perrin, qu'on avait laissé rentrer après une pénitence dans le corridor. Perrin n'eut pas l'audace de se plaindre, et se contorsionna toute la soirée, victime des petits morceaux de papier à angles piquants. Corbie trouva son frère léger. Le président pensa que Pierre ne devait pas plaire à une femme.

Madame Gérard reprit froidement :

« Je vois que mon mari est distrait ; nous attendrons, pour reparler de tout cela, un moment où il aura l'esprit plus libre.

— Bah ! répondit Pierre, c'est une idée que je ne pouvais pas laisser échapper ! Je crois avoir fait ma fille exprès pour la marier, mais cela ne m'empêche pas de chercher une charrue qui sera un bienfait pour les populations. C'est aussi pour ma fille que je travaille, en voulant rendre à la terre le bien qu'elle nous a fait. »

Sa femme l'interrompit.

« Nos amis, dit-elle, sont initiés à toutes les affaires de la famille, nous ne ferons rien sans les consulter. »

Le domestique Jean vint annoncer que la carriole du soir était prête pour ramener chez eux les habitants de Villevieille.

Il arrivait fort rarement que le président et le curé retournassent ensemble à la ville. Le curé se sentait inquiet devant la perspective de passer vingt minutes seul avec le magistrat, assis tout près, à se serrer, sans aucune barrière entre eux. Le président aurait volontiers souhaité que la voiture versât et que le curé se rompît le cou. M. Doulinet s'attendait à boire beaucoup de vinaigre, mais il ne pouvait décemment paraître avoir peur. Il se serrait seulement de toute sa force dans son coin pour ne pas effleurer M. de Neuville, qui ruminait les moyens de confondre et de dégoûter l'exécré Théopompe. A force d'écrire contre Théopompe, le président avait toujours ce nom sur les lèvres, et, emporté par l'habitude, il lui dit de sa voix aigre :

« Monsieur Théopompe, vous croyez donc...

— Pardon ! » s'écria le curé, bouleversé de ce nom païen.

M. de Neuville s'arrêta tout court, aussi surpris que l'abbé, puis, trouvant l'aventure bouffonne, se mit à rire beaucoup.

Le curé se garda bien de demander des explications et savoura prudemment les bienfaits de la trêve qui suivit le *lapsus linguæ* de son ennemi, et qui aurait mérité à la carriole le surnom de carriole de la paix.

Henriette, remontée dans sa chambre, avait mis le portrait de son amant sur une petite table, et, accoudée devant, elle le contemplait, animée par toutes les idées heureuses qu'il lui inspirait. Elle chantait à demi-voix en réfléchissant qu'elle pourrait passer sa vie toute avec Emile, et qu'elle serait seule auprès de lui; qu'alors elle aurait toute liberté de l'aimer, de le serrer dans ses bras. Quand elle pensait au corps élégant d'Emile, sa force disparaissait; la jeune fille se demandait alors quelle nécessité la contraignait à attendre un mariage, tandis que *demain*, si elle le voulait, en faisant à peine quelques pas au milieu de la nuit, ainsi que le proposait Emile, elle serait maîtresse de sensations nouvelles et d'un trésor précieux de révélations. *Et qui le saurait d'ailleurs!*

Henriette ne dormit pas de toute la nuit. Quoique très lourd, elle attacha à son cou le portrait de son ami; mais cette communion plus étroite ne la calma pas, et après ses agitations elle vit arriver le jour avec bonheur. La venue du soleil l'apaisa peu à peu. Elle se leva, entendit chanter les oiseaux, sentit les fleurs, regarda les transformations du ciel quand le crépuscule commence, puis se recoucha et s'endormit seulement alors. La jeune fille fut ensuite fort contente de ne se réveiller que vers neuf heures. Le temps de s'habiller et dix heures sonnèrent.

A dix heures, en effet, Henriette était au fond du parc; Émile, non moins exact, apparut sur le mur et sauta près d'elle.

« N'ayez donc plus rien à craindre, lui dit-elle joyeusement: ce sont d'excellentes gens qui veulent que l'on marie les jeunes avec les jeunes. »

Elle lui raconta la conversation qu'on avait tenue sur Eugénie Charrier, et elle ajouta en riant :

« Ah! mais si, vous avez un rival en mon oncle, beau jeune homme de soixante ans. »

Ce rire, cette gaîté, cette assurance, se communiquèrent à Emile; d'ailleurs il avait autre chose en tête.

« Enfin, à quelle heure s'endort-on aux Tournelles ? demanda-t-il.

— Toujours la même question ! répondit Henriette.

— Je suis venu cette nuit jusqu'à la porte de la maison, mais je l'ai trouvée fermée. Il y a eu de la lumière dans votre chambre jusqu'à minuit. Dans toutes les autres on a éteint vers onze heures. J'ai vu votre ombre sur les rideaux de votre fenêtre. »

Henriette demeura toute saisie.

« Comment, vous étiez-là ! s'écria-t-elle ; mais vous êtes un fou de faire de pareilles imprudences ! A quelle heure êtes-vous donc rentré chez vous ?

— A trois heures du matin.

— Qu'a dû dire votre mère ? ajouta-t-elle en secouant la tête d'un air de reproche.

— Je l'avais prévenue.

— Comment prévenue ? dit Henriette en rougissant de l'idée qu'avait dû donner d'elle à madame Germain cette visite nocturne

— Prévenue que je rentrerais peut-être tard.

— Vous n'avez pas peur sur la route ? C'est dangereux, il peut y avoir des voleurs ! dit-elle avec un tendre effroi.

— Je n'y pense pas, dit Emile; et il reprit : Puisqu'on ferme la porte du vestibule, je pourrais bien monter jusque dans votre chambre par le dehors, s'il y avait des points d'appui.

— Oh ! dit Henriette, on entendrait. Non, non ! si on vous trouvait !

— J'aurais toujours bien le temps de me sauver.

— Oui, vous faire tuer, n'est-ce pas ? Vous perdez la tête.

— Je viendrais toutes les nuits, interrompit Emile, voir s'il y a de la lumière à votre fenêtre, et...

— Non, répondit-elle tout agitée, je préfère sortir et aller vous retrouver.

— Si je ne vois pas de lumière, continua Emile, tout singulier aussi, c'est que vous ne pourrez pas venir.

— Je viendrai ! » répéta-t-elle d'une voix tremblante.

Il y a de telles souffrances à lutter contre un désir ou une passion, qu'on ressent d'abord une profonde tranquillité à se laisser vaincre. Mais il est étrange aussi qu'on ne voie pas vivantes et palpables les conséquences redoutables d'une faute. Le déshonneur, le mépris, la colère des personnes de sa famille, rien n'inquiétait Henriette : elle les trouvait faciles à supporter ; mais ce qui lui paraissait insupportable, c'était d'attendre toujours.

« Je ne puis plus rester loin de vous, lui dit Emile, je voudrais vous voir toujours. Maintenant nous pourrons être ensemble le matin et la nuit, nous ne serons plus obligés de nous séparer si brusquement.

— Oui, dit Henriette, dont le cœur se serrait cependant un peu.

— Vous me le promettez?

— Je viendrai, répéta-t-elle, éprouvant les mêmes sentiments qu'Émile, et pesant intérieurement la force de cette affection avec une joyeuse fierté ; car la sensitivité se développe si puissamment en amour, qu'en quelques secondes sont affectés les nerfs du chagrin, de la joie, de l'irritation, de l'orgueil, chacun par un mot qui le touche, comme le doigt tombe sur une note de piano ; seulement l'exécutant ignore la musique qu'il produit ainsi.

— Je ne puis pas vous écrire, dit Emile, parce qu'alors j'ai tout de suite l'envie de venir auprès de vous, et une lettre me semble triste et froide ; j'aime mieux vous parler.

— Venez le plus souvent possible, » répondit Henriette, entraînée, par toutes ces douces choses, à ne plus se montrer réservée et prudente.

Dans ce moment d'exaltation, le sacrifice de l'honneur lui apparaissait dû à Emile, qui avait pour elle une tendresse si profonde, et elle mettait de l'orgueil et du bonheur à avoir à perdre certainement plus que lui.

Mais quand il fut parti, la jeune fille rentra accablée à cause de la promesse faite et des difficultés qui se présentaient pour la tenir ; attendre qu'on fût endormi, ouvrir les portes, se glisser sans bruit, puis rentrer, enfin se cacher ! et comment s'expliquer si elle était surprise ? Ces calculs pénibles l'occupèrent à ce point qu'elle fut tout étonnée de heurter les marches du vestibule : car elle ne croyait pas avoir marché.

La première chose qu'Henriette fit en ouvrant la porte de sa chambre fut de regarder vers la petite table où elle avait mis le portrait. Il n'y était pas. Son émotion et le choc qu'elle reçut dans la poitrine et au cœur sont semblables à ce qu'on éprouve lorsqu'on a failli faire une chute dangereuse. Le sang est arrêté, puis retombe comme les masses d'une cascade en froissant toutes les veines et toutes les artères.

« Est-ce qu'on l'a pris ? » dit-elle tout haut avec un accent rempli d'effroi.

Elle courut voir à la porte si la clef était restée dans la serrure pendant sa sortie, ne se rappelant pas, en effet, l'avoir tirée de sa poche pour ouvrir. Elle n'avait point emporté sa clef! son inquiétude augmenta ; en vain ses yeux cherchaient partout.

« Je n'avais pas fermé ma porte ! » se disait Henriette pleine d'une terreur croissante ; c'était l'idée mère de toutes ces angoisses. La jeune fille fouillait dans tous les coins avec une activité saccadée, elle arrachait presque ce qu'elle touchait, regardant derrière les meubles et les rideaux ; Henriette crut avoir serré le portrait dans quelque tiroir, et elle eut un moment heureux ; elle bouleversa son linge, ses robes, en jetant la moitié au milieu de la chambre pour aller plus vite. Elle se tortura l'esprit pour imaginer des cachettes impossibles et recommença trois fois ses recherches. A la fin elle tomba dans un fauteuil, lassée et découragée, ayant à peine la force de raisonner, tout entière livrée à la peur. Puis elle se releva et se mit à ranger tout, espérant encore découvrir la petite peinture.

« Si Emile le savait, pensait la jeune fille, il croirait que je ne tiens point à son portrait. Qu'ai-je donc fait pour avoir mérité ce malheur ? Que va-t-il se passer ? Est-ce ma mère qui est entrée ici ? Qui ? Avoir laissé ma clef, lorsque je devais même boucher le trou de la serrure ! Et je perds ce portrait le lendemain du jour où il me l'a donné. Je suis impardonnable ! Et s'ils l'ont, comment vais-je m'expliquer, comment pourrai-je me justifier ? Oh ! tout se réunit !... »

Henriette pleura, se voyant garrottée par les événements et comprenant qu'elle ne pouvait rien par elle-même, qu'elle dépendait de la volonté des autres et devait attendre que ces autres réglassent ses propres affaires, contrainte de subir ce qu'il leur plairait de décréter, là où elle seule aurait dû décréter, à son sens.

La cloche appela tout le monde à déjeuner. Henriette hésita à descendre, troublée comme un coupable qui va au jugement ; elle s'attendait à voir dans la salle à manger un tableau de visages sévères et hostiles. Se raidissant de toutes ses forces, elle entra et parcourut d'un œil timide toutes les physionomies ; ses genoux pliaient et son esprit était aussi peu affermi. Chacun mangeait déjà paisiblement, avec la sérénité accoutumée. La jeune fille crut sentir un vent frais qui lui dilatait les poumons. Malgré une attention ombrageuse, défiante, elle n'entendit pas un seul mot effrayant. Mais au dessert, Aristide demanda s'il n'y avait pas un faiseur de portraits à Villevieille. Sa sœur eut la sensation de quelqu'un qui reçoit un coup d'épée. La souffrance fut d'autant plus grande que la jeune fille était presque entièrement rassurée.

Un impérieux coup d'œil de madame Gérard, qu'Henriette ne vit pas, réprima les démonstrations d'Aristide. Le déjeuner finit, et Henriette resta dans une cruelle incertitude. Madame Gérard lui dit :

« Nous avons à faire des visites aujourd'hui, habille-toi, Henriette ! »

Assombrie, silencieuse, la jeune fille alla s'habiller ; elle aurait pu remarquer que sa mère ne s'était point étonnée de ce qu'elle ne mangeât pas. Les mouvements nécessités par sa toilette la calmèrent un peu. On ne sait peut-être rien ! On sait tout ! Sa tête était battue par ces deux phrases pour ainsi dire suspendues à un balancier sans repos. Henriette se demandait si elle reverrait jamais Emile, et elle se déchirait le cœur de tourments, parce qu'un moment de négligence détruisait deux bonheurs. Elle pensa à tout avouer à sa mère, mais elle ne se contait pas un élan de confiance assez fort ; elle eut peur, au contraire, de perdre l'imperceptible chance qui lui restait. Elle prévoyait qu'on ne serait pas porté à l'excuser ! L'attente était préférable.

Les visites se firent, le dîner arriva, la soirée se passa, et il ne fut plus question de rien. Henriette imagina avoir mal cherché le portrait, elle s'expliqua les paroles d'Aristide au déjeuner par une coïncidence bizarre, et quand tout le monde fut couché, elle eut la hardiesse d'ouvrir sa fenêtre pour écouter si Emile venait. Il ne vint pas. Elle resta deux heures à la fenêtre. Son oreille, ouverte et affinée par l'amour, entendit tous les bruits étranges de la nuit, les craquements de branches, les froissements de feuilles, le cri de la chouette, de petits frôlements, des roulements de charrettes sur la route ; ses yeux fouillèrent les masses noires des arbres, jusqu'à ce que les objets commençassent à leur paraître fantastiques et effrayants.

« Et c'est peut-être aujourd'hui le seul jour où nous aurions pu nous entendre pour nous sauver ! » se dit Henriette plusieurs fois. Elle se coucha engourdie par le grand air de la nuit et brisée par une espèce de fièvre. Son sommeil fut malsain et agité de rêves pénibles qui lui arrachaient des murmures et des plaintes. Une heure de douleur peut anéantir des années de joie, et une heure de joie peut effacer toutes les peines passées ! Emile était très heureux pendant ce temps-là.

Aristide avait inventé, pour s'amuser, depuis quelque temps, poussé par une curiosité malveillante et sotte, de fureter dans les chambres qu'il trouvait ouvertes, de fouiller dans les tiroirs, de lire les lettres et de cacher les menus objets. Perrin l'accompagnait d'ordinaire.

Tandis que sa sœur était dans le parc avec Germain, Aristide, après avoir essayé des clefs, considéré, par le trou de la serrure, la toilette de sa mère qui se fardait, arriva chez sa sœur, reconnut qu'elle était sortie et entra curieusement.

Le portrait ressortait tellement sur la petite table, qu'Aristide ne vit pas autre chose. Il sauta dessus, le prit, le considéra avec toutes sortes de grimaces et s'écria :

« Ah ! voyez-vous ! mademoiselle la guenon ! voilà son singe ! On le saura, par exemple ! Toutes les filles sont les mêmes ! »

Il s'échappa comme un sauvage qui a scalpé son ennemi. Il rencontra Perrin qui errait dans les couloirs.

« Tu sera cocu ! » lui cria-t-il.

Aristide courut chez sa mère, où il fit une entrée bruyante. Madame Gérard, troublée dans ses mystères de poudres, de pommades et de tours de cheveux, commença par se réfugier dans son cabinet, d'où sa voix sortit irritée, demandant :

« Qu'est-ce donc ?

— C'est moi ! répondit son fils, qui avait ainsi l'air de causer avec une porte.

— Laisse-moi ! Pourquoi ne frappes-tu pas avant d'entrer ?

— Viens voir ce que je t'apporte, ça en vaut la peine. »

Madame Gérard pendant ce colloque fit un arrangement provisoire de sa figure, puis elle passa la tête par la porte entrebâillée et vit qu'Aristide tenait un petit tableau à la main.

« Est-ce M. de Neuville qui envoie une peinture ? dit-elle.

— Non, c'est mieux. Tiens voilà ce que j'ai trouvé dans la chambre d'Henriette ?

— Comment cela ? dit madame Gérard en fronçant le sourcil ; où est Henriette ?

— J'ai pris cela sur sa table. Ce n'est pas saint Pierre ou saint Paul, je suppose.

— Connais-tu cette figure ?

— Non.

— Bon ! répliqua madame Gérard, je vois ce que c'est. Mais n'en parle à personne.

— C'est un amoureux, n'est-ce pas ? Il n'est pas beau pourtant, » dit Aristide en donnant une chiquenaude sur le nez peint d'Emile.

« Tais-toi, dit madame Gérard, nous verrons : il faut que tu m'aides à découvrir la vérité.

— Etait-elle fine ! s'écria Aristide ; je ne m'en doutais pas.

— Laisse-moi ce portrait et ne t'éloigne pas trop de la maison, j'aurai probablement besoin de toi. »

Aristide partit. Il alla, triomphant, tourmenter Perrin en lui prédisant que les plus grands malheurs lui viendraient des femmes, et en lui conseillant, pour les éviter, de se mettre en état de chanter à la chapelle Sixtine.

Madame Gérard était plus irritée qu'affligée, mais il faut lui rendre cette justice, que sa conscience ne lui demanda nullement compte des bons ou des mauvais exemples donnés dans l'intérieur de la famille. Sa première colère contre sa fille venait surtout de ce qu'on pouvait, ou de ce qu'on pourrait savoir, à Villevieille, cette fâcheuse aventure, selon le plus ou moins de discrétion du jeune homme inconnu, et que peut-être les Gérard étaient déjà la fable de la ville, sans s'en douter; par conséquent le silence, un étouffement adroit de ces intrigues dangereuses pour les projets d'avenir, devenait une nécessité absolue. Il fallait reconnaître les développements de cette liaison, avec le mystère qu'on emploie aux travaux de contre-mines, dans les siéges. Madame Gérard en voulait à Henriette; il lui semblait voir une épigramme à ses propres amours ainsi qu'à ses prétentions de mère habile à élever et à surveiller, renversées de fond en comble. Comme elle connaissait de vue les deux ou trois jeunes gens de Villevieille qui avaient *quelque chose*, elle se disait :

« Ce doit être un petit vaurien sans le sou. »

A force de réfléchir sur tous les indices qui auraient pu être remarqués et auxquels on n'avait pas fait attention, madame Gérard se rappela que le jardinier s'était plaint de dégradations au mur du parc.

Son plan arrêté, il lui tardait d'en faire part à quelqu'un, et de remuer un peu son petit monde par des discours, des ordres, des gémissements, des opérations de campagne. Elle dit à Aristide dans le jour : « Quand ta sœur sort, tâche de savoir, sans être remarqué, où elle va et ce qu'elle fait. » Ensuite l'abbé étant venu, il eut la primeur de la nouvelle.

« Ah! monsieur le curé, vous voyez une femme bien affligée : c'est Dieu qui me frappe! »

Le curé parut tout de suite aussi affligé que madame Gérard.

« Oui, reprit-elle, vous vous intéressez assez à nous pour que je vous confie ce qui arrive ; on a trouvé le portrait d'un jeune homme dans la chambre de ma fille. Pourvu que la malheureuse enfant ne nous ait pas précipités dans un abîme !

— Comment ! dit le curé sincèrement consterné, mademoiselle Henriette qui avait l'air si sage !

— Mon Dieu ! ajouta madame Gérard, cela se borne peut-être au portrait, et j'espère encore que cette fatale imprudence n'est pas ébruitée ; il faut à tout prix empêcher qu'on ne l'apprenne ; il faut hâter le mariage de cette malheureuse fille ! Ah ! j'ai bien besoin de consolations, de conseils. »

Mais le curé trouva la vraie note sensible de son âme et lui causa un vif plaisir en répondant : « Oh ! Madame ! j'ai la persuasion que vous saurez tous nous guider et nous indiquer ce que nous devons faire. »

Le président et l'oncle Corbie furent instruits de l'affaire quelques moments après, avec commandement exprès de n'en rien laisser voir. Corbie était furieux.

« Voilà donc, pensait-il, pourquoi elle ne voulait pas de moi ! » Et il ne fut plus préoccupé que de se venger de sa nièce et du jeune homme.

Le président, sans que ses sentiments eussent jamais été aussi nets que ceux de Corbie, éprouvait aussi au fond une sorte de dépit qu'Henriette montrât de la tendresse pour un homme quelconque.

Cela se passait avant le déjeuner où la jeune fille s'était assise avec tant de craintes. De retour de ses visites, madame Gérard retrouva dans le salon ses deux amis, qu'elle avait priés de revenir, ainsi que Corbie.

« Je ne sais comment annoncer cela à mon mari, dit-elle ; j'ai presque envie de ne point lui en parler. »

Madame Gérard ne supposait pas son mari capable de comprendre les délicatesses d'une pareille situation, et elle avait moins le désir de lui épargner des soucis qu'elle ne le considérait comme un esprit inférieur. Cependant elle trouva qu'elle le mettait un peu brusquement à l'écart et reprit :

« J'aime assez cette enfant, malgré le mal qu'elle me fait, pour ne pas l'exposer à la colère de son père ! Que de ménagements nous allons avoir à prendre pour ne pas trop irriter Pierre.

— A nous quatre, dit le président, nous amortirons le coup. »

Corbie enrageait, comparant ses intentions vertueuses, qui avaient été repoussées, à celles du jeune homme inconnu.

On n'apprit rien à Pierre de tout le jour.

« Te rappelles-tu, lui dit sa femme le lendemain, que le jardinier a demandé à mettre du verre sur le mur pour empêcher les escalades ?

— Oui, dit Gérard ; est-ce qu'il a vu des voleurs ?

— On ne sait pas, répondit sa femme, si ce sont des voleurs ou si les gens qui sont venus avaient d'autres intentions.

— Quelles intentions ? demanda Pierre ; je ne vois que les voleurs qui s'amusent à passer par-dessus les murailles.

— Oh ! dit Corbie, ce sont bien des voleurs, mais d'une autre espèce.

— Enfin quoi ? reprit Pierre : des voleurs ou des amoureux, alors !

— J'aimerais peut-être mieux les premiers, ajouta Corbie.

— Tu parles beaucoup, toi, répliqua brutalement Pierre impatienté. Des amoureux ? pour Henriette ? allons donc ! Elle est si tranquille, la petite ; elle n'y pense guère !

— Elle a bien l'âge ! dit madame Gérard.

— Ainsi, vous avez peur qu'il n'y ait un petit jeune homme ? demanda Pierre inquiété. Ce sont tous ces vers que vous lui laissez apprendre !

— C'est une chose grave, dit maladroitement le curé.

— Enfin, s'écria Pierre, a-t-elle un amant ? N'en a-t-elle pas ? A-t-on vu quelqu'un ? Il serait bien plus simple de s'expliquer. »

Madame Gérard répliqua :

« Il est possible qu'il n'y ait pas grand mal jusqu'ici ; mais il est temps que nous nous en mêlions. Voilà ce que j'ai trouvé chez elle. »

Elle tendit le portrait à Pierre, qui l'examina curieusement et demanda :

« Eh bien ! qu'avez-vous dit à Henriette ? Qui est ce garçon-là ?

— Personne ne le connaît, répondit madame Gérard. Ma fille m'inspire d'ailleurs assez de confiance.

— Voulez-vous, dit le curé, me confier cette peinture? Je saurai qui est le jeune homme. »

Pierre pensait à sa femme et à *Moreau*. Il était contrarié d'avoir à montrer devant celui-ci ses véritables sentiments envers sa fille. Il dit assez froidement :

« C'est une imbécile ! Elle n'a donc songé à rien ? Si ça vient à être connu, on ne pourra plus lui trouver de mari. Quelle belle affaire ! *Moi, je m'en lave les mains, après tout!* »

Madame Gérard rougit, malgré toute sa tranquillité de conscience, et elle répliqua vivement :

« Enfin, nous ne resterons pas les bras croisés, j'imagine ! Quand nous devrions emmener Henriette à Paris ou aux Eaux, il faut couper toute communication entre elle et ce petit drôle et la marier immédiatement.

— Interrogez Henriette, dit le président.

— Oh ! je lui parlerai ! », reprit madame Gérard ; et, afin d'être sûre de conserver le rôle de chef d'armée et de se donner celui d'apôtre doux, elle ajouta :

« Je pense que son père ne lui fera point de reproches violents, inutiles.....

— Vous ferez ce que vous voudrez, dit Pierre en haussant les épaules ; je ne veux pas être responsable. » Il s'éloigna dans le salon, murmurant entre ses dents : « Encore une belle affaire ! J'avais pourtant cru que la petite ne s'en serait pas mêlée. Ça va amener une quantité de tripotages avec la mère ! Qu'elles s'arrangent toutes les deux ! Je n'aurais jamais pensé qu'Henriette !... Bon chien chasse de race, bah ! »

Ce vilain monologue, où était contenue toute la sensibilité de Pierre, ne fut pas entendu des autres personnages, quoiqu'ils écoutassent l'espèce de vague grognement qui s'échappait des lèvres de Gérard.

Les hontes ne coûtaient pas à Pierre ; il pensait qu'il suffisait de se dire non responsable pour mettre sa conscience à l'abri, et qu'en abdiquant toute initiative honorable et morale, on ne pouvait lui demander aucun compte, puisqu'il abdiquait.

A ce moment de la conversation, la tête d'Aristide apparut au dehors, à la fenêtre du salon.

« Ma sœur va au fond du parc, dit-il, je la suis.

— Oui, expliqua madame Gérard, Aristide est un homme maintenant, on peut le charger d'observer sa sœur.

— Il s'y entend si bien ! répliqua ironiquement le père. Du reste, mon cher Moreau, vous le stylerez. »

Pierre croyait encore que cette honteuse ironie constituait de sérieuses représailles, et il était toujours très fier de lui-même lorsqu'il l'exerçait.

Aristide avait été très joyeux de se voir créer le garde du corps de sa sœur. Le matin même, il était venu s'installer dans le couloir sur lequel donnait la chambre d'Henriette, apportant une vieille guitare, et aussitôt qu'il entendit remuer, il chanta une chanson d'amoureux. Cette farce causa une certaine peur à la jeune fille, parce qu'elle comprit qu'elle serait sans appui au milieu des siens.

Henriette s'était levée inquiète, le cœur serré, malheureuse avant que les ennuis eussent pris corps. Elle évoqua les explications, les scènes pénibles, les mauvaises journées qui pouvaient surgir; les railleuses variations de la chanson d'Aristide lui semblèrent un prélude menaçant. La terreur la saisit, et, pour échapper à ce qu'elle redoutait, elle songea presque à fuir. Puis elle se rassura un peu, se dit qu'elle opposerait à l'énergie une plus grande énergie, et que peut-être aussi se bornerait-on à quelques reproches et lui serait-on favorable ensuite. Mais alors Henriette réfléchissait que les hésitations d'Emile étaient fatales, qu'il était bien tard, trop tard, parce qu'on les accuserait tous deux, lui d'un manque de franchise, elle de l'oubli de ses devoirs. Henriette mettait ces paroles dans la bouche de sa mère : « Vous avez vu en secret ce jeune homme, c'était déjà un grand tort, mais enfin votre premier mouvement de jeune fille bien élevée a été de demander le mariage. Puis, malheureusement, vous avez laissé de côté cette préoccupation moins condamnable, pour chercher je ne sais quoi de coupable. Vous étiez coupable, puisque vous vous cachiez de nous ; sinon pourquoi auriez-vous gardé le secret ? Vous vous êtes donc compromise de gaîté de cœur, rejetant tout sentiment de convenance et de vertu ; et aujourd'hui, méritant d'expier votre conduite, vous venez réclamer les béné-

7

fices d'une honnêteté sans tache que vous n'avez pas eue: vous exigez de nous que, pour l'amour d'une fille qui n'est rien moins qu'irréprochable, nous sacrifiions nos répugnances et nos projets personnels, en la mariant à un jeune homme qui n'a rien et avec lequel elle est entrée en relations difficiles à apprécier, et cela à notre insu. »

Le bon sens d'Henriette et son instinct lui criaient qu'évidemment on lui parlerait de cette façon-là, mais elle conservait cependant de l'espoir, comme ces aveugles qui espèrent guérir parce qu'ils entrevoient je ne sais quelle lueur confuse à travers leurs yeux perdus.

Vers dix heures, voyant qu'on ne l'empêchait pas de sortir, et n'y comprenant rien, elle alla comme à l'ordinaire au rendez-vous d'Emile.

Il lui expliqua qu'il n'avait pu venir la nuit, parce que sa mère avait été malade et ne s'était remise qu'au petit jour. Il était enfin parti, impatient et plein d'enthousiasme, encore plus amoureux et presque ivre.

Emile n'était pas très avancé sur le fait des femmes, de sorte qu'il se créait une poésie d'amour divine, et qu'il imaginait de molles extases qui n'existent pas, au lieu de ces sensations nettes, cruelles, matérielles, qui sont belles par leur forte âpreté, mais qui n'engendrent que des chagrins et des tourments, en ramenant au contraire l'homme à la terre, à la vie active, à la jalousie, au regret, à la fatigue, à l'envie, à tous les désirs de la matière.

Henriette le laissa parler quelques instants, n'osant pas troubler trop vite sa joie. Il remarqua son air triste.

« Je vous attendais, lui dit-elle, je suis inquiète. Hier, en rentrant, je n'ai plus retrouvé votre portrait dans ma chambre. On l'a pris ; je n'en ai pas dormi ; j'ai peur que vous ne m'accusiez de négligence ; c'est impardonnable de légèreté : je me suis tant pressée pour arriver ici que je n'ai pas pensé à emporter ma clef. J'en ai pleuré, Émile !

— Quel grand inconvénient cela a-t-il ? dit Emile, qui était tellement monté à la joie qu'il ne pouvait comprendre une nouvelle fâcheuse.

— Nous sommes découverts, dit Henriette, et avant d'avoir

pu nous expliquer! Tout le monde va être furieux; on va faire toutes sortes de suppositions.

— C'est peut-être un bien, au contraire, répondit Emile; on aura vu mon portrait, on voudra peut-être me connaître, ma figure peut les disposer mieux en ma faveur! »

Henriette trouva cette réponse par trop naïve, elle reprit :

« Il faut que vous alliez demain chez ma mère. Maintenant il n'y a plus à hésiter. Nous sommes punis d'avoir tant perdu de temps!

— Cela, reprit Emile, ne m'empêchera pas de venir cette nuit!

— Non, répondit Henriette d'un ton décidé, il faut s'occuper des choses sérieuses; ce sont ces projets-là qui nous ont nui!

— Le mariage va peut-être s'arranger tout seul! dit Emile, toujours confiant.

— Oui, mais allez-y, surtout allez-y! pensez combien je suis exposée à des reproches et à des soupçons.

— Certainement, ma chère Henriette, répliqua Emile en l'embrassant, ne vous désolez pas, je me figure que loin d'être un malheur... »

Aristide arrivait alors à pas de loup dans le massif. Les deux jeunes gens ne l'entendirent que lorsqu'il fut près; en voyant apparaître un homme à quelques pas, Emile perdit un peu la tête, il se sauva comme un malfaiteur, mais pendant qu'il franchissait le mur, le frère d'Henriette put le reconnaître. Aristide bondit vers sa sœur, et d'un air furibond qui effraya et irrita en même temps la jeune fille :

« Avec qui étais-tu là? » lui dit-il.

Henriette, interdite par ce ton de menace, ne répondit pas.

« Tu vas revenir à la maison tout de suite, ajouta Aristide en la prenant par le bras et en la tirant brutalement.

— Lâchez-moi! dit Henriette très émue.

— Tu nous déshonores! » s'écria Aristide, la forçant à marcher.

Le dédain qu'Henriette avait pour son frère lui rendait

cette violence doublement humiliante. Cependant ce mot de déshonorer l'écrasa un moment ; l'entendant dire par Aristide, elle pensa que ce devait être l'arrêt de toute la maison.

Son frère la traîna encore quelques pas. Mais alors la fierté d'Henriette reprit le dessus, elle se dégagea par un mouvement qu'elle donna de toutes ses forces.

« Ah ! tu m'as écorché ! cria Aristide en portant un doigt à sa bouche.

— Allez jouer avec Perrin, mon cher frère, le reste ne regarde que les gens qui sont en état de comprendre, » dit-elle avec mépris.

Peu s'en fallut qu'Aristide ne la frappât d'un grand coup de poing ; il la ressaisit plus fortement qu'auparavant, sans se soucier de lui faire mal ou non, et répondit : « Tu ne feras plus la fière à présent ! »

Aristide n'avait jamais dit de si grands mots de sa vie, il était enchanté de trouver une aussi belle occasion. Il ne manquait pas de vigueur, il força sa sœur à courir, et, au lieu de monter tout droit, il fit le tour de la maison pour passer devant la cuisine et montrer à Perrin et aux domestiques, aux gens enfin qui avaient quelque respect pour lui, combien Henriette était renversée de son piédestal.

Mais à la cuisine on ne saisit pas la signification de cette scène ; on crut que c'était un divertissement commun. Henriette ne cherchait pas à se débattre ; un moment elle faillit involontairement appeler Emile au secours, bien qu'il fût loin ; puis elle se laissa faire, mais remplie d'indignation d'être niaisement maltraitée par ce garçon imbécile et méchant. Elle en pleurait de colère.

Madame Gérard regardait par la fenêtre du salon, au moment où Aristide ramenait sa sœur de cette agréable manière.

« Ah ! voilà Aristide qui fait des sottises ! » s'écria-t-elle ; et elle sortit précipitamment au-devant d'eux.

« Depuis quand, demanda Henriette haletante, ce sot d'Aristide a-t-il le droit de se conduire brutalement avec moi ! Tiens, vois mon poignet. Aristide n'est pas assez intelligent et pas assez âgé pour intervenir dans ce qui n'intéresse que ma mère, mon père et moi !

— Parle donc ! répliqua Aristide : je viens de la voir avec le jeune homme du portrait, qui s'est sauvé par-dessus le mur !

— C'est bien ! dit madame Gérard, Aristide ne te touchera plus jamais. Il a eu tort. Monte avec moi, nous avons à causer. »

CHAPITRE VII

TRAVAUX DE CIRCONVALLATION

J'ai vu souvent des sots dire les mêmes choses que les gens spirituels, cependant cela n'en restait pas moins bêtise chez eux et esprit chez les autres. Les méchants peuvent aussi parler comme les bons, il n'y a que la différence de la sincérité.

Henriette suivait sa mère dans des dispositions de combat et non de soumission. Madame Gérard essaya de faire venir un peu d'émotion sur son froid visage de femme sèche et adroite, et elle dit à sa fille :

« Ainsi voilà donc où tu devais tomber !

— Je ne suis pas tombée, répondit durement Henriette.

— Tu ne te crois pas coupable? Ton esprit est donc bien désorganisé ! »

Henriette regardait un tableau, le sourcil froncé, les lèvres serrées, l'air hautain ; la révolte s'agitait dans sa poitrine et bouleversait son sens moral.

Elle aurait voulu pouvoir crier : Mais je ne fais que ce que vous avez fait !

« Quel nom peux-tu donner à une fille qui reçoit un jeune homme?

— Encore faudrait-il savoir comment je le recevais.

— Mais pas trop mal, car ton frère, grâce à une indiscrétion providentielle, a trouvé ce portrait; aujourd'hui encore il vous a surpris ensemble. Qu'est-ce donc que ta conduite, alors? Je voudrais que tu m'en donnasses l'explication.

— Mais c'est mon seul crime, dit Henriette, d'avoir ce portrait !

— Laisse-moi parler, reprit madame Gérard. Nous t'avons élevée dans les meilleurs principes que puisse recevoir une jeune fille ; nous avons eu en toi pleine confiance, et vois comme tu nous a récompensés : le premier homme venu est accueilli par toi ; tu dissimules, tu te tais, au risque de courir les plus grands dangers. Pourquoi ne nous l'as-tu pas dit ? Pourquoi ne nous as-tu pas dit que tu voulais te marier ? Nous n'aurions pas refusé de remplir ton désir, sois-en sûre. »

Henriette fut désarmée par cette dernière phrase, où elle crut voir une immense bonté.

« C'est ce que j'ai toujours voulu, répondit-elle. On devait t'en parler de jour en jour, mais le temps a passé si vite !

— Attends que j'aie fini, dit madame Gérard, tu te justifieras ensuite, ce que je souhaite vivement. Je te reproche surtout de n'avoir pensé qu'à toi et pas du tout à nous. Ces jeunes gens qui font métier de séduire...

— Oh ! ce n'est pas lui qu'il faut...

— S'en vantent partout et publient orgueilleusement le déshonneur des familles. Cela retombe sur les parents. Ta faute paraîtra notre faute. Je suis indulgente, car une autre te traiterait plus durement. Ah ! les enfants sont vraiment trop égoïstes !

— Veux-tu que je te dise comment cela s'est passé ? reprit Henriette, émue.

— Comment s'appelle ce jeune homme ? qui est-il ? un homme qui a l'audace de venir ici en plein jour !

— C'est un employé de la sous-préfecture ; du reste, il doit venir te voir demain.

— Comment, me voir !

— Il a toujours été convenu que nous nous marierions.

— Toujours ! Depuis quand donc cela dure-t-il ?

— Depuis près de deux mois. C'est au bal du receveur que je l'ai vu ; le lendemain, il est venu. C'est un jeune homme très honnête, très bon et très loyal.

— Deux mois ! s'écria madame Gérard stupéfaite ; et personne ne s'en est aperçu ! Mais quand donc ? le soir ?

— Oh! non, jamais le soir! Il serait venu te trouver plus tôt; mais comme il est pauvre, il ne se sentait pas beaucoup de courage.

— Pauvre! répéta madame Gérard avec un accent ironique. Puis elle ajouta : Mais, si on l'a vu franchir le mur, tu es compromise, tu es perdue. Comment éviter les conséquences des bruits qui peuvent courir sur ton compte? »

Madame Gérard avait compris qu'Henriette n'avait point commis la dernière faute; elle la questionnait pour savoir à quoi s'en tenir.

« Je suis assez heureuse pour te sauver, reprit madame Gérard, car tu allais te perdre. Quelles craintes nous avons eues pendant ces deux jours! Maintenant j'espère que nous arrangerons cette affaire à la satisfaction de tout le monde. Rassure-toi : nous voulons que tu sois heureuse; mais tu comprends qu'il faut changer de conduite et te laisser diriger par nous. A présent nous avons à effacer l'effet qu'a pu produire ton imprudence. Je verrai le jeune homme, nous conviendrons de tout; mais tu me promets de renoncer à tes entrevues avec lui et de ne pas entretenir de correspondance secrète. Tu n'a plus qu'à attendre paisiblement que nous ayons pris quelques informations.

— Oui! » dit Henriette, qui aima mieux croire que toutes ces paroles étaient une promesse, que chercher à provoquer une explication plus nette. Elle s'était soulagée en s'expliquant brièvement, franchement. Il lui aurait fallu trop d'énergie pour se rejeter volontairement dans les inquiétudes et les querelles. Il y avait peu d'épanchements entre ces deux femmes; la lutte ne les retenait pas en présence. Madame Gérard embrassa sa fille et redescendit au salon. Henriette se renferma chez elle.

« Eh bien? dirent tous les yeux quand madame Gérard entra.

— Je sais à peu près tout ce qu'on peut savoir, dit-elle, sur la position de ce petit monsieur, qui n'est rien du tout, comme je m'en doutais. D'après les réponses à mes questions, j'ai reconnu qu'il n'y avait eu jusqu'ici que des enfantillages.

Ils se sont promis de s'épouser, et le jeune homme doit venir demain. Ils ne se sont vus que le jour, au fond du parc.

— Mais je réfléchis, dit le président, voilà qui me paraît une trame bien ourdie. Je jurerais que ce garçon est un petit roué qui a joué une vilaine comédie. Remarquez cette ostentation, cette affectation de venir le jour, c'est-à-dire dans les meilleures conditions pour être vu. J'insiste là-dessus. Il n'est pas venu une seule fois la nuit, en effet; ce lui eût été inutile, remarquez-le bien. Les visites de jour pouvaient seules compromettre publiquement Henriette, il s'en tient à celles-là. Il donne son portrait. Il attend deux mois. Je lis tout cela comme si c'était écrit. Sans doute Henriette le presse de demander sa main; il ajourne; il sait que se présenter directement, c'est échouer; il calcule...

— En effet, s'écria madame Gérard, je vois le piége. Cet homme espérait nous forcer à lui donner Henriette; c'est odieux! »

Cette sagacité de magistrat, cette manière d'envisager la situation d'après les traditions de la cour d'assises apporta à tout le monde une révélation. La honteuse perfidie d'Emile parut claire et évidente.

L'oncle Corbie murmura :

« Quel coquin! »

Aristide s'écria en son langage inélégant qu'il regrettait de ne lui avoir pas donné une *roulée*.

« Comment comptez-vous vous y prendre? demanda Pierre à sa femme.

— Je recevrai ce petit monsieur, je le prendrai par les sentiments d'honneur, si toutefois il en a, et je le mettrai poliment à la porte. Quant à elle, on lui dira qu'il n'en veut plus, et dans quinze jours elle n'y pensera plus, surtout si on l'occupe du mariage et si on lui en montre un autre. Il faudrait d'ailleurs qu'elle eût bien peu de cœur pour y tenir encore, quand nous lui aurons dévoilé les jolies combinaisons de ce petit drôle. »

Pierre réfléchit, puis il dit :

« Nous verrons si cela réussira. Du reste, je ne demande pas mieux qu'on la marie tout de suite.

7.

— C'est pour cela, dit madame Gérard, qu'il faut se presser. Vous ne voyez donc personne, ni les uns ni les autres?

— M. de Gueraudé! dit le président; il a trente-six ans, dix mille livres de rentes; il n'a jamais quitté le pays; c'est un homme distingué.

— Est-ce un agriculteur? dit Pierre. Je ne le connais pas.

— Non, c'est un érudit, un philologue.

— Oh! des paperasses! reprit dédaigneusement Gérard : ces gens-là sont fous! ils cultivent le sable et l'argile.

— Je connais un jeune homme très pieux, dit le curé; il a vingt-deux ans; il aura 400,000 francs de sa grand'mère. Pour le moment il jouit d'une pension de 2,000 francs qu'elle lui fait.

— M. Bernier? demanda madame Gérard.

— Il est bossu, interrompit le président en haussant les épaules, et sa grand'mère est une vieille folle. Ce serait l'union la plus ridicule. Il n'y a que monsieur l'abbé Euphorbe Doulinet pour avoir de ces idées-là.

— Du moins, monsieur le président Moreau de Neuville, ai-je la bonne volonté de chercher à servir madame Gérard.

— Soit, dit le président; mais un peu de bon sens vaudrait beaucoup de bonne volonté.

— Voyons, dit Pierre, Moreau, votre robe noire est bien tracassière; vous faites toujours des procès. »

La semonce rendit M. de Neuville silencieux, de même que son agression avait rendu muet le curé.

« Aidez-nous donc, mon beau-frère, dit madame Gérard à Corbie.

— Ma belle-sœur, je ne vois guère... répondit Corbie, cruellement embarrassé de ce qu'on ne pensait pas à lui et n'osant toujours point s'offrir.

— Enfin informez-vous, Messieurs : nous ne pouvons attendre ni le hasard ni l'occasion, nous sommes obligés de trouver promptement! »

Pendant toute la journée, ce fut un ressassement des mêmes conversations. Henriette ne sortit pas de chez elle, elle dîna dans sa chambre. La jeune fille attendit avec une tranquillité relative l'entrevue d'Emile avec sa mère, et quelques chimères revinrent la rafraichir.

Emile s'était repenti d'avoir fui le matin devant Aristide et s'accusait de niaiserie; mais il était trop tard, et il regrettait le mouvement de frayeur instinctive qui l'avait entraîné et qui pouvait donner la plus mauvaise opinion de lui

Madame Germain s'aperçut qu'il devait être tourmenté; elle n'avait pas besoin de beaucoup questionner son fils pour obtenir ses confidences.

« Qu'y a-t-il de nouveau? demanda-t-elle. Je vois à ta figure que tu es contrarié.

— Il y a qu'il faut en finir demain. J'irai trouver madame Gérard.

— Vous avez donc fait quelque folie, mes pauvres enfants?» dit madame Germain, qui, elle aussi, crut Henriette séduite.

Emile comprit et ajouta vivement :

« Non, ce n'est pas ça... Mais je suis obligé de m'y décider.

— C'est ce qu'il y a de mieux à faire. Si tu n'es pas agréé, tu en seras quitte pour te retirer.

— Me retirer? dit Emile étonné. Je ne renoncerai jamais à cette *petite*.

— Je n'ai jamais vu rien de bon résulter de ces amours.

— On le verra peut-être une fois par hasard, » dit-il avec une gaieté assez forcée.

Une mère pleine de tendresse, tout animée du désir d'adoucir les soucis de son enfant, ne conçoit pas pourquoi il répond d'un ton amer ou froid à ses paroles affectueuses, comme le faisait Emile, qui, en parlant d'Henriette, se heurtait toujours aux mêmes difficultés, et aurait donné en ce moment toute la tendresse *adversaire* de sa mère pour trois mots d'une personne qui aurait bien voulu tout lui montrer en beau.

« Je n'étais, dit-elle, pas contente de cette situation où tu restais. A présent, du moins, il y aura une solution. Mais qu'est-ce donc qui te pousse si fort aujourd'hui? »

Emile rongeait ses ongles.

« Il est cependant fâcheux, s'écria-t-il, que ce portrait leur soit tombé entre les mains !

— Ah ! dit sa mère, c'est donc là le motif secret !

— Oh ! j'y serais bien allé ; mais cette affaire me prend à l'improviste, au moment où je ne me sens pas d'entrain.

— C'est que tu ne peux reculer, en effet.

— Il serait plus convenable que tu fisses toi-même la démarche, reprit Emile d'un ton caressant.

— Oh ! je le puis maintenant moins que jamais. Après vos aventures, ce serait, au contraire, de la dernière inconvenance. Tu as, d'ailleurs, plus de chances d'être éloquent que qui que ce soit. L'affaire te devient tout à fait personnelle. Si je faisais une visite, ce ne pourrait être que pour demander pardon de ton étourderie, implorer ta grâce. Voilà le seul sens où je puisse parler ; et, certes, c'est un rôle impossible. Non : tu as mené tes amours à ta fantaisie, tu as fait des maladresses, toi seul pourras les réparer. Tu plaideras ta cause ; car tu dois être, à leurs yeux, un peu dans la position d'un accusé. S'ils aiment beaucoup leur fille, s'ils ont le cœur très délicat, ils te trouveront peut-être vaillant. Compte sur ta jeunesse. »

Emile se sentit encouragé.

« Oui, dit-il, il vaut mieux que je parle moi-même. Je craindrais qu'un autre n'allât pas dire ce qu'il faut. »

Madame Germain ajouta :

« Cette dame passe pour très charitable : c'est un signe de bonté. On la dit très spirituelle, et, je ne devrais pas le faire remarquer cependant, elle n'est pas d'une conduite irréprochable, n'est-ce pas ? »

Emile sourit.

« Voilà tes chances, continua-t-elle ; voilà ce qui lui donnera peut-être un peu plus d'indulgence. »

Emile était bien plus satisfait de ces espérances de succès que sa mère lui laissait entrevoir, sans y croire, mais pour lui inspirer le courage d'en finir.

« Je crois, dit-il, que je m'entendrai avec une femme. On peut être doux, câlin. Je lui dirai simplement les choses : que j'aime la *petite*, qu'elle m'aime ; que, jusqu'ici, j'avais été absorbé par la pensée d'Henriette, et que c'est une espèce de discrétion qui m'a empêché aussi de me présenter..... »

Ce système d'explications sincères ne paraissait pas trop sûr à madame Gérard, mais elle n'en voyait pas de beaucoup meilleur.

« Il est encore possible, reprit-elle, que les prenant ainsi au milieu de l'émotion qu'a dû causer la découverte de ton portrait, ils se laissent plus facilement persuader. »

Madame Germain désirait que son fils sût à quoi s'en tenir et le pressait par n'importe quelles raisons.

« Tu m'as dit une chose, reprit-il, à laquelle je n'avais pas songé et qui me frappe : madame Gérard sait ce que c'est que l'amour, puisqu'il y a le président ! »

Cette fois, madame Germain ne put résister au besoin de rectifier ces jeunes idées.

« Oh ! dit-elle, il ne faut pas imaginer qu'il y ait rien de semblable là-dedans. Madame Gérard et cette autre personne sont à cent lieues de ta façon de comprendre l'*amour*. C'est mêlé pour eux d'une combinaison très subtile, avec les usages du monde, les convenances. Ne va pas au moins invoquer cela auprès d'elle pour la fléchir.

— Oh ! répondit Emile, je ne suis pas encore assez sauvage pour que tu aies une pareille inquiétude. Puis il ajouta gravement : Faudra-t-il mettre une cravate blanche ?

— Mais non, ta noire suffit.

— Ah ! j'aime mieux cela, je serai moins emprunté dans mes manières. D'ailleurs je sens que ce que je dirai commence à se débrouiller dans ma tête. »

Pendant la nuit, l'imagination d'Emile créa plus de dix conversations différentes dans lesquelles il inventait les réponses de madame Gérard. Tout seul il s'exaltait, il trouvait des mots magnifiques et gagnait la bataille ; malheureusement le lendemain matin il avait oublié ses improvisations et ne put se les rappeler.

Le temps était gris, froid et humide, et le glaça. Emile ne supportait pas certains aspects du ciel qui causent un sentiment d'oppression. Des nuages courant très bas, d'une couleur sombre entremêlée de clartés livides, étouffées peu à peu par le noir et le gris qui augmentaient d'intensité ; les masses d'arbres assombries et comme blotties les unes contre les autres sous les grosses nuées, les lointains bleus comme de l'ardoise, de grandes raies noires produites par l'ombre des nuages, tachant le terrain à diverses distances, donnaient un air morne aux environs de Villevielle.

Emile partit avec une résolution venant de la conscience plus que de l'enthousiasme. La veille au soir il eût été apôtre, mais ce matin il n'était plus qu'un soldat accomplissant son devoir, que dis-je? sa consigne. Tout homme qui n'a pas l'intention de vaincre ou mourir dans une entreprise qu'il poursuit a toujours un refuge de conscience, une combinaison pour justifier d'avance sa déroute. Il va au feu, mais il n'y restera pas.

« J'emmènerai Henriette! si je ne réussis pas, » se disait Emile.

En entrant dans le salon des Tournelles et en regardant madame Gérard, il comprit qu'il ne pourrait lutter, et il ne se sentit pas plus d'élan devant elle qu'un homme lié des pieds et des poings qu'on poserait devant un adversaire parfaitement armé et libre de ses mouvements.

A peine fut-il annoncé et eut-il salué, que madame Gérard lui dit :

« J'aime à croire, Monsieur, que vous êtes un homme d'honneur.

— Madame, je le pense, répondit Emile, qui avait beaucoup compté diriger l'entretien et prononcer la première phrase. Ce début l'embarrassa, il perdit sa présence d'esprit, et, voyant qu'il allait mal s'en tirer, son seul désir fut de terminer le plus tôt possible son supplice.

— Vous n'auriez donc point voulu abuser de l'inexpérience d'une jeune fille... »

Emile n'était pas trop sûr de ce qu'il avait voulu : il hésitait à affirmer sa propre vertu, il était obligé de se faire passer un petit examen avant de répondre.

« Je suis, dit-il, tellement loin de là, que je viens vous demander...

— Je sais ce que vous allez me dire, interrompit madame

Gérard, vous allez me parler d'amour réciproque. C'est une chose parfaitement établie. Laissons-la donc de côté et parlons nettement.

— Mais, Madame, dit Emile voyant que se formaient les mailles de quelque réseau dont on voulait l'envelopper, qu'y a-t-il de plus net que ce que je tente auprès de vous ? Ma démarche est très sérieuse...

— Eh bien, soit, Monsieur, elle vous fait honneur. Vous comptez, j'imagine, avouer, proclamer que vos intentions ont toujours été pures, que vous n'avez cherché à entraîner ma fille dans aucun danger pour son honneur ? »

Emile restait un peu embarrassé.

« Mais répondez donc, Monsieur, reprit vivement madame Gérard.

— Madame, répliqua-t-il avec assez d'assurance et de décision, je vous assure que mademoiselle Henriette a été respectée et qu'aucun soupçon ne doit la ternir !

— Je vous crois, Monsieur, dit-elle, et je suis heureuse de cette déclaration que vous n'hésiteriez pas certainement à renouveler partout ailleurs qu'ici, s'il était nécessaire?

— Ne doutez pas que j'y sois tout prêt, Madame.

— Il est possible que le mauvais effet de quelques indiscrétions exige...

— Oh ! Madame ! s'écria Emile, je n'en ai jamais parlé qu'à ma mère ! Quelle opinion avez-vous donc des jeunes gens ?

— Mais, Monsieur, j'ai de vous la meilleure opinion, soyez-en certain. Je ne sais par exemple pas quelle part madame votre mère...

— Ma mère m'a toujours retenu, Madame, et non poussé, dit Emile, irrité des soupçons que madame Gérard laissait percer sur elle. J'ai aimé mademoiselle Henriette après l'avoir vue au bal, voilà le seul sentiment qui m'ait déterminé ! »

Madame Gérard reprit :

« Je m'étonne cependant, Monsieur, qu'avec de bons principes, vous n'ayez pas craint de troubler une famille en attirant une enfant dans une liaison compromettante...

— Il ne faut pas voir en moi un séducteur, Madame, parce que des craintes très naturelles m'ont fait prolonger une situation fausse... Je vous demande la main de mademoiselle Henriette aujourd'hui parce que cela peut être une réparation ; je n'aurais pas osé vous la demander auparavant, craignant que vous n'y vissiez une grande présomption de ma part.

— Oh! Monsieur! dit madame Gérard en prenant un air dédaigneux qu'elle chassa presque aussitôt de son visage, par prudence, un mariage n'eût pas été une réparation. Une famille reste entachée par de semblables événements. Ces mariages réparateurs ne sont guère qu'une enseigne du scandale ; le silence seul couvre ces aventures pénibles. »

Emile était dominé, renversé ; une lumière sur laquelle on pose un éteignoir n'est pas mieux étouffée. Il demeura devant madame Gérard sans mot dire, pensant qu'il n'y avait plus qu'à enlever Henriette et ne pensant pas autre chose.

Madame Gérard continua :

« Vous êtes très jeune, Monsieur ; peut-être ne réfléchissez-vous pas toujours. »

Emile fut froissé qu'après assez de politesse cette grande ennemie voulût célébrer son triomphe par quelques paroles désagréables.

« Admettons cela. » Madame ! dit-il avec une nuance d'ironie impertinente ; il ne tenait plus à garder de ménagements, voyant que tout avait été risqué et perdu.

« Que cela, ajouta-t-elle, vous serve de leçon pour l'avenir ; ne vous engagez plus étourdiment dans des intrigues dont le dénoûment ne dépend pas de vous. La jeunesse est égoïste (elle affectionnait ce mot), vous le reconnaîtrez plus tard. Je suis persuadée de la droiture de vos intentions, mais enfin vous ne vous êtes point découvert spontanément, librement.

— Mais, Madame, je vous ai dit pour quelles raisons ! répondit Emile, qui ne savait plus se sortir de l'espèce d'étau où elle le serrait.

— Eh bien ! Monsieur, puisque vous compreniez qu'une alliance entre vous et ma fille était disproportionnée, à ce point que vous sentiez le ridicule d'en faire la proposition, il eût été plus délicat de vous éloigner d'une jeune personne que vous ne pouviez que compromettre. Oh ! je suis, quant à moi, convaincue de votre honorabilité ; il n'y a du reste qu'à vous voir et à vous entendre... »

Emile s'inclina.

« .... Mais de la part de ceux qui ne vous connaissent pas, votre conduite autorise des soupçons fâcheux ; on peut vous prêter des idées intéressées... »

Emile rougit, cruellement battu par les flots de colère et de chagrin que souleva en lui la pensée d'avoir pu être ainsi jugé.

« A quoi bon se justifier, Madame, dit-il brusquement, devant des gens qui ne veulent pas qu'on se justifie ? »

Il la salua et sortit, la laissant étonnée de son départ et peu édifiée sur le charme de ses manières. Elle lui avait trouvé l'air tranchant, suffisant et déplaisant, et ne lui avait pas vu d'esprit.

« Quel garçon nul ! » se dit-elle.

Quant à Emile, il marcha quelque temps, respirant avec plaisir le grand air, heureux d'être hors de ce salon dont l'atmosphère l'asphyxiait. D'abord trop étourdi pour réfléchir, il pouvait se croire le même homme que deux heures auparavant. Hélas ! il s'aperçut bientôt, à une envie de pleurer qui le prit tout à coup, que quelques-uns des ressorts de sa mesquine énergie venaient d'être brisés.

Il s'assit au bord de la route, et mille images se succédèrent dans sa tête. Il sentit qu'il ne savait encore agir en homme. Il s'était laissé éconduire, offenser, traiter avec mépris, restant timide et gêné comme un enfant qu'on gronde. Il n'aimait donc pas assez Henriette pour dompter cette timidité, surtout lorsqu'il s'agissait de la jeune fille. Chaque fois qu'il se trouverait jeté dans une de ces affaires où un homme doit faire prévaloir sérieusement son être et paraître ferme et carré, il abandonnerait donc la partie et ne montrerait de force et d'activité que pour les entreprises faciles. Le soupçon d'une bassesse s'attachait à lui, et il n'avait pas su s'en laver.

Aux yeux de madame Gérard il n'avait pas dû paraître très amoureux : à peine quelques mots étranglés étaient sortis de sa bouche. Il avait si bien fait, qu'il venait de signer sa renonciation à Henriette. Par quelle ironie particulière cette visite de salut s'était-elle changée en catastrophe? Pourquoi cette éternelle maladresse? Que n'était-il resté chez lui? Au lieu de servir les autres, ils souffraient par sa faute. Henriette pouvait rougir d'un homme comme lui! Il était inutile sur la terre, incapable de se servir lui-même, nuisant à tout le monde, rendant malheureuses sa mère et sa maîtresse! Le jour où il se tuerait, car cela finirait ainsi, on le pleurerait, on le regretterait, on chercherait peut-être dans la cendre ce qu'avait de bon son organisation. Sa sauvagerie et sa malhabileté mises de côté, restaient une certaine bonté, du dévouement, de la pénétration, se disait-il, mais tout cela stérile, infructueux; ou plutôt il était niais, égoïste, et n'avait pas de bonheur! Il n'en aurait jamais!

Ces réflexions brisèrent moralement Emile, comme un homme qui, se pliant un jour, ne peut se redresser et se trouve courbé en deux pour le reste de sa vie, sans avoir reconnu de cause appréciable à cette infirmité. En effet, il resta toujours malade depuis. La tristesse ne le quitta plus et travailla à dissoudre grain à grain le peu de vigueur qu'il possédait. De temps en temps il éprouva des réactions violentes qui désorganisèrent tout son esprit et agrandirent la maladie.

En rentrant chez sa mère, il chantonnait un petit air plaintif et ne se trouvait pas trop malheureux. Seulement, de loin en loin, il lui passait dans la poitrine des courants électriques de désespoir et de douleur, qui eussent été insoutenables s'ils ne se fussent évanouis aussitôt. Il n'avait pas perdu toutes ses espérances, d'ailleurs.

Revoir Henriette! revoir Henriette! et lui demander de ne pas douter de lui, la supplier de ne pas croire qu'il l'avait abandonnée.

Henriette ne passait pas des heures meilleures qu'Emile.

Elle avait vu entrer sa mère souriante, et elle s'était levée, emportée par un mouvement de joie, se disant :—Nous sommes mariés!

« Je l'ai trouvé très raisonnable, dit la mère, et n'attachant aucune importance à cette amourette. »

Quel coup reçut Henriette! Sa figure s'altéra comme ravagée par une longue fièvre, et montra à madame Gérard que ses calculs étaient bons, car leur effet destructeur commençait déjà.

« Emile ne m'a jamais aimé! » pensa la jeune fille, qui sentait une douleur dans la poitrine.

« Il gardera le silence, sois tranquille, dit madame Gérard : il n'y a rien à craindre. Sois aussi raisonnable que lui. Je comprends ton chagrin, on ne renonce pas du premier coup à ses petites joies. Tu verras que cela ne te paraîtra pas bien important dans quelques jours d'ici. Le plus grave est fait. »

Henriette aurait laissé parler sa mère pendant un jour; un mot lui avait suffi : elle n'entendait, n'écoutait et ne répétait que celui-là.

Après quelques autres phrases banales, madame Gérard, qui n'était pas une grande consolatrice, quitta sa fille en lui conseillant de s'apaiser.

Dans le sein d'Henriette, une voix murmurait : « C'est impossible! »

La jeune fille se mit machinalement à la fenêtre et regarda vers Villevieille. Elle vit la route. Emile avait fait ce chemin pendant deux mois, il ne le ferait plus! Il l'avait fait quelquefois en courant d'une seule haleine, et était arrivé haletant, le front couvert d'une sueur chérie et sacrée. Il avait déchiré ses mains à la muraille, et près de cette muraille, les basses branches d'un arbre étaient encore pliées, gardant la trace de son passage, car il s'y suspendait presque chaque jour. Si la maison, les arbres, le pays, les gens de la maison s'étaient trouvés changés à la fois, Henriette aurait pu comprendre qu'elle cesserait de voir Émile; mais toutes choses restaient les mêmes, et sa vie à elle seule changeait, sans secousse extérieure, sans tremblement de terre, sans une révolution, une catastrophe générale! Tout ce qu'avait dit Emile serait faux! Non, se dit-elle, on me trompe, on cherche à nous séparer.

Sur sa table il y avait du papier et une plume, elle songea à écrire une lettre et se mit à l'œuvre :

« Ma mère me dit que vous m'abandonnez, que vous renoncez à cette *amourette*, et elle m'engage à être aussi *raisonnable* que vous. Voilà ce que je viens d'entendre, mais je ne puis me résoudre à le croire. Je ne doute pas de vous, mais des paroles de ma mère. Je ne sais ce qui s'est passé, ce que vous avez dit, mais je suis sûre que je vous reverrai, que vous reviendrez et ne me laisserez pas seule ici, perdue et désolée. En tout cas, vous savez que je vous ai promis de ne pas épouser un autre homme que vous, je tiendrai ma promesse.

« Il est impossible que vous me quittiez, Emile ; vous m'avez dit trop de choses, confié trop de secrets, pour pouvoir confier rien de plus à une autre. De mon côté, je ne vous ai rien caché de moi-même, vous me connaissez telle que je suis. Je n'ai jamais gardé une arrière-pensée et je n'ai jamais cru que rien pût nous éloigner l'un de l'autre. Si je vous ai déplu, si je vous ai froissé, c'est par ignorance, et je vous en demande pardon. Depuis que je vous connais, je n'ai plus dormi aussi tranquillement qu'autrefois, malgré les ennuis que j'avais alors. Vous m'avez fait connaître des tourments et des bonheurs dont je n'avais pas le soupçon. J'ai pris l'habitude de vous. Cependant si vous croyez devoir vous éloigner de moi, je ne vous en veux pas, mais je m'en afflige.

« Pendant deux mois que nous nous sommes vus, je n'ai pas songé un instant à vous étudier et à distinguer si vous étiez sincère ou non ; je vous ai cru et je vous crois encore, malgré ce qu'on me dit. Vous n'avez pas pu appeler une amourette ce qui était le seul intérêt de *notre* vie : souvenez-vous !

« Vous n'avez pas été raisonnable comme l'entend ma mère. Je vois bien qu'on ne veut pas nous marier et que vous n'avez pas réussi dans votre visite : voilà tout, n'est-ce pas ? On a peut-être cherché aussi à vous tromper sur mon compte, comme on me trompe sur le vôtre. Si on vous a dit que moi, je ne vous aimais pas, on a fait une infamie.

« Il ne faut pas vous détourner de moi et vous laisser prendre aux piéges que nous tendent ceux qui sont intéressés à nous séparer. On m'a parlé à moi aussi de ma réputation. Au commencement, avant de vous connaître tout à fait, j'ai pu vous en parler aussi comme d'une chose plus précieuse que le reste. Mais je vous assure que cela ne me préoccupe plus et reste maintenant vide de sens pour moi. Ma seule réputation, Emile, c'est de vouloir être à vous, et je la regarderais comme perdue si je cessais de penser à vous et de vous aimer. Je ne veux me faire d'autre devoir que celui-là.

« Je crains qu'on n'essaye maintenant de nous faire bien du mal, et je n'écouterai jamais rien de ce qui sera dit contre vous. Je ne me fierai qu'à ce que vous m'avez dit, vous qui êtes le vrai, le seul que je croie, dont j'accepte les pensées. Voilà ce que je voulais vous dire, mon Emile ! Je vous écris avec un profond chagrin, je suis tout attristée et je souhaite que vous ne soyez pas comme moi. Je ne suis cependant pas désespérée ; que je voie, que j'apprenne quelque chose de vous, et j'aurai du courage pour résister à toutes les tentatives qu'on va faire pour nous désunir. Je prévois qu'on va employer d'étranges moyens, je suis prête à tout et contre tout. Je n'ai personne à moi, ici, et il est cruel de renfermer en soi-même ce qui vous oppresse et vous cause de la peine, mais je penserai à vous toute la journée et je ne céderai pas. Adieu, mon cher bien-aimé mari ! je vous serre sur mon cœur de toute ma force.

« Comme nous avions raison de regretter, une fois, de n'être pas nés paysans dans le même village ! »

Si Emile avait reçu cette lettre, violente et désespérée, jamais on n'aurait pu l'empêcher d'épouser Henriette.

La jeune fille relut ce qu'elle avait écrit et ne pouvait s'en séparer, parce que ses idées écrites restaient ainsi toujours devant-elle et la soulageaient. Enfin elle plia sa lettre et songea à l'envoyer. La cuisinière Marie lui parut la seule personne propre à cette mission. Elle alla la trouver à la cuisine.

« Tenez, ma bonne Marie, si vous m'aimez un peu, tâchez donc de faire arriver cette lettre-là à la poste de Villevieille.

— Jean la portera avec les autres, Mademoiselle. »

Henriette craignit que sa missive ne fût surprise, si madame Gérard venait à examiner le courrier de la maison au moment du départ. Elle fit une maladresse.

« C'est que, dit-elle, je ne voudrais pas qu'on le sût. »

Malheureusement, Marie, tout en aimant beaucoup mademoiselle, était une femme pleine de scrupules vertueux.

« Oh! Mademoiselle, dit-elle avec étonnement, vous écrivez donc en cachette?

— Ma bonne Marie, reprit Henriette presque suppliante, vous me rendrez un grand service. Je vous jure que ce n'est rien de mal. Demain, quand vous irez à la ville, mettez vous-même la lettre au bureau. »

Marie, émue par le ton de sa maîtresse, promit et prit la lettre ; mais plus tard, fortement tourmentée par ses principes, elle ne voulut pas porter des messages coupables et elle remit la lettre à madame Gérard. Il pouvait bien y avoir aussi là-dessous quelque idée d'augmentation de gages.

« Dites à mademoiselle Henriette que vous l'avez mise à la poste, » lui dit madame Gérard.

Celle-ci lut la lettre d'Henriette. Elle y trouva ce qu'elle appelait les enfantillages accoutumés ; seulement quelques passages la frappèrent davantage : elle vit qu'Henriette semblait être sur ses gardes. Elle ne pouvait plus employer la même candeur de mensonges pour la ramener au bien ; elle regretta de n'avoir pas pensé à déclarer à Emile qu'Henriette était complétement désabusée de lui, et fut prête à regarder sa fille comme très fine pour avoir eu la crainte qu'on n'employât ce système. Enfin elle haussa les épaules au passage où Henriette parlait de sa réputation avec tant d'imprudente exaspération et murmura : « Cette enfant est absurde, on aura bien de la peine à lui rendre l'esprit droit! »

Dès le même jour, madame Gérard prit ses mesures de défense comme dans une place assiégée. Le fils aîné d'un des paysans fut chargé de faire des rondes la nuit avec deux gros chiens qu'on lâcherait dans le parc ; Aristide dut continuer à surveiller secrètement les mouvements de sa sœur. Les arbres qui bordaient le mur, et qui avaient servi à Emile pour pénétrer dans les Tournelles, furent abattus ; les domestiques furent prêchés ; Marie reçut mille compliments sur son honnêteté de brave servante; en outre, madame Gérard donna pour consigne à tout le monde de redoubler d'amitiés et de prévenances pour Henriette, se préparant à la séduire par la douceur et par la surprise.

Mais ces soins ne la détournèrent pas de ses autres soins. Elle stimula le président à propos du procès, lança le curé à corps perdu dans la distribution des billets de loterie, et donna à son mari quelques avis pour sa charrue. Pierre l'appela, moitié plaisamment, moitié par mauvaise humeur, l'incomparable femme-fourmi.

Henriette éprouva en effet une petite satisfaction à ne rencontrer autour d'elle que des faces souriantes, lorsqu'elle s'attendait à ne voir que le mécontentement sur tous ces visages déjà pénibles à regarder sous leurs meilleurs aspects. La soirée fut insignifiante. La jeune fille parla à peine. Son esprit était à Villevieille; elle voyait Emile lire sa lettre et s'élancer sur la route ! On se sépara de bonne heure.

A onze heures, Aristide frappa doucement à la porte de sa mère, et vint lui dire qu'il y avait de la lumière chez Henriette, qui n'était pas encore couchée. Madame Gérard, marchant sur la pointe des pieds, alla voir dans le corridor et regarda par le trou de la serrure ce que faisait sa fille; on entendait, du reste, plutôt qu'on ne voyait.

Henriette allait et venait; elle ouvrait ses tiroirs, posait divers objets sur la cheminée, se mettait par moments à la fenêtre, s'en retirait en soupirant, disait quelques paroles qu'on ne pouvait saisir.

Après un quart d'heure de ces observations, madame Gérard entra. Sa fille tressaillit et rougit.

« Tu n'es pas encore au lit? Tu te fatigueras. Pourquoi veilles-tu? es-tu malade?»

Les chiens aboyèrent très fort en ce moment. Henriette fit involontairement un pas vers la fenêtre. Sa mère la regarda pour comprendre, puis alla à cette fenêtre accusatrice, écouta et tâcha de distinguer ce qui pouvait se passer dans le parc. Les chiens cessèrent d'aboyer.

« Allons, couche-toi, Henriette, dit madame Gérard; éteins

cette lumière, tu te rendras malade. Veux-tu que je t'envoie demain M. le curé, si tu es tourmentée? »

Madame Gérard affectait de croire sa fille agitée de remords de conscience.

Henriette, voyant qu'elle était épiée, et que la suspicion organisée veillait autour d'elle, se coucha silencieusement devant sa mère, pour échapper à une conversation qui lui faisait mal, et pour pouvoir souffrir à son aise. Madame Gérard éteignit elle-même la bougie, ferma la porte et se retira, laissant la jeune fille désolée, navrée, et versant sans bruit un torrent de larmes!

« Si Emile ne vient pas, c'est moi qui irai à Villevieille », pensait la jeune fille.

C'était contre Emile qu'avaient aboyé les chiens.

Après sa cruelle visite, il avait raconté à sa mère comment cela avait tourné.

« Je n'en suis pas étonnée, dit-elle, je m'y attendais. Voyons, cher enfant, il est peut-être encore temps. Promets-moi d'en finir avec cette malheureuse affaire ; ne retourne plus là-bas ; tâche de prendre sur toi...

— Non, répondit-il, je ne peux pas ; j'y pense toujours, à toute minute ; il faut que j'aille la revoir. J'ai tout fait échouer par ma faute. Que doit-elle dire de moi?

— Comment, tu ne peux faire cela pour ta mère? me promettre de laisser passer au moins quelques jours?

— Oui, je le ferais pour toi, si je le pouvais, mais autant vaudrait me tuer.

— Je ne te demande pas d'y renoncer absolument, dit la mère, espérant le calmer par une concession momentanée, mais d'attendre, de rester paisible quelque temps. Tu me crois donc enfin ton ennemie?

— Non, mais je ne puis pas, je ne puis pas! Je ne sais ce qui se passe. On va peut-être me l'emmener!

— Mais enfin, si j'ai besoin de toi ici pendant deux ou trois semaines!

— Ah! tout cela m'écrase. Je ne sais pas ce que je suis, ce que je veux faire.

— Comme tu es brûlant ! dit madame Germain en touchant le front de son fils, tu aurais besoin de repos !

— C'est fini le repos ! Quand j'aurai revu Henrietie... peut-être !

— Songe donc à cette jeune fille ! Tu vas lui nuire à présent. Ce n'est pas honnête, tu as promis de ne plus y retourner.

— J'y retournerai cependant ; il faut que je lui parle ! »

Madame Germain ne put rien obtenir de lui ; elle souhaitait vivement que les Gérard eussent l'heureuse inspiration d'emmener leur fille, afin que son fils pût guérir de son terrible mal.

Pendant la nuit, jugeant sa mère endormie, Emile partit. Arrivé près du mur du parc, il crut s'être trompé. Il ne s'y reconnaissait plus.

« C'est singulier, se disait-il, ce n'est pas ici que je venais ; je perds donc la tête ? Il y avait plus d'arbres que cela. »

En cherchant, son pied heurta contre une souche. On les a abattus, comprit-il avec terreur. Il sentit la guerre déclarée, et des idées sinistres de combat, de coups de fusil, d'emprisonnement, s'abattirent sur lui. Néanmoins il voulait entrer dans le parc. Ces travaux d'escalade donnaient un libre cours à sa surexcitation et le calmaient. Il prit son élan pour s'accrocher des deux mains à la crête du mur. Il savait qu'il s'abîmerait sur les morceaux de verre : en effet, ses mains broyèrent les tessons de bouteille, qui entrèrent dans ses doigts, dans ses poignets, dans la paume de ses mains. Emile ne sentit pas ces coupures affreuses ; soulevant ses genoux, il les attachait aux aspérités des pierres, qui les déchiraient ; il parvint à amener sa jambe jusque sur le haut de la muraille, et recommença à piler le verre avec un genou, puis avec l'autre, puis avec ses avant-bras, ses coudes, et encore ses mains ; seulement, à force d'avoir ainsi foulé et écrasé la place, il l'avait nettoyée. Son sang coulait beaucoup et lui faisait des sillons tièdes sur la peau. Le jeune homme ne s'en apercevait pas, ou plutôt il s'en réjouissait. Il se mutilait, il se martyrisait, il se tuait pour sa maîtresse ! il avait enfin ce bonheur !

Les chiens, mis en éveil, s'élancèrent de son côté en aboyant, et le bruit des pas du garde qui arrivait précipitamment s'éleva dans le massif. Emile se laissa retomber à l'extérieur, découragé par tant de précautions.

Il ne se ranima qu'en voyant la lumière d'Henriette brûler dans sa chambre ; se sachant attendu maintenant, il allait recommencer l'escalade malgré tous les obstacles, décidé à passer sur le ventre du garde et des chiens, lorsque cette lumière, ce vrai phare d'espérance, s'éteignit, et il ne remarqua plus qu'une petite lueur faible dans la chambre de madame Gérard. Il s'appuya contre un tronc d'arbre, les yeux fixés sur la maison, attendant sans attendre, et plein d'une ironie singulière et désespérée contre ses mains et ses genoux ensanglantés pour un pareil résultat.

Sa tête s'engourdit et il pensa à des choses très éloignées de sa situation. Ce ne fut qu'au bout de deux heures peut-être que la fatigue physique surmonta cette prostration morale. Ses mains et ses genoux le faisaient souffrir : de petits morceaux de verre étaient entrés dans sa chair de manière à ne pouvoir être ôtés ; le sang s'était arrêté et coagulé, et l'inflammation commençait très douloureuse.

« Si elle me voyait, se dit-il, elle me pardonnerait ! »

La route lui parut longue pour rentrer chez sa mère ; il se traînait épuisé de fatigue, de souffrance, d'impatience et de chagrin. Le chemin qu'Emile parcourait ordinairement en une demi-heure lui demanda une heure et demie. Il faillit tomber deux ou trois fois, n'ayant pas le courage de pousser plus loin ; enfin, à force de luttes, après s'être dit cent fois, en reconnaissant divers arbres ou diverses maisons : Ah ! mon Dieu, je ne suis encore que là ! Il toucha sa porte.

Madame Germain s'était levée et attendait avec inquiétude. Elle poussa un cri en le voyant tout sanglant.

« Tu veux donc te tuer !

— Peut-être ! » répondit Emile, qui pouvait à peine parler.

Sa mère fut obligée de le déshabiller, de le mener à son lit, comme elle put. Le pauvre garçon était pris d'une fièvre qui l'anéantissait. Elle le soigna toute la nuit, sans médecin, sans médicaments. Elle lui voyait ces petits morceaux de verre dans la chair et n'osait les ôter toute seule, de peur d'aggraver encore le mal, et elle pouvait suivre les progrès de l'inflammation, qui augmentait. Le genou et les poignets de son enfant gonflaient à vue d'œil. Elle contemplait avec désolation ces blessures qu'elle n'avait aucun moyen de panser. De temps en temps Emile se plaignait sourdement, et il semblait à madame Germain que chacune de ces plaintes allait lui arracher le cœur ; elle n'avait que de l'eau fraîche, dont elle lui bassinait doucement les tempes, comprenant bien combien était illusoire ce remède ! Elle se serait ouvert la poitrine pour trouver tout de suite quelque chose qui soulageât Emile. Ce ne fut que le matin seulement qu'on put avoir le médecin.

La maladie du jeune homme dura trois semaines et fut bienvenue ; l'attente de la guérison, la faiblesse de son corps, le vague de son cerveau, furent un bien pour lui : il ne pensait plus tant aux Tournelles.

CHAPITRE VIII

LES DIFFORMES

Corbie avait annoncé qu'il irait voir son ami Mathéus, et, en attendant la diligence, le matin, il se tenait devant la porte du café de Bourgthéroin, fumant sa pipe et ruminant ses colères. La grande rue du village était une route toute grise de poussière, bordée de maisons basses n'ayant qu'une porte et deux ou trois fenêtres. De loin en loin des haies vives gardaient un jardin, d'où se penchait au dehors un arbre fruitier tortu; quelques gros ormes restaient dans la route; un banc de pierre entourait le plus beau, près duquel se trouvait, comme au fond d'une petite baie, un grand puits, recouvert d'un beau chapeau en tuiles. Des charrettes, des auges, des paniers, un peu de fumier, le long des maisons, servaient de retraites, de châteaux-forts, de lits, de monde, à des bandes d'enfants blonds, aux joues rouges et brunes, vivant en bonne amitié avec les poules, les chiens et les ânons.

L'intérieur du petit café, tapissé d'un papier vert maculé de taches jaunes produites par l'humidité, était tout à fait sombre. On avait arrosé le carreau, et il y faisait frais. Ce café ne contenait que quatre tables en bois vert, un petit billard recouvert de sa housse en coutil gris rayé, et le tableau d'ardoise pour marquer les carambolages. Sur le comptoir se tenaient paisibles un bol de punch, deux carafons d'eau-de-vie, des petites cuillers dans une soucoupe, le bonnet bleu de la mère Mathieu, un livre de compte bien mince et un gros chat à demi endormi. Le plafond était enfumé par les lampes, et il s'exhalait là-dedans cette terrible odeur de pipe, de vin, de bière, d'eau-de-vie, particulière à ces endroits, et qui semble en imbiber tous les objets. Le chat lui-même et le bonnet bleu sentaient cette odeur.

Mais ces impressions n'existaient pas pour Corbie; il ne voyait autour de lui que trois choses : un café, un village et un beau temps.

De même qu'on entortille un long peloton de laine autour d'une carte, de même toutes sortes de réflexions, de récriminations, relatives à sa nièce, s'entortillaient autour de sa cervelle grotesque. Cette belle et agréable Henriette d'autrefois devenait une créature méchante et disgracieuse. L'offense qu'elle avait faite à Corbie effaçait tous ses charmes. Furieux de n'avoir pu mettre la main sur ce papillon, il lui souhaitait une longue épingle au travers du corps. L'homme chaste tardivement enflammé ne pardonnait pas un aussi irrémissible échec de ses désirs. Il appelait cela une mystification, et croyait à des coquetteries habilement dressées pour le mieux bafouer. Sans son frère et sa belle-sœur, il aurait publié partout qu'Henriette avait été séduite. Chez de pareils êtres, l'égoïsme est développé d'une façon presque maladive. Il faut qu'ils se vengent d'un mécompte. Corbie rêvait des vengeances mystérieuses et ténébreuses.

Aristide vint le même matin à Bourgthéroin, acheter de la corde pour jouer au pendu avec Perrin. Le comique de ce jeu devait consister à étrangler aux trois quarts le malheureux idiot, ou bien à le suspendre, par les bras, à un arbre, et à l'y laisser pendant une heure. Corbie aperçut son neveu et l'appela. Aristide lui paraissait un être judicieux et profond.

« Viens donc prendre quelque chose avec moi ! »

Corbie ouvrit les armoires, en tira des verres et une bouteille d'eau-de-vie, faisant le service avec le petit orgueil d'un homme qui montre qu'il est de la maison. Ce café était en effet l'endroit où Corbie passait sa vie lorsqu'il n'était pas aux Tournelles; il s'y plaisait, parce que les cinq ou six habitués de ce lieu infect et désagréable regardaient M. Gérard comme une sorte d'oracle; il faisait le transit de la conversation des Tournelles et l'apportait arrangée à sa façon à madame Ma-

8.

thieu, au fils du maire, au capitaine Giroux, au vieux percepteur Besson, auxquels se joignaient un jeune musicien et un pépiniériste, le tout formant la haute société du village!

Le gros homme n'avait un logis que pour y lire dans son lit et dormir. Sa vieille servante s'étonnait souvent d'avoir si peu de rapports avec son maître, et était loin de se douter qu'il avait peur de donner prise à de mauvais bruits à propos d'elle.

Quand il eut bu avec Aristide, Corbie lui dit :

« Eh bien! tu vas être fâché que ta sœur nous quitte, si elle se marie?

— Moi! répondit Aristide: pourquoi ça? Ma sœur ne m'aime pas; et puis les filles, c'est fait pour être mariées.

— Il est sûr qu'elle n'a pas beaucoup de cœur, dit Corbie; nous pouvons bien en parler entre nous.

— D'autant qu'elle se gêne peut-être pour être désagréable aux autres! »

Corbie rougit; sa personnalité, toujours en éveil, lui fit croire qu'Aristide savait son aventure.

« Comment! s'écria-t-il, est-ce qu'elle a parlé de moi?

— Non, mais je veux dire ses manières. Elle fait sa tête, comme si elle savait tout. C'est égal, la voilà joliment vexée à présent. Ça m'amuse.

— C'est une chose qui me passe, dit Corbie : j'aurais été jeune fille, je ne me serais pas conduite comme ça.

— Ce qu'il y a de bon, c'est qu'on la vantait toujours: Henriette par-ci, Henriette par-là. Et puis, c'était sur moi que tout ça retombait. Ça leur a appris, du reste, à préférer Henriette! Et encore c'est parce qu'elle est jolie; qu'est-ce que ça dit d'être jolie?

— Est-ce que tu la trouves bien jolie? demanda Corbie.

— Je ne sais pas; non, une figure insignifiante.

— On paraît quelquefois et on n'est pas; mais ce qu'elle a, c'est beaucoup de malice, et c'est d'autant plus traître qu'on ne le croirait pas.

— Non, on ne le croirait pas. Quelquefois elle ne comprend pas.

— Oh! pour comprendre tout, je te réponds bien que si.

Tu crois donc qu'elle ne savait pas ce qu'elle faisait en écoutant ce jeune homme? dit Corbie, qui ne voyait toujours là-dedans qu'une méchanceté d'Henriette contre lui.

— C'est peut-être pour nous faire tous enrager en déshonorant la famille! répliqua Aristide après avoir réfléchi d'un air assez profond. — A propos, ajouta-t-il, je l'ai vu, le jeune homme. Il saute fameusement! J'ai été regarder la place. Ce n'est pas Perrin qui en ferait autant. Il fallait joliment de l'habitude pour ça. C'est bon de connaître la gymnastique, quand on est amoureux. Mais ce qu'il y a de plus drôle, c'est qu'il a dû se couper souvent, après qu'on a eu mis le verre. »

Ce récit émouvait Corbie; il faisait des comparaisons entre lui et l'heureux Emile.

« Ah! dit-il, il y a des gens qu'on ne connaîtra jamais! »
Un grand soupir suivit ses réflexions.

« C'est ce que je me suis dit bien souvent, reprit Aristide. Moi, voyez, on a l'air de me mépriser, parce que je n'ai pas l'apparence comme Henriette. J'en parlais au curé, mais à cette époque-là ils avaient tous la tête montée pour Henriette. Aujourd'hui c'est un peu changé. Cependant je trouve qu'on la punit drôlement : d'abord on est mieux pour elle qu'avant, et puis on la marie!

— C'est que tu ne connais pas l'amour! toi, dit Corbie avec une figure sombre. La séparer de celui qu'elle aime et la marier avec quelqu'un qu'elle n'aime pas, c'est terrible! Mais elle l'a mérité. Elle n'est pas heureuse, va!

— Ma foi! chacun son tour!

— Tu dis là, sans t'en douter, une chose profonde, reprit Corbie : « chacun son tour! » la peine du talion! »

Il baissa la tête d'un air absorbé, puis il dit :

« Je l'aurais épousée, moi, ta sœur! mais elle n'a pas voulu.

— Oh! s'écria Aristide en regardant son oncle comme un être fantastique.

— Et je ne l'aurais pas rendue malheureuse : car le principal argument qu'on emploie contre le mariage, c'est que les époux ne se connaissent pas en général ; or nous nous connaissons. Mais ne parle pas de ça, mon garçon. Je te le dis parce que tu es intelligent. Je ne le dirais à personne autre. Et d'ailleurs, puisqu'elle n'a pas voulu, il est inutile de faire savoir à tout le monde... »

Aristide n'était frappé que par l'idée de voir appareillée la belle et svelte Henriette avec ce petit gros homme laid et vulgaire.

« Ç'aurait été curieux tout de même! dit-il en riant de la caricature que cela représentait à son imagination... Henriette n'aurait jamais voulu! »

Corbie fut mécontent d'Aristide et se repentit presque de ses confidences.

« Pourquoi ça? répliqua-t-il; qui est-ce qui lui convenait mieux que moi? Voyons, si nous causons là comme deux camarades, qu'est-ce que cela prouve?

— Dame! répondit Aristide, cherchant le sens de cette question obscure.

— Cela prouve qu'il n'y a pas, par exemple, entre nous la différence qui existe ordinairement entre un jeune homme et un homme de mon âge. D'autant plus que pour les exercices du corps je ferais presque tout ce que tu fais.

— Oh! dit Aristide, sauteriez-vous quinze pas en long et feriez-vous le trapèze à la petite barrière?

— Enfin, dit Corbie, si ce n'est pas absolument la même chose, je suis encore leste. Je connais bien des hommes de trente à quarante ans moins verts que moi.

— Vous avez une bonne poigne, par exemple.

— Ce sont des mérites auxquels les gens intelligents ne devraient pas attacher grande importance; c'est l'intérieur de l'homme qu'il faut voir. Henriette sait bien que je suis attaché et très impressionnable.

— M. de Neuville et ma mère disaient l'autre jour que vous étiez sanguin.

— Dans ta famille, reprit Corbie, ce sont des esprits brillants mais peut-être superficiels. Je dois mieux savoir que M. de Neuville ce que je suis. Cependant il m'a dit, et ta mère aussi, des choses très vraies sur moi. L'observation est une science si difficile, qu'une femme remarquable comme ta mère et un homme d'esprit comme le président peuvent bien se tromper.

— Dame, je ne sais pas ! dit Aristide un peu interdit.

— Mais je disais, reprit Corbie, que j'ai des mérites qui en valent bien d'autres, sans parler d'une vie irréprochable que j'ai derrière moi.

— Ça, c'est beau ! s'écria Aristide.

— A ton âge j'ai souvent reçu les éloges des amis de mon père, ton grand-père à toi. Vois-tu, ce n'est pas un mal d'être honnête homme.

— Tiens, je crois bien.

— On ne peut pas se vanter d'avoir de l'esprit et du jugement, il faut être modeste ; mais je me vante de n'être pas plus bête qu'un autre.

— Il n'y en a pas beaucoup qui approchent de vous ! »

Les yeux de Corbie brillaient ; il se léchait pour ainsi dire les lèvres de cette douce conversation amenée sur ses qualités.

« Je suis complaisant, bon enfant, reprit-il ; je suis accessible à toutes les jouissances ; enfin, plus je m'examine, plus j'en arrive à la conviction que je suis un homme complet, n'est-ce pas ?

— C'est bien sûr, dit Aristide.

— C'est même, reconnais-le, un avantage sur les jeunes gens, qui ne sont pas encore complétés, eux, justement à cause de leur jeunesse. »

Aristide était très heureux d'être élevé ainsi au niveau d'idées très hautes, et surtout de les comprendre.

« On ne peut pas dire le contraire, répliqua-t-il.

— Aussi, dit Corbie, je ne vois pas comment j'aurais fait un si mauvais mari.

— Pour ça, non, il n'y a pas de raisons !

— Henriette m'a refusé, cependant : ou c'est une méchante petite sotte, ou c'est une méchante petite coquette, et de toutes les façons, si j'avais su...

— A votre place, je ne serais pas content non plus. Mais moi, elle m'a souvent empêché de m'amuser quand nous étions enfants. Il n'y avait déjà pas moyen de vivre avec elle.

Elle racontait tout à ma mère, elle disait que je déplumais les oiseaux. Elle n'avait pas besoin de dire ça, n'est-ce pas? On ne s'amuserait jamais, alors! Depuis que nous avons grandi, elle cherche à m'humilier dans le salon.

— Ce qui me contrarie, dit Corbie, c'est que je l'avais crue différente.

— Oh! moi, je l'ai toujours bien connue; mais elle fait croire tout ce qu'elle veut!

— On dit que les femmes sont trompeuses, ajouta Corbie: la tromperie lui prend de bonne heure à celle-là.

— Si elle avait eu de l'honneur, elle n'aurait pas pris un amoureux... Quoique ce doive être drôle pourtant d'être amoureux. Mais il n'y a que l'homme pour qui ce ne soit pas mal!

— J'ai été bien souvent amoureux, dit Corbie, mais je me suis toujours retiré quand j'ai vu que cela devenait incompatible avec les principes de l'honnêteté et les lois du monde.

— Ça c'est ennuyeux, par exemple!

— Oui, et la seule occasion convenable que je trouve m'échappe par la mauvaise volonté de ta sœur.

— Je vous dis qu'elle a été mal élevée!

— Cependant on ne peut pas nier que ta mère soit une femme très supérieure. Elle sait ce qu'elle a à faire.

— C'est qu'elle est trop bonne pour Henriette.

— Peut-être; mais celui qui a le plus servi à gâter le caractère d'Henriette, c'est ton père!

— Il n'est pourtant pas toujours agréable!

— Oh! c'est un homme bien étonnant. Il y a longtemps que je l'étudie. Pour l'agriculture, il entend bien son affaire; mais sortez-le de là, ce n'est plus ce qu'il faut pour conduire de jeunes têtes. Il sait redresser un arbre; il ne saura jamais redresser un caractère.

— Il y a des jours où on le croirait *timbré*.

— Pas du tout, c'est encore de ces hommes très rusés...

— Il aime à contrarier. Il me fait toujours faire les choses que je n'aime pas.

— Ah! dit Corbie, tu as mis le doigt sur la plaie: il aime à contrarier! Et ce qui n'est qu'un défaut chez lui est devenu un vice chez ta sœur. C'est parce que mademoiselle Benriette se croit supérieure et aime à contrarier, qu'elle s'amuse à faire aux gens tout ce qu'il y a de plus mauvais. Je cache ce que je souffre, vois-tu. Et surtout n'en dis rien à personne.

— Ma foi! s'écria Aristide, qu'elle s'en aille! ce sera un bon débarras. On n'a pas voulu voir qu'il n'était pas juste que ce fût elle qui eût l'importance dans la famille.

— Tu n'es pas comme elle, toi, non plus : tu ne peux pas être apprécié par le premier venu. »

Une voiture d'une couleur et d'une forme comiques, traînée par deux chevaux comiques, conduite par un cocher grotesque, arriva devant le café en soulevant la poussière.

« Ah! ah! voilà ma patache! s'écria Corbie; à demain, garçon! »

Aristide s'en alla pour pendre Perrin, et l'oncle monta sur l'impériale de l'affreux coche qui devait le mener chez son ami au château de la Charmeraie.

Cette espèce de coucou allait tout le long d'une jolie route, pas très large, où deux rangées de noyers et de tilleuls jeunes mais déjà forts jetaient des ombres qui fouettaient la figure des voyageurs à mesure que la voiture avançait. Quelquefois on touchait les branches avec la tête. Derrière ces arbres, et d'un côté, on voyait un bois bordé de pièces de terre où la moisson verdissait à promettre beaucoup. De l'autre côté couraient des prés pleins d'une belle herbe épaisse et courte. A cent pas, ces prés étaient coupés par une file de saules qui se trempaient dans le lit de petits ruisseaux. La route traversait à deux ou trois reprises ces ruisseaux sur des ponts en dos d'âne. A une lieue environ vers le lointain, s'élevaient des collines bleuies par la chaude vapeur du jour, et accompagnant le chemin. De minute en minute, d'abord perdus dans le vague de la brume bleue, puis bien nets et tout colorés, arrivaient des bouquets d'arbres, des fermes, des villages blancs à clochers gris et noirs. Une rivière coulait au milieu de la vallée, avec beaucoup de détours, tantôt près, tantôt loin, se glissant entre des peupliers, se cachant derrière les murs des parcs, et étincelant sous le grand pont de Villevieille, dont les arches faisaient le cerceau dans ses eaux brillantes. La ville se fondait parmi un verger contenu lui-même dans un autre verger immense qui était toute la campagne.

M. Dieudonné Mathéus, chez qui allait Corbie, était un homme de soixante-trois ans. Il possédait près de quatre-vingt mille livres de rentes en terres, qui lui venaient d'une tante dont il avait hérité depuis six ans seulement. Ayant vécu auparavant à Paris d'une manière plus modeste, avec une petite fortune qu'il avait presque entièrement mangée, il s'était trouvé dans des cercles d'hommes avec Corbie, et ils étaient devenus amis par une entente particulière qui peut se traduire ainsi : nous sommes deux imbéciles ou à peu près, donc nous sommes faits l'un pour l'autre.

Cependant Mathéus avait été élégant, joli garçon, mondain, et sinon débauché, du moins dissipé. Il en portait la peine dans ses vieilles années. C'était un grand *vieillard* que des soins extraordinaires, une sorte d'embaumement persévérant, maintenaient dans un aspect à première vue satisfaisant, mais qui ensuite devenait insupportable. Mathéus s'ennuyait de la solitude. Vainement il avait déployé beaucoup d'amabilité et de galanterie auprès des femmes, dont il aimait au moins toujours le souvenir. Personne ne pouvait résister à la contemplation prolongée de cette *chose*, qui semblait prête à craquer et à s'écrouler à tous moments. Vivre avec cet homme et le voir souvent donnait le vertige : on s'attendait à ce qu'il tombât tout à coup en ruines. Il faisait l'effet de ces maisons disjointes qui ne tiennent qu'au moyen de poutres, d'arcs-boutants, et finissent par s'en aller malgré tout cela. Interrogés sur les motifs qui les éloignaient de la Charmeraie, les gens qui le fuyaient après l'avoir fréquenté ne savaient pas si bien s'expliquer :

« C'est une maison triste, disaient-ils ; on y est mal à l'aise, c'est trop grand ; M. Mathéus n'y est pas habitué lui-même. »

Ce pauvre homme cherchait partout des compagnons, aussi les visites de Corbie lui faisaient-elles ses grandes fêtes de l'année. Mathéus aurait voulu retenir son ami au moins huit jours chaque fois qu'il venait. Il lui offrait un logement au château. Mais, quoique flatté d'une aussi belle connaissance,

Corbie tenait à ne pas changer ses habitudes des Tournelles. Il n'acceptait jamais.

Les soins hygiéniques que Mathéus était obligé de prendre de sa personne combattaient tous ses goûts et le tenaient dans un ennui profond. La lecture l'endormait, l'agriculture ne l'intéressait pas, les idées d'ordre n'arrivaient jamais jusqu'à lui : il n'aimait que les jeux de hasard, le monde, les veilles, et tout cela lui était interdit. La vie de Paris lui inspirait une terreur égale à son regret. D'ailleurs tout avait dû changer pendant son absence. Il n'eût pas retrouvé ses compagnons ; les maisons où il allait étaient fermées pour la plupart, et les filles des femmes à qui il avait pu faire la cour, mariées et mères à leur tour, ne l'eussent point reconnu. La paresse des vieillards l'avait gagné, depuis huit ou dix ans qu'il vivait à la campagne. Il faisait peu de visites et en recevait encore moins. Avant que sa tante fût morte, Mathéus s'occupait à la soigner et à attendre le moment de l'enterrer ; mais depuis, le vide constituait sa vie. Ses quatre-vingt mille francs s'écoulaient on ne sait comment ; il achetait des chevaux, des voitures, des meubles, les changeait et les rechangeait. On lui prenait et il prêtait beaucoup d'argent. Son régisseur lui avait fait faire plus d'une sottise coûteuse. Grâce à tout cela, l'un des personnages les plus riches de son arrondissement, il y était fort peu connu et peu influent. Ainsi, aux Tournelles, on ne savait son existence que parce que Corbie en parlait quelquefois.

Mathéus se promenait d'un air mélancolique dans une grande pièce à peine meublée, regardant à travers les fenêtres un éternel paysage qui l'ennuyait. Comme ses yeux mesuraient machinalement la profondeur de cette salle vide, il se dit que s'il y avait là une femme, une jeune et jolie femme pareille à celles d'autrefois, le château serait rempli et animé. Lorsqu'il vit entrer Corbie, il eut l'air joyeux d'un prisonnier que vient trouver un rayon de soleil.

« Ah ! comme vous arrivez bien, mon cher ! s'écria-t-il, je ne savais que faire.

— Bah ! dit Corbie ; comment, vous en êtes là, avec votre fortune ?

— Eh bien !

— Il me semble que je m'amuserais toujours.

— Ma foi, c'est plutôt un fardeau. Vous ne savez pas ce que c'est. Ah! si j'avais trente ans! »

Corbie jeta aussitôt dans la glace un coup d'œil pour se comparer à Mathéus. Les glaces de la Charmeraye étaient bénies pour lui, parce qu'il s'y voyait réellement tout jeune à côté de son ami, qui n'avait cependant que huit ans de plus.

— Eh bien! si vous aviez trente ans! reprit-il.

— Bah! n'y pensons pas, répondit Mathéus, le passé est passé ; mais une chose certaine, c'est qu'il est terrible de vivre seul. Il vient un âge où on a besoin d'avoir quelqu'un à côté de soi. Je songeais à cela surtout ce matin... Je devrais me marier... oui, il faut que je me marie! »

Corbie fut tellement frappé de trouver là un homme qui cherchait une femme, tandis qu'aux Tournelles il y avait une fille pour qui on attendait un mari, qu'il demeura un moment troublé, ayant de la peine à débrouiller les confusions de son esprit. La grande pensée qui surmonta toutes les autres fut celle-ci : Henriette ne peut pas être heureuse avec Mathéus. Puis une seconde s'éleva avec presque autant de force : Henriette verra quelle différence il y a entre lui et moi. Puis une troisième vint mettre une couleur plus douce et moins égoïste sur les deux précédentes : Mathéus est riche, elle y trouvera son avantage!

Mathéus dit à Corbie :

« Vous êtes étonné ; que voulez-vous ? S'il y avait ici une femme, il est probable que mes affaires seraient tenues en meilleur ordre. D'ailleurs les soins! une compagnie qui ne me ferait jamais faute! et moi qui ai toujours préféré la conversation des femmes à celle des hommes.

— Vous n'étiez pas difficile, dit Corbie en riant très finement.

— Oh! reprit Mathéus, n'y entendez pas malice : je parle du son de la voix et du tour des idées. Après tout, vous pouvez cependant avoir raison : c'est un péché de nature, une femme me séduit toujours. La vie en commun a de grands agréments, ajouta-t-il ; j'ai l'expérience de mes anciens ménages. A cette époque-là je n'étais pas très sensible aux douceurs de l'intérieur, mais aujourd'hui nous nous faisons vieux, mon pauvre ami. »

Corbie regarda Mathéus d'un air qui voulait dire : Parlez pour vous. Il n'aima pas à se trouver associé aussi aveuglément à la décrépitude de son compagnon.

« Vous n'approuvez donc pas mon projet? demanda Mathéus, inquiet du silence de Corbie.

— Au contraire, répondit celui-ci : je pense à vous avoir une femme.

— Trouvez-m'en une, trouvez-m'en une! s'écria Mathéus avec vivacité. Vous n'aurez rendu le plus grand service. »

Ce désir de mariage était un cri de détresse poussé du fond de l'isolement et de l'ennui.

« Que diriez-vous d'une jeune fille? reprit Corbie.

— Ah! c'est tout ce que je demande, dit Mathéus ; mais comment l'espérer? J'ai bien souvent pensé à une jeune fille douce, fraîche comme une fleur ! Voyons! expliquez-vous, qui est-ce? comment est-elle?

— Dame ! elle est bien ! répondit Corbie ; elle passe pour être très bien : elle a dix-neuf ans, elle est grande, avec des cheveux châtains, une jolie main, de l'esprit et des talents.

— Et où demeure-t-elle?

— C'est ma nièce Henriette.

— Mais je l'ai vue à Villevieille, dit Mathéus ; une personne ravissante! Ma cage n'est pas faite pour un pareil oiseau.

— Pourquoi pas? Il n'y a pas de rival à craindre dans le pays. »

Mathéus aurait voulu que tout fût fini le même jour.

« Comment allons-nous nous arranger? dit-il ; quand la verrai-je?

— Je vais en parler à ma belle-sœur en rentrant demain. Si l'affaire lui convient, je viendrai vous prendre et vous tâcherez de faire votre chemin.

— A-t-elle un bon caractère? Savez-vous quels sont ses goûts?

— Un bon caractère? répéta Corbie qui faillit répondre non.

Oui, elle a un très bon caractère. Vous la verrez, je crois qu'elle vous plaira.

— Je ferai restaurer le château, dit Mathéus.

— C'est bien inutile !

— Si elle y vient, cependant, il faut que tout ait bonne tournure. Tenez, venez faire un tour, nous en parlerons sous les arbres. »

Voyant tant de joie et d'empressement, Corbie fut jaloux et se repentit de ses propositions. « Elle n'aurait qu'à être bien avec lui ! » se dit-il. Mais l'instinct de l'aversion lui affirma qu'il ne pouvait se tromper.

Toute la journée et toute la soirée Mathéus, excité par ses espérances, entretint Corbie de l'avenir, et à dîner il se laissa aller à boire un peu, bien que ce lui fût expressément défendu.

Aux Tournelles, pendant cette même soirée, on fit de véritables extravagances. Madame Gérard voulut employer le magnétisme pour savoir si on trouverait le mari. Elle était très tourmentée par la tentation de rendre des oracles, sincères ou non, afin d'étonner et effrayer son petit monde.

Madame Gérard se plaça donc sur une chaise, le président se mit en face d'elle, touchant ses genoux des siens ; puis, au milieu de l'émotion générale, le curé lui-même se laissant séduire malgré les mandements de son évêque contre le magnétisme, M. de Neuville promena ses mains maigres sur le front, les bras, les doigts de madame Gérard, qui soupira, s'agita, et remua convulsivement les jambes.

Le président jeta un regard lent et grave sur les assistants, et dit à voix basse : « Elle dort ! »

Un silence attentif et anxieux accueillit cette bonne nouvelle.

Le président concentra tout son fluide nerveux, qui, en passant par ses yeux, ses lèvres et son nez, leur fit faire une grimace pleine de solennité. Il en imprégna madame Gérard, et tout à coup demanda d'une voix impérative : « Le voyez-vous ? »

Madame Gérard tressaillit et répondit d'une voix mourante :
« Je le vois ! »

Quant aux assistants, les yeux leur sortaient de la tête et leurs oreilles se courbaient en cornet.

« Comment est-il? » demanda le président.

Madame Gérard ne répondit pas.

Le président puisa de nouveau une grande quantité de fluide et le lui transmit de la pointe de ses doigts maigres.

« Allons, répondez! dit-il de la voix impérative.

— Il est... il n'est pas très grand...

— Ah! ah! » dirent avec satisfaction Pierre, Aristide et le curé, enchantés de connaître les particularités du futur époux d'Henriette.

La jeune fille, bien entendu, n'était pas présente à ces mystères.

« Continuez donc! reprit le président, renversé en arrière, sérieux et fier de son pouvoir, et secouant de plus belle ses doigts pointus.

— Il est châtain... oui...; ni blond, ni brun... » dit madame Gérard, toujours d'une voix caverneuse.

Les assistants se regardèrent, effrayés de la force mystérieuse et surnaturelle qui apportait ces révélations à madame Gérard.

« Dites-nous sa physionomie! » continua le président, ministre des puissances diaboliques.

Madame Gérard hésita, se remua encore, et même toussa légèrement.

« Je ne le vois plus! » dit-elle.

La consternation envahit toute l'assemblée, privée ainsi de toute ses espérances.

« Je veux que vous continuiez! Voyez-le! s'écria le président, dont les bras devenaient frénétiques comme ceux d'un pianiste.

— Je souffre! murmura madame Gérard.

— Elle est fatiguée, je vais la réveiller, » dit le président qui lui effleura doucement le nez, le front et les lèvres du bout de son index.

Madame Gérard parut revenir à la vie, mais elle resta dans un profond accablement, tandis qu'on l'entourait avec l'émotion et le respect qu'exige l'état sibyllaire. Il fallut lui donner un verre d'eau, qu'elle ne but point, et elle demanda languissamment :

« Ai-je été lucide ?

— Eh ! certainement ! dit le président pour ne point la décourager.

— J'ai été mal endormie, d'ailleurs, dit-elle avec une nuance de mécontentement.

— Mon Dieu, reprit le président, fâché du reproche, nos expériences n'ont jamais eu de résultat bien net.

— Vous n'avez pas assez de fluide, pas assez de puissance, dit madame Gérard.

— Si je me trouvais en face d'un sujet qui fût bien doué! répliqua le président piqué, j'obtiendrais des effets plus satisfaisants.

— D'ailleurs, s'écria madame Gérard, cela m'épuise, je ne veux plus exposer ma santé.

— Ah ! dit le curé d'un air de grande joie, je suis heureux de vous voir renoncer à des pratiques déclarées condamnables...

— Ne vous mêlez pas de la science, interrompit furieusement le président, vous n'y entendez rien.

— Je magnétiserai Perrin ! dit Aristide, ce sera encore plus amusant ! »

Ce propos peu sérieux tua net le magnétisme aux Tournelles et en fut l'épitaphe, au grand chagrin du président, qui était convaincu. Quant à madame Gérard, malgré tous ses désirs de comédie, elle n'avait point osé continuer celle-là, en face d'une question importante. Depuis ce temps Aristide poursuivit le malheureux Perrin dans tous les coins pour le magnétiser, et le tenant sous le péril constant d'un éborgnement.

Ce tableau grotesque parut une cruelle moquerie au président et à madame Gérard, qui ne ressuscitèrent plus jamais le magnétisme et n'en soufflèrent mot à l'avenir.

Le lendemain de ce jour mémorable, lorsque Corbie annonça qu'il croyait avoir trouvé le mari, il eut une sorte de triomphe. « Ah ! mon beau-frère, dit madame Gérard, nous avons parlé et vous avez agi. » Et lorsqu'on apprit que Mathéus avait soixante, quatre-vingt et peut-être cent mille livres de rentes, il y eut un enthousiasme grave. Corbie dit alors que Mathéus n'était plus jeune.

« Ah! qu'est-ce que ça fait? dit Pierre: le bonhomme Charrier a bien marié sa fille à un homme de soixante-trois ans; ça se voit tous les jours. Tant mieux pour les filles quand le mari est vieux. Elles se marient exprès pour être veuves.

— Il faut nous l'amener, dit madame Gérard, on le présentera comme une nouvelle connaissance. Il fera sa cour modérément d'abord, pour qu'Henriette ne s'effarouche pas. Mon beau-frère aura soin de l'en prévenir. »

Il fut convenu que Corbie irait chercher Mathéus le surlendemain. Il lui écrivit aussitôt, et le vieux homme parut à ses domestiques d'un entrain et d'un mouvement étranges la veille de sa visite aux Tournelles.

Henriette attendait avec une patience triste la réponse d'Emile, ou quelque autre signe qui vînt témoigner qu'il était toujours là. Elle reparut au salon, attirée par les empressements et les façons agréables de tout le monde, préférant les distractions de cet entourage, en apparence bienveillant, à la solitude pénible de sa chambre. Reconnaissante envers tous de ce qu'on lui épargnait les reproches muets, les insinuations, les attaques, elle croyait s'être encore trompée sur le compte de ceux qu'elle avait si peu estimés ou aimés auparavant, et s'étonnait de n'avoir pas pénétré plus tôt leur délicatesse et leur bonté. Pour la préparer à son insu aux démonstrations qu'on comptait l'amener à faire devant Mathéus, le président lui demanda un peu de musique le soir; elle consentit et joua quelques airs mélancoliques qui n'amusèrent pas beaucoup l'auditoire, mais qui eurent pour elle un effet calmant et engourdissant, en substituant la tristesse des sons à celle des idées.

Sa mère lui parla de dessiner; on obtint encore d'elle la lecture de quelques poésies. Elle avait conservé une sérénité relative en calculant qu'Emile avait pu rencontrer des obstacles qui l'empêcheraient de lui faire parvenir tout de suite cette désirée réponse. Ce qui la tourmentait bien plus, c'était de ne pas connaître la vérité sur l'entrevue d'Emile et de sa mère.

Au milieu de ces premiers soucis, ses traits ne s'étaient pas encore beaucoup altérés.

Enfin le grand jour arriva pour Mathéus. Des idées d'avenir l'agitaient comme un jeune homme, et il avait envie de sauter. Corbie vint le prendre et lui dit : « Mon cher, je vous engage à ne pas montrer trop vite vos intentions à ma nièce, soyez réservé auprès d'elle, comme si de rien n'était question.

— Pourquoi donc? demanda Mathéus étonné.

— C'est à cause de vous-même. Vous l'étudierez bien mieux. Ne sachant rien, elle ne fera pas de fausses mines et se montrera dans tout son naturel. Seulement je vous préviens qu'elle est très fine.

— C'est en effet une bonne idée. »

Le vieillard avait fait atteler sa calèche, et l'arrivée aux Tournelles produisit quelque effet lorsque le cocher vint tourner habilement devant le perron.

« Je vous présente un ami intime, » dit Corbie à sa belle-sœur.

Mathéus et madame Gérard évitèrent le ridicule des complimentations en ces circonstances, en parlant ensemble sans s'écouter, puis il y eut une demi-minute d'embarras et de silence.

Toute la famille avec le président et le curé était là, rassemblée comme par hasard; madame Gérard sonna la charge contre Mathéus en lui disant :

« Il vous a fallu du courage pour passer de la vie de Paris à la vie de campagne, Monsieur.

— J'y suis venu par nécessité, dit Mathéus, et puis j'ai réfléchi qu'il valait mieux y rester. »

Mathéus était gêné par les nécessités de diplomatie qu'il devait employer. Il regardait Henriette de côté; à peine ses regards arrivaient jusqu'à elle, qu'ils semblaient se sauver. Le vieillard était remué par des sensations de sang glacé qu'on sent se réchauffer. Dans sa vie, apparaissait tout à coup une espèce d'été de la Saint-Martin, et cela le rendait comme ivre.

Henriette l'avait vu avec une curiosité indifférente. La ve-

nue de ce grand vieillard momie lui avait donné seulement
cette pensée : « Quels étranges gens se réunissent donc ici !
Ils s'associeront donc toujours avec des êtres déplaisants? »
Puis, comme une figure nouvelle est toujours inquiétante,
jusqu'à ce qu'on ait reconnu ce qu'elle recouvre, elle écouta
la conversation pour connaître l'homme.

Mathéus, qui n'imaginait pas les sentiments de la jeune fille,
l'aurait accablée de déclarations à l'espagnole, s'il avait consulté son entraînement ; mais il était forcé de soutenir une
conversation pareille à un écartèlement à quatre chevaux,
avec quatre personnages disposés pour ainsi dire aux quatre
coins de sa personne.

On pesait sur Mathéus, pour le maintenir dans la froideur
et l'immobilité, parce qu'on voyait à ses yeux qu'il grillait
d'aller se placer à côté d'Henriette.

« L'air de la campagne est si pur, si conservateur ! dit madame Gérard, sans penser à faire une épigramme contre son
hôte ; le corps et l'âme s'y reposent. Ce n'est point une vie
inactive pour l'esprit, non pas à cause de la société des gens
qu'on y rencontre, mais à cause des occupations qui s'y présentent, surtout lorsqu'on a les moyens de répandre autour
de soi le mouvement, le bien-être. Mais il faut un établissement d'une certaine importance pour rendre cette vie-là
intéressante.

— Certes, dit Mathéus en souriant et en s'inclinant, je
pense que c'est là ce qui m'a attaché au sol. Je suis étonné
moi-même d'avoir pu vivre ainsi, mais maintenant mon apprentissage est fait. »

Le vieillard regardait toujours Henriette, mais elle ne s'en
apercevait même pas ; il rendait sa voix caressante, cherchait des allusions, se tourmentait sur sa chaise pour indiquer à la jeune fille le dessous des cartes. Malheureusement
les autres le replongeaient à chaque instant dans leurs froides conversations.

« Oui, dit madame Gérard, le changement étrange qui se
fait de la vie de Paris, agitée, bruyante, nocturne, au calme
de la campagne, où le travail remplace le plaisir, où on se

9.

couche de bonne heure et où les émotions s'éteignent, est difficile à accepter. Cependant il y a des compensations : les beaux paysages, la quantité de gens qui dépendent de vous, une considération plus effective; et, à la Charmeraye, qui est dans un site délicieux, toutes ces conditions sont réunies.

— Oui, dit Mathéus d'un air aimable, mais on se blase sur les plus belles choses : le spectacle de la nature finit par ne plus intéresser, les paysans marchent très bien sans vous, et on reste dans un coin comme une marmotte, surtout lorsqu'on est *seul!* »

Ce propos ne donna aucune alarme à Henriette : ces banalités la fatiguaient. Mathéus appuya de nouveau sur cette idée : « Pour un homme seul, les choses perdent la moitié de leur intérêt. La famille a un prisme qui rend l'aspect de toutes choses plus satisfaisant. Vous en conviendrez, vous surtout, Madame, qui avez le bonheur d'être si bien partagée sous ce rapport. »

Pour envoyer quelque dureté couverte à l'adresse d'Henriette, madame Gérard aurait bien répondu qu'elle n'était pas heureuse, qu'il pouvait y avoir des souffrances cachées sous un masque de tranquillité; mais elle s'en garda bien.

Le curé dit alors qu'il était impossible de voir une famille plus remarquable, et le président, toujours hérissé, murmura : « Je lui conterai l'histoire du curé flatteur. »

Mathéus cherchait à attirer l'attention d'Henriette; mais il n'était point maître de parler à sa guise. Madame Gérard ne se souciait pas de rester sur un terrain semé de fondrières où toutes ses finesses finiraient par s'engloutir.

« Enfin, Monsieur, dit-elle, après plusieurs années, je crois, regretteriez-vous Paris?

— Mon Dieu, Madame, personne n'a été plus Parisien que moi, mais je me brûlais à Paris. A présent je n'y voudrais pas retourner. C'est comme un pays que j'ai vu en rêve; il me semble que Paris n'existe plus. Cela n'empêche pas que je n'aie eu quelque peine, et j'en ai encore, à m'habituer aux gens de ce pays-ci. Ce ne sont plus les mêmes idées, les mêmes souvenirs. J'ai même fini par me retirer de la société de province. Aussi je vous avoue que j'ai retrouvé ici avec délices des personnes de Paris, surtout dans les circonstances *particulières* qui nous réunissent. »

Madame Gérard frémit de cette persistance à essayer de réveiller l'attention d'Henriette. Elle fit un petit signe à Corbie, qui était mécontent de l'enthousiasme de son ami.

« Je pense, dit donc Corbie, avoir rendu service à tout le monde en amenant mon ami Mathéus; ce sera, je l'espère, une liaison agréable pour tous. »

Mathéus crut qu'il voulait l'emmener déjà, et lui jeta un regard désolé. Corbie espérait en effet terminer assez brusquement la visite. Maintenant qu'il avait mis son ami en présence d'Henriette, le gros oncle souffrait les supplices des jaloux.

Madame Gérard, étonnée que Mathéus parût vouloir partir si vite, reprit presque en signe de prise de congé :

« Monsieur ne pouvait nous faire un plus grand plaisir! »

Mathéus, consterné qu'on n'eût pas l'air de chercher à le retenir, ne comprenant pas Corbie, s'inclina sans trouver une parole. Il était comme un enfant qu'on va emmener d'un lieu où il s'amuse, et où il n'a pas le droit de rester, s'il lui plaît.

Il semblait qu'on allait se séparer, lorsque le curé lui dit, sans qu'on sût pourquoi partait cette question :

« Pardon, Monsieur, si je vous interromps, votre curé n'est-il pas M. Soyer?

— Mais oui, monsieur l'abbé, » s'écria avec une joie singulière Mathéus, ravi de se cramponner à un nouveau bout d'entretien.

Le président, qui se taisait, préoccupé d'étudier Mathéus, fut indigné de l'audace du curé à parler.

« Est-ce un de vos amis? demanda-t-il à l'abbé.

— Je le connais un peu.

— Encore une belle connaissance! C'est lui qu'on a surnommé le curé flatteur et à qui est arrivée cette fameuse histoire... »

Le curé se tourna vers Pierre et ouvrit la bouche afin d'entamer avec lui quelque autre sujet et de ne point écouter les récits agressifs du président ; mais Pierre vengeur s'écria :

« Ah ! nous la connaissons cette histoire, vous nous l'avez déjà racontée dix fois ! »

M. de Neuville, qui venait de l'inventer et qui comptait tracasser son abbé, fut troublé par cette déclaration, et Pierre, lui enlevant la parole, dit à Mathéus :

« Vous êtes-vous occupé d'agriculture ? »

Mathéus commençait à ne plus savoir où il en était, l'idée du mariage semblant disparaître au milieu de ces propos interrompus. Quant à Henriette, elle aurait difficilement pénétré la vérité qu'on cachait si bien.

Depuis l'arrivée de Mathéus, Aristide était impressionné par la raideur et la gêne des mouvements de l'élégant vieillard. La perruque aussi le tourmentait. Il y avait un certain petit coin redressé au-dessus de l'oreille qui semblait indiscret et provoquait la main à le saisir et à le faire rentrer dans l'ordre. Il fallut à Aristide de l'héroïsme pour résister à cette tentation ; et si Perrin eût été là, nul doute qu'il ne l'eût embarqué dans une entreprise aussi inhospitalière. Aristide rêvait en outre au moyen de tâter le dos de Mathéus pour savoir s'il avait un corset.

Cependant, à la question de Pierre, Mathéus fut forcé de répondre.

« Je ne m'occupe que fort peu d'agriculture, dit-il, j'ai un régisseur. »

Et il recommença à regarder Henriette et à se soulever de sa chaise. Mais Pierre soupira et reprit :

« Ah ! si j'avais une belle terre comme la vôtre ! Moi qui vais créer une charrue dont les grandes propriétés retireront des résultats merveilleux ! Les petites propriétés ne sont que des chèvres rendant peu de services, tandis que les grandes sont des vaches grasses qui donnent à la fois le lait, la viande, le cuir, l'engrais et le travail. »

Mathéus s'efforçait péniblement de l'écouter, et tout son corps avait pris une singulière attitude penchée de côté qui indiquait une attraction vers la jeune fille et un désir de fuir les insupportables ennuis de l'entretien.

« Oh ! je n'ose rien entreprendre ! dit-il comme s'il répondait encore à Pierre, mais en même temps se plaignant amèrement en lui-même de son sort.

— Les économies peuvent valoir les améliorations, s'écria Pierre.

— La vie de campagne est toute composée d'économies, dit madame Gérard.

— Oh ! oui ! répliqua Mathéus, les yeux fixés sur la jeune fille.

— L'existence à la campagne est si belle ! reprit madame Gérard.

— Ah ! dit Mathéus, se retenant de toute sa vigueur pour ne pas aller s'asseoir auprès d'Henriette, ah ! selon moi, la solitude de la campagne excite trop les sentiments et les rend bien vifs... »

Mathéus se décourageait un peu de l'inattention prolongée d'Henriette, qui brodait sans lever jamais la tête.

« Mais, Madame, dit-il, faisant un dernier effort, d'après ce que m'a dit mon ami Corbie, vous avez conservé le culte de tous les arts, ils ont trouvé un asile dans votre famille.

— Ma fille, en effet, Monsieur, a quelques talents », dit madame Gérard.

Henriette ne bougea pas.

« Je suis persuadé, dit Mathéus, qu'ils sont encore plus grands que vous n'en convenez. Mademoiselle doit être douée de toutes les facultés comme de tous les charmes. »

Henriette devint rouge et s'inclina ; mais la galanterie du vieillard, qui prenait une voix et des regards tendres, lui déplut. Elle ne desserra pas les dents.

Mathéus était comme un homme dont les yeux sont exposés à trop de lumière, tandis qu'Henriette s'irritait contre ces compliments qui allaient lui amener l'ennui d'être obligée de parader.

Heureusement le président se fit, avec madame Gérard, le détourneur de Mathéus.

« Il y a à Villevieille, reprit-il, quelques mondains retirés que vous avez peut-être connus, Monsieur : M. de Gontrand, M. de.....

— En effet, répondit Mathéus contrarié d'être rejeté loin de la jeune fille par ces paroles inattendues, qui arrivaient comme des vagues pour l'emporter; en effet, je crois avoir rencontré autrefois quelqu'un de ce nom-là.

— Villevieille, ajouta le président, est une des villes de province le moins désagréables à habiter; on y aime le plaisir, la bonne chère.

— Ma foi oui, dit Pierre, c'est un des bons côtés du pays. Figurez-vous que je m'y suis procuré une excellente cuisinière.....

— Et j'espère, reprit madame Gérard, que Monsieur nous fera le plaisir de venir goûter de ses œuvres, s'il veut bien prendre la peine de ne pas oublier le chemin des Tournelles.

— Mais comment donc, Madame : ce sera un honneur et un plaisir, et, si vous le permettez, je le prendrai quelquefois.

— Entre voisins, dit Pierre, les choses doivent aller rapidement.

— J'en accepte l'augure, répondit Mathéus songeant au mariage.

— Nous sommes arrivés, dit Pierre, pour reprendre ce que je disais, à composer des dîners complets. Il y a des eaux excellentes, où on pêche du poisson convenable; le gibier est abondant, malgré ces brigands de braconniers; ma viande, je la fais moi-même ; les légumes et les fruits sont bons, parce qu'ils suivent leur saison.

— Oh! dit Corbie, Mathéus aime à bien manger, mais ce n'est pas un gourmand comme mon frère. »

L'oncle voyait que son ami produisait peu d'effet sur Henriette, et il n'en était pas fâché.

« Oui, ajouta madame Gérard, qui craignait qu'on ne matérialisât trop le vieillard aux yeux d'Henriette, il y a autre chose à apprécier dans la vie de province que le côté grossièrement animal; il y a des idées à répandre autour de soi, de bonnes œuvres à faire. Nous, nous avons contribué à introduire la charité dans les mœurs de ce pays. Il faut beaucoup s'attacher à la religion, pour donner l'exemple.

— J'ai peut-être un peu négligé de pratiquer pendant ma vie, dit Mathéus, mais il est toujours temps de se *rattraper*.

— La charité, la bienfaisance, sont très importantes, continua madame Gérard; il y a tant d'infortunes à secourir, d'esprits abattus à relever. Nous avons fondé ici plusieurs établissements. M. le curé, M. le président, ont bien voulu m'éclairer de leurs conseils. C'est un rôle sacré à remplir.

— Je serais heureux de pouvoir vous être bon à quelque chose, répliqua Mathéus; veuillez disposer de moi, Madame. Si mademoiselle consent à distribuer elle-même, de sa jolie main, quelques faibles offrandes que je vous transmettrai.....

— Je vous remercie beaucoup, Monsieur, dit madame Gérard vivement; je vais même mettre votre zèle à l'épreuve...... Aristide, reste-t-il des billets de loterie? »

Henriette, qui avait levé la tête pour répondre aux amabilités de Mathéus, la rebaissa sans rien dire, et comme si le vieillard à tournure élégante n'avait pas parlé.

Mathéus prit trente billets qui restaient. On l'invita à dîner, on causa de tout, excepté d'Henriette, et, lorsqu'il fut parti, chacun de s'écrier qu'il était fort bien, charmant, spirituel, distingué, etc. Ces éloges avaient l'innocente rouerie de vouloir influencer Henriette. Elle trouva seulement tout le monde absurde. Ce vieux homme replâtré lui paraissait insignifiant, prétentieux et ennuyeux.

Mathéus, en rentrant, chercha avec son valet de chambre, avant de se coucher, dans quelle chambre il pourrait bien se mettre avec Henriette, lorsqu'il l'aurait amenée maritalement au château.

Madame Gérard fit remarquer que sa fille se montrait très calme.

Le lendemain, M. de Neuville ajoutait à sa galerie ce nouveau portrait : « Alcimaque est un jeune vieillard, il ne peut consentir à se laisser ravir par le temps les biens de la jeunesse. C'est le défaut de son esprit, car il a de l'esprit, du charme, du monde. S'il n'avait le ridicule de ne pas vouloir être de son âge, ce serait un homme séduisant. Il ne peut tromper personne, car il se déguise avec une habileté maladroite. Alcimaque porte un corset qui craque, une perruque qui se dérange, et il est le seul à ne s'en point apercevoir. Alcimaque plaît encore aux femmes; il est galant, leur avis est toujours le sien; mais Alcimaque est un présomptueux. Il faut qu'on l'ait beaucoup gâté. Alcimaque est une faute des femmes. Maintenant, c'est un roi qui perd le sceptre et ne veut pas abdiquer volontairement. »

CHAPITRE IX

TRANQUILLITÉ, PLANTE QUI NE CROIT QUE DANS LES CŒURS SECS

Il y avait quelques jours que la lettre d'Henriette était écrite, et la jeune fille ne savait encore rien.

Dans sa petite chambre blanche, Henriette ne voyait plus que du noir. Le lendemain de la visite de Mathéus, il lui parut déjà étrange qu'Émile ne cherchât pas à la revoir; et les imaginations mauvaises la tourmentèrent. Elle essaya de travailler, de lire : la tapisserie et le livre tombèrent de ses mains. Elle se mit à la fenêtre : le soleil, sec, torride, l'attrista; le pays semblait désolé et inhabité, et Villevieille une ville enfouie et détruite. Des larmes qui ne pouvaient couler se réunissaient sous sa paupière. Elle se dit qu'elle ne pourrait pas vivre dans ce tourment.

« Oh! je me plaignais d'être malheureuse, quand il fallait seulement l'attendre un jour! Que j'étais pourtant heureuse dans mes chagrins d'alors, comparativement à ceux d'aujourd'hui! Ce qui fait mon mal, c'est d'être née dans cette famille. Lui, il a une mère, bonne, intelligente! Ah! lorsqu'il me proposait de m'emmener, que ne l'ai-je pris au mot! Maintenant, que fait-il? Pourquoi ne me répond-il pas? L'empêche-t-on de venir? Mais il aurait pu se déguiser, envoyer. Que vais-je faire, s'il m'abandonne? »

Henriette soupçonna enfin qu'on pourrait n'avoir pas remis sa lettre. Elle descendit à la cuisine, où Marie était toute seule, et lui demanda si la commission avait été faite. Marie, qui n'avait pas osé tromper madame Gérard, trompa Henriette :

« Oui, Mademoiselle, j'ai porté votre lettre.

— Au bureau ?

— Oui, Mademoiselle.

— Si vous ne l'aviez pas portée, ce serait un grand malheur !

— Je l'ai mise à la poste, soyez-en sûre, Mademoiselle. »

Henriette remonta; le singulier espoir qu'Emile fût peut-être en ce moment derrière le mur du parc l'anima follement. Elle agita son mouchoir à la fenêtre pour lui donner un signal, et crut voir remuer les arbres.

Le cœur lui battit, ses genoux tremblèrent, elle ne songea qu'à courir au fond du parc, n'osant pas se raisonner.

A peine Henriette eut-elle fait cent pas dehors qu'elle rencontra son frère avec l'idiot Perrin.

« Où vas-tu ? demanda Aristide.

— Je fais ma promenade, répondit-elle troublée, désolée.

— Tiens, nous aussi! reprit Aristide d'un air narquois : promenons-nous tous les trois, tandis que le loup n'y est pas.

— Oh! reste avec ton ami.

— Non, j'aime mieux aller avec toi, j'ai quelque chose à te montrer. »

Henriette sentit douloureusement que quelque méchanceté allait avoir lieu.

« Que veux-tu me montrer? dit-elle avec une impatience triste.

— Tu vas voir, ce ne sera pas long. »

Il mena sa sœur à l'endroit des rendez-vous. Henriette était inquiète, ne sachant ce qu'il voulait. Son frère gambadait avec une canne qu'il mettait à tous moments dans les jambes de son camarade. Quand ils furent arrivés, Henriette put voir toutes les précautions qu'on avait prises pour empêcher de nouvelles escalades. Elle fut navrée.

« J'espère qu'on a bien arrangé ça! » dit Aristide.

D'un autre côté, Henriette se consola à demi. Elle ne reverrait plus Emile, *là*, mais aussi il lui était expliqué pourquoi le jeune homme n'avait pu revenir.

Les journées de chagrin amènent d'âcres idées. Henriette s'attendrissait sur elle-même, ne voyant au loin qu'une existence affligée. Cette cruelle compression du cœur qui ôte toute force, tout courage, et ne laisse que la fièvre et l'agitation, s'abattit sur elle. Elle n'avait quelques instants de relâche qu'en repassant ses souvenirs, ses entretiens avec Émile, tout ce qu'ils s'étaient dit, son aspect heureux lorsqu'il arrivait, leurs embrassements, les projets de mariage, la demande du rendez-vous nocturne, puis elle en revenait alors à la perte du portrait, fatale cause de leur séparation. Les regrets, les craintes, la colère, la bouleversaient tour à tour. Par instants une fureur froide et implacable contre les siens passait par son cœur. Elle eût commis des cruautés envers eux, et désirait leur dire les mots les plus durs. Relativement à la douleur, la colère lui était un soulagement.

On remarqua son air morne à table, mais on affecta de ne point s'en apercevoir. Cependant, le soir, madame Gérard, qui avait aussi ses préoccupations et qui n'aimait pas à la voir dans un état propre à rebuter Mathéus, lui dit :

« Tu as, ma chère, dans les manières, quelques défauts que ton éloignement pour le monde ne suffit pas à justifier. Tu n'as pas été polie et convenable envers cette personne que nous avons reçue hier. »

Henriette répliqua : « Comme ce n'est pas moi que M. Mathéus vient voir, mais vous et mon père, il n'y a pas beaucoup d'inconvénients à ce que je ne lui fasse pas de grandes salutations.

— Ah ! dit madame Gérard, quel avantage trouves-tu à passer pour déplaisante ? »

Henriette répondit : « M. Mathéus ne me plaît pas. Je veux faire une différence dans mon accueil pour les gens qui me conviennent et ceux qui me répugnent.

— Dans le monde, reprit madame Gérard, le grand art, c'est l'amabilité. En se forçant à être bien envers les gens désagréables comme envers les autres, on s'habitue peu à peu à les trouver moins désagréables, et tout le monde y gagne. Tes façons hautaines sont d'ailleurs attribuées à l'éducation que nous t'avons donnée. Tu ne veux jamais songer à cela.

— Eh bien, dit Henriette, je ferai plus d'efforts une autre fois. »

Henriette fut amenée à penser davantage à cet homme avec qui on lui imposait de se montrer agréable. Son sort lui parut d'être entourée, de jour en jour, par un plus grand nombre de personnages impossibles à supporter.

Ses sensations variaient et la fatiguaient. Elle quittait tantôt la chambre avec une sorte de plaisir pour se distraire d'elle-même dans le salon; puis le salon lui pesait, et elle était heureuse de rentrer dans sa chambre, où elle ne se trouvait plus bien une heure après.

Madame Gérard ne s'arrêta pas à de telles allures d'inquiétude et de dérangement. La déclaration bien nette de répulsion pour Mathéus ne l'empêcha pas de continuer son travail d'araignée. Cette mère habile comptait enlacer, entraîner Henriette, au point que celle-ci ne pût faire de résistance le jour où on lui apprendrait ce à quoi était destiné Mathéus.

Pierre ne remarquait point les angoisses de sa fille, et il ne les aurait pas comprises. Seul le président devina les indices du ravage intérieur sur la figure de la jeune fille. Il voulut en parler à la mère pour l'engager à ajourner ses projets et à chercher d'autres remèdes; mais cette tentative ne fit que réveiller la jalousie de son amie, jalousie qui était le plus puissant auxiliaire de Mathéus. M. de Neuville reçut donc comme une douche sur la tête les paroles suivantes, dont il demeura comme étourdi.

« Vous vous occupez excessivement d'Henriette, je m'en suis aperçue.

— Je m'y intéresse parce que c'est votre enfant, répondit-il consterné.

— Ce n'est pas du tout parce que c'est mon enfant, dit madame Gérard, il est inutile de me conter de telles niaiseries.

— Mais quelles idées avez-vous donc, chère amie?

— Ah! vous savez bien ce que je veux dire, je le vois à votre question qui vous trahit.

— Je vous assure que c'est une triste erreur, dit le président. En vérité, chère amie, le présent et le passé parlent assez pour moi. Je puis cependant prendre intérêt pour une gracieuse enfant, sans être accusé de...... je ne sais quoi ! s'écria-t-il.

— Les justifications ne manquent jamais en pareil cas, je le sais, dit madame Gérard. Depuis quelque temps vous montrez un parti pris de soutenir contre moi cette gracieuse enfant, qui n'est qu'une folle petite créature, désobéissante et pleine de prétentions.

— Vous êtes égarée par une colère très injuste, s'écria le président, qui commençait à ne plus dire *ma chère amie.*

— Ah ! une colère injuste m'égare ! Vous êtes bien maladroit, car voilà de ces mots qui trahissent encore celui qui les laisse échapper. Auriez-vous jamais prononcé de telles paroles, si vous aviez quelque affection pour moi ? Le très juste mécontentement d'une mère est traité, par vous, d'égarement ! Ah ! vraiment, votre impartialité se développe. Vous jugez maintenant tout à fait sans passion ! Ah ! je ne me serais *jamais attendue* à cette conduite de votre part ! — Il est vrai qu'on ne peut prévoir chez les autres certains sentiments... Du reste, je suis ravie d'avoir pu vous connaître entièrement, et d'être entrée en explications avec vous. Il m'eût été impossible de garder sur le cœur...

— Ma chère amie, interrompit M. de Neuville, la tête basse, je ne puis croire que cela soit sérieux. Revenez à vous.

— Encore ! s'écria madame Gérard ; mais pour qui me prenez-vous donc ? Il y a dix ans que je vous *connais*, croyez-le, et je *m'attendais* à votre ingratitude. Ainsi je n'ai mérité qu'un attachement vulgaire, et il a suffi qu'une petite fille minaudière et coquette se jouât de vous pour vous détourner en un instant de celle... Vous savez pourtant ce que j'ai fait pour vous, pendant ces dix ans. Confiante dans votre amitié, j'ai étouffé mes scrupules, mes remords...

— Oh ! pouvez-vous douter de moi ! s'écria M. de Neuville tout troublé par tant de *violence* et de *passion !* Vous me faites une bien cruelle injure !

— Mais l'injure, Monsieur, il me semble que c'est moi qui la reçois !

— Oh ! chère amie, qu'il m'est triste de vous entendre. Je suis si fort de mes sentiments envers vous, qui n'ont jamais varié et ne varieront jamais, que malgré le chagrin que vous me causez en en doutant ainsi...

— Eh, dit madame Gérard, moins terrible, comment voulez-vous que je ne doute pas, lorsque tout se réunit pour me faire douter ?

— Je ne me croyais pas si coupable, reprit le président. Voyons, accusez-moi, je me disculperai...

— Il me faut un gage de sécurité, répondit-elle : je veux que ce mariage se fasse et que vous y mettiez activement les mains. Alors je serai tranquille.

— Je vous promets d'accomplir tout ce que vous désirerez, car cela ne me coûte nullement.

— Je veux bien vous croire, mais ne me forcez plus à craindre.

— Craindre ! Je suis désolé de vous avoir inspiré le moindre soupçon.

— Il est si fâcheux qu'il s'élève des nuages entre nous, ajouta-t-elle radoucie.

— Ils sont déjà dissipés, je l'espère !

— Cela dépendra de vous.

— Quelle femme implacable vous êtes ! dit le président en risquant un sourire.

— Je vois bien que je vieillis à vos yeux.

— Pouvez-vous me tourmenter ainsi, lorsque chaque jour, au contraire, vous me paraissez plus jeune.

— Les mots n'ont jamais rien prouvé, dit madame Gérard.

— Ma chère, ma bien chère amie, est-ce vous qui pouvez me supposer capable de vous aimer moins ? Où donc retrouverais-je votre esprit, votre haute raison, votre grâce et une affection si éprouvée ! »

Le président était étonné de la scène, mais il se sentait un peu de crime au fond de la conscience, et Dieu sait jusqu'où il fût allé pour sceller une réconciliation si madame Gérard, qui ne se souciait plus des tendresses de fin de saison, ne l'eût rappelé à la tranquillité.

Ces grandes histoires, qui troublaient les idées du président au sujet du portrait d'Uranie, animaient madame Gérard, qui les *prenait* comme on prend une tasse de café. Elle y était portée par besoin de comédie, besoin de remuement, et enfin par instinct de domination, car elle en avait reconnu l'effet sur ceux qui l'entouraient : ils les redoutaient beaucoup.

L'oncle Corbie restait seul immobile en apparence, au milieu de la fièvre mathéusienne qui agitait toute sa famille. Il ne voulait pas être soupçonné de ses mauvaises passions. Il en était puni d'ailleurs par la crainte absurde que Mathéus ne finît par plaire à Henriette.

Le jour où l'on attendait la seconde visite de Mathéus, Madame Gérard alla trouver sa fille, qui n'avait pas paru depuis le matin.

« Ne descends-tu pas ? lui dit-elle.

— Non, répondit Henriette.

— Qu'est-ce qu'une pareille sauvagerie ?

— Je suis malade. »

Madame Gérard ne croyait pas à cette défaite.

« Alors couche-toi, dit-elle ; je vais faire venir le médecin. Si tu es malade depuis plusieurs jours, il faut le dire ; qu'est-ce que tu as ?

— Rien, la fièvre, du malaise. Il faut que je reste seule. Le repos me fait du bien.

— Au contraire, tu te distrairas en bas.

— Non.

— Henriette, il s'agirait cependant d'être sérieuse.

— Je demande qu'on ne me tracasse pas. C'est bien assez déjà de ce qui a été fait, dit amèrement la jeune fille, dont les nuits et les journées devenaient pesantes.

— Quoi ? Qu'est-ce qui a été fait ? » s'écria madame Gérard en colère.

Henriette était sans défense contre la douceur ou le chagrin des autres, mais leur colère lui donnait une grande force de résistance.

« Je demande comme une simple compensation qu'on ne

me tourmente pas inutilement, reprit-elle; je n'ai pas d'autre explication à donner.

— Tu as grand tort de te conduire ainsi, tu nous feras regretter notre indulgence, dit plus doucement madame Gérard, arrêtée par les inconvénients que pouvait avoir une querelle. J'espère que l'influence de ton père sera plus forte que la mienne, car j'imagine que tu ne m'aimes pas beaucoup, puisque j'ai si peu de succès auprès de toi. »

Elle la quitta, lui laissant dans la poitrine ce dernier petit trait qui avait porté. Henriette crut avoir froissé le cœur de sa mère.

Madame Gérard dit à son mari :

« Elle ne veut pas descendre, nous ne pouvons pas être à la merci de ses caprices, il faut qu'elle soit là lorsque M. Mathéus vient.

— Comment ! dit Pierre avec une ironie pleine d'une satisfaction secrète, vous qui menez toujours tout comme vous voulez, vous n'avez pas pu persuader votre fille !

— Et vous, répliqua la femme irritée, quel rôle avez-vous pris ? Il semble que rien ne vous regarde. Dès qu'il s'agit de se donner de la peine, d'essuyer des désagréments, on a bien soin de m'en laisser le fardeau.

— Bah ! dit Pierre, à chacun selon ses capacités !

— C'est cet esprit de plaisanteries qui encourage mes enfants à résister à mes volontés. Voulez-vous pourtant marier votre fille ou non ? »

Pierre haussa les épaules, ce qui était son geste habituel.

« On croirait que vous n'en avez pas un vif désir.

— Eh ! dit Pierre, vous avez tracé le sillon, ensemencez-le. J'approuve toujours tout ce que vous faites, parce que vous faites toujours tout très bien.

— Oh ! certainement, reprit madame Gérard, vous ne m'avez habituée qu'à compter sur mes seules forces.

— Vous le savez, je ne suis qu'un paysan. Je ne sais pas me mêler à toutes ces petites manœuvres délicates; elles sont votre affaire. Je ne m'occuperai que du gros.

— Mon Dieu, si j'avais voulu, dit madame Gérard, j'aurais fait descendre Henriette sur-le-champ.

— Dame! il ne manquerait plus que cela, reprit Pierre; mais je vous le dis, c'est que je crois en vous. »

Madame Gérard rougit légèrement, mais elle pensa que son mari avait un caractère au moins méprisable, de subir ce qu'il raillait.

« J'ai mes projets, reprit Pierre, et je ne serais pas très joyeux que la Charmeraye nous échappât. Je vous aiderai.

— C'est bien heureux.

— Oh! je ne vous cache pas que je déteste les querelles de famille, les scènes; mais, puisqu'il le faut... »

Justement Corbie vint seul, et il annonça que Mathéus était souffrant et priait qu'on l'excusât. Madame Gérard et Pierre crurent d'abord que le futur gendre s'évanouissait, mais Corbie assura que Mathéus ne rêvait qu'à Henriette. Madame Gérard et Pierre voulurent ensuite être éclairés sur le personnage.

« Enfin, dit-elle, mon beau-frère, êtes-vous certain du chiffre de cette fortune ?

— Au moins soixante-dix mille livres de rentes, dit Corbie; j'ai vu les titres et les comptes.

— C'est superbe, superbe! s'écria Pierre, comme s'il eût parlé d'un miracle inespéré.

— Et un homme sur lequel on peut compter...

— Mais oui, dit Corbie, très honorable, d'une excellente famille!

— Le hasard sert mieux que toutes les combinaisons, reprit madame Gérard. Dans nos recherches nous n'eussions jamais songé à une fortune comme celle-là. Définitivement, quel âge a-t-il?

— Soixante-quatre ans juste; ça ne paraît pas beaucoup.

— Au contraire, ajouta Pierre, mieux vaut qu'il soit vieux.

— Ah! dit Corbie, tu es facile! mais les jeunes filles!

— On leur fait tout comprendre, reprit madame Gérard. A-t-il une bonne santé, une bonne constitution? Il a l'air un peu arrangé, continua-t-elle en souriant.

— Moi, répliqua Corbie, je suis un homme d'une bonne constitution; faites maintenant la comparaison! Mathéus n'est guère solide.

— Quelle vie a-t-il donc menée ?

— Ma foi ! ma belle-sœur, le contraire de moi ! chacun son goût et ses principes !

— Il a été galant.

— Oui, il a eu beaucoup d'intrigues.

— Alors, dit madame Gérard en se tournant vers son mari, il est aussi usé qu'expérimenté.

— J'en répondrais ! répliqua Corbie.

— Il n'y aura évidemment pas d'enfants.

— Il ne songera peut-être même point à en avoir, dit Pierre à son frère.

— Je n'en répondrais pas cette fois.

— Il vivra encore moins longtemps, s'il n'est pas plus sage que cela.

— Je l'ai vu quelquefois avant qu'il fût *arrangé*, comme dit ma belle-sœur ; il ne tient vraiment qu'à un fil.

— Henriette sera veuve de très bonne heure, dit madame Gérard, nous ferions bien de prendre quelques arrangements à propos de cette fortune. A-t-il des proches parents ?

— Non.

— Bon ! il apporte tout en communauté à Henriette ; mais il faut que nous en profitions, nous aussi. Je voudrais qu'on fît quelque chose pour Aristide, parce que, quand M. Mathéus sera mort, Henriette peut se remarier sans notre consentement et transporter ses 80,000 livres de rente ailleurs. Je consulterai le président sur ces questions de droit. Si, par hasard, Henriette mourait avant son mari, il faut que sa dot nous fasse retour ; on ne sait pas ce qui peut arriver.

— Mais, dit Pierre, que voudriez-vous donc pour Aristide ?

— Je ne sais pas si, en droit, cela peut se régler, mais ne pourrait-on pas s'arranger de manière à ce qu'à la mort de M. Mathéus, il revînt de l'argent à Aristide ?

— Si, dit Pierre, et cela sans donner de dot à Henriette par le fait. J'admets que nous lui constituions cent mille francs : eh bien ! nous lui ferons faire une donation entre vifs de cette somme à son frère. Elle s'engagerait, par exemple, à la lui restituer, si, étant veuve, elle ne vivait pas en famille avec nous. Mais Henriette consentira-t-elle ?

— Quand nous voudrons, répliqua madame Gérard. Il n'est pas nécessaire d'en parler à M. Mathéus. Quant à Henriette, nous lui ferons signer tous les papiers possibles sans qu'elle y regarde. Elle serait bien égoïste, si elle nous refusait ce petit avantage, après lui avoir fait un sort si brillant.

— Il ne faut pas trop se fier à Henriette, » ajouta Corbie, qui osait dire du mal de sa nièce pour la première fois seulement depuis son malheur.

Corbie *tuait* naïvement son Mathéus par ce mariage, et aidait à le dépouiller dans ce conciliabule homicide; mais il ne s'en doutait pas. Il commençait à ne plus sentir peser sur ses épaules la responsabilité de la catastrophe, en voyant avec quelle ardeur on avait accueilli sa proposition.

« J'ai proposé un mari, disait-il, voilà tout; mais ce sont les autres qui font l'opération. »

Lorsqu'il eut quitté son frère et sa belle-sœur, celle-ci dit à Pierre : « Il y a des femmes adroites qui comprendraient si bien la position qu'en moins d'un an elles pourraient être libres; mais c'est affaire à chacun. Henriette fera comme elle l'entendra. Je n'ai pas besoin de lui parler de ces choses-là, si elles ne lui viennent pas toutes seules à l'instinct.

— La mère créera la fille à son image! » répondit Pierre en se sauvant après ce soufflet.

« Il est trop méprisable pour m'irriter, murmura madame Gérard, il n'est plus temps. »

Mathéus était emprisonné à la Charmeraye, gardé par un rhumatisme. Ce mal venait de lui donner un cruel avertissement, au moment où il aurait voulu l'oublier et se faire illusion, ainsi que ces ennemis fantastiques, qu'on voit dans des romans ou des drames, qui disposent de votre vie et vous frappent sur l'épaule, tout à coup, quand on va agir sans leur permission. Mathéus connut ce jour-là ce que l'impuissance donne de rage; mais, de même qu'un peu d'eau jetée sur du charbon allumé, cela ne fit qu'activer sa nouvelle passion. Assis sur une chaise longue, d'où il ne pouvait bouger, enveloppé d'une robe de chambre, la tête couverte d'un bonnet noir, les chairs du visage jaunies et flasques, avec deux yeux qui remuaient continuellement comme des souris dans une cage tournante, Mathéus représentait singulièrement l'Amour.

Jamais son esprit vide n'avait tant travaillé. Il pensait à Henriette, riant et frissonnant à l'idée de l'avoir pour femme, qui lui semblait un rêve. Il agitait des projets de dépenses folles ; ses noces seraient splendides ; il cherchait à inventer une corbeille de mariage qui fût l'expression de sa tendresse. Quand le rhumatisme tournait le dos un moment, d'heureuses idées de soie et de mousseline, de couleurs fraîches et claires, environnaient Mathéus. Il voyait passer des diamants, des étoffes, des meubles devant ses yeux, jusqu'à ce qu'il retombât dans une profonde terreur, en ressentant une douleur un peu aiguë. Le pauvre homme ne savait si l'accès serait long, mais dans les intervalles que lui laissait la souffrance il se disait qu'il souffrirait moins si Henriette était là ; il se trouvait même plus de forces qu'autrefois contre la douleur ; il lui semblait être délivré de cette glace et de cette neige de la vieillesse qui contristent et abattent ceux qu'elles ont saisis. En outre, plus ses projets prenaient une forme nette, palpable, matérielle, plus complétement il se représentait tous les détails d'une nouvelle vie, et plus devenait impérieux le désir de voir et avoir tout cela immédiatement, le plus tôt possible, plus tôt qu'il n'était possible. Les vieillards sentent-ils qu'ils n'ont pas le temps d'attendre, ont-ils plus de confiance en eux-mêmes ou un complet aveuglement? Leurs passions sont plus égoïstes et ont une ardeur plus âpre, plus sauvage, que celles des autres hommes ; Mathéus désirait peut-être Henriette avec plus de force que ne l'aimait Emile. Tous ces songes de parures et de magnificences venaient de ce que le vieux homme voulait embellir la jeune fille pour se faire plaisir à lui-même, en la regardant passer, comme un chat ou un oiseau, au milieu d'une volière riche. Du reste ces sujets de méditation et d'invention ne fatiguent pas. Inépuisables, la moindre nuance suffit à les renouveler. On les recommence mille fois, soit par la fin, soit par le milieu.

Corbie était venu voir Mathéus ; celui-ci lui cria :

« Mon cher ami, si vous saviez comme votre nièce me trotte par la tête! je ne puis plus y tenir, il faut qu'on me la donne; je vous charge de faire ma demande. »

Corbie ne manquait pas de gaieté, et il eût plaisanté Mathéus, s'il n'avait été mêlé lui-même à ces événements où il apportait dès lors le sérieux et la gravité convenables. Cette mission ne parut pas lui sourire; il ne voulait pas que sa main se montrât, craignant des ennuis si on venait à savoir ce qui s'était passé entre Henriette et lui, et si par suite on découvrait qu'il se vengeait. D'ailleurs l'oncle avait pris une sorte d'aspect solennel à ses propres yeux, depuis qu'il s'était donné la charge importante de la vengeance.

Corbie répondit donc :

« Je la demanderais bien pour vous, mais je crois qu'il vaut mieux que vous fassiez la démarche vous-même.

— Ce n'est guère l'usage : on sera peut-être surpris.

— Et moi! je ne suis pas très éloquent.

— Ce qu'il y a à dire va de source.

— Eh bien! vous le direz toujours mieux que moi.

— Mais cela ne s'est jamais fait.

— Bah! Eh bien! je vous avoue que je ne voudrais pas avoir l'air d'en faire une affaire personnelle : on croirait que j'y tiens particulièrement.

— Où serait le mal? c'est tout simple.

— Ma belle-sœur ne sera pas fâchée du tout de vous voir l'aborder directement.

— J'irai alors dès que ma maudite douleur sera passée. Mais, mon cher, il faut cependant vous charger des questions d'argent, je ne puis les traiter moi-même. Ce serait *déflorer mes aspirations*. Je vais vous montrer les titres. Je donne tout à votre nièce, une corbeille de mariage aussi belle qu'on pourra la faire; les diamants de ma tante, qui valent cent mille francs. Si on veut, on ne donnera pas de dot à mademoiselle... à Henriette. Qu'est-ce que cela me fait? J'ai de l'argent, je n'en veux pas; je ne veux que la jolie jeune fille. Ah! Corbie, qu'elle est belle! Je n'ai qu'une crainte, c'est qu'on me la refuse. Il faut se dépêcher. Si vous êtes mon ami, que personne ne vienne me l'enlever. Je l'ai vue, cela m'a

10.

suffi. C'est un ange, une fée. Corbie, je suis trop heureux. Je voudrais être deux fois plus riche. Nous irons tout de suite chez votre belle-sœur : moi d'abord, vous après. Qu'Henriette dise ce qu'elle aime, qu'elle demande ce qu'elle veut ; j'enverrai à Paris. Elle ne se repentira pas de m'avoir épousé. Parlez-lui de moi.

— Oh ! dit Corbie, je ne veux pas avoir l'air d'influencer les gens ; elle saura bien vous juger, allez. Son père et sa mère lui parleront de vous.

— Je vous reconnais bien là, dit Mathéus, homme circonspect ! toujours peur de vous occuper des affaires des autres !

— Vous comprenez bien, répliqua Corbie, que je ne veux pas qu'on dise... vous savez, les gens qui font des mariages ont une réputation...

— Il n'y a que vous pour avoir ces idées-là. Dites-moi, la verrai-je demain ou le jour que j'irai là-bas ? Pourrai-je bientôt lui parler ? Ce système d'études à distance est intolérable. Je l'ai jugée à première vue, je vous dis : rien ne me fera changer d'opinion.

— Elle est capricieuse, laissa échapper Corbie.

— Oh ! dit Mathéus, comme toutes les jeunes filles. Le mariage les calme. Et puis, qu'elle soit capricieuse, qu'elle ait tous les défauts du diable, je ne changerai pas un mot à ce que je viens de dire. Je m'étonne moi-même, je n'ai jamais été si sérieusement ébranlé. »

Corbie n'était pas content maintenant d'avoir inventé Mathéus, cet amant si passionné qu'il pouvait faire fondre à la chaleur de ses 100,000 livres de rente la répulsion glaciale d'Henriette.

Le soir, les douleurs de Mathéus passèrent, il but du bon vin avec Corbie, et le lendemain, vers midi, il était aux Tournelles.

Si le pauvre Emile, qu'on avait reçu avec tant de dédain et un air si protecteur, avait pu voir quels sourires gracieux furent apprêtés et mis en jeu, que d'inclinaisons de tête, d'intonations caressantes, de paroles douces et engluées furent échangées, il eût éprouvé plus d'ironie que de colère.

Mathéus dit à madame Gérard et à Pierre :

« Corbie a dû vous parler de mes intentions. Veuillez excuser cette démarche un peu brusque de ma part, mais je trouve tant de qualités et de beauté à mademoiselle votre fille, que je viens vous prier de m'accorder sa main. J'ose à peine me prétendre digne d'une pareille faveur, quoique je défie n'importe qui de surpasser mon admiration et mon affection pour mademoiselle Henriette.

— Monsieur, répondit madame Gérard, nous sommes fort honorés d'une alliance avec vous. Ma fille partagera nos sentiments. Elle est trop bien élevée pour ne pas être sensible, comme elle le doit, à votre demande, qui est flatteuse pour elle.

— Je désirerais vivement, dit Mathéus, que mademoiselle votre fille pût me connaître davantage. Je mets ma fortune à ses pieds. Je ne sais si je puis parler de mon cœur, mais il lui appartient également et il vaut celui de bien des jeunes gens. Sera-t-elle de cet avis? Je ne lui demande que de ne pas me voir avec répugnance.

— Bien loin de là, Monsieur, je crois que personne ne peut mieux que vous rendre ma fille heureuse.

— Nous vous abandonnons là, dit Pierre, un trésor précieux. Henriette est toute jeune, Monsieur, c'est une charge bien grave. Dans nos bois, nous étayons les jeunes plantes : soyez à la fois son mari et son père. Protégez-la, préservez-la. »

Madame Gérard trouva que son mari entreprenait inopportunément de sermonner M. Mathéus, et elle reprit :

« Oh! M. Mathéus est intéressé tout naturellement à s'occuper de sa femme.

— Madame, je l'aime et je l'aimerai beaucoup, répondit Mathéus. Je vous promets que si cela dépend de moi elle sera heureuse. Du reste, j'ai chargé Corbie de vous entretenir de toutes les conditions matérielles de mon union. Moi je ne veux mêler rien de vulgaire à ce qui est purement de l'âme et du cœur.

— Henriette est l'enfant des blés, dit Pierre, il·lui faut la bonne terre de ce pays-ci pour prospérer.

— Mais elle décidera de tout, » s'écria Mathéus.

Madame Gérard sourit et répondit :

« Quelle jeune fille ne serait ravie d'une telle perspective! Monsieur, vous connaissez l'art de séduire. Vous êtes un magicien. M'autorisez-vous à révéler à ma fille vos dispositions? Ne craignez-vous pas qu'elles ne lui tournent un peu trop la tête?

— Je les lui répéterai de ma propre bouche, dit Mathéus.

— Ma foi, Monsieur, ajouta Pierre, vous êtes le véritable gendre qui me convient; un homme de tête qui sait ce qu'il veut! Permettez-moi de vous serrer la main. »

Madame Gérard n'aimait pas la conversation de son mari, trouvant qu'il manquait souvent de tact et d'à-propos.

« Je vous ai profondément estimé pour avoir renoncé comme moi à Paris, et être dans vos terres, continua Pierre. Si vous étiez agriculteur, je serais encore plus charmé, mais je vous apprendrai, si vous voulez. La Charmeraye offre des ressources admirables pour la prospérité du pays. L'agriculteur est un bienfaiteur public par cela seul qu'il travaille pour lui-même. Vous verrez, nous méditerons là-dessus.... »

Madame Gérard arracha Mathéus à son mari.

« Vous avez à peine entrevu ma fille...., dit-elle à Mathéus.

— Madame, elle est restée ici, » dit le vieillard prétentieux en montrant son cœur.

Mathéus portait des pantalons gris un peu larges, un habit bleu à boutons d'or, un gilet blanc semé de fleurs lilas, une cravate bleue nouée avec art, un superbe chapeau de paille et des gants très clairs. Elégant et frais comme un jeune homme qu'on aurait momifié quarante ans auparavant, pour le revêtir d'habits modernes, ses discours subissaient l'influence de ce costume de bon goût et de recherche.

Madame Gérard s'inclina en signe de remerciement devant l'aimable réponse de Mathéus et dit :

« Vous ne l'avez peut-être pas vue tout à fait à son avantage; un peu de malaise la rendait contrainte et préoccupée;

mais j'espère que vous la connaîtrez telle qu'elle est, enjouée, bonne musicienne, artiste !

— Comment se porte-t-elle donc aujourd'hui ? Est-elle encore souffrante ? demanda Mathéus avec vivacité.

— Encore un peu, mais ce n'est rien, une sorte de coup d'air.

— Attrapé dans le parc, dit Pierre faisant pour lui seul une raillerie sur les amours de sa fille.

— Je suis bienheureux, reprit Mathéus en son langage élégant, d'avoir pris sur moi de fouler l'usage aux pieds et de m'être fait le propre interprète de mes vœux ; je n'aspire plus maintenant qu'à pouvoir les exprimer à mademoiselle votre fille et à voir arriver promptement le jour où notre union sera célébrée, car je pense que vous me permettrez d'être impatient.

— Oui, dit Pierre, nous nous convenons : donc, affaire faite ! Une fois les questions de contrat réglées, nous marcherons aussi rondement que nous avons commencé. Il tarde toujours aux jeunes filles que la noce se fasse !

— Moi aussi, dit madame Gérard, je suis d'avis d'en finir promptement. Ces attentes, ces préliminaires, sont fatigants. La position d'un prétendu est presque celle d'un solliciteur.

— C'en est bien un, dit Mathéus, souriant jusqu'au bout des ongles.

— Mon cœur de mère murmure contre une si prochaine séparation, mais il faut faire taire ces réclamations de la nature et ne penser qu'au bonheur des enfants.»

Après cette entrevue, madame Gérard ne fut plus préoccupée que de donner à Mathéus une représentation générale des avantages et talents d'Henriette. La séance fut fixée à trois jours de là.

Aristide était d'une joie et d'un entrain pleins de bruit et d'agitation. Sa sœur allait enfin quitter la maison ! Toutefois il ne la perdait point de vue et se tenait toujours à quelques pas de la maison, afin de voir si elle ne sortait point.

Il avait fabriqué avec Perrin des bâtons recourbés et ferrés, avec lesquels il lui persuada de creuser et de fouiller la terre, pour y chercher des vers que l'idiot porterait chez les pharmaciens. Après trois jours de labeur, Perrin réunit une dizaine de vers qu'il voulut aller vendre au pharmacien de Villevieille ; mais en échange, il reçut quelques calottes sur sa face imbécile, ce qui le découragea de ce commerce.

Alors les bâtons servirent à de grands combats où Perrin, moins fort et moins agile que son compagnon, eut les épaules et les bras martyrisés. Aristide, qui trouvait le jeu amusant et craignait de le voir cesser trop vite, soutenait le courage de Perrin en lui parlant du chevalier Bayard.

CHAPITRE X

PROFOND SENTIMENT DE LA FAMILLE

Il y a des maisons dont la forme, la couleur, les recoins, [in]diquent ce qui s'y passe ou ce qui s'y passera, drame ou [c]omédie. La maison des Tournelles n'avait pas d'expression [pr]opre, trahissante. Il y faisait clair; des tapis dans les cor[ri]dors, des papiers blancs, des fleurs aux fenêtres, de la pro[pr]eté, des parquets cirés; aucun ustensile domestique ne [tr]aînait : on ne trouvait ni un balai, ni une lampe ou un tor[ch]on hors des armoires. Tous les meubles étaient recouverts [de] housses blanches, bien rangés; dans la salle à manger, [des] porcelaines à chiffre, des théières, des compotiers, une [gr]ande table, des gravures. Pas de chambre rouge ni de [ch]ambre bleue, mais des chambres tendues en perse sans phy[sio]nomie spéciale, à peu près semblables ; un aspect clair, mé[tho]dique, ordonné, froid, ni commun ni recherché, ni élégant. Le curé, depuis quelque temps, poursuivait un grand des[sein] : il rêvait de réconcilier madame Baudouin avec madame [Ev]rard et de fondre toutes les charités ensemble. Une sorte de [zèle] évangélique l'échauffait à ramener la concorde. Les gens [qui] n'ont pas l'activité des bonnes pensées s'attachent avec [une] ardeur de novice à celle qui leur arrive par hasard. Le [cu]ré se crut un saint Vincent de Paul, et, pendant son érup[tion] de vrai christianisme, il fit plusieurs sermons onctueux, [co]mmençant tous par : Aimez-vous les uns les autres ! mes [frè]res !

[Il] agit avec prudence et mystère, afin de ne pas désobliger madame Gérard. Il alla trouver le curé Durieu, qui eut un sourire fin lorsque son confrère lui apporta ses mots chrétiens, et qui ne demanda pas mieux, pensant à remplacer l'abbé Doulinet auprès de madame Gérard.

Le curé Durieu parla donc à madame Baudouin. Celle-ci fut enchantée de se lier avec une personne aussi importante que madame Gérard.

Le curé Doulinet put alors dire un jour aux Tournelles :

« Madame Baudouin serait toute disposée à faire cesser un état de choses fâcheux.

— Eh bien! répondit madame Gérard, qu'elle vienne me voir! Je n'ai jamais compris son antagonisme. Je ne l'ai jamais redouté non plus. Si elle veut venir à moi, je la recevrai bien. »

Les deux femmes étant ainsi préparées à cesser leurs hostilités, il devenait tout simple que madame Baudouin fît une visite. Seulement, comme l'abbé Euphorbe ne se vanta pas de ses menées, madame Gérard crut à un triomphe personnel. Elle imagina avoir contraint, par la seule force de son caractère et de sa position dans le département, madame Baudouin à subir son ascendant. Ce fut un des grands plaisirs de sa vie.

L'entrevue fut curieuse. Madame Baudouin était préservée de tout sentiment de gêne par l'assurance que lui donnaient sa fortune et sa nullité, et madame Gérard, par la certitude de sa supériorité.

L'abbé Durieu conseilla d'ailleurs à madame Baudouin d'éviter les allusions aux grandes dissensions, et de rester sur le terrain d'une fusion entre la Société de la Protection maternelle et celle de Saint-Vincent-de-Paul.

Madame Baudouin arriva avec un certain fracas, en grande toilette, dans sa calèche à deux chevaux.

« Mon Dieu, Madame, dit-elle en entrant, je viens vous entretenir d'un projet bien digne de votre intérêt. Je crois que pour l'avantage de ce pays nous devrions réunir en une seule les directions, jusqu'ici séparées, de nos établissements.

— C'est en effet, dit madame Gérard, une excellente inspiration, et vous m'avez devancée, Madame, dans l'intention où j'étais de vous le proposer.

— Nous sommes faites pour nous entendre, reprit l'autre, j'en ai l'agréable preuve en ce moment-ci.

— Madame, répliqua madame Gérard, je l'ai toujours pensé et même toujours espéré. D'après tout le bien que je sais de vous, je serai vraiment heureuse de votre coopération aux œuvres de bienfaisance et d'utilité dont j'ai pris l'initiative ici. Il y a tant d'existences précaires! Une main secourable intervient quelquefois si à propos, au milieu des misères et défaillances du prochain, que j'avais toujours été frappée de la nécessité d'établir dans une ville que j'en verrais privée, une société, une maison, une institution, comme vous voudrez nommer cela, qui fût un signe visible et permanent de consolation et d'espérance pour les malheureux. »

Madame Baudouin fut extrêmement séduite par cette éloquence, et répliqua : « Ah! Madame, ce que vous venez de dire si bien, je l'ai éprouvé comme vous, et c'est moi qui vais être heureuse de pouvoir jouir de votre connaissance. Vous avez une conviction entraînante...

— Vous êtes beaucoup trop bonne, dit madame Gérard, et je compte bien, de mon côté, avoir l'honneur et l'agrément de relations d'un genre plus intime, Madame, que celles où nous conduiraient seulement des nécessités d'administration et des réunions de conseils de surveillance.

— Oh! Madame, s'écria l'autre, je serai bien flattée, de mon côté, puisque vous m'en témoignez un si aimable désir, d'entrer avec une personne aussi distinguée dans des relations qui ne me promettent que des avantages et des agréments.

— Alors, Madame, reprit madame Gérard après s'être inclinée, vous voilà fixée dans ce pays. Vous y plaisez-vous?

— C'est mon pays natal, dit madame Baudouin; mais j'y ai trouvé tant de changements, la société y est si provinciale... Ah! que n'ai-je eu le bon esprit de vous connaître plus tôt! »

Madame Gérard sourit superbement, comme une puissance

à qui l'on rend hommage, et elle dit : « Nous, nous vivons en famille, d'une manière patriarcale.

— Ah! la famille! s'écria madame Baudouin en soupirant; le sort est bien inégal : moi, j'ai été fort malheureuse avec mon mari! »

La grosse femme s'était senti un tel élan vers madame Gérard, qu'elle s'abandonnait à une confiance naïve et voulut lui conter toutes ses histoires. Mais l'autre n'aimait pas qu'on s'emparât de la conversation. Elle n'avait point reçu madame Baudouin pour l'écouter, mais pour en être écoutée, et elle lutta énergiquement par ses propres histoires contre celles de sa nouvelle amie.

« Ce sont les enfants, Madame, répliqua-t-elle, qui causent les grands soucis de la vie.

— Oh! je n'ai pas eu la joie d'être mère, dit madame Baudouin; mais mon mari...

— Je vous en félicite sincèrement, Madame, car lorsqu'on a une organisation sensible....

— Je le suis beaucoup.

— Je vous plains alors, Madame. Si vous saviez quelle énergie il faut pour dominer ou supporter les tracas, les contrariétés que donne l'éducation des enfants! Ils sont si égoïstes, si ingrats! Mais il faut remplir son devoir ici-bas!

— J'ai rempli péniblement le mien auprès d'un mari exigeant!

— Chacun a sa croix, dit madame Gérard; mais je trouve que les enfants...

— Il était plus âgé que moi, n'avait aucun de mes goûts. Jugez quelle union!

— Ah! reprit madame Gérard, j'ai cherché toutes mes consolations au pied de la croix!

— Moi aussi, dit l'autre. Si Dieu ne nous soutenait pas!...

— Moi, Madame, je puis vous avouer glorieusement que je me suis convertie. J'ai commencé, comme beaucoup de jeunes femmes à Paris, par une grande indifférence pour mes devoirs envers Dieu. Je n'allais à l'église que le dimanche. Enfin, j'ai été touchée par la grâce, et je ne regrette qu'une chose, c'est que la lumière ne m'ait pas éclairée plus tôt. Aujourd'hui, devant les chagrins, je me réfugie en Dieu qui me donne la force de soutenir mes fardeaux.

— Le monde n'est bien que vanité! dit l'autre. J'ai eu de la piété dès mon enfance...

— A présent, reprit madame Gérard, je suis régulièrement tous les offices de l'année. L'excellent abbé Doulinet veut bien me diriger, et je vous assure qu'un grand calme descend dans mon esprit sous la voûte de l'église, quand je m'absorbe en Dieu.

— Moi aussi, dit madame Baudouin. Mais, Madame, avec cette éloquence naturelle, vous avez dû ramener bien des esprits, vous avez le pouvoir de les convaincre. Mon ami, M. l'abbé Durieu, songeait à organiser des conférences pieuses pour la classe ouvrière. Personne mieux que vous, Madame, ne réussirait à édifier, à moraliser les pauvres femmes. »

Madame Gérard eut presque envie d'embrasser madame Baudouin, qui lui parut aimable, charmante.

Elle devina en celle-ci une amie, une confidente, qu'elle pourrait traîner à sa remorque.

« Ce serait, dit-elle, une œuvre bien tentante.

— M. l'abbé Durieu est un homme si remarquable! ajouta madame Baudouin; il vous conviendrait si bien! Il me tarde que vous fassiez sa connaissance.

— Mais, dès que nous aurons pris jour pour nous réunir, dit madame Gérard, j'espère d'ailleurs le rencontrer chez vous, Madame.

— Si vous ne consultez que mon désir, ce sera donc bientôt.

— Je vous suis bien reconnaissante, Madame; le plaisir sera au moins réciproque. »

Ensuite la conversation à dessus de miel continua sur Villevieille, sur les Tournelles, sur les robes, sur l'entretien des maisons, et à la fin madame Baudouin dit d'un air à la fois embarrassé et mystérieux :

« Il est peut-être indiscret de vous demander si, comme le bruit en court à Villevieille, vous comptez marier mademoiselle votre fille; mais je me considère déjà à peu près comme une ancienne amie, et en tout cas je vous rapporte quel bruit court, afin de vous prévenir, si par hasard il était faux. »

Madame Gérard fut foudroyée d'abord, puis elle réfléchit rapidement que, comme on n'avait pas fait de mystère avec Mathéus, il était possible que lui-même en eût parlé.

« Je n'ai pas de motifs, dit-elle, pour vous cacher qu'en effet je m'en occupe, mais je vous en demande le secret. Vous savez que, tant que rien n'est arrêté, on ne se soucie pas de parler de ces choses-là. Notre intention n'était connue que dans le petit cercle des amis de notre famille.

— Je l'ai appris par hasard. C'est ma femme de chambre qui m'en a parlé la première, et, depuis, j'ai rencontré trois ou quatre personnes qui en paraissaient instruites.

— Je suis fâchée de cela, je voulais garder le silence encore quelques jours.

— Puis-je vous offrir mes services dans cette occasion? On a souvent besoin d'intermédiaires. Quelquefois le temps manque.

— Je ne dis pas, Madame, que je n'accepte pas un concours offert de si bonne grâce, » dit madame Gérard, qui comprit le parti qu'on tirerait de la grosse femme complaisante, et qui l'invita à sa soirée.

Madame Baudouin partit tout imprégnée de madame Gérard, pleine d'admiration et de dévouement, bien décidée à lui faire oublier, par de bons offices, les mauvais procédés qu'elle avait eus à son arrivée.

Madame Gérard ne fut pas très inquiète des bruits de Villevieille, étant absorbée par le ravissement d'elle-même. Son bien-être fut encore augmenté lorsque Corbie lui apprit que Mathéus paraissait amoureux fou d'Henriette.

Henriette n'avait pu persister à se renfermer dans sa chambre ; elle redescendait aux heures des repas et le soir, mais éternellement morne, ne disant mot, souriant avec peine. Cette conduite impatientait et mécontentait son père et sa mère, qui, la voyant parfois apaisée et comme revenue à des sentiments plus raisonnables, ne comprenaient rien à ses rechutes.

En effet, elle passait par des phases de colère contre Emile, et cherchait à s'étourdir pour l'oublier ; elle devenait plus aimable, causait, riait, puis le feu s'éteignait et l'obscurité y succédait. Chaque jour il y avait des mouvements différents dans l'esprit de la jeune fille. Les oscillations entre les idées extrêmes étaient plus fréquentes. Elle dormait peu et mal, et le changement de ses traits augmentait.

Se défier de ceux qui l'entouraient, les soupçonner de lui cacher la vérité, la mettaient hors d'elle et la décourageaient jusqu'à l'effrayer et l'abattre. Elle se demandait ce qu'enfin on ferait d'elle.

Madame Gérard, triomphante, exaltée d'avoir conquis et assujetti madame Baudouin, trouva sa fille dans les larmes. Cette exception de tristesse dans une maison dont tous les murs sonnaient le contentement la froissa et la mit de mauvaise humeur. En femme sèche et dominante, elle ne concevait pas qu'on vécût en dehors de son influence ; elle voulait avoir un reflet sur tout le monde.

D'ailleurs les parents ont le droit reconnu d'être durs envers les enfants, et même cruels, au nom de l'autorité, de la raison, de l'affection ; et les légitimes ressentiments des enfants sont traités de révolte et d'ingratitude. Plus faibles, sans points d'appui, les enfants sont brisés par les familles. Ou bien, s'ils fuient, ils se mettent une tache au front.

Madame Gérard fronça le sourcil, ses lèvres se serrèrent, et Henriette vit sa figure dure et menaçante. Dans un autre moment, elle en eût été irritée de son côté ; mais sa force, distendue par les larmes, l'avait quittée, et il ne lui restait que de l'inquiétude et de la fatigue.

« Nous ne pouvons cependant tolérer ces folies, dit madame Gérard. Tu affectes envers nous une conduite inouïe. Tu veux nous inquiéter à plaisir, troubler notre tranquillité. Tu n'es sensible à aucune de nos bontés pour toi.

— Ah ! mon Dieu ! répondit Henriette, voilà ce qui me désole. Comment voulez-vous que je paraisse heureuse quand je ne le suis pas ?

— Si tu raisonnais, tu devrais l'être. Tu comprends, du reste, que dans ton intérêt nous devons exiger que tu n'affliges plus nos regards de ces mines désespérées, de ces bouderies puériles.

— Mais, dit Henriette, je ne demande qu'à rester dans ma chambre.

— Nous ne voulons pas que ta tête se trouble dans la solitude, ni que tu aies l'air de dresser une accusation contre nous chaque jour, en t'isolant, ou que tu donnes un spectacle ridicule aux domestiques et aux gens qui peuvent passer dans les couloirs, par tes sanglots et tes soupirs, qui ont la cause la plus futile. Quand il vient des étrangers et qu'on demande où tu es, nous ne pouvons pas répondre : Elle pleure, elle se désole. Pourquoi ? Parce que nous l'avons sauvée malgré elle. »

Henriette soupira et dit :

« On aura toujours raison contre moi.

— Raison pour toi, tu veux dire, reprit madame Gérard. Ton père est fort peu satisfait. Tu n'ambitionnes pas d'autre genre de vie que de nous contrarier, de nous être désagréable. Ton dépit est absurde et inconvenant.

— Ah ! dit Henriette, terrifiée de cette manière d'envisager ses tourments, et humiliée qu'on n'attachât aucune importance à ses sentiments, qu'on ne leur reconnût aucune racine, je ne suis pas de ceux qui cherchent à jouer un rôle. Si on pense que je fais une comédie, je changerai, mais qu'on n'exige pas de moi de la gaîté, cela m'est impossible.

— Nous voulons que tu sois simple et convenable, voilà tout, et que tu ne mettes pas la maison à l'envers. »

Il parut si odieux à Henriette d'être accusée d'affectation, qu'elle résolut de cacher ses agitations ; et puis elle fut ébranlée. « Ils n'ont peut-être pas tort, se dit-elle. Si Emile ne voulait que s'amuser, je dois le mépriser. Il est peut-être inutile de s'entêter à le croire sincère et fidèle, puisque tout dit le contraire.

« Si on avait vu en lui une réelle affection pour moi, ils ne feraient pas ce qu'ils font ; ils me comprendraient, ils ne prendraient pas légèrement mon inquiétude ; ils s'alarmeraient, ils me consoleraient. Ils ont l'air de n'y plus songer et ils croient que je me joue d'eux. Ils savent peut-être de mauvaises choses sur Emile et ne veulent pas me les dire, ou bien ils se taisent, parce qu'ils trouvent que ce n'est pas la peine de parler de ce qui n'était pas sérieux. Il faut bien se distraire de ces impossibilités, ne plus y penser ! »

Enfin elle arracha de sa pensée tous ses troubles et se mit à dessiner. Le soir on la vit presque pareille à Henriette d'autrefois. Elle se demanda même s'il n'y avait pas ainsi un réel bonheur à ne plus songer aux choses pénibles, et elle se laissa aller aux caresses générales qui lui furent faites.

Le curé avait été tellement excité par ses succès dans la négociation Baudouin qu'il se risqua à parler du président à madame Gérard, espérant éloigner cet homme dont la société était pour lui une perpétuelle absinthe.

Un jour, après que madame Gérard eut terminé sa confession habituelle, M. Doulinet lui dit :

« Voilà que vous allez marier mademoiselle Henriette ; ne serait-ce pas une occasion de satisfaire aux lois divines et humaines en rompant définitivement une liaison avec M. de... une liaison mal définie... qui prête à... que l'on interprète... Peut-être se trompe-t-on... mais la présence de cette personne... vos enfants... il est temps... Vous avez du courage... je vous soutiendrai... la religion... »

Il s'embrouilla.

« Mais, dit madame Gérard, vous voulez parler de notre ami le président. C'est le meilleur ami de la famille, rien que l'ami. J'ai confiance en Dieu quant au passé, et n'ai point à m'accuser pour le présent. Je vous remercie de votre excellente sollicitude. »

Le curé rentra dans le rôle de spectateur et n'osa plus en sortir.

Or le président lui en voulait déjà et l'accusait d'intrigues à propos de la réconciliation Baudouin. Si M. de Neuville avait connu la tentative *expulsative* du pauvre abbé, il l'eût tourné et retourné sur des charbons tellement ardents, que M. Doulinet n'aurait pu y tenir longtemps,

Pierre, lui, continuait à se perdre dans les complications de sa machine. Comme pour renouveler un supplice du Tartare grec, chaque fois qu'il ouvrait les revues agricoles, il ne manquait pas d'y voir que quelque Anglais venait d'inventer sa dernière invention. Il avait construit, en petit, une dizaine de modèles fantastiques plus semblables à des engins de guerre du moyen âge qu'à des machines civilisées et qui tous refusaient le service. En outre, Aristide ayant eu l'imprudence de témoigner de l'intérêt pour les petits modèles barbares, il eut à soutenir une lutte vive contre son père, qui voulait l'employer à la menuiserie et à la serrurerie. Aristide avait beau se retrancher derrière le prétexte qu'il devait spécialement surveiller sa sœur, il fallut qu'il appelât sa mère à son secours pour être arraché à ces travaux pénibles à sa paresse.

Le procès avec Seurot était embourbé dans un déluge de pièces, d'enquêtes contradictoires, de délais, de citations, de confusions d'origines à réjouir cinquante avoués. Madame Gérard disait qu'elle plaiderait elle-même. Le président eut beaucoup de peine à la dissuader de ce dessein, qui souriait extrêmement à son esprit tracassier, avide de paroles et de beaux effets.

Mathéus, étant revenu une autre fois, vit Henriette, qui ne l'accueillit pas mal. La jeune fille s'efforçait de ne plus penser à Émile. Le vieillard lui parut grotesque, elle le fit parler un peu. Le vieillard était ivre comme un aigle qui plane dans l'air. Madame Gérard rendit sa visite à madame Baudouin, et le 28 mai, Henriette fut prévenue qu'on donnait un dîner où assisteraient madame Baudouin, Mathéus, l'avocat M. Vieuxnoir et sa femme, et qu'elle devait se mettre en toilette.

Ayant pris une robe qu'elle n'avait pas portée depuis les jours où elle était heureuse, et s'étant arrangé une coiffure qu'elle avait imaginée aussi à cette époque-là, la jeune fille s'attendait, en se regardant au miroir, à retrouver les traits d'alors. Le changement lui parut si grave, qu'involontairement elle se retourna, comme si elle eût pensé voir une autre personne qui aurait été derrière elle.

Elle se rendit compte de l'amaigrissement de sa figure. Les yeux s'étaient enfoncés; sur les lèvres se creusait un pli particulier de dédain triste. Ceux qui n'avaient pas connu Henriette lorsque les joies de l'amour d'Émile lui donnaient un grand éclat, la trouvaient encore remarquablement jolie; mais la beauté de la joie est plus belle, plus veloutée, plus musicale que celle de la tristesse. « Voilà l'état où il m'a mise, se dit-elle. Comme je suis changée! Encore une mauvaise journée à passer. Qu'était-il besoin de ce dîner pour me montrer ce que je suis devenue? Qui m'aurait dit, il y a trois mois, que je trouverais les heures si lourdes? »

Henriette entra au salon avec une disposition de mauvaise humeur que chassèrent les exclamations de tout le monde à son arrivée.

« Qu'elle est charmante! s'écria madame Baudouin, et quel air d'ingénuité!

— Oui, crois cela! murmura le frère.

— Que dites-vous, Monsieur? demanda madame Baudouin en se retournant gracieusement vers lui.

— Rien, rien, répliqua sèchement Aristide. Corbie sourit.

— Oui, voilà ma fille, s'écria Pierre; un beau brin de fille.

— Ah! dit Mathéus en prenant la main d'Henriette pour la baiser, on ne sait pas, après vous avoir regardée, si c'est un bonheur ou un malheur. »

Henriette ouvrit de grands yeux à ce compliment, et, pensant que Mathéus était de l'école de Corbie, elle regarda son oncle d'un air railleur.

Aristide, irrité, dit tout bas à Corbie :

« Voilà que ça va commencer. Il serait bien plus simple de la mettre dans une petite niche et de l'adorer.

— Que veux-tu? dit Corbie, tant qu'on ne la connaît pas!... »

La femme de l'avocat était une petite femme mignarde et prétentieuse, faisant plus d'esprit qu'elle ne pouvait. Après le dîner, Aristide l'accapara pour ne plus entendre ce qui se passait autour de sa sœur, et lui tint des discours étranges sur divers sujets métaphysiques et psychologiques auxquels la petite femme provinciale répondit avec ardeur, en s'élevant à des hauteurs où Aristide perdit terre et confiance.

Près d'une fenêtre, M. Vieuxnoir, le curé et Pierre, parlèrent de sujets graves, tandis que madame Gérard, madame Baudouin, le président, Henriette et Mathéus, formèrent un autre groupe gros d'événements.

Madame Baudouin, grosse *bonnasse*, se mettait en quatre jours dans l'intimité des gens; on aurait dit déjà une cousine germaine des Gérard. Madame Gérard avait recommandé au président d'animer la conversation pour faire sortir Henriette de sa coquille.

Mathéus, assis auprès de la jeune fille, lui parlait, peu à peu, presque à demi-voix.

« Pourquoi donc, dit madame Baudouin, cachiez-vous cette perle?

— Oui, mais heureux ceux qui l'ont trouvée! ajouta Mathéus en pliant sa grande taille raide et faible comme un arbre brisé.

— Oh! Monsieur, dit brusquement Henriette, savez-vous pourquoi on n'aime pas à rester devant les magasins des parfumeurs?

— Pourquoi? répéta Mathéus étonné.

— Si vous ne devinez pas, ajouta-t-elle ayant le bon sens de retenir son impertinence, je garde mon secret. »

Madame Gérard avait encore prévenu Mathéus, tout familièrement, de ne point faire sa cour d'une façon trop transparente. Or, comme les compliments lui forçaient, pour ainsi dire, les lèvres, et qu'il était obligé de les contenir, le vieillard ne savait de quoi parler.

« Il est bien fâcheux pour nous, reprit-il, que vous ayez des secrets, mais je vous connais néanmoins.

— Vous me connaissez, Monsieur! répondit Henriette railleusement incrédule. Vous ne m'avez vue que deux fois. » Et, intérieurement, elle ajouta : « Ce n'est pas assez voir, pour les gens de votre sorte! »

« Oui, dit Mathéus, j'ai tout votre portrait, sauf quelques traits que vous seule pouvez me donner.

— Ah! dit Henriette en le regardant avec attention, que vous servira-t-il de me connaître entièrement? »

Mathéus aurait dit : « C'est que je vous aime! » mais il était obligé de se voiler. Il fut embarrassé, et chercha je ne sais quelle niaiserie pour se tirer d'affaire.

« J'ai fait un pari avec votre oncle, répondit-il, le pari de deviner en peu de temps toutes les personnes qui sont ici, et je vous demande d'être mon complice pour m'aider à gagner. »

« Qu'est-ce que tout cela signifie? » se demanda Henriette, qui cherchait à comprendre *la momie*, comme si elle eût eu réellement à déchiffrer quelque hiéroglyphe.

« Et c'est moi, ajouta-t-elle, que vous avez choisie la première pour sujet de vos observations. Il y a pourtant ici des personnes plus intéressantes que moi.

— Aucune à mes yeux, » dit vivement Mathéus.

Henriette s'amusait de la monomanie galante dont semblaient affligés tous les vieillards autour d'elle. « Il ne manque plus que le président à la fête, » pensa-t-elle.

« Vous n'avez donc pas remarqué, reprit-elle, cette dame, madame Baudouin? Voilà une personne distinguée par l'esprit et la beauté.

— Je n'y ai pas fait attention, répondit bonnement Mathéus.

— C'est cependant par elle que vous auriez dû commencer, au moins à cause des égards dus à l'âge.

— Vous vous moquez de moi, dit Mathéus charmé; si vous saviez quel plaisir il y a d'être auprès d'une jeune fille spirituelle et charmante, vous ne voudriez pas si cruellement m'exiler.

— Spirituelle et charmante! dit Henriette. Qui vous a mis cela dans la tête? Et vous prétendez me connaître!

— Ah! c'est que vous joignez la modestie...

— Voilà les parfums qui recommencent.

— Mais je suis sincère, dit Mathéus suppliant; vous m'avez inspiré une grande affection. »

Henriette fut frappée de ces paroles, qu'elle comprit à contre-sens. Elle y vit une coïncidence avec son désir de trouver un ami, un protecteur; mais le visage du vieillard protestait contre cette espérance, et elle se dit : « Que pourrais-je faire de cette marionnette? »

Cependant, madame Baudouin, madame Gérard et le président échangeaient des sourires signifiant : « Cela va bien, ils se parlent. Henriette a l'air gai et *en train*. »

« Est-ce que ce que je vous ai dit vous a déplu, Mademoiselle ? demanda Mathéus.

— Non, Monsieur, » répondit Henriette, devenant un peu triste, parce que l'idée d'Emile venait d'entrer dans son esprit, à la suite des paroles du vieillard.

Celui-ci la regarda d'un air triste lui-même, ne sachant pas la cause de sa mélancolie, et ils ne parlèrent plus.

Madame Gérard s'en aperçut et fit une grimace de contrariété.

« Henriette, dit-elle, M. de Neuville vient de découvrir un Jouvenet chez un aubergiste des environs.

— Un vrai ? demanda Henriette.

— Oui, dit le président, signé, bien conservé.

— Aimez-vous Jouvenet ? demanda madame Gérard à madame Baudouin.

— C'est un peintre, n'est-ce pas ? dit celle-ci, peu au courant de la peinture.

— Oui, un grand peintre du temps de Louis XIV, reprit Mathéus, voulant paraître instruit devant Henriette.

— Ma fille ne l'aime pas beaucoup, je crois, dit madame Gérard.

— Non, c'est un homme qui met trop en scène, un exagérateur. Il est faux, maniéré, grossier. Du reste, il y a si peu de peintres !

— Ah ! dit madame Baudouin, je croyais qu'il y en avait beaucoup.

— De vrais ? oh ! non !

— Mais tenez, dit madame Gérard, Henriette fait des portraits très remarquables. Elle a de très jolies choses dans sa chambre, je vais les envoyer chercher.

— Bon ! dit Henriette, tomber de Jouvenet en mademoiselle Gérard, la chute est belle. »

Les peintures arrivèrent et passèrent à la ronde. Pour peu de chose, je crois qu'on aurait montré les chevilles d'Henriette à Mathéus.

Pierre s'avança à la fenêtre et dit : « Ma fille attrape très bien et très vite la ressemblance, elle pourrait faire un croquis de M. Mathéus, ce ne serait pas long. »

Henriette souriait en dedans en songeant à la jolie caricature qu'elle eût pu dessiner.

Mais Mathéus voulait se montrer poli.

« C'est à Madame, dit-il en montrant la grosse femme, qu'il faut faire ce plaisir. »

Madame Baudouin s'en défendit :

« Je ne veux pas tracasser ma charmante jeune amie; ce sera pour une autre fois, si elle veut bien. »

Corbie, Aristide et madame Vieuxnoir firent de rudes critiques dans leur petit coin sur les peintures d'Henriette, et ce fut pour l'oncle et le neveu le point de départ de récits nombreux sur les traits si noirs du caractère de la jeune fille.

« Si Henriette ne dessine pas, dit madame Gérard, elle pourra nous faire un peu de musique.

— Oui, dit l'abbé, mademoiselle a un talent si suave !

— Un talent d'amateur de premier ordre, reprit le président brusquement. Un talent suave, cela ne classe pas.

— Je suis fou de musique, s'écria Mathéus. O mademoiselle ! rendez-nous tous heureux.

— Et vous, chère madame, demanda madame Gérard, que préférez-vous ? Bellini, Rossini ou les Allemands ?

— Oh ! tout, dit madame Baudouin. La musique, c'est toujours si beau !

— Voyons, madame Vieuxnoir, rapprochez-vous donc. Que vas-tu jouer ?

— Que mademoiselle joue ses morceaux préférés, dit Mathéus, je suis sûr qu'ils nous plairont.

— Non, dit Henriette avec un peu de dédain, je jouerai pour les autres et non pour moi. Je ne suis pas d'avis de montrer mes sympathies en musique, avant d'être sûre qu'on les partage : j'aime mieux ce qu'on me demandera. »

Depuis que Corbie détestait sa nièce, il haïssait tous ces talents, qu'il appelait des enjôlements.

« Vois-tu, dit-il à Aristide, quand tu te marieras, défie-toi de tout cela.

— Parbleu! répondit le jeune homme, on sait où cela mène. »

Le salon était bien éclairé, les fenêtres ouvertes, l'air tiède; beaucoup d'étoiles d'une lueur mate; tout le monde en habits d'été de couleurs claires; des abat-jour transparents adoucissaient la lumière des lampes. Sur une table on avait placé des fruits et des sirops glacés. Le sentiment des joies du bien-être et de l'aisance large vous saisissait au milieu de cette pièce fraîche, sentant bon, contenant des fleurs et abritant huit ou dix personnes souriantes. Henriette joua divers airs banals et célèbres. On l'applaudit beaucoup, sauf la mince petite madame Vieuxnoir, qui tapotait aussi du piano. La jeune fille commençait à être assez satisfaite de sa soirée, mais elle n'était pas quitte de ses exercices : on voulait que la représentation fût complète. Mathéus se serait jeté à genoux, l'extravagance lui entrait par tous les pores.

Le salon semblait rempli d'une gaîté générale : sourires, regards brillants, compliments. Cette atmosphère magnétisait Henriette.

Corbie, qui ne lui parlait jamais, s'approcha d'elle et, avec une fausse figure, des yeux embarrassés, des lèvres tremblantes, il lui dit :

« Allons, ma nièce, bon courage! vous verrez que les talents mènent à quelque chose!

— Oh! mon Dieu, non, » répondit sa nièce, ne voyant pas le sarcasme dans cette phrase.

Comme une ombre, Mathéus était attaché à elle. Profitant des conversations sur les arts qui s'engageaient entre toutes ces personnes qui n'y connaissaient rien, il s'efforçait de l'amener à lui apprendre ses goûts, ses désirs.

« Vous devez, lui dit-il, être sensible à l'harmonie de tout ce qui vous entoure, Mademoiselle, vous qui aimez la musique?

— Comment comprenez-vous cela? demanda Henriette.

— Je parle de l'aspect, de la couleur, de la forme des objets. Êtes-vous satisfaite de l'arrangement de ce salon, de la maison?

— Oui, mais c'est un peu vulgaire.

— Pas assez riche ?

— Non, c'est une tournure particulière que je voudrais y donner, avec des choses encore plus simples.

— Ah! dit Mathéus, je suis sûr que vous feriez des prodiges de goût. Votre mari devra vous laisser aller à votre guise et tout confier à vos inspirations.

— Mon mari, dit la jeune fille moitié triste, moitié moqueuse, et songeant de nouveau à Emile, ne sais quand il viendra!

— Peut-être attendrez-vous moins longtemps que vous ne pensez.

— Qu'en savez-vous donc? s'écria-t-elle impérieusement, avec un éclat de voix qui attira l'attention générale.

— Que dis-tu, Henriette? cria madame Gérard; qu'est-ce qui t'anime ainsi? Elle craignait qu'il ne fût survenu quelque heurt sur un écueil.

— Oh! rien, ma mère; nous causions, monsieur et moi. »

Alors madame Baudouin s'avança comme une grosse boule roulante, et vint prendre Henriette par la main.

« Voyons, ma chère enfant, nous allons vous mettre à contribution encore. Richesse oblige; il faut se dévouer au bonheur des autres. On dit que vous récitez les vers à merveille. Vous allez nous en dire quelques-uns.

— Oh! vraiment? dit Henriette; toujours moi? On doit en être fatigué!

— Toujours vous! Mademoiselle, répliqua Mathéus; nous ne pouvons souhaiter rien de mieux.

— D'ailleurs, je vous tiens, ma belle enfant, reprit madame Baudouin. Chacun sa part : madame Vieuxnoir a eu la peinture, M. Mathéus la musique, les vers sont pour moi; vous ne pouvez pas me refuser. »

Henriette, troublée des paroles de Mathéus, les commentait. Elle croyait qu'il connaissait Emile et aurait voulu lui en reparler. Ce qu'on lui demandait lui était désagréable; elle savait avoir affaire à de ridicules enthousiastes, mais, n'ayant jamais eu de meilleur auditoire, elle se décida à en finir pour obtenir plus promptement quelque explication de Mathéus.

Henriette récita je ne sais quels vers parmi des transports

sans fin, après quoi ce fut un gâchis de proclamations sur la poésie. Elle alla d'elle-même se rasseoir auprès de Mathéus. Madame Gérard et le président se touchèrent le coude.

« Que savez-vous donc? dit Henriette au vieillard : vous m'avez parlé de mari.

— Ne savez-vous rien? répondit Mathéus avec un sourire doux et fin, pour ainsi dire étranger à sa physionomie.

— Non! je vous en prie, expliquez-moi ce qu'il y a. J'ai un si grand intérêt à le connaître!

— Vous êtes, comme je l'espérais, bien disposée. Vous comblez de joie un homme qui vous chérit, qui n'aspire qu'à une seule chose, ne pas être repoussé de vous! »

Mathéus lui prit doucement la main comme jadis avait fait Corbie.

Quand il y a de l'orage par des nuits très sombres, un éclair fait jaillir subitement toute la campagne de l'obscurité.

Henriette vit tout en un instant, elle pâlit et recula sa chaise.

« Qui cela? dit-elle, vous, Monsieur, vous? »

Tout fut suspendu par ces mots qu'on entendit clairement au-dessus de toutes les conversations. Mathéus fut atterré par le visage bouleversé de la jeune fille.

« Qu'est-ce que cela veut dire, Henriette? » s'écria encore une fois madame Gérard très alarmée.

Tout le monde se leva, excepté le vieillard, qui regardait Henriette d'un air humble et craintif.

« Cela veut dire que vous vous entendiez tous pour me tromper! répondit Henriette en fureur. Ainsi c'est pour Monsieur que vous m'avez fait jouer ces espèces de scènes de chien savant? Que ne m'a-t-on aussi fait danser et montrer mes dents? Vous espériez donc me prendre par surprise? Je sais maintenant à quoi m'en tenir sur votre compte. Et vous, Monsieur, quelle est donc votre lâcheté? On ne vous a donc pas appris que j'avais eu un amant et que je ne veux me marier qu'avec lui?

— Non, dit Mathéus balbutiant, je ne le savais pas... mais il ne vous aime pas mieux que moi.

— Henriette! Henriette! cria madame Gérard d'une voix

métallique, aiguë comme un sifflet, êtes-vous folle? Ne craignez-vous pas de faire honte à toute votre famille? Sortez d'ici!

— Non, dit Henriette, tant mieux s'il y a dix personnes! Vous m'avez fait faire une abominable action, un crime! Vous m'avez fait rire et chanter, tandis que j'aurais dû respecter l'absence d'Emile. Et cet homme! et vous, Monsieur, vous ne saviez donc pas qu'on vous faisait jouer la comédie aussi? »

Madame Baudouin dit à Henriette : « Calmez-vous, mon enfant, ce sont vos parents, ne leur manquez pas de respect... »

« Je vous défends de dire un mot de plus! » cria Pierre à sa fille. Aristide ricanait et pensait à se jeter sur sa sœur.

« Je parlerai, répliqua Henriette avec plus de force, je parlerai parce qu'il y a quelqu'un pour m'entendre. Vous m'avez affreusement trompée. Vous avez dû... vous avez trompé Emile. Le mal que vous avez fait retombera sur vous. J'ai aimé Emile, oui, et je lui ai promis de l'épouser. Il est venu me demander en mariage à mam..., à Madame, et on m'a caché ce qui s'est passé. On nous a séparés par les plus odieux mensonges. Ah! vous m'avez dit que vous aviez peur du scandale et du bruit: eh bien! le voici, le scandale! c'est vous qui l'avez voulu. Et vous, Monsieur, écoutez bien ceci: Emile, mon amant, est venu tous les jours pendant deux mois passer une heure avec moi. Et maintenant plût à Dieu que cela se sût à Villevieille, partout; moi, je le publie hautement!

—Ah! mon Dieu! » s'écria Mathéus, qui se leva et marcha dans le salon en répétant : « Ah! mon Dieu! mon Dieu! »

« Et je pense, Monsieur, continua Henriette toujours exaltée, que vous n'aurez plus envie de m'épouser, si vous êtes loyal. Ah! j'accusais Emile, et ce sont eux qui ont tout fait! Oui, aujourd'hui même, en me voyant si changée, j'ai osé accuser Emile. Est-ce qu'ici on a jamais compris la générosité et la franchise?... Et vous vouliez, continua-t-elle, me marier avec Monsieur qui est encore plus âgé que mon oncle, vous qui blâmiez les parents d'Eugénie Charrier l'autre jour!

— Quel Emile? demanda à voix basse madame Vieuxnoir à son mari.

— Je ne sais pas, je ne suis pas au courant.

— Je ne suis pas fâchée d'être venue : on s'est amusé! » dit la jeune femme.

Henriette sortit et ferma la porte avec violence. Elle remonta chez elle en courant, et, se jetant la face sur le lit, cria : « Emile, mon Emile, pardon! viens! viens! »

CHAPITRE XI

LES BLESSÉS

Quand la terrible jeune fille fut sortie, madame Gérard, qui était debout, se laissa tomber dans un fauteuil et mit la main sur son cœur en murmurant : « Quel coup ! » Elle fut entourée, on lui fit respirer des sels.

« Revenez à vous, répétait madame Baudouin.

— Que vous disais-je, répondit-elle, de l'ingratitude des enfants ? Elle nous a tous bravés et insultés !

— Ç'a été un coup de vent qui a soufflé sur nous, dit Pierre, mais ça ne peut pas durer.

— Oui, oui, dit madame Gérard, cela changera. Et, se relevant de son fauteuil, où l'émotion ne l'avait pas clouée pour bien longtemps, elle s'adressa à Mathéus toujours consterné, et qui regardait stupidement la porte par où était sortie Henriette.

— Oh ! Monsieur, que d'excuses j'ai à vous faire pour cette inconcevable scène dont j'ignore le motif ; mais je vous prie de croire que notre autorité aura gain de cause et que nous ne souffrirons pas cette révolte.

— Certainement, dit Pierre ; vous êtes toujours notre gendre, Monsieur.

— Et je prie tout le monde, reprit madame Gérard se tournant surtout vers l'avocat et sa femme, de garder un silence amical sur des choses plus ridicules que graves. Nous aurons bientôt l'explication de cette conduite, que j'attribue à quelque excitation nerveuse ou à de fausses idées. Je ne sais enfin ce que cela veut dire!

— On l'a trop habituée à faire des embarras, dit Aristide.

— Mais, monsieur Mathéus, que lui avez-vous donc dit? demanda madame Baudouin.

— Madame, répondit le vieillard désolé, je lui ai parlé de mari, de moi! Je lui ai beaucoup déplu. Quelle figure elle a faite! Je ne l'oublierai jamais! »

L'avocat emmena discrètement sa femme malgré elle, sans être remarqué.

« Et pourtant, continua Mathéus, elle aurait eu tout ce qu'elle aurait voulu. Je cherchais à savoir ce qui pouvait lui plaire! Mais, si elle aime un jeune homme, les vieux n'ont qu'à plier bagage, » ajouta-t-il tristement.

Le désordre était un peu dans les idées de toutes ces personnes. Madame Gérard luttait péniblement et sans courage contre les difficultés qu'il y avait à rétablir la position; Mathéus ne voyait que le départ d'Henriette et ne réfléchissait pas au rôle singulier de la famille Gérard que lui venait de révéler la jeune fille. Se mettant à faire le tour du salon, il feuilleta machinalement la musique d'Henriette et le livre où elle avait lu.

« Mais n'ayez point ce découragement, monsieur Mathéus, je vous prie, dit madame Gérard; vous avez l'esprit trop ferme pour être ébranlé par le roman d'une jeune fille. Aidez-nous au contraire à la guérir d'un petit travers. Je vous assure qu'elle sera votre femme et que cela dépend de vous. »

Pierre chercha intrépidement à expliquer la colère de sa fille: « On ne sait jusqu'où va la coquetterie des femmes, dit-il; pour éprouver la fidélité des gens, il y en a qui s'empoisonnent, qui font de la jalousie, qui inventent les moyens les plus singuliers, et ensuite elles redeviennent douces comme des moutons.

— Ah! dit Mathéus, à qui cela paraissait plausible, je le sais bien...

— Oui, reprit madame Gérard, qui préférait poser nettement la question; et en admettant d'ailleurs que vous ayez ce petit rival, il n'est pas bien dangereux. Vous auriez tort, surout pour votre propre satisfaction, de renoncer à lutter contre son influence ; vous savez ce que c'est qu'une amourette de campagne ; vous aimez sérieusement Henriette : voyez quel service à nous rendre et à lui rendre à elle-même de la détourner de ce petit garçon auquel elle ne tient que parce qu'elle l'a trouvé toute seule. Les jeunes filles sont toujours enchantées de monter ces aventures sur un pied très dramatique !...

— Ah ! Madame ! dit Mathéus, s'il me reste une lueur d'espoir, j'essayerai d'être le moins rebutant possible. Je me suis tellement fait à l'idée de ce mariage, que je ne sais comment... qu'il me semble impossible de me l'ôter de l'esprit. J'en deviendrais malade ! A mon âge, c'est cependant une grande faiblesse ! Je ferai tous mes efforts auprès de mademoiselle Henriette, mais il ne faut pas qu'elle me fasse de telles figures ; elle m'a trop effrayé !

— Je croyais pourtant, dit Pierre à demi-voix au président, avoir eu une bonne idée en laissant ma femme élever les enfants.

— Ce n'est pas la faute de votre femme, répondit le président : aucune puissance humaine n'empêchera jamais une jeune fille d'avoir un amoureux.

— Cette fois, reprit Pierre, elle marchera, dussé-je la mettre de force dans la voiture qui la conduira à l'église. Ah ! mon cher Moreau ! n'ayez jamais d'enfants ! »

M. de Neuville fut tout déconcerté de la terrible bonhomie de son ami.

« On aurait dû en faire une faneuse, continua Pierre, ou lui faire raccommoder des bas du matin au soir. Elle m'obéira, je ne veux pas manquer la Charmeraye, moi ! »

Il y eut un moment de silence : chacun était embarrassé et ruminait. Le curé se mit auprès de madame Gérard.

« C'est la lie du calice, lui dit-il, soyez forte ! »

Madame Baudouin dit aussi :

« Ma chère dame, voulez-vous que je vienne demain, que j'entretienne votre fille ? Je tâcherai de lui inspirer de meilleurs sentiments.

— Oh ! merci ! Madame, dit madame Gérard ; nous lui parlerons d'abord nous-mêmes; je compte bien ensuite profiter du dévouement de nos amis. »

Le salon avait l'air desséché comme un jardin brûlé par une gelée précoce.

« Mon opinion, s'écria le beau parleur Corbie, est qu'une fille ne doit pas faire la loi à ses parents.

— Jusqu'ici elle l'a toujours faite! ajouta Aristide.

— Oh! mais, reprit le président, il ne faut considérer cela que comme une colère d'enfant agacée. »

Mathéus s'était assis devant une table et tenait sa tête dans ses deux mains : il tremblait.

« Dites-lui donc bien pourtant, s'écria-t-il sans regarder personne, que je ferai tout ce qu'elle voudra. »

Il en revenait toujours à cette idée, qui était le *nec plus ultra* de ce qu'il avait à offrir. Le vieux homme ajouta :

« Grands dieux! si on ne m'avait pas conseillé d'avoir l'air indifférent! J'ai su m'y prendre auprès des femmes, j'ai vu un temps où je ne craignais aucun autre homme! »

Il reprit :

« Quel est donc ce jeune homme? Comme tous les jeunes gens, léger, changeant! Mais moi j'aime Henriette comme un fou, un vieux fou. Je ne puis cependant pas partir et renoncer à elle!... A-t-elle dit positivement que je lui déplaisais? C'est la première fois que cela me serait arrivé! Je veux la revoir, lui reparler. Elle ne sait pas ce que je suis! »

Tous ceux qui avaient assisté à ces scènes avaient éprouvé, lorsque Henriette s'était emportée, ce malaise, cette sensation de discordance qui se produit lorsque quelque règle naturelle est renversée, et nul ne fut disposé à la bienveillance envers elle.

Enfin les invités partirent un à un, Corbie avec Mathéus, le président avec madame Baudouin. Le curé resta à coucher. Il pria Dieu de daigner éclairer Henriette.

Mathéus ne dit pas un mot à Corbie pendant toute la route, écoutant les consolations et les encouragements de celui-ci. Corbie était plus joyeux, certain maintenant que Mathéus et Henriette auraient *des ennuis* ensemble.

Aristide faisait aussi ses réflexions. Il n'y concevait plus rien. On laisserait donc toujours sa sœur se livrer à ce qui lui passait par la tête ? Henriette continuait à dominer, mener toute la maison. On ne s'occupait que d'elle. Elle avait encore, ce soir-là, joué le grand rôle. Il n'y avait eu d'yeux et d'oreilles que pour elle. La maison ne serait-elle pas continuellement troublée tant qu'on l'y garderait ? Son père et sa mère ne voyaient donc pas clair ? Il finirait par les avertir. Henriette était si *mauvaise* qu'elle ne chercherait qu'à faire manquer le mariage. Mais en même temps, quel délicieux dédommagement il avait eu dans l'amabilité de madame Vieuxnoir ! C'était là une femme d'esprit, de belle conversation, et qui devinait si bien Henriette !

Aristide s'endormit, ayant l'image de la petite avocate au-dessus de son chevet, et en se disant : « Que de charmes, que de *génie !* »

Quant à M. Vieuxnoir, la tête sur l'oreiller, il somma sa femme de ne rien révéler, afin qu'elle ne lui fit pas perdre sa clientèle des Tournelles par des propos indiscrets. Cette bonne raison n'était pas un mors suffisant pour réfréner la langue de la jeune femme. En promettant le silence à son mari, madame Vieuxnoir se fit intérieurement la réserve que, si elle rencontrait quelqu'un qui connût un seul petit point de l'histoire, elle ne serait plus tenue au secret.

« Monsieur a l'air malade ! dit à Mathéus son valet de chambre quand il le vit entrer.

— Ah ! mon pauvre Baptiste ! répondit le vieillard, la jeune fille a aimé un jeune homme !

— Eh bien, il ne faut pas que Monsieur l'épouse !

— Si, si, je l'épouserai ! Mais, s'écria-t-il tout à coup en pleurant à chaudes larmes, c'est une humiliation, c'est une humiliation !

— Qu'est-il donc arrivé à Monsieur ?

— C'est ce qu'elle m'a dit, c'est ce qu'elle m'a dit... »

Les émotions de Mathéus épuisaient ses vieilles forces ; il revenait à la Charmeraye avec le cerveau sérieusement détraqué. Le pauvre vieux imbécile était pris par l'amour, comme un homme qui a mis le bras dans un engrenage de machine à vapeur, et dont tout le corps est forcé de suivre le bras sous le laminoir. Il avait les insistances maniaques d'une idée fixe, désirant goulûment, pour ainsi dire, sans raisonner, désolé de ses mésaventures et les oubliant pour recommencer à voler près de la chandelle.

Il se lamenta une partie de la nuit, entremêlant ses plaintes de nouvelles espérances, de nouveaux désirs, tendus comme la corde d'une arbalète. En fermant les yeux, Henriette passait, elle parlait, il la voyait traverser les grandes salles du château. Quand une porte s'ouvrait, il lui semblait que c'était elle qui entrait. Il songeait surtout à rendre contente la jeune fille pour qu'elle ne reprît plus sa figure du 28 mai. Et deux jours après cette soirée, il ne pensait plus ni au jeune homme ni aux répulsions d'Henriette. Au secours de sa passion, il avait souvent la prétention d'appeler les adresses mesquines et niaises qui lui servaient à séduire autrefois, mais auprès d'Henriette il devenait aussi sincère qu'il est possible. Elle aurait pu le faire mettre à plat ventre. Les vieillards ne savent qu'inventer pour plaire; ils sont d'une humilité, d'une soumission sans bornes. L'instinct leur apprend qu'on leur échapperait sans ces tours de force. Quand il était seul, le vieux homme pensait qu'Henriette remplirait toutes ses petites manies, tous ses goûts à lui. Près d'elle, il n'était plus question que de suivre tous ceux de la jeune fille, et il ne s'apercevait pas de cette différence.

Aux Tournelles encore, lorsqu'ils furent seuls, Pierre quitta sa femme en lui disant sèchement : « Voilà ce qu'on gagne par l'exemple d'une vie sans tache !

— Vous ne savez ce que vous dites, répondit-elle; nous ne devons rien nous reprocher mutuellement. Ne me mettez jamais dans le cas de vous dire aussi vos vérités. »

Pierre ferma la porte presque aussi violemment que sa fille avait fait; mais à peine était-il couché, que sa femme arriva.

Elle se promena un instant, silencieuse, à pas rapides. Pierre, étendu sur le dos, ne la regardait point et n'ouvrait pas non plus la bouche. Leurs yeux roulaient, pleins de grosses colères.

« Il est impossible qu'il n'y ait pas beaucoup de méchanceté là-dessous! s'écria tout à coup madame Gérard.

— Sous quoi?
— La scène d'Henriette.
— Eh bien! que comptez-vous faire? » dit Pierre, croyant troubler sa femme en la contraignant à voir en face un désastre irréparable.

Pierre présentait un profil grotesque sous les draps blancs. Madame Gérard était à demi déshabillée, arrangée mi-partie noir et blanc, et agitée comme une Phèdre. Une seule veilleuse brillait dans la chambre sombre. L'ombre de madame Gérard voltigeait, informe et démesurée, sur la muraille. Les yeux de Pierre ne quittèrent pas une seule fois le ciel de son lit. Une mauvaise humeur brutale lui enlevait, rare exception! le sommeil. Madame Gérard, au milieu de sa marche saccadée, jetait sur son mari des regards pleins de mépris et de méchanceté. Les paroles commencèrent à sortir de part et d'autre, à la façon des étincelles lorsqu'on bat le briquet.

« Je compte en finir! » dit-elle brusquement.

Pierre jura : « Eh! finissez-en une bonne fois; cela commence à m'ennuyer.

— Je vous réponds que cela m'ennuie encore plus que vous.

— Ce n'est qu'une petite coquine.

— Vous arrivez donc à le reconnaître!

— A qui la faute? Du reste... vous ne l'avez jamais aimée.

— Il ne s'agit pas de vos découvertes. Lui parlerez-vous?

— Vous le verrez bien.

— Oh! elle ne sera pas la plus forte; je la ferai plier; qu'elle prenne garde!

— Et quand je pense que c'est vous qui l'avez élevée!

— Oui, répondit madame Gérard en bondissant vers le lit de Pierre, oui, je l'ai élevée, parce que vous en étiez incapable, vous! »

Pierre reprit son habituelle raillerie défensive : « Les résultats que vous avez obtenus me rendent moins modeste!

— Vous n'avez ni intelligence, ni cœur, dit madame Gérard; toute votre vie l'a bien montré. Et *tout* ce qu'on peut me reprocher, je l'ai fait parce que je n'avais pas d'estime pour vous.

— Je ne vous demande pas votre confession, » dit Pierre du ton le plus brutal, mais effrayé de voir soulever le voile étendu jusque-là d'un commun accord sur les plaies du ménage. Du reste, cette soirée terrible avait démonté la régulière horloge des relations de ce couple, ordinairement prudent.

« Je vous engage à ne jamais m'exciter à des représailles, s'écria madame Gérard. Mais parlons de cette détestable enfant, et d'elle seule.

— Avez-vous le droit de la traiter si mal? dit Pierre.

— Certainement, Monsieur, » répondit madame Gérard de son air le plus superbe.

Pierre ne pouvait lutter contre la vaillance insurmontable de sa femme.

« Soit, soit! dit-il, nous perdons du temps à discuter, tandis qu'il faut prendre un parti.

— Laissez donc, laissez donc, reprit madame Gérard, c'est moi qui vous poursuis pour vous en faire prendre un.

— Comme vous voudrez, dit Pierre haussant les épaules.

— D'ailleurs, continua madame Gérard, elle s'est bien trompée, car ce qu'elle a fait là avancera son mariage.

— Je veux qu'elle soit mariée avant quinze jours, s'écria Pierre. Je vais faire publier les bans immédiatement.

— Oui, *nous* les ferons publier. Mais là n'est pas encore l'important!

— Ah! est-ce parce que je le propose?

— Peut-être bien! Il y a d'autres mesures à prendre.

— Mais, quand je dirai que je le veux, je voudrais bien savoir ce qu'on pourra me répondre.

— Oh! ce n'est pas ainsi que vous dompterez votre fille. Vous n'avez pas étudié son caractère. C'est un tout autre système qu'il faut employer.

— Vous l'avez assez étudiée, vous, pour lui laisser avoir un amant.

— Eh bien, si elle a un amant, elle n'a pourtant point commis de faute grave, et cela grâce à moi, grâce aux principes que je lui ai donnés. Voilà ce dont nous devons nous féliciter.

— Vous arrangez toujours tout.

— Il me serait trop facile de vous répondre que vous n'arrangez jamais rien. Or, voici ce que j'arrange, puisque arranger il y a. Demain matin, nous nous expliquerons avec Henriette, très sévèrement, comme elle le mérite, mais en la prenant par la raison.

— Bien; et après?

— Après?... elle comprendra, fût-elle une sotte et une acharnée, que quatre-vingt mille livres de rentes ne sont pas à dédaigner. Elle a mis ce petit garçon dans sa tête, parce que les enfants sont toujours bien aises de paraître avoir une volonté à eux, contraire à celle des parents : voilà pourquoi elle fait ses tragédies et affecte de se montrer altière. Mais aussi ses prétentions d'intelligence l'obligent à céder au raisonnement...

— Oui, vous ne voulez pas de punition, vous qui avez le cœur si tendre! dit-il ironiquement.

— Vous m'appelez mauvaise mère? Soyez tranquille, on jugera entre nous deux.

— Enfin, cette fille bien élevée vous a insultée, cependant!

— La punir! reprit madame Gérard; mais croyez-vous donc que je considère ce mariage autrement que comme une punition?

— Eh bien, moi, je lui aurais pardonné son amant; sur ce chapitre, je suis large.

— A quoi servent ces ironies déplacées? à vous amener à de perpétuelles capitulations...

— Oui! dit Pierre secouant la tête avec un sourire de concession moqueuse. Et enfin ce grand système vis-à-vis votre fille?

— Je ne tolérerai ni sa raideur, ni son obstination, ni ses insolentes et extravagantes scènes...

— Mais, ni moi non plus!

— Mais je sais que la colère, les moyens violents, échoueraient. Elle cédera à la persuasion. Tout le mal vient de ce petit drôle que notre mauvaise étoile a attiré ici. Je compte *persuader* à votre fille qu'il s'est tourné d'un autre côté. Elle en prendra du dépit, et alors...

— Et moi, je n'admets pas que quand le père commande, on n'obéisse pas.

— Eh bien, il vaut beaucoup mieux ne pas vous en mêler, si vous ne voulez pas d'un complet gâchis ; ou bien je me croiserai les bras et vous laisserai toute la responsabilité ! »

Il prenait par moments à Pierre des envies de trancher ces difficultés à la force du poignet, de jeter Henriette au fond d'une voiture, de lui tenir la langue pour l'obliger à dire le *oui*, de renfermer sa femme au pain et à l'eau, de chasser M. de Neuville à coups de pied, d'engager son fils dans la légion étrangère. Mais ce n'étaient que des extravagances d'homme faible. Le seul mot de *responsabilité* le rendit docile comme un faucon encapuchonné.

« Essayez donc encore, reprit-il : il y a si longtemps que j'ai pris la mauvaise habitude de m'en rapporter à vous !

— Et pourvu que M. Mathéus veuille revenir, continua madame Gérard. Il faudra l'envoyer chercher par votre frère.

— Quel remue-ménage pour cette petite créature !

— Si elle soupçonne l'embarras où elle nous jette, elle doit être bien enchantée.

— Oh ! quelques bons soufflets ! dit Pierre : j'ai vu Connétable, mon garde, faire merveille parmi ses filles de cette manière-là.

— Laissez la brutalité à vos paysans. Qu'y a-t-il de commun entre nous et ces gens-là ?

— L'ordre dans les familles, l'abondance dans les greniers, murmura Pierre ; je vais prêchant cela partout, et c'est ma famille qui donne le mauvais exemple !... »

Ces deux êtres si estimables, si bien unis, se séparèrent en se promettant de ne plus toucher au feu. Ils avaient cautérisé leurs plaies intrépidement. Un doux régime et du baume devenaient nécessaires pour la convalescence.

Le lendemain, à huit heures du matin, madame Gérard entrait chez son mari. Elle sonna la femme de chambre et l'envoya prévenir Henriette. Cette femme prit un air encore plus sévère que ses maîtres en disant :

« Mademoiselle, Madame et Monsieur vous demandent. »

Mais Henriette avait fait une sorte de veillée des armes et elle s'attendait à cette entrevue de guerre !

En descendant l'escalier, elle allait lentement, portant avec peine le poids des idées d'indignation, de doute, de fierté, d'inquiétude, qui remuaient son pauvre esprit tourmenté; forte et faible dans la même minute, quand elle pensait aux pièges qu'on lui avait tendus et quand elle se demandait si Emile ne l'avait pas abandonnée. Des piqûres de guêpe, des bourdonnements, des notes stridentes, des bruits assourdissants et monotones comme ceux d'un torrent, composaient cette symphonie de pensées.

Chaque jour le raisonnement, le sentiment de son intelligence, les violences de la lutte, rendaient plus irréparable la séparation qui s'agrandissait entre elle et sa famille. L'affection et la soumission étaient des sentiments déracinés dans son cœur. Sa volonté se formait peu à peu au milieu du trouble et de l'incertitude, car elle se disait qu'elle était seule, et que seule elle devait trouver dans sa poitrine le courage, la décision et la justice. Mais elle souffrait, dans cette espèce de croissance qui s'accomplissait à travers des difficultés, des contacts douloureux. Comme une plante qui perce la terre en écartant les pierres, les broussailles, en contournant les obstacles insurmontables, sa volonté avait à écarter les hasards, les volontés adverses, les embûches, les scrupules, les terreurs.

Henriette était restée incertaine sur ce qu'elle avait fait la veille, ne pouvant s'affirmer qu'elle avait eu raison. L'instinct l'avait entraînée; c'est pour se sauver *forcément* qu'elle avait publié sa liaison avec Emile; mais elle pensait qu'on ne lui pardonnerait pas d'avoir sacrifié l'honneur de la famille.

La jeune fille ouvrit la porte de la chambre et s'avança de quelques pas à peine; elle regarda son père et sa mère, assis dans des fauteuils, et leur trouva un accablement plein de solennité.

« Vous voilà ! dit madame Gérard. Vous avez réfléchi, je pense, à vos étranges discours d'hier au soir. »

Henriette eût préféré de vifs reproches.

« Il est possible, dit-elle, que j'aie été emportée par...

— Vous vous repentez, je le comprends. Eh bien! croyez-vous qu'il y ait une réparation à nous faire? Croyez-vous pouvoir détruire la mauvaise idée que vous avez donnée de vous?... Ne craignez rien, du reste, votre père ne vous parlera pas comme vous le mériteriez, il veut se contenir!

— Oui, dit Pierre, j'entends que cela ne recommence plus. »

Henriette ne répondit pas, attendant quelque chose de plus décisif.

« Et devant tout le monde! reprit madame Gérard d'une voix sourde. Il fallait que vous fussiez égarée, car, si vous aviez votre raison, vous seriez sans excuses. Songez donc que votre âge ne peut vous donner le droit d'agir comme vous avez agi. Vous vous êtes rendue à jamais odieuse; vous verrez que cela pèsera sur votre avenir. Pensez donc que si nous devons toujours être entravés dans nos projets par vos caprices, nous serons obligés de trouver des moyens d'abattre vos prétentions de tyrannie domestique. Nous avons maintenant un ennemi dans notre maison, et c'est vous! Ce que vous nous avez dit a profondément blessé notre cœur, et au moment même où nous ne sommes occupés que de vous, de votre bonheur. Je voudrais que vous eussiez affaire à des parents moins faibles, moins indulgents...

— Certainement, dit Pierre, votre mère est trop bonne. Si vous vous croyez la maîtresse ici, je vous ferai voir que vous ne l'êtes pas. La famille ne doit pas être troublée dans son ordre. Voulez-vous vous décider à être soumise à l'avenir?

— Vous avez, ajouta madame Gérard, à effacer le passé, à vous faire pardonner bien des fautes. L'orgueil et la fierté sont deux défauts, soyez-en sûre. Vous vous croyez un esprit très supérieur; vous ne l'avez cependant pas montré. Suivez mon conseil, descendez du haut de vos prétentions. Pour voler, il faut des ailes, et les vôtres ne sont pas encore poussées. Soyez plus modérée; daignez laisser faire ceux qui ont de l'expérience et, quoique vous paraissiez en douter, de l'affection pour vous. Vous vous en trouverez mieux que de vous confier à votre tête, encore un peu trop jeune. »

Plusieurs fois Henriette voulut protester; mais, ayant démêlé l'irritation de sa mère et senti le vide de sentiments chez son père, brutal mais non ferme, elle se réserva pour le moment où on parlerait d'Emile et de Mathéus.

Pierre et madame Gérard restèrent un moment silencieux, étonnés qu'elle ne dît rien.

« Vous vous taisez, reprit la mère, vous reconnaissez la justesse de nos griefs, et vous êtes probablement disposée à nous faire oublier la cruelle soirée d'hier.

— Autant que je le pourrai, répondit Henriette pour les satisfaire un moment.

— Alors, si vous en prenez l'engagement, dit madame Gérard en adoucissant son ton, nous pouvons vous parler raison, paisiblement, amicalement! »

Henriette détestait ces scènes de jugement avec un appareil de sentences, de phrases à sentiment. Elle attendait, de plus en plus émue, le commencement du véritable combat, effrayée d'avance de l'effet que produiraient ses déclarations résolues.

« Nous comptons d'abord, continua madame Gérard, que tu voudras bien faire des excuses à M. Mathéus.

— Ah! dit froidement la jeune fille.

— C'est indispensable, ajouta madame Gérard d'une voix qui devenait plus dure. M. Mathéus est un homme d'une grande considération, très riche, riche de 80,000 livres de rentes. »

Elle s'arrêta et regarda sa fille. Henriette était un peu pâle, comme un soldat qui arrive peu à peu devant l'ennemi.

Pierre fit un acte d'esprit très remarquable en disant :

« C'est la plus grande fortune de l'arrondissement! Il a un château et des terres admirables qui seraient très intéressantes et très utiles pour moi. J'y essayerais de belles cultures! »

C'était le premier appel à la générosité d'Henriette. Madame Gérard fut contente de son mari. La jeune fille fut singulièrement frappée de ce côté de la question.

Madame Gérard ajouta :

« M. Mathéus est l'homme le plus généreux. Son amitié nous

est précieuse. Une alliance avec lui serait un véritable bonheur pour une famille chargée comme la nôtre ! »

Henriette ne disait toujours rien, mais sa force était subitement minée. Que d'égoïsme il y avait à répondre à des gens qui lui demandaient de se sacrifier pour eux : « Non, je ne veux pas ! » C'est peut-être seulement parce qu'elle doutait d'Emile qu'elle voulut avoir plus de vertu que lui en amour et qu'elle resta décidée à résister, quoique le cœur lui faillît.

« Tu ne sais pas tout, dit madame Gérard. M. Mathéus t'aime profondément. Il veut te donner toute sa fortune. Il sera trop heureux de faire toutes tes volontés. »

Henriette était prise d'une certaine curiosité. Elle laissa continuer sa mère. Son silence gênait celle-ci, qui avait déjà beaucoup parlé sans être soutenue par des répliques.

« Avec ton esprit si vif, si pénétrant, tu comprendras toute l'importance de ce mariage, dit madame Gérard, chargeant et rechargeant les positions de sa fille. Quelle magnifique existence tu auras ! avec un mari qui sera à tes ordres, trop heureux de te baiser le bout des doigts. Tu ne resteras certainement pas longtemps liée à ce vieillard. La liberté viendra bientôt... »

Henriette s'indignait, et cependant ces mots s'accrochaient à sa mémoire par mille pointes mordantes qu'elle ne pouvait arracher.

« Eh bien ! parleras-tu ? » s'éria Pierre impatienté.

Henriette sentit sa gorge se resserrer comme pour l'empêcher de parler, son cœur battait à rompre ; elle avait peur ; il lui semblait que son père et sa mère allaient s'élancer sur elle et la fouler aux pieds, car, impassible devant leurs prières ou leurs ordres, il fallait qu'elle broyât leurs espérances. Son inflexibilité lui causait une souffrance intense, cruelle ; et cependant, pour calmer cette souffrance, il n'y avait qu'à ne point prononcer deux paroles plus douloureuses à passer par son gosier que des lames d'acier. En les remplaçant par d'autres qui couleraient comme un baume, elle verrait ces deux visages contractés, enflammés, qui l'affligeaient, changer, devenir clairs et gais comme le soleil. La joie réunirait tout le monde dans un embrassement doux, tiède. Au lieu de ce dessèchement de colère et d'inimitié qui avait passé sur cette maison, arriverait la fraîcheur de la bonne harmonie, de la tendresse !

Mais le seul nom d'Emile jeté dans la balance l'emporta sur tant de réflexions; elle répondit d'une voix altérée, rude comme celle d'un homme :

« J'ai promis à M. Emile Germain de l'épouser. Il n'y a que cela à dire à M. Mathéus. »

M. et madame Gérard restèrent d'abord sans réplique, mais leurs yeux faisaient une réponse peut-être plus terrible que toutes les paroles du monde.

Henriette eut le vertige : elle s'attendait à être anéantie !

Madame Gérard s'écria alors avec un rire bruyant et méprisant :

« Ah! tu crois qu'il pense à toi, ce petit garçon ! Va, tu ne le tourmentes guère. Remplace le romanesque par le bon sens, ma chère. Ce monsieur Emile ne voulait que ton argent, tu t'es laissé duper. Il avait fait des manœuvres fort habiles pour parvenir à te compromettre et à nous forcer de te marier avec lui, mais tu n'as rien vu du tout, ma pauvre sotte ; quand il a reconnu qu'il ne pouvait réussir auprès de moi, il a pris très philosophiquement son parti, je t'assure. »

Henriette fut littéralement mise hors de combat par ce coup de boutoir, mais elle n'en fut que plus ardente d'héroïsme ; sous l'impression brûlante de sa blessure, elle répondit :

« J'attendrai ! J'ai promis à M. Germain de ne jamais me marier, si je ne l'épousais pas.

— Oh! c'est trop de sottise! s'écria madame Gérard.

— Ah çà, dit Pierre, avons-nous décidément affaire à une folle? Il faut la renfermer.

— Je ne suis pas folle, répondit hautainement la jeune fille ; je veux tenir ma promesse, voilà tout !

— C'est donc un parti pris ! cria avec violence madame Gérard, tu nous caches tes vrais projets. Il ne te manque plus que de te faire enlever : allons, qu'attends-tu ?

— Elle épousera M. Mathéus, reprit Pierre, et on ne lui demandera pas son avis.

— Quelle nature infernale! dit madame Gérard.

— Laissez-la, cria Pierre complétement emporté ; c'est une

mauvaise petite punaise que j'écraserai entre mes doigts. »

Ces violences, que l'exaspération rendait encore plus triviales, irritaient la jeune fille.

« Oh ! je voudrais bien cependant, dit Henriette, que nous fussions tous d'accord.

— Je vous défends de parler, taisez-vous, ajouta Pierre: je vous laisserai mourir de faim plutôt que de ne pas vous marier. »

Henriette n'attachait pas grande valeur à ces paroles; elle regarda fixement son père avec colère.

« Je vous défends de me regarder avec cet air arrogant, » reprit-il en faisant un pas vers elle.

Henriette baissa les yeux pour ne pas les faire baisser à son père. Celui-ci marcha à grandes enjambées. Madame Gérard tenait sa fille en arrêt sous ses regards durs. Henriette se fatiguait, elle ne voyait pas d'issue à cette lutte.

« Enfin, dit Pierre, voulez-vous, oui ou non, nous obéir? »

Il s'avança tout près d'elle et mit sa figure enflammée presque sous la sienne, en la menaçant de ses deux gros yeux brillants et roulant de fureur. Henriette crut qu'il allait la frapper, elle se tint encore plus raide et plus hautaine.

« Oui, dit ironiquement la mère approchant aussi, mais attirant Pierre un peu en arrière, afin de reprendre le commandement de la bataille, qu'elle trouvait qu'il usurpait un peu trop; oui, faites-nous connaître vos principes...

— Il faut que je voie Emile ou que j'aie une lettre de lui, répliqua Henriette; sinon, j'attendrai. On me cache ce qui se passe !

— On n'a jamais rien vu de pareil, c'est à la souffleter, s'écria Pierre s'avançant de nouveau.

— Non, non, arrêtez, dit madame Gérard le ressaisissant par le bras.

— Comment, elle nous bravera insolemment !

— Ce n'est qu'une obstination puérile, ajouta madame Gérard. Je la connais : elle va se réjouir de nous avoir irrités. Laissons-la aller et finissons ces querelles. Henriette, vous réfléchirez, et vous comprendrez que vous avez eu tort de blesser un père et une mère qui vous aiment.

— On n'admet donc pas, répondit la jeune fille, que moi je puisse être blessée et déchirée?

— Non, dit fortement madame Gérard, on n'admet pas que vous érigiez vos chimères en événements importants, et, je vous le répète, j'en appelle une dernière fois à votre bon sens et à votre bon naturel : car ce serait vraiment une cruelle punition de Dieu de m'avoir donné une enfant aussi insensible et aussi égoïste que vous le paraissez. »

Pierre tourna le dos à Henriette, madame Gérard s'assit et prit son ouvrage. La jeune fille hésita une minute à dire quelques mots encore, puis se retira la tête droite, sans plier.

« Ah! dit madame Gérard, si elle avait de la religion!

— Quel affreux caractère! » s'écria Pierre.

Henriette rentra et s'assit sur une chaise, le regard fixe; elle réfléchissait : son esprit et ses idées n'étaient pas tellement assurés qu'elle ne trouvât parfois que la raison et le sentiment étaient contre elle.

« Je les tourmente beaucoup, se dit-elle. Ils ne sont pourtant pas bien durs, et je comprends qu'ils doivent être exaspérés que je refuse. Mais si ce mariage leur échappe, ils ne seront pas beaucoup plus malheureux qu'avant. Jusqu'ici, ils ont vécu convenablement et sans s'affliger; ce sera une belle occasion perdue pour eux, mais non un chagrin et un mal sérieux; tandis qu'Émile, s'il m'aime toujours, qu'il soit malade ou qu'il ne puisse me donner de ses nouvelles, quel dédommagement aura-t-il si je ne tiens pas ma promesse? Qui est-ce qui calmera sa colère ou son désespoir? Je le vois triste, désolé, ne sachant où se mettre, ne mangeant pas. Ah! si j'étais sûre qu'Emile fût comme moi, je n'aurais pas un instant d'hésitation et je renverserais tout!

« Hélas! je n'ai de lui ni lettre ni bijou, rien! Cela me donnerait tant de courage de toucher quelque chose qui eût été tenu par ses doigts. Il me semblerait le voir près de moi!

« Et maintenant que vont-ils vouloir faire ici? Le temps passe; ils sont impatients! Eh bien, qu'ils me mènent à l'église : j'irai pour dire non! Qu'ils me mettent au couvent : j'en sortirai. Je me ferai des amies de toutes les religieuses, je leur expliquerai pourquoi on m'a enfermée, et, dussé-je attendre jusqu'à ma majorité, il faudra bien qu'on me laisse aller! Et si, au moment où je fais tous ces plans, Emile ne pensait plus à moi! s'il était avec une autre jeune fille!...

« Ah! ajouta-t-elle, si je crois cela de lui, il peut en croire autant de moi. Je ne peux pas savoir si c'est la vérité qu'on me dit ici ; si j'allais, pour une chimère, comme ma mère appelle cela, leur faire manquer tant de beaux projets et d'espérances sur la Charmeraye, après avoir causé du scandale, après avoir compromis la réputation de la famille! Oui, mais, s'ils m'ont trompée sur Emile, je ne leur aurai jamais fait assez de maux. »

Henriette, par cela même qu'elle avait l'esprit plus large que les autres, avait pour eux plus d'indulgence qu'ils n'en témoignaient pour elle. Les esprits étroits tâtonnent bien moins, dans leurs appréciations des caractères, que des esprits larges et pénétrants. Ne creusant pas, ils n'aperçoivent qu'une surface toujours la même. Les autres, plus fouilleurs, amènent au jour les contradictions, les mobiles variés, les ressorts, un aspect enfin très compliqué et difficile à coordonner. Ainsi, Henriette, tout en dégageant nettement dans ceux qui l'entouraient l'égoïsme, l'étroitesse, l'insensibilité, croyait ensuite à de la sincérité, de l'affection et de la prévoyance.

CHAPITRE XII

PARODIES

La comédie a des faces aiguës autant que des faces rondes, et elle déchire avec des pointes qui agissent comme des scalpels pour démontrer les maladies grotesques.

Depuis longtemps madame Gérard n'avait eu à manier une affaire aussi intéressante que ce mariage. Elle pouvait loger dans sa tête plus de préoccupations qu'un ministre. Son cerveau avait des casiers, des cartons pour chaque objet, comme une salle d'archives.

M. de Neuville s'attristait, sans bien même s'en rendre compte, des tristesses d'Henriette. Le président tournait à un peu de mélancolie, et commençait à trouver plus de charmes au commerce des muses qu'à celui des hommes.

Malgré les secousses électriques des grandes scènes d'intérieur, les soirées devenaient languissantes aux Tournelles. La maussaderie se pétrifiait sur tous les visages. Le *tonton* Baudouin tournoyait vainement au milieu de la famille en désarroi pour rattacher les anneaux qui se détachaient.

On ne voulait cependant pas laisser un instant de relâche à Henriette.

Aristide, ayant appris par la femme de chambre qu'Henriette comparaissait devant son père et sa mère, était allé écouter à la porte; mais il n'entendit que des lambeaux de phrases; assez, cependant, pour être réjoui lorsqu'on parlait durement à sa sœur, ou irrité quand elle répliquait sèchement.

Au moment où elle sortit, il lui dit : « Eh bien, es-tu contente? A quand la noce? » Henriette ne le regarda pas et passa. Il lui fit une grimace par derrière. Pour se consoler, Aristide courut à la cuisine, où il trouva le domestique Jean, qui cassait de vieilles planches. Aristide s'amusa à l'aider.

« Est-ce vrai, demanda le domestique, que mademoiselle va se marier?

— Bah! dit Aristide, ça peut durer longtemps, de ce train-là!

— On dit que c'est avec ce vieux monsieur qui a un château. »

Aristide ne manqua pas de rire.

« Ne voilà-t-il pas un beau mari, hein? pour une fille qui aime les jeunes!

— Ce n'est pas trop amusant non plus, dit le domestique.

— Ce n'est pas pour l'amuser qu'on la marie!

— C'est égal, reprit Jean, il est vieux, malgré qu'il soit bien tenu. Est-ce que c'est un ancien militaire, ce monsieur-là?

— Non, c'est un *ancien*, voilà tout, » dit Aristide riant plus fort.

Madame Gérard, à ce moment-là, appela son fils et lui reprocha de passer son temps avec les domestiques et les paysans, ce qui lui faisait prendre de mauvaises manières.

Aristide répondit : « Ce n'est pas étonnant, on ne veut jamais causer avec moi. On aime mieux parler avec Henriette.

— Tant qu'on te verra préférer cette société-là à la nôtre, dit la mère, on ne sera pas fort disposé à te prendre au sérieux. Du reste, voici des affaires graves qui nous arrivent. Mon intention et celle de ton père est que tu y prennes part. Nous voulons te demander ton avis.

— Mon avis! répéta Aristide, ouvrant ses yeux et ses narines comme en face de quelque gourmandise extraordinaire

— Tu sais...

— Oui, je sais...

— Eh bien! penses-tu qu'il faut faire ce mariage?

— Je le crois bien, s'écria-t-il. Vous vous laissez toujours dire par Henriette des choses... que je ne souffrirais pas!

— Tu as donc remarqué son infernal caractère, toi aussi? dit madame Gérard, qui cherchait à recueillir le plus grand nombre possible de témoignages contre sa terrible fille.

— Il n'y a qu'à voir ce qu'elle fait, reprit-il, et tout exprès pour vous tracasser! Mon oncle le dit bien aussi.

— Je le crains, dit madame Gérard.

— Mais c'est sûr! On lui a fait apprendre tant de belles choses qu'elle se croit plus que tout le monde, ajouta Aristide, dont la rancune était rivée à cette seule idée.

— Oh! nous allons lui rectifier le jugement. Il sera bon que tu lui parles, de ton côté.

— C'est qu'elle ne m'écoutera pas. Elle a l'air de m'en vouloir.

— On passe par là-dessus, quand les circonstances l'exigent. Tu iras la trouver un de ces jours, et tu lui diras qu'elle a bien tort, qu'elle oublie ses devoirs, qu'elle nous rend très malheureux, et que tu viens tout fraternellement lui conseiller de changer de conduite. Nous avons décidé avec ton père que puisque Henriette trouvait un si beau parti, sa dot et sa part d'héritage te reviendraient!

— C'est bien juste! s'écria Aristide. Elle n'a pas besoin de notre argent, puisqu'elle a celui de son mari. Je lui parlerai très doucement. Je sais la manière! »

De tels dialogues me mettent en joie, une joie de fou, avec des envies de danser en tombant à grands coups de bâton sur le dos de ces êtres.

Grâce à madame Vieuxnoir et aux indiscrétions du curé chez les dévotes, tout Villevieille avait su les détails de la soirée du 28 mai. Les bourgeois et même la haute société étaient furieux. On accusait les gens de Paris d'infecter le pays de leurs mauvaises mœurs; d'autant plus qu'un jeune professeur, récemment arrivé de la ville dissolue, venait de séduire une petite ouvrière, et qu'on prétendait que madame Baudouin cherchait à plaire à l'abbé Durieu.

Du reste, madame Gérard commençait à se croire assez sûre de Mathéus pour ne point s'inquiéter de tous ces bruits.

Le 30, madame Baudouin arriva avec son curé et le présenta; mais il vit tout de suite que madame Gérard ne lui conviendrait pas. Madame Baudouin demanda des nouvelles d'Henriette.

« Elle est d'un entêtement sans bornes, dit madame Gérard en la prenant à part ; je crains décidément qu'elle ne passe pour plus spirituelle qu'elle ne l'est. Cette fille ne comprend rien à la vie. Aussi, je veux essayer maintenant de l'intervention de nos amis.

— Bien, répondit madame Baudouin : indiquez-moi sa chambre, je vais aller la trouver. »

Madame Gérard mena son amie jusque-là et la laissa. Madame Baudouin frappa doucement. Henriette, étonnée, vint ouvrir.

« Voulez-vous me permettre, ma toute belle, d'entrer dans votre petit sanctuaire? » dit la grosse femme, souriante.

Dans sa situation, Henriette prévoyait bien que tout visage, toutes paroles, se rapporteraient à son mariage. Elle s'épargnait autant que possible les mots inutiles. La jeune fille fit asseoir madame Baudouin et prit sa broderie, afin de se donner le temps de mieux réfléchir avant de répondre.

« Ma charmante enfant, commença madame Baudouin, j'ai été bien peinée pour vous de ce que vous avez fait lundi soir !

— Oh! Madame, s'écria Henriette, ne parlons plus de ce qui est passé.

— Ah! mais, ma chère petite, reprit madame Baudouin avec une dignité affectueuse, c'est dans votre intérêt que je vous en parle. Je ne puis croire que vous ayez mauvais cœur, et pourtant il paraît que vous ne vous êtes pas repentie. Avec votre éducation, on devait s'attendre à de bons sentiments de votre part ! Vous n'avez donc pas la crainte de Dieu? Le respect des parents est la première vertu d'une jeune fille. »

Henriette était importunée par la robe de madame Baudouin, dont la couleur gorge de pigeon changeait désagréablement à chaque mouvement. Elle avait envie de lui dire : « Otez-moi cela de là, je vous entendrai mieux ! »

Mais elle finit par ressentir dans les intonations caressantes et indécises de la grosse femme une prédisposition à se laisser influencer.

« Tenez, Madame, interrompit-elle, si vous saviez la vérité, vous comprendriez mes chagrins.

— Ah! Eh bien, contez-les-moi, ma petite belle; j'ai si bonne opinion de vous!

— Comment voulez-vous qu'il ne paraisse pas cruel d'épouser un homme qu'on n'aime pas, surtout un vieillard? Au contraire, M. Germain est un homme très distingué sous tous les rapports, et on ne veut pas le reconnaître! Je l'aime, je lui ai fait une promesse : je ne cause de mal à personne en voulant la tenir! »

Henriette se mettait à la portée de madame Baudouin par des paroles d'une simplicité primitive.

« Figurez-vous donc, continua-t-elle, qu'il y a peu de temps encore, mon père et ma mère trouvaient très mal qu'on mariât une jeune fille à un vieillard. Nous ne sommes pas absolument pauvres; il n'y a donc pas de nécessité d'argent pour les pousser. Si on juge que M. Germain n'est pas assez riche, on peut l'attendre et l'aider à faire sa fortune. Je ne saurais vivre qu'avec lui. Si je l'aime, ce n'est point ma faute. Il n'y a pas là de calcul; je ne pourrais pas m'en empêcher. Pourquoi m'accuser, alors? Pourquoi cette irritation générale contre lui et contre moi? Vous voyez qu'il est facile de comprendre pourquoi je me débats. Mes parents ont à peine un faible intérêt à ce mariage avec ce M. Mathéus, et moi le bonheur de toute ma vie est en jeu.

— C'est vrai, ma chère enfant; votre cœur parle à sa façon, mais la société, la religion, veulent l'obéissance.

— La société! dit Henriette, mais du soir au lendemain toutes ses lois sont renversées. Aujourd'hui, je suis obligée d'obéir, soit; mais que demain je sois mariée à n'importe qui, et me voilà maîtresse de mes actions, armée contre ma famille, la quittant et pouvant la fouler aux pieds, avec l'opinion et la loi de la société pour moi, n'est-ce pas?

— Ma foi, ma toute jolie, c'est bien un peu comme cela. Vous avez une raison et une pénétration remarquables. Mais, voyez mon exemple. J'ai été mariée à un homme beaucoup plus âgé que moi, et je n'en suis pas morte.

— Oh! Madame, était-ce la même chose? On m'arrache à

M. Germain pour me donner à ce M. Mathéus, sans raisons, sans motifs. Si je n'aimais pas M. Germain, il me serait peut-être indifférent d'épouser l'autre. Et puis, je vois qu'on me trompe! Ah! que je vous serais reconnaissante, Madame, si vous vouliez bien être mon amie, mon appui, et m'informer de ce qui se passe réellement!

— Je parlerai à votre mère, chère petite belle; il est trop dommage de vous voir triste.

— Ah! si vous pouviez arriver à faire cesser mes inquiétudes! Si je pouvais avoir des nouvelles d'Ém... de M. Germain!

— J'essayerai auprès de vos bons parents. Cependant, dit madame Baudouin, qui s'étonnait d'avoir changé de camp si promptement, vous les avez trop irrités lundi. Vous ne deviez pas faire.....

— Mais, Madame, lorsqu'on n'a pas d'autres moyens à employer! On me pousse à bout. Concevez-le. Je voyais ce M. Mathéus venir à la maison, sans savoir ce qu'il voulait. On m'avait promis de tout arranger avec M. Germain! Je n'ai pas été maîtresse de ma colère. Mettez-vous à ma place. Je ne pouvais agir autrement pour défendre à la fois M. Germain et moi.

— Pourtant, ce M. Mathéus est un très digne homme, et vous l'avez traité.....

— Est-il donc bien noble et bien digne à lui de vouloir m'épouser malgré moi?

— Mais il vous aime, ma chère enfant!

— Que puis-je y faire? C'est donc là pourquoi on veut sacrifier mon avenir à son caprice, comme si j'étais l'étrangère, moi, et que lui fût l'enfant de la maison? Enfin, pensez-vous que mon père et ma mère ont absolument raison? »

Ce discours, où à la plus grande sincérité se joignait, bien pardonnable, un certain calcul d'effet à produire sur l'esprit peu subtil de madame Baudouin, ébranla celle-ci.

« Je n'avais pas envisagé cela de la sorte, ma toute belle petite, reprit-elle, vous m'avez éclairée. Il est si difficile de se reconnaître au milieu des question les plus simples!

— Je vous remercie du fond du cœur, dit Henriette, de

l'intérêt que vous me portez, Madame. Depuis si longtemps je n'avais entendu de paroles d'amitié, que je n'y croyais plus.

— Oui, oui, continua madame Baudouin, je suis votre amie, chère petite. Vous me plaisez tant! Vous me confierez vos peines. Je vais retourner près de votre mère, qui m'écoute volontiers, et vous verrez que tous vos soucis finiront. Calmez-vous, prenez patience. Il n'y a rien de tel vraiment que d'entendre les deux parties. Et maintenant, ma toute belle, voulez-vous me permettre de vous embrasser? »

Madame Baudouin redescendit au salon, où elle retrouva le curé Durieu et madame Gérard en froideur. Ils ne se sentaient point sympathiques l'un à l'autre.

« Eh bien, chère Madame, dit la grosse femme, cette pauvre petite est très gentille, très douce. Elle m'a exposé ses raisons avec beaucoup de sens. Puisqu'elle est fort attachée à ce jeune homme, on pourrait peut-être...

— Ah! s'écria madame Gérard avec une sorte de colère, mais voilà justement le non-sens! Elle s'opiniâtre à grandir une insignifiante amourette. J'aurais dû vous prémunir contre son caractère avant de vous laisser aller là-haut. Elle a un esprit hautain, contradicteur, qui ne veut jamais plier et cherche à faire plier les autres. Depuis son enfance, je combats cette mauvaise prédisposition.

— Elle paraît cependant bien douce! répéta madame Baudouin.

— C'est qu'elle est fort adroite!

— Ce que vous me dites-là, chère Madame, me donne à penser.

— Nous ne pouvons la laisser se livrer à ses folies. Et si je la contrains à son propre bien, c'est parce que j'ai la conviction qu'elle ouvrira les yeux à la fin. Je ne sais même si déjà, au fond, elle ne nous en sait pas gré! Toutes les jeunes filles ont la tête un peu agitée. Vous et moi nous avons eu aussi notre petit roman. Regrettons-nous qu'on nous en ait détournées?

— Mon Dieu, dit madame Baudouin, qu'y a-t-il en effet à alléguer contre M. Mathéus? C'est un homme charmant. Le mariage est très convenable sous tous les rapports. Comme je le contais à la petite, j'ai passé ma vie auprès d'un mari très âgé; et maintenant, je n'en suis point fâchée.

— Mais certainement! reprit madame Gérard. On se fait de sots épouvantails! Je vous demande si l'on peut s'allier à ces Germain. D'ailleurs, ce garçon n'a rien d'honorable. Il a agi d'une façon révoltante. Ah! si Henriette voulait le juger froidement! Mais je vous l'ai dit, l'orgueil et la domination sont ancrés dans sa tête.

— Oui, dit madame Baudouin, qui réfléchit, elle m'a paru chercher à m'imposer ses sentiments.

— Ah! murmura la mère, quelle fille légère! quel aveuglement! Quatre-vingt mille livres de rentes! chère Madame, et ne pas savoir ce que c'est, les dédaigner! Enfin, une fois mariée, elle s'apprivoisera.

— Bien sûr, ajouta la grosse femme, la fortune de mon mari a été pour moi un dédommagement de ses humeurs et de ses maladies. D'ailleurs, il ne m'aimait pas, tandis que M. Mathéus adore Henriette.

— Et il est très cassé! ajouta madame Gérard.

— Il n'y a plus à balancer. Et puis je m'en rapporte à vous et à votre sagesse.

— Il faut beaucoup de fermeté dans la vie, » dit madame Gérard, satisfaite d'elle-même.

Toutefois la mère d'Henriette ne se soucia plus d'employer l'adresse de sa vacillante amie contre l'imprenable rocher de la jeune fille. Celle-ci, qui avait espéré rencontrer un appui, quelque faible qu'il fût, vit dès le même soir qu'elle s'était trompée, car, s'étant approchée de madame Baudouin pour lui demander quel résultat avait produit leur alliance, la grosse femme répondit : « Ma toute belle petite, il faut suivre en tout point les avis de votre mère, vous n'en recevrez jamais de meilleurs. »

Madame Gérard accourut aussitôt près d'elles, veillant désormais à ce qu'Henriette ne restât pas longtemps seule avec madame Baudouin, sur qui elle aurait pu reprendre de l'empire.

Henriette, quoique un peu attristée de son nouveau mécompte, ne se désola pas trop. Madame Baudouin n'était qu'un pis-aller. Il valait mieux ne compter que sur soi-même.

M. Mathéus revint : il apportait un gros bouquet qu'il offrit à Henriette de son air éternellement suppliant.

Ce soir-là il n'y avait que la mère, la fille et lui.

Sa résignation toucha Henriette, qui en eut pitié et se promit d'être moins dure, sachant qu'un peu de politesse ou de douceur envers le vieux homme ne changerait pas les résolutions qu'elle avait prises. « Et puisque mes résolutions ne changeront jamais, réfléchit-elle, je puis éviter les embarras accessoires d'une lutte en feignant jusqu'au bout d'être bien disposée. Quand le moment sera venu, je ferai écrouler toutes les illusions, d'autant plus facilement qu'on m'aura crue convertie et qu'on ne prendra plus garde à moi. » Puis elle se dit qu'elle pouvait essayer de dégoûter Mathéus en se montrant à lui sous des côtés intéressés, avides, mauvais, ne l'estimant pas assez pour se soucier de son estime.

Elle prit toutefois très froidement les fleurs, parce qu'elle avait réellement de la peine à se montrer gracieuse, tant le vieux Mathéus lui déplaisait.

« Elles sont très belles, dit-elle.

— Je les ai cueillies moi-même, » reprit Mathéus.

Henriette ne répondit pas. Le pauvre homme se brisait la tête à pénétrer ces caprices, qu'il attribuait à une nature de chat.

Il fit à la jeune fille des compliments sur sa broderie, et comme elle avait du fil à dévider, il lui présenta ses mains pour ce petit office. Il cherchait dans les moindres choses des indices de paix, et il n'osait pas se plaindre, même le plus doucement, des bourrades du lundi.

Néanmoins la gaîté ne se développait pas dans le salon entre ces trois personnages. Madame Gérard parlait autant qu'elle pouvait, mais Mathéus laissait tomber la conversation de la mère pour regarder la fille, ses petites mains, ses cheveux, son cou. Madame Gérard s'effaçait, mais tremblant que quelque phrase pareille à un coup de marteau ne fût assénée à Mathéus par Henriette.

Le vieillard avait ruminé le projet d'amener la jeune fille à la Charmeraye pour lui faire reconnaître ce qui devait être à

13.

elle et tâcher d'apprendre quelle partie du château, quelle chambre elle préférerait.

« Je serais heureux de vous offrir, Mesdames, une petite fête à la Charmeraye, dit-il.

— Nous irons bien volontiers, » répondit madame Gérard.

Mathéus regarda Henriette qui ne bougeait pas. Le vieillard était tout troublé de ce silence qui lui paraissait une nouvelle catastrophe.

Il reprit timidement :

« Je voudrais beaucoup avoir l'opinion de Mademoiselle sur la Charmeraye ; elle y verra des fleurs, elle qui les aime! »

Henriette sentit quelles rumeurs sourdes passaient dans le sein de Mathéus, à cette façon de parler à la troisième personne, mais elle resta tout aussi muette.

« Je viendrai vous chercher un de ces matins à l'improviste, » ajouta Mathéus, n'osant croire qu'Henriette acceptait et n'ayant pas le courage de s'arrêter à l'idée qu'elle n'acceptait pas.

Quand Mathéus était là, le mot 80,000 livres de rentes courait dans l'air comme une guêpe dont on ne peut pas se débarrasser; en dépit de tous ses sentiments, Henriette était curieuse d'essayer si sa mère avait dit vrai, si Mathéus ferait tout ce qu'elle voudrait, comptant employer cette certitude au service de sa malice et se venger de lui en le tourmentant.

« Tout le monde parle de cette belle propriété, je serai enchantée d'y aller, » dit-elle.

Le vieux homme fut électrisé autant que madame Gérard fut surprise.

« Ah! s'écria Mathéus, il ne dépend que de vous, Mademoiselle, que la Charmeraye vous appartienne. »

Henriette, commençant à suivre ses nouveaux systèmes, répondit : « Oui, je sais, il ne dépend que de moi, mais encore faut-il que la Charmeraye me plaise! »

Madame Gérard pensa que sa fille inventait quelque chemin couvert pour mieux surprendre et écraser Mathéus; elle était sur les épines et prête à faire encore une scène terrible à Henriette.

« Si vous n'en êtes point satisfaite telle qu'elle est, dit Mathéus, il sera facile de la faire arranger.

— C'est une excellente idée de nous donner une fête, reprit Henriette : il faut nous la faire voir sous sa bonne mine, cette Charmeraye. »

Madame Gérard se croyait dans un pays inconnu ; pleine de défiance, elle considérait Henriette avec un ébahissement aussi comique que celui d'un homme qui, ayant laissé échapper des secrets importants devant un sourd-muet, s'aperçoit qu'il n'a affaire ni à un muet ni à un sourd.

Mathéus, ranimé comme s'il entendait des trompettes sonner des fanfares entraînantes, s'écria : « Ah ! que vous me rendez heureux, Mademoiselle ! »

« Qu'il ne se réjouisse pas tant, » pensa Henriette, qui reprit, voulant interrompre toute explication amoureuse : « J'ai des idées très arrêtées sur l'emploi des grandes fortunes. Mes plans sont tout faits. J'ai des systèmes sur les bijoux, que j'aime beaucoup et que je n'ai jamais possédés en grande quantité. »

Mathéus se dit que ces paroles signifiaient : Marions-nous.

« Jamais, répondit-il, les diamants n'auront été si bien placés qu'à votre cou. J'en ai beaucoup qui viennent de ma tante, je serai charmé que vous les fassiez monter à votre fantaisie.

— Il est si nécessaire, recommença Henriette, d'être établi sur un grand pied et d'employer largement ses revenus ! Le mouvement des domestiques, l'activité d'un grand train me remplit de gaîté et m'amuse ! On croit qu'on ne peut pas faire de luxe en province : au contraire, on peut y mener des existences princières !

— Quand on est seul, dit Mathéus, il est difficile de bien monter une maison : lorsque nous serons deux... » Il hésita.

Henriette ne protesta pas, elle riait en dedans. Madame Gérard ne savait que dire, tant elle était étonnée ; elle avait perdu tout son sang-froid.

« Lorsque nous serons deux, continua Mathéus, j'aurai le plaisir de vous voir déployer votre bon goût. Tout est à vous, et, si quelque chose me tarde, c'est de vous voir ordonner, disposer de votre fortune. Je vous aime beaucoup, Mademoiselle, plus que vous ne le pensez ; j'aurais beau vous répéter mille fois que vous pouvez compter sur un cœur, ce ne serait pas une preuve, mais dites-moi à l'instant même ce que vous désirez, peut-être ne douterez-vous plus.

— Je vous suis très reconnaissante, dit Henriette prise dans cette déclaration comme dans un filet, et je vous avoue qu'il me paraît fort intéressant, lorsqu'on a vécu d'une façon simple, de se trouver tout à coup très riche. »

Henriette ne tranchait pas assez dans le vif ; elle ne mettait pas trop grand courage à s'avilenir devant Mathéus, et elle ne pouvait se plier si facilement à feindre. Elle craignait d'être accusée de mauvaise foi plus tard, après avoir paru s'engager positivement ; aussi reprit-elle :

« Mais, comme je vous l'ai dit, il faut que la Charmeraye me plaise.

— Elle lui plaira, Monsieur, soyez-en certain, » dit madame Gérard avec son accent impérieux.

Mathéus s'écria :

« Je ferai tout pour qu'elle vous plaise. »

Henriette, prise à l'improviste par le coup de patte de sa mère, se laissa dompter à moitié.

« Mais je l'espère bien, » répondit-elle.

Mathéus se retira de bonne heure pour aller savourer sa joie, comme un homme qui après avoir longtemps perdu au jeu fait un jour un gain considérable.

« Eh bien ! tu as su être très fine, dit à Henriette madame Gérard, qui cherchait à savoir le fond de sa pensée.

— Ce n'est pas difficile, répondit à double entente la jeune fille.

— Aussi cela ne tardera pas beaucoup maintenant, ajouta madame Gérard à dessein.

— Oh ! sans doute ! » dit Henriette.

La jeune fille avait frémi, mais elle comptait toujours sur le dernier moment pour se relever.

« Tu vois que je ne t'avais pas trompée, tu seras heureuse !

— Probablement, » répliqua froidement Henriette, qui, lasse

de tant de concessions et de mensonges, alla se réfugier dans sa chambre.

« On s'habitue trop au changement d'idées, se dit-elle avec terreur, on finirait par penser ce qu'on dit sans le vouloir. »

Le lendemain on commença à prétendre dans toute la maison qu'Henriette revenait au vrai et se marierait volontiers. Cela même fut dit devant elle.

Henriette s'effraya de voir sa résistance comptée pour rien par des gens imperturbablement convaincus qu'ils arriveraient à leur but, et que n'arrêtaient ni la netteté de ses déclarations, ni ses ruses. Elle douta d'elle-même. « Je n'ai donc aucune force, je ne suis donc pas capable de combattre, puisqu'on ne semble même pas s'apercevoir que je me défends ! Et Emile qui me laisse là ! »

Cependant chaque jour amenait ses événements pour quelqu'un.

Aristide n'avait pas oublié la femme de l'avocat ; bien plus, il avait l'intention de se montrer *poli* avec elle, chose presque incroyable, car jamais Aristide ne s'était dérangé pour personne. Insoumis aux petits devoirs du monde, on ne le considérait pas comme un *homme* dans la société de Villevieille.

Aristide fit de grands travaux dans sa mémoire pour se rappeler les usages, les convenances, afin d'apparaître sous un jour agréable à la jeune femme. Il se mit même en tête d'être élégant, de plaire, et surtout de se montrer homme de bon ton. Comme il était rempli à la fois de l'aplomb des sots et de leur sensitivité baroque, il voulait revoir cette petite créature mignarde et prétentieuse qui lui avait laissé une profonde impression. Aristide s'habilla donc un matin d'un certain pantalon jaune et d'un gilet vert, puis il couronna une aussi suprême recherche en prenant des gants rose tendre.

Sa mère, non habituée à tant de beauté, lui demanda où il allait. Il affecta le mystère, et répondit en clignant les yeux d'un air fin : « Je fais mes visites, moi aussi ! »

Pour les gens qui ne savent pas voir, Aristide n'était pas laid. Sans barbe, gras, rouge et blanc, armé de gros yeux bleus mauvais qui passaient pour beaux, il fit l'effet d'Apollon à madame Vieuxnoir en entrant dans son salon provincial. Elle fut toute *saisie* de cette visite, qu'elle soupçonna immédiatement amoureuse.

Elle se montra à demi embarrassée et sut prodiguer des milliers de caresses dans ses inflexions de voix, ses penchements, ses remuements, ses airs de tête. Aristide crut recevoir une pluie de diamants.

Le salon de l'avocat sentait le moisi. Les persiennes, fermées, y entretenaient une ombre triste. La pièce était carrelée, et les carreaux rouges, archifrottés, reluisaient d'un brillant terne et froid. Des boiseries peintes en gris foncé recouvraient les murs. Un meuble mesquin, caché sous des housses de toile, ne remplissait pas l'espace des panneaux. De petits tabourets en tapisserie embarrassaient partout les jambes. Les arts étaient représentés par six grandes gravures encadrées dans des baguettes éraflées : *Héro et Léandre*, le *Dernier des Abencerrages*, etc. La pendule, avec deux candélabres dont elle était flanquée, et la glace de la cheminée, étaient entortillées dans des fourreaux de gaze destinés à en préserver les dorures contre les atteintes des mouches qu'on entendait bourdonner tout autour. Au milieu, une table ronde à trépied et à dessus de marbre supportait un pot de fleurs dont la plante se mourait. Entre deux fenêtres se cachait une table à jeu vieille et déflorée. Madame Vieuxnoir, ne comprenant pas l'harmonie de bourgeoise maussaderie qu'exhalait son salon, y avait introduit un piano en palissandre, tout neuf, qui semblait fort étonné parmi ces vieilleries.

La petite femme, sur son canapé, lisait des poésies quand la servante annonça Aristide par ce nom étrange : M. Larestibérard.

Les idées de madame Vieuxnoir furent troublées, et, en deux secondes, elle entassa des montagnes de recherches pour deviner le personnage ainsi défiguré.

« Et comment se porte madame Vieuxnoir? dit Aristide en s'avançant carrément et prenant la main de la petite avocate pour la baiser !

— Ah! mon Dieu, c'est vous, monsieur Gérard? Figurez-vous que ma femme de chambre vous a affublé d'un nom si singulier! »

Une pareille entrée, en effet, était capable de nuire à l'amour.

« Votre camériste a un vice dans la langue, dit le chevalier Aristide, pensant être élégant.

— Est-ce que vous désiriez voir M. Vieuxnoir? dit la petite créature, feignant de ne point prendre la visite pour elle.

— Non, Madame : c'est vous-même que je voulais avoir le plaisir et l'honneur de visiter, reprit Aristide, content de sa phrase.

— Que c'est aimable à vous! je pensais que vous veniez pour le procès. »

Aristide fut ravi de tomber sur un sujet de conversation, car il ne savait, autrement, comment commencer.

« Oh! le procès, dit-il, c'est une bêtise de notre voisin. »

Il était assis sur une chaise en face du canapé, glorieux de sa mise, fier de son émancipation, et dévorait de ses gros yeux madame Vieuxnoir, nonchalamment penchée vers lui.

« Madame votre mère a montré beaucoup de tête dans cette affaire, reprit celle-ci; c'est une dame bien remarquable..... »

En ce moment, la petite avocate se rappela qu'elle avait des bas de deux jours, et elle retira ses pieds sous sa robe; mais les jupes n'étaient pas assez longues. Aristide suivit le mouvement et vit les bas; mais il n'en fut point contrarié : en province, on est habitué à l'économie.

« On n'en voit pas beaucoup comme ça, » dit Aristide.

Madame Vieuxnoir ne sut s'il parlait de sa mère ou des bas. Elle était inquiète.

« Mais, ajouta le jeune homme, elle n'est pas encore tant qu'on dit ! »

La petite avocate était désolée de n'avoir point prévu la venue d'un homme en gants rose tendre, et, dans sa préoccupation, elle ne prenait point garde au langage peu heureux de ce beau garçon.

« Malgré ça, reprit Aristide, elle est le chef de la famille; mon père est moins qu'elle à la maison.

— C'est un ménage si uni! » répondit madame Vieuxnoir,

ramenant toujours avec acharnement ses pieds en arrière et se donnant un air de tête aimable, afin de retenir fixés sur son visage les yeux d'Aristide.

« Monsieur votre père, continua-t-elle, peut s'en reposer avec confiance sur madame votre mère.

— Oh! dit Aristide enchanté de traîner partout son antipathie contre Henriette, entre eux deux ça va bien, mais il y a quelqu'un là-bas qui ferait damner cent curés. D'ailleurs, vous y étiez lundi!...

— Oui, répondit la petite avocate avec prudence, je me rappelle vaguement ; je sais qu'il est question d'un mariage pour mademoiselle votre sœur. »

Elle était affriandée par la pensée d'obtenir tous les détails relatifs au scandale des Tournelles.

« Vous n'avez jamais rien vu de pareil. Elle fait endiabler toute la maison pour son petit va-nu-pieds. »

Ce dernier mot renouvela la torture des bas pour madame Vieuxnoir. Elle expiait sa tenue négligée par les craintes qu'elle en concevait à l'égard des amours.

« Elle n'y tient pas plus que moi, reprit Aristide, mais ça lui sert à faire de l'effet.

— Il paraît qu'il s'est présenté un très riche parti. Tout le monde trouve mademoiselle votre sœur fort heureuse... Mais, cependant, si elle aimait ce jeune homme ! dit madame Vieuxnoir, qui se sentait du respect pour l'amour en ce moment.

— Est-ce qu'elle est pour aimer, s'écria Aristide, ni celui-là ni un autre !

— En tout cas, c'est un événement rare dans la haute société, ajouta la petite femme. Connaissait-elle le jeune homme depuis longtemps? »

Maintenant l'avocate tournaillait et cherchait à amener Aristide sur le terrain délicat de la passion. Mais quand il s'agissait de sa sœur, celui-ci ne songeait plus qu'à ses griefs ; aussi ne comprenait-il pas ce que l'avocate cherchait à lui faire comprendre.

« Tout ça, dit-il, c'est à ne pas s'y reconnaître ; c'est du calcul. Elle a toujours l'air de me mépriser, et, pourtant, si elle a manqué à la vertu, elle devrait bien changer de gamme.

je vous dis cela, Madame, parce que je crois que vous devez inspirer de la confiance. Je n'ai jamais vu une dame qui me revienne si bien, et on ne trouve pas beaucoup de personnes qui soient justes. Aussi, ça ne rend pas toujours la vie gaie que les autres ne fassent pas attention à vous. »

La petite avocate se régala de la galanterie d'Aristide, et pensa, elle aussi, à la *vertu*. Elle répondit :

« Oh! je ne crois pas, Monsieur, qu'on ne vous rende pas justice. Votre conduite dans ces affaires est très approuvée à la ville. C'est vous qui avez découvert le germe du mal et empêché, par votre surveillance, des conséquences fâcheuses, bien qu'il soit toujours fâcheux pour une jeune fille que..... Mais du reste, quant à mademoiselle Henriette, aucun soupçon ne s'attache à elle : la demande de M. Mathéus les a fait évanouir...

— Ah! oui, dit Aristide, elle a été dire tout ça l'autre soir. Mais si j'apprenais, ajouta-t-il fièrement, qu'on répète quelque chose contre notre honneur, on aurait affaire à moi.

— On pense que mademoiselle votre sœur ne s'en tire pas mal, puisqu'elle épouse un homme qui a cent cinquante mille livres de rentes et qui lui donne trois cent mille francs de diamants!

— Sans moi, s'écria Aristide, excité à l'enthousiasme, Dieu sait ce qui serait arrivé!

— Cette pauvre mademoiselle Henriette! reprit l'avocate, espérant toujours faire sortir de ce sujet les mots amoureux, ainsi qu'à force de battre un caillou on en tire du feu, cette pauvre mademoiselle Henriette! comme les jeunes filles sont imprudentes! Cependant, n'est-elle pas un peu excusable, si elle a été aimée! »

Madame Vieuxnoir serrait peu à peu les mailles de son filet autour de l'esprit mal aiguisé d'Aristide. Elle ne réussit pourtant pas encore cette fois à lui ouvrir l'entendement. Il répondit :

« C'est égal, une fois partie de la maison, on sera bien plus tranquille!

— Elle n'est donc pas bonne?

— Cette fille-là, elle peut se vanter de m'avoir fait joliment des maux. Il n'y a pas de jour qu'elle ne me nuise. Et moi, je suis un dindon : je suis trop patient, je n'ai pas la malice dans le cœur comme elle. Enfin, sans moi, elle n'aurait pas à tant faire la fière. Si elle s'était laissé faire un enfant!... »

Madame Vieuxnoir minauda, rougit, parut s'inquiéter des mots hardis de ce jeune homme d'une dangereuse beauté, venu tout à coup dans son salon, où jamais ne se montrait de jeunesse.

« Oh! dit-elle, il ne faut pas dire de pareilles choses.

— C'est pour vous dire qu'on n'est pas toujours si heureux qu'on en a l'air. »

« Il faut bien que je ne lui déplaise pas pour qu'il soit accouru ainsi au bout de quatre jours. » Tel était le raisonnement de la petite avocate, qui avait envie de mordre dans Aristide comme dans une pomme d'api fraîche!

Les femmes de province sont assez brusques dans leurs passions ou leurs galanteries. Comme elles ont peu d'occasions, elles se hâtent de les saisir, de peur de ne plus les retrouver.

Madame Vieuxnoir poussa un léger soupir, et il se fit un moment de silence. La petite avocate préparait sournoisement son brûlot pour incendier Aristide, sous la forme de la phrase suivante : « C'est une singulière chose que l'amour! A quoi cela nous porte! Moi, je n'ai jamais été aimée, et je m'en félicite! »

Le grand mot féminin était lâché. Malheureusement le chevalier Aristide, dans son inexpérience, ne sentit point l'importance du mot, et comme il cherchait à se raccrocher depuis un instant à une autre branche intéressante d'entretien, il évita le brûlot sans l'avoir soupçonné. Voyant un livre aux mains de l'aimable personne, il crut devoir lui dire : « Et vous, Madame, vous charmez vos loisirs? »

Il se pencha et lut sur la couverture le titre du livre.

« Ah! c'est d'Alfred de Musset, » ajouta-t-il en faisant claquer ses lèvres comme un dégustateur de bon vin.

« Un bien grand poëte ! » répliqua madame Vieuxnoir, qui vit matière à glisser de nouveau l'amour, comme une couleuvre, sous la poésie.

Aristide reprit vivement : « Et faites-vous aussi des vers, Madame ?

— Hélas ! non, » répondit la petite femme, employant alors un autre grand système, celui de la plainte et de la mélancolie ; « dans notre vie du fond de la province, il vaut mieux avoir des aptitudes plus positives. Savez-vous ce que je fais ? continua-t-elle amèrement : je fais mon ménage, je compte mon linge, je surveille mes confitures, je recouds les boutons aux habits de mon mari. Voilà mon idéal ! C'est plus raisonnable, n'est-ce pas ? — Ah ! que la raison paraît pâle, cependant, devant les aspirations des poëtes ! » reprit-elle.

Aristide fut lancé dans l'infini. Il tordit sa cervelle comme une éponge qu'on égoutte, pour répliquer sur le même mode, le mode majeur.

« Sans la raison, dit-il, il n'y aurait pas de poésie, et sans poésie, il n'y aurait pas de raison !

— Vous avez déjà beaucoup pensé ! s'écria madame Vieuxnoir.

— Au milieu de mes préoccupations, je réfléchis ! dit Aristide d'un air modeste.

— Ah ! les préoccupations, reprit-elle, qui n'a les siennes ? Moi, mon intérieur est si triste, ma vie si vide ! Ainsi, j'aurais voulu recevoir un peu de monde, mais mon mari ne s'en soucie pas ; ah ! les maris ! »

Elle soupira et continua : « Je vais chez des juges, des notaires, quelques *dames* de marchands de bois ! Est-ce là un aliment pour le cœur et l'esprit ? Mon mari est très bon, mais..... »

Elle s'arrêta sur ce *mais*, puis continua : « Je le vois à peine ; il est si occupé ! Presque jamais il n'est ici. La fièvre de l'éloquence est une fièvre particulière qui absorbe les avocats ! Et puis quand il rentre, il est de mauvaise humeur. Il a aussi des manies... j'en souffre. »

M. Vieuxnoir rentra à ce moment même, et son arrivée mit

fin au panégyrique. Après quelques mots de politesse, Aristide partit. Madame Vieuxnoir resta très remuée par la visite du jeune homme si bien habillé, si aimable. « Reviendra-t-il bientôt? » se dit-elle.

La famille Gérard était prédestinée à faire les cent coups dans ce malheureux pays. Il n'était partout question que des Tournelles, à la ville, au village, à quatre lieues à la ronde, même dans tout le département.

L'après-midi, à deux heures, Corbie se trouvait au café de Bourgthéroin, entouré de son cercle habituel, lorsqu'il aperçut Aristide sur la route. Celui-ci vint droit à lui et l'emmena à l'écart.

« Ce diable de M. Gérard, le voilà parti, dit le pépiniériste; faudra-t-il lui demander si sa nièce se marie, quand il reviendra?

— Bah! on dit tant de choses... ça le contrarierait peut-être, répliqua le capitaine Bourgeois.

— Il y aurait moyen de le prendre, continua le percepteur.

— Est-ce vrai qu'elle va avoir un enfant? dit le fils du maire.

— Il ne faut pas en dire plus qu'il n'y en a, reprit le capitaine; il paraît seulement qu'elle se marie. Madame Mathieu sait le nom du Monsieur; il n'est pas de par ici.

— Oh! dit le fils du maire, c'est une frime! Les Parisiens marient tout de même leurs filles après qu'elles ont pondu.

— Pas toujours, interrompit le percepteur. Mon ancien receveur général avait une fille à qui est arrivée la même aventure, la même ou une autre! Quand il a vu qu'elle avait la ceinture lâche, il a attendu le poupon, et il vous a envoyé la fille au couvent pour toute la vie, et le petit en nourrice, au diable.

— M. Corbie n'est pas content de tout ça, on le voit bien, dit le fils du maire : il n'est plus si drôle qu'autrefois.

— Dame, il y a de quoi! La belle-sœur n'est pas grand'-chose de propre non plus! reprit le pépiniériste.

— Mais lui n'en est pas moins un brave homme, et qui n'est pas bête, toujours! s'écria le capitaine.

— Ah! bigre, non! » répondit le fils du maire.

Laissant cette espèce de chœur fonctionner comme ceux

des tragédies antiques, Corbie et Aristide se promenaient sur la route.

« Comme tu es beau ! avait dit Corbie en considérant curieusement la toilette de son neveu.

— Ah ! répliqua Aristide, vous me disiez l'autre jour que je ne connaissais pas l'amour. Eh bien, je le connais à présent. Vous savez, madame Vieuxnoir.....

— La femme de l'avocat? demanda Corbie étonné.

— Oh ! c'est une femme qui a bien de l'esprit ! J'ai été chez elle aujourd'hui ! »

Aristide semblait, par son air, annoncer le plus grand événement du monde.

« Eh bien, qu'est-ce qu'elle a dit?

— Oh! beaucoup de choses. C'est de ces femmes à qui on peut dire tout ce qu'on a sur le cœur. Je n'ai jamais été si content. Dans trois jours, j'y retournerai. Elle a si bon ton et elle cause si bien ! Vous ne pouvez pas vous figurer comme elle a de l'instruction.

— Il faut prendre garde, dit Corbie : tu sais ce qui m'est arrivé !

— A présent je vois bien ce que c'est, reprit Aristide : c'est comme le feu. Pour les filles, ça doit être très dangereux. Un homme, c'est fort ; mais une fille, ça lui fait perdre la tête.

— Ainsi, dit Corbie, tu apprends déjà à connaître les passions. Sois prudent. La femme d'autrui, c'est grave !

— Oh! il y a une chose qui me va, répliqua Aristide; l'avocat n'y est presque jamais : ce sera plus commode.

— Oui, mais, dit Corbie, en amour il faut respecter la femme !

— Celle-là ne m'en impose pas, reprit le jeune homme ; au contraire, il me semble que c'est ma cousine : j'avais envie de l'embrasser. Du reste, j'ai été malin.

— Ah ! voilà bien le jeune homme ! dit Corbie. Il ne faut rien brusquer. Apprends à bien la connaître. Tu ne l'as encore vue que deux fois...

— Ça ne fait rien, répondit Aristide plein d'éclairs ; je savais bien que j'en valais un autre. Nous nous sommes compris. Je suis sûr d'elle comme de mon petit doigt. »

Corbie éprouva de la jalousie contre son heureux neveu.

« Ah çà, tu t'es donc déclaré? dit-il.

— Non, pas si vite! mais j'ai vu! Et puis, c'est l'instinct!

— On va plus loin qu'on ne veut avec l'amour, ajouta Corbie : c'est une maladie qui laisse des traces! »

Les paroles chagrines de cet homme désillusionné ne glacèrent point la chaude vaillance d'Aristide, qui croyait voir s'étendre devant lui des avenues tout illuminées.

« Dame! c'est bon, tout de même, répliqua le jeune homme.

— Je te dis que ça laisse des traces, s'écria Corbie, dont la figure devint sombre. Ensuite il faut se venger, et c'est amer.

— Oh! je ne me laisserais pas faire par une femme, dit Aristide.

— Ne t'y fie pas. C'est un pré marécageux où il faut veiller à ne pas s'enfoncer.

— C'est moins roué qu'on ne croit, les femmes! » continua Aristide, remuant intérieurement des océans de malice et se sentant une supériorité vivifiante.

En quittant son oncle, il traversa le bourg et passa devant la maison de Perrin. L'imbécile lui cria :

« Veux-tu que j'aille chez toi demain, Aristide?

— Non, non, dit Aristide ne se souciant plus désormais des joies que lui procurait Perrin; Madame Vieuxnoir remplissait tout.

— Et après-demain?

— Non, je suis occupé. Je t'enverrai chercher. »

Perrin rentra tristement dans la boutique. Aristide marcha d'un pas délibéré vers les Tournelles. Depuis qu'il était si bien apprécié par madame Vieuxnoir, il possédait la force et ne craignait plus les dédains d'Henriette. A son tour il voulait humilier sa sœur.

Madame Gérard avait dit au président : « Mon fils a une toilette singulière et un air d'empereur romain aujourd'hui! »

M. de Neuville, qui se trouvait dans le vestibule lorsque Aristide revint, le plaisanta :

« Eh bien, lui dit-il, nous sommes donc amoureux ? Nous venons de chez notre belle ? Ça s'est-il bien passé ?

— Il faudra demander cela au mari ! » cria fièrement Aristide en faisant le geste d'un maréchal de France qui jette son bâton dans les retranchements ennemis.

M. de Neuville crut qu'Aristide faisait allusion à sa position délicate d'ami de la maison, et, sur le premier moment, il ne put s'empêcher de baisser le nez ; mais bientôt il réfléchit et s'écria en dedans : « Ah ! ma foi, ils devraient y être habitués ! »

Ce jour-là Henriette fit une incartade qui les rendit tous furieux. Mécontente d'elle-même, elle voulait réagir contre ses dernières concessions.

Mathéus reparut avec des fleurs. « Je crois, dit-il à Henriette, pouvoir vous offrir ce bouquet avec plus de confiance. »

Henriette regarda ce grand corps qui se pliait lentement. Il lui semblait qu'il se baissait pour disparaître dans quelque trappe. Mathéus fut interdit par l'expression de son regard. Il s'arrêta. Les yeux d'Henriette signifièrent :

« Continuez donc ! »

Il reprit :

« Vous m'avez causé tant de joie avant-hier par quelques bonnes paroles, que vous serez encore généreuse pour moi aujourd'hui. »

Henriette fronça le sourcil, et, avant de répondre, l'inquiéta par le même regard cruel.

« Si c'est une générosité de ma part envers vous, dit-elle, c'est une lâcheté vis-à-vis d'un autre. Je vous en prie, Monsieur, ne songez plus un instant à moi. Ne perdez pas des soins et un temps inutiles à apporter ici des fleurs que je n'accepte pas. »

Mathéus s'inclina. Le sang ne coulait plus dans ses veines ; il ouvrait singulièrement ses yeux tout ridés d'une patte d'oie, et restait là, idiot, devant la jeune fille.

Les autres personnages ne dirent rien, la surprise suspendait leurs colères : ils s'étaient attendus à voir couler un flot de gracieusetés de la bouche d'Henriette. Madame Gérard devenait verte.

Mathéus revint à lui, et d'une voix basse dit :

« La profondeur de mon affection, je n'ose dire amour, puisque ce mot vous épouvante quand je le prononce, est telle que j'aurai le courage de rester près de vous. Votre aversion ne pourra jamais égaler mon dévouement. »

Madame Gérard fut rassurée un peu par l'énergie du vieux homme.

Il ajouta :

« Vous avez tort, oui, sérieusement, vous avez tort de méconnaître mes sentiments. Je suis un roseau dans vos mains. »

Mais le cœur d'Henriette resta fermé à ces prières.

« En toute autre circonstance, dit-elle, je vous rendrais justice, mais ici vous disputez déloyalement à un absent la place qui est à lui.

— Henriette, s'écria le vieillard, permettez-moi de vous appeler Henriette, dites-moi les choses les plus dures, je les supporterai; mais ne m'empêchez pas de rester du moins dans la même chambre que vous, sans parler, si mes paroles vous sont odieuses !

— Comme vous voudrez, Monsieur, répondit Henriette avec hauteur, ici je ne suis pas libre !

— Avant-hier, reprit Mathéus doux comme un martyr, vous daigniez me parler tout autrement. Je ne comprends pas ce changement qui me désespère.

— Vous me permettrez à votre tour, dit Henriette, d'être le seul juge de ce qu'il me convient de faire.

— Certainement, Mademoiselle, » répliqua le vieillard découragé. Cependant il examinait ce charmant visage, cette jolie taille, et il n'avait qu'une pensée : « Comme elle est belle ! »

Mathéus reprit donc :

« Daignez vous rappeler que je suis là, si vous avez besoin de moi pour les petits services que demande votre travail.

— Oh ! merci beaucoup ! » dit la jeune fille d'un ton sec semblable à un brusque coup de ciseaux.

Le vieillard recula près de madame Gérard, dont les mains demandaient à tordre et les pieds à fouler quelque chose. Il secoua la tête :

« Je ne sais pas persuader, dit-il : il faudrait non pas une bouche d'or, mais une bouche de diamant.

— Ne vous tourmentez point, répliqua madame Gérard, ce sont les nerfs qui sont en mouvement chez cette enfant. »

Elle s'approcha d'Henriette en serrant les lèvres, pour mieux lancer une phrase meurtrissante, et lui dit d'un ton furieux quoique voilé :

« Vous lasserez ma patience!

— On ne lassera pas la mienne! » répondit très haut la jeune fille.

Mathéus courut à madame Gérard et la prit par le bras.

« Je vous en prie, s'écria-t-il, ne l'irritez pas. Je ne veux pas être la cause d'un désagrément pour elle. J'espère qu'elle reviendra à nous! Voyez, sa figure s'adoucit déjà. Elle est ravissante. »

Henriette s'assit près d'une fenêtre et prit sa broderie, toujours irritée, mais aussi satisfaite qu'un maître d'armes qui a plastronné son adversaire. Elle venait de célébrer le culte d'Emile, et le jeune homme lui apparaissait resplendissant comme ces rois mages tout lumineux peints sur un vitrail.

« Quels gestes gracieux quand elle brode! » disait Mathéus à madame Gérard, qui aurait voulu mettre des lames aiguës dans ses yeux lorsqu'elle regardait sa fille..

Tous les autres étaient désorientés et se tenaient courbés sous l'inflexible roideur de la jeune fille. On parla mollement, d'une manière gênée, de sujets insignifiants.

Madame Gérard, aussi roide et orgueilleuse qu'Henriette, chercha à dissimuler sa défaite et à se venger. Elle pensa qu'Henriette souffrirait en voyant sa mère affecter de considérer comme non avenu ce qui venait de se passer. Elle entreprit donc Mathéus, lui parla des habitudes de la famille, de l'enfance et de la première jeunesse d'Henriette; cita les traits d'esprit de celle-ci, en fit l'éloge, au milieu des exclamations de ravissement du vieillard. Elle exaspéra Henriette, qui fut atteinte d'un grand dépit en s'apercevant n'avoir rien gagné encore.

Sa mère l'interpella même plusieurs fois, pour lui demander de confirmer les récits qui transportaient Mathéus d'aise.

La jeune fille, obligée à répondre, disait oui, non, et rien de plus, prête à se lever et à crier à madame Gérard : « Mais je devine votre manœuvre, vous êtes fausse en ce moment ! »

Son supplice se termina à l'heure du dîner, pour recommencer bientôt après, car à table tout le monde essaya de vaincre le silence obstiné où elle voulut se renfermer. Ni Pierre, ni le curé, ni le président, ne la fléchirent. A la fin ils perdirent le sang-froid.

On avait mis Mathéus à côté d'Henriette. Il lui versait à boire, lui offrait les plats, lui parlait, ayant ainsi mille prétextes d'en obtenir quelques mots. Mais de ces lèvres il ne sortait que des monosyllabes incompréhensibles.

Pierre s'écria :

« Parleras-tu enfin ?

— Je n'ai rien à dire, répondit la jeune fille.

— C'est pour se rendre intéressante, dit Aristide, qui reçut en riposte un sourire plein de mépris.

— Vous n'êtes peut-être pas bien portante ? demanda Mathéus.

— Mais si ! » répliqua Henriette.

Afin d'éviter de regarder personne, elle tenait ses yeux fixés sur la nappe.

Alors on recommença à faire discourir le vieillard sur sa fortune, ses diamants, dans l'espoir d'amener des motifs d'entretien capables de s'insinuer dans cette volonté de se taire ; mais on ne réussit pas. Les uns étaient rouges, les autres violets, verts, chacun selon son tempérament, et chacun agité, menaçant la rebelle.

Après le dîner, Mathéus s'assit de nouveau près d'Henriette. Elle se leva sans affectation et alla prendre une place où il ne pouvait la rejoindre. Mathéus était un peu animé par le repas, et il avait moins de sensitivité pour les affronts qu'il subissait. Le vieil homme tournailla assez sottement autour de la jeune fille, tâchant de s'en rapprocher. Il essaya d'abord de s'appuyer sur l'angle d'une console derrière laquelle elle s'était réfugiée ; mais cet angle lui perçait les reins. Il recommença à marcher tout autour d'Henriette, comme un factionnaire. Puis il tenta de se glisser entre une lourde table à moulures aiguës et l'espagnolette saillante de la croisée, pour arriver par un autre chemin. Il se heurta rudement les pieds et les épaules, fit une grimace et revint, dépité, se jeter sur un canapé, à l'autre extrémité du salon.

« C'est spirituel ce que tu fais là! » dit Aristide à sa sœur.

Pierre et madame Gérard étaient horriblement contrariés que se révélât à Mathéus le désordre de la famille. On ne savait plus que faire. Enfin madame Gérard proposa un whist, qui fut joué d'un air funèbre.

A neuf heures et demie Henriette arriva près de la table à jeu et dit bonsoir.

« Tu n'es pas malade, répondit madame Gérard, tu ne quitteras pas le salon. Ce serait une impertinence. »

Henriette reposa un flambeau qu'elle avait pris et se rassit froidement.

« O Mademoiselle, dit Mathéus, laissant ses cartes au milieu de la partie, que dois-je croire ? »

Elle leva la tête en l'air d'un air profondément las. Mathéus reprit ses cartes et joua tout de travers.

Deux robers finis, on quitta le jeu. Pour remplir le vide des minutes et masquer la plaie des méfaits d'Henriette, Pierre voulut occuper Mathéus d'horticulture. A tous moments celui-ci retournait la tête vers sa *fiancée*. A dix heures un quart, Henriette ne changeant point d'attitude, Mathéus consterné se décida à partir.

En le reconduisant, madame Gérard lui dit avec un sourire :

« Il n'y a rien à craindre, la cause du bon sens triomphera.

— Ah! répondit-il en regardant la jeune fille, peut-être parviendrai-je à diminuer l'éloignement d'Henriette pour moi! »

Le roulement de sa voiture se perdit bientôt au bout de l'avenue.

« A présent, dit madame Gérard à Henriette, vous pouvez remonter. »

La jeune fille s'élança hors du salon, tant elle avait hâte de sa délivrance.

« Eh bien, dit Aristide, on la laisse aller comme ça, sans lui laver la tête ?

— J'ai toujours soutenu, reprit Pierre, qu'il n'y a qu'un moyen : c'est de la chasser à coups de pied devant soi. »

Madame Gérard haussa les épaules comme toujours.

« Que chacun de nous l'attaque d'abord en particulier, et, répliqua-t-elle, ensuite je verrai ce qu'il y aura à faire.

— Madame, demanda le curé, voulez-vous tenter l'influence des principes religieux ?

— Il est inutile de lui faire peur de l'enfer, s'écria le président.

— Je lui ferai peur de l'ingratitude filiale, » dit gravement le curé Doulinet.

Henriette se jeta tout habillée sur son lit, la tête brisée, épuisée d'avoir tenu sept heures contre tous les assauts. Elle s'endormit vite, et le lendemain matin, se retrouvant habillée, elle en conçut de l'amertume contre ceux qui la troublaient au point de lui enlever les habitudes soignées et délicates auxquelles elle attachait auparavant beaucoup d'importance.

CHAPITRE XIII

AMOUR MATERNEL

Emile venait enfin de guérir, et le médecin lui permit de faire sa première sortie. Il était jaune et amaigri ; ses yeux enfoncés et agrandis regardaient avec une douceur triste ; ses genoux et ses mains restaient encore tremblants, et quoiqu'il fît chaud on avait dû l'envelopper d'un grand paletot un peu usé, que son corps maigre et chétif ne remplissait pas.

Madame Germain se sentait forte de haine contre la famille Gérard et contre Henriette, en contemplant ces ravages de la maladie.

Emile parlait doucement et lentement, reprenant haleine au bout de peu de mots avec cet air résigné et un peu hagard de tous les convalescents.

Sa mère ne lui avait pas parlé une seule fois d'Henriette, et lui n'en avait pas ouvert la bouche non plus ; mais depuis huit jours qu'il avait senti les ongles du mal se desserrer un peu, sa tête fatiguée, vide, n'agitait qu'une seule pensée : retourner aux Tournelles ! comme ces petits tambours d'enfants où l'on secoue deux ou trois grains de sable, et il dissimulait avec la ruse des malades, afin qu'on ne le contrariât pas par la suite.

Le jour de sa sortie, Emile, appuyé sur le bras de sa mère, tourna nonchalamment vers le chemin des Tournelles, ayant l'air de considérer la campagne.

« Non, pas par là, dit madame Germain, le chemin n'est pas en bon état. »

Elle le ramena du côté opposé. Le jeune homme ne montrait sa contrariété que par son silence.

« Ah! si tu pouvais être doublement guéri! » reprit sa mère, qui ne se méprenait pas sur les sensations d'Emile.

Il ne voulait pas s'expliquer; il dit, feignant de n'avoir pas entendu : « Comme il fait beau! » Il coupait de longues herbes et les mâchonnait entre ses dents!

« Je sais que tu fuis la conversation, continua madame Germain, mais, vois-tu, c'est que je ne veux plus qu'on te rapporte chez moi tout en sang et à moitié mort. A cause d'une petite... créature que je ne connais pas, qui se montre un jour, je ne te vois plus, je tremble jour et nuit, tu es soucieux, malade, car, si ce n'est une chose c'est une autre! Il y a trois mois, tu n'a pas voulu m'écouter; tout ce que j'ai prédit est arrivé, et même pis. »

Ces paroles étaient pour Emile comme des gens qu'on laisse frapper à la porte sans leur ouvrir.

« N'avais-je pas eu toujours l'instinct que ta folie, mon pauvre ami, n'amènerait qu'un malheur ? Auras-tu cette fois plus de confiance en moi ? ajouta madame Germain, mauvais médecin plein de bonne volonté qui déchirait trop tôt l'appareil des blessures.

— Je suis tourmenté par elle et par toi, répondit Emile, qui désirait vaguement le repos.

— Tourmenté par moi! s'écria madame Germain.

— De quelque façon que j'agisse, reprit le jeune homme, je ne puis remuer un doigt sans faire souffrir les gens que j'aime, et moi-même je ne suis pas plus heureux qu'eux.

— C'est bien pour cela que je voudrais t'emmener avec moi loin d'ici pendant un mois, » dit sa mère.

La pauvre femme mettait un acharnement désespéré à ce moyen de salut. Elle avait songé à enlever son fils malgré lui.

« Non! non! cria Emile, je ne veux pas m'en aller! » Il s'arrêta, se cramponnant des pieds à la terre comme un enfant effrayé. Madame Germain sourit tristement, se sentant sans force contre cette faiblesse, et elle murmura en elle-même :

« Dieu sait ce qui arrivera! »

Emile retrouvait quelques idées mieux ordonnées.

« Tout ce qui se passe me fait voir qu'il faut accomplir son sort, continua-t-il; on ne peut pas échapper à la force des choses. Qu'est-ce que je ferai à vingt lieues d'ici... D'ailleurs, je n'y resterais pas, je reviendrais plutôt à pied. L'air de Villevieille m'est nécessaire. Il faut que je sache ce qui se passe... Quoi qu'il arrive, j'aime encore mieux en être informé que de ne rien savoir... Je puis surveiller d'ici Henr... empêcher!... » Il se tut.

Parfois madame Germain éprouvait de la colère contre son fils, elle lui répondit vivement :

« Et à quoi cela te servira-t-il? Est-ce que tu peux revoir ces gens-là? Est-ce qu'on te laissera encore approcher de ton Henriette?... Du reste, elle va se marier. »

En sentant le mouvement du bras d'Emile qui était appuyé sur le sien, madame Germain se repentit.

« Comment! elle va se marier? s'écria Emile.

— On le dit. »

Mais les malades en voie de guérison sont remplis d'espérances : Emile imagina que sa mère voulait le tromper pour le détourner d'Henriette, et il ne la crut pas, quoique son cœur grondât sourdement contre la jeune fille qui aurait été infidèle, tandis qu'il s'était à moitié tué pour elle.

« Et avec qui se marie-t-elle? dit-il avec un sourire incrédule.

— Avec un M. Mathéus, quelqu'un de six à huit lieues d'ici.

— Un jeune homme?

— Non, un homme âgé. »

« Oh! se dit encore Emile, ce sont les parents! mais je connais assez Henriette pour être tranquille. »

Malgré lui cependant il tombait dans une sorte de rêverie vague, sinistre; il voyait passer des calèches contenant une mariée, des gens en grands habits de fête; la cloche de l'église sonnait; Henriette mettait sa main dans la main d'un autre homme, on déployait l'étoffe blanche au-dessus de leurs têtes, des voix bourdonnaient sourdement, un cortége confus passait sous le portail, un mouvement de couleurs noires, blanches, bleues, se faisait, les voitures repartaient.

L'étourdissement de l'air, trop fort pour ses organes affaiblis, se mêlait à ses troubles de la tête, et il se promenait comme balancé et suspendu au milieu des champs, des fleurs, des arbres, heureux par la vue et en même temps souffrant.

Si on avait parlé à Emile des Tournelles, de la possibilité d'y retourner; si on l'avait encouragé, si on lui avait fait espérer de revoir Henriette, de recommencer sa vie des deux derniers mois, il aurait pu écouter et comprendre; mais il n'écoutait ni ne comprenait ce que disait sa mère; elle promenait à son bras un corps affaibli et lourd, et le véritable Emile était dans le parc de madame Gérard.

Cependant la mère et le fils rencontrèrent quelques personnes qui s'arrêtèrent avec eux; les premiers bonheurs du retour de la santé rendirent Emile plus sensible aux petites choses, et des gens qui, dans son état ordinaire, lui étaient insupportables, lui parurent gais à voir; il fut détourné des pensées fatigantes, et de toute la journée n'inquiéta plus sa mère. Il s'intéressait au dîner, aux plats, à la lampe du soir, avec l'attention d'un sauvage. Madame Germain ne désespéra plus autant. Elle ne savait pas qu'en se couchant, et pouvant à peine se tenir seul, il se disait : « Demain j'irai dans le parc! »

De tous, il n'y avait qu'un être heureux : Aristide! Il ne s'inquiétait plus de Perrin, que cet abandon désolait. Perrin passait tristement ses journées, assis sur une marche devant la maison de son père, remuant des petits cailloux et pensant stupidement à son malheur. Plusieurs coups de pied donnés par son père l'épicier ne l'avaient pu tirer de son abattement, et les criailleries de sa mère ne lui causaient pas d'émotion.

« De quoi a-t-il l'air, je vous demande un peu, ce grand oie-là? disait-elle à son mari. Voyons, bougeras-tu, espèce d'idiot? reprenait-elle en s'adressant à Perrin. Le voilà-t-il pas affolé avec son air bête? Il est bon à grand'chose, votre fils! C'est un fameux cadeau que nous avons eu là! Il est toujours battu par les polissons. Il n'a pas de défense contre leurs tas de farces. Quel innocent! On ne peut rien lui faire faire Ah! si il est fort pour aller avec ce grand dadais de fils Gérard, qui l'hébète encore plus. Allons, sans cœur, va me faire une commission au bout de la rue. Auras-tu assez d'esprit pour ça? »

On avait essayé d'utiliser Perrin pour la vente dans le magasin de son père. Sa bêtise ne prouvait point l'absence de talents commerciaux, et, en effet, il ne s'en tira d'abord pas trop mal; mais on avait compté sans sa facilité débonnaire en fait d'achats. Le fils du maire, farceur subtil, lui apporta un jour des crottes de biche dans un cornet, comme une denrée coloniale précieuse. Perrin se laissa persuader de les acheter pour les piler avec de la cassonade et des raisins secs. Depuis ce jour-là le commerce lui fut interdit. Le fils du maire tourmentait éternellement Perrin père, en lui rappelant cette bonne histoire.

A Villevieille, le procès Gérard, le mariage Gérard, continuaient à faire remuer toutes les langues. La curiosité était tellement excitée, qu'on inventait des prétextes pour aller en visite aux Tournelles. On regardait pour ainsi dire par les fentes des portes pour dénicher quelque nouvelle découverte. Parfois Henriette se trouvait au salon, et les femmes la considéraient à la dérobée pour voir si elle n'était pas enceinte; à ce point que deux partis se formèrent dans la ville, l'un prétendant que oui, les autres soutenant que non. On avait appris que le jeune homme qui passait par-dessus le mur était Émile Germain. Ce renseignement venait du curé, de qui le tenaient les dévotes, et elles l'avaient colporté partout. A propos d'Henriette, on épluchait aussi la vie de sa mère; on disait qu'Aristide n'était point le fils de Pierre, et on se moquait de Mathéus, qui serait le père d'un petit Germain. Le bourdonnement des mouches dans un bois, quand il fait soleil, n'est pas comparable à ce brou-brou de commérages. Un M. de Gontrand, le méchant de la ville, appelait Emile le coucou, et Mathéus le couvercle de la marmite.

Madame Baudouin protestait contre tous ces bruits, et elle vint une fois les rapporter en partie à madame Gérard, qui fit une grande grimace, mais répondit :

« Laissez-les dire ; lorsque Henriette passera à quatre chevaux dans les rues de Villevieille, ils ne s'occuperont plus que de la couleur de sa robe et de la livrée de ses domestiques. D'ailleurs nos voisins de campagne, le marquis de Buchey, la baronne de Grandchamp, le comte Péligeard et M. Darson valent bien les gens de Villevieille !

— Ils sont méchants dans cette petite ville, dit madame Baudouin ; il faut se hâter, chère Madame.

— Oh! répliqua madame Gérard, tout sera terminé avant un mois. »

Mathéus recevait des lettres anonymes écrites par des femmes désœuvrées et de mauvais caractère. Il lut la première et la déchira, et il déchira ensuite sans les lire toutes celles dont il fut assailli pendant quinze jours, et dont quelques-unes étaient très grossières.

Madame Gérard pria madame Baudouin, le lendemain de la dernière visite du vieux amoureux, de commander le trousseau au chef-lieu du département, où se trouvaient quelques bons magasins. On n'avait pas le temps de donner des ordres à Paris. Le trousseau était magnifique en linge, robes, argenterie, mais grossement magnifique. Mathéus fit le voyage de Villevieille tout exprès pour s'entendre avec madame Baudouin sur la corbeille de mariage. Il lui dit :

« Je veux, chère Madame, quantité et qualité. J'y mets 100,000 francs de diamants : tout doit être en proportion!

— Mais, répondit madame Baudouin, à ce compte, nous irons bien vite à 70 ou 80,000 francs.

— Eh bien ! ce n'est pas trop ! » répliqua Mathéus.

Madame Baudouin fit une figure admirative et ébahie.

« Arrangez cela avec madame Gérard, dit le vieillard, n'épargnez rien ; je veux qu'Henriette soit contente. »

Quant à madame Gérard, celle qui tenait en main l'aiguillon qui poussait tant de gens, elle eut, parmi toutes les excitations de cette activité, une entrevue curieuse avec son avocat, entrevue où elle traita le procès comme si elle n'avait jamais eu autre chose en tête.

M. Vieuxnoir entra un matin chez elle avec de gros papiers jaunis qui laissaient pendiller des bouts de ficelles rouges.

« Nous sommes prêts ? dit-elle.
— Oui, Madame, je vous apporte le plaidoyer. »
Elle continua sans l'écouter :
« Le tribunal est une institution humaine sujette à erreurs, et il faut donner le moins de prétextes possible à ces erreurs.
— C'est justement dans ce sens que j'aurai l'honneur de m'adresser à messieurs les juges, et je crois que vous trouverez mon plaidoyer...
— Je tiens beaucoup, dit madame Gérard, à ce que certaines intentions personnelles soient exprimées. »
L'avocat leva en l'air son nez chargé de grosses lunettes d'or ; il pressentait des explications qu'il ne comprendrait pas.
« On ne plaide bien sa cause que soi-même, » reprit madame Gérard.
« Ce n'est pas vrai ! » répondit dans le fond de son cœur M. Vieuxnoir, mécontent de ces mauvais traitements envers la profession d'avocat.
« Soyez bien pénétré des sentiments d'un propriétaire, continua la femme *touche à tout*, comme la nommait, dans la sévérité de ses froissements, M. Vieuxnoir. Puisez-y la logique, l'élan, qui entraînent les esprits. Le droit est pour nous ; les notions de justice, de vérité, sont autant d'armes contre notre adversaire. Les plans, les actes de vente, les témoins, sont en nombre suffisant pour détruire toutes les arguties et prétentions de ce vieux coquin de Seurot. On pourrait peut-être aborder la question des ambitions du parvenu, mais il faudrait alors un tact, une mesure, difficiles à garder. Flétrissez seulement l'avidité sournoise de ce boulanger !... »
« Je ne suis pourtant pas un imbécile ! » se disait l'avocat, étonné de cette rapidité à dire et de ces façons lestes de le conseiller.
« C'est ce que j'ai fait, Madame, répliqua-t-il, et ce que je vous démontrerai, si vous voulez bien me permettre de vous lire mon plaidoyer. J'ai divisé l'affaire en trois points : 1º la situation antérieurement à l'acquisition des Tournelles par M. Gérard ; 2º la conduite du voisin pendant la possession de M. Gérard et la reprise du terrain ; 3º la marche de la pro-

cédure, et enfin la conclusion. Je me suis entouré de tous les textes, j'ai relevé les inexactitudes de l'avoué de la partie adverse. »

L'avocat se vit encore enlever le plaisir de parler; madame Gérard l'interrompit : « Voici ce qu'il faut dire au tribunal. »

M. Vieuxnoir prit le parti de ne pas écouter, et il lisait ses pages, en guise de refuge et de consolation, tandis que madame Gérard continuait à faire résonner sa voix et ses phrases agiles, pour elle seule; mais ses accentuations variées forçaient bientôt l'oreille de l'avocat, qui entendait malgré lui et ne pouvait suivre sur ses papiers le fil de ses propres idées.

« Pardon, Madame ! s'écria-t-il enfin, voulez-vous me permettre deux mots ? »

Il y avait de l'amertume dans ce *deux mots*.

« J'aborde, ajouta-t-il, concurremment avec les faits, l'appréciation morale du rôle de M. Gérard parmi nos populations agricoles; du vôtre, Madame, en créant des institutions de charité; j'examine la vie et la conduite usurière de la partie adverse, et les grands principes de la *morale* décident la question. Vous voyez quelle force nous donne ce parallèle : car mon plaidoyer fait ressortir la modération avec laquelle, pendant plusieurs années, vous attendez qu'un remords, un bon sentiment amène la partie adverse à une restitution dictée par la probité, ne faisant appel à vos droits qu'à la dernière extrémité, guidée dans cette démarche pénible mais nécessaire par le soin de l'avenir de vos enfants, auxquels vous devez compte de l'administration de vos biens comme tous parents prévoyants et tendres... »

M. Vieuxnoir s'animait; son nez, dans lequel semblait se résumer toute sa figure, se levait et se baissait, secouant les lunettes d'or avec force, lorsque tout à coup le discours de madame Gérard partit comme ces têtes de diable qui sautent d'une boîte à surprise. M. Vieuxnoir s'en trouva bâillonné net.

« Voici, selon moi, reprit-elle, comment la question doit être amenée. Le sentiment de la propriété est un des plus profonds au cœur de l'homme; il est donc simple qu'il revendique énergiquement ses droits, ce qui est pour lui, en principe, affaire de vie ou de mort. Cette propriété, si utile à l'individu lui est garantie par la société au moyen de la loi : donc toute revendication d'un homme lésé dans ses droits, dans sa propriété, est par cela même une sanction, une consolidation de la loi, de la société, puisque c'est un appel, un cri de veille, devant les dangers de destruction que laissent planer sur le monde la passion aveugle, l'avidité haineuse, on peut ajouter des basses classes ! Il ne faut pas épargner le boulanger ; au tribunal, on a le droit d'écraser son adversaire ; qu'il ait la tête courbée tout le temps que vous parlerez.

— Oui, répliqua M. Vieuxnoir, je vais vous lire un passage de mon plaidoyer, qui est juste dans le même sens ; le voici : « Messieurs les juges, nous avons confiance en vos lumières : la magistrature française s'est de tout temps rendue glorieuse en terrassant l'iniquité, et la cause que nous vous soumettons est digne d'intérêt. D'une part, une famille honorable, dont tous les membres s'emploient noblement pour le bien de leurs concitoyens, une famille entourée de l'estime publique ; de l'autre, un homme parvenu à une fortune dont toutes les sources se perdent dans les sentiers de l'accaparement, des manœuvres insidieuses, d'une finesse presque coupable, oserai-je dire ! Or, que s'est-il passé entre cet enrichi du hasard servi par l'intrigue et cette famille dont la fortune patrimoniale s'est accrue par le travail le plus élevé, le plus méritant, le travail agricole ! C'est celui-là même qui devrait faire oublier le passé par des scrupules de loyauté, seuls propres à le laver de soupçons auxquels je n'ai ni la volonté ni le droit de m'arrêter ; c'est celui-là qui, imprudemment, et peut-être devrais-je dire un mot plus fort, vient prêter le flanc à une accusation fondée et justifiée. Oui, serait-il trop sévère de qualifier une pareille conduite d'impudeur !... » Vous voyez, Madame, ajouta l'avocat, que je suis entré dans votre pensée.

— A peu près, dit madame Gérard d'un air négatif ; mais il faut surtout leur faire comprendre ceci ; j'ai écrit la phrase hier au soir, tenez : les esprits envahisseurs sont heureusement en petit nombre, mais ils sont audacieux ; il importe de rassurer les esprits droits et paisibles, et c'est en cela que le procès de M. Gérard a une haute portée. C'est plus qu'une affaire individuelle, c'est une affaire sociale qui intéresse tous les voisins de M. Gérard, tout le pays. Il s'agit de savoir si la droiture triomphera de la malhonnêteté.

— Voyez, Madame, reprit l'avocat, qui n'approuvait pas le point de vue de madame Gérard, parce qu'il n'y avait pas songé, ne vous ai-je pas devinée? Veuillez écouter encore ce passage de mon plaidoyer : « S'adresser à la loi, cette grande protectrice de l'humanité, pareille à un chêne à l'ombre bienfaisante duquel s'épanouit la société, voilà le devoir de l'honnête homme injustement frustré. M. Gérard n'a pas faibli une seule fois dans l'épreuve qui lui était imposée!... »

— Oh! répondit madame Gérard un peu dédaigneusement, tout cela est bon, mais il faut parler au tribunal comme je vous dis; c'est plus net, et cela place la cause sur un terrain plus large.

— C'est bien ce qui ressort de mon plaidoyer, dit M. Vieuxnoir en tapant sur les feuillets jaunes.

— Pas assez encore, reprit madame Gérard : les juges perdent souvent contenance devant les mots inutiles. »

L'avocat se leva et s'écria d'une voix glapissante qui indiquait toute son émotion : « Des mots inutiles! Veuillez m'en citer un seul dans mon plaidoyer; il y a vingt ans que je plaide, et je ne mets pas un mot dans mes plaidoyers qui n'ait sa raison d'être.

— C'est égal, dit madame Gérard, il faudrait pouvoir plaider sa cause soi-même. »

Le nez à lunettes d'or se mit à rire ironiquement : « Voilà bien les clients! s'écria-t-il de nouveau, tandis qu'il faut une longue expérience des juges, de leur esprit, des habitudes légales; il y a des choses qui ne s'acceptent pas; voilà ce que vous ne savez pas, Madame. Croyez-moi, je n'ai jamais traité une cause avec tant de soin; je connais mon tribunal et j'ai fait mon...

— Enfin, répliqua madame Gérard, le bon sens me prouve que j'ai saisi le nœud de cette affaire; il est indispensable de reproduire les arguments que je vous ai indiqués; j'y tiens essentiellement.

— Eh bien! Madame, reprit M. Vieuxnoir, se rebiffant

comme un coq, *on les* intercalera; ils ne peuvent nuire, s'ils ne servent beaucoup, bien que l'avocat soit l'être le plus indépendant!... grogna-t-il.

— Mais je n'attaque pas votre indépendance, dit madame Gérard.

— Je le sais bien, Madame. Je vais aller refondre mon plaidoyer de ce pas, et changer un travail d'un mois; mais..., puisque vous le désirez, je suis à vos ordres. »

Il salua et partit, ayant d'abord envie, dans la fraîcheur de sa colère, d'envoyer promener le procès; puis il réfléchit qu'il prononcerait tout simplement son plaidoyer sans y mêler les observations de la femme *touche à tout*.

Ainsi il y a autour de la chicane un tel ensorcellement, que la dispute surgit toute seule auprès d'un avocat!

Madame Gérard se plaignit de M. Vieuxnoir au président.

« Il est entêté, dit-elle.

— Que voulez-vous? répondit-il; en province, on n'a pas des aigles, mais tout bonnement des corbeaux. »

Pour l'esprit, le président était le seul rival sérieux de M. de Gontrand.

Quant à l'avocat, sa femme lui demanda :

« Où en est le mariage?

— Eh! je m'occupe bien du mariage! s'écria M. Vieuxnoir, dont les lunettes d'or sautaient avec courroux sur son nez, cette femme ne m'a pas laissé placer un mot!

— As-tu rendu au moins sa politesse à M. Aristide?

— Je te dis que je n'ai rien pu faire; cette femme a toujours parlé!

— Ah! mon Dieu! tu en étais si enthousiasmé.

— Je ne la savais pas si bavarde!... »

Le même jour, madame Gérard dit au président :

« Charles, allez donc trouver Henriette; elle a confiance en vous, je crois. Montrez-lui qu'elle doit redevenir simple, naturelle.....

— Je comptais vous le proposer, répondit M. de Neuville.

— Tâchez de la presser; je voudrais au besoin l'étourdir, en finir, avant qu'elle eût eu le temps de respirer. Dites-lui combien je suis malade...

— J'y vais sur-le-champ.

— Demandez-lui une petite promenade dans le parc. »

Henriette ne put refuser. Elle descendit avec M. de Neuville, qui employa des manières tendres, câlines. Elle était d'ailleurs dans une de ses périodes de tranquillité relative. Après quelques propos insignifiants :

« Comment trouvez-vous M. Mathéus, ma chère Henriette? dit le président.

— Pourquoi cette question? demanda la jeune fille, dont la figure sembla aussitôt *noircir*.

— Comme vous lui témoignez beaucoup d'antipathie, il y a donc quelque chose en lui qui vous déplaît souverainement?

— Je me suis expliquée là-dessus avec lui, on le sait bien, répliqua Henriette en quittant machinalement le bras de M. de Neuville, comme d'un être qui lui devenait désagréable.

— Ma chère enfant, vous êtes très troublée et votre mère est malade; tout le monde souffre, à commencer par vous. Je voudrais bien pouvoir porter la lumière dans votre esprit, et vous décider à renoncer à une fâcheuse résistance...

— Quelle résistance? dit Henriette jouant l'étonnée et déjà torturée par le bistouri de cet autre chirurgien.

— Oh! dit-il en souriant, vous avez trop d'esprit pour feindre...

— Je n'y puis rien, reprit la jeune fille avec humeur; je vois l'obstination et l'acharnement du côté des autres et non du mien.

— Ceci, continua M. de Neuville, est encore l'histoire de la paille et de la poutre. Vous avez votre petit amour en guise de poutre dans les yeux, et vous ne vous doutez pas que vos *amusements* sont la source de chagrins domestiques très douloureux.

— Mes *amusements!* » répéta Henriette indignée du mot.

Il sourit; puis, d'un air bienveillant, presque paternel, et doucement moqueur, il ajouta :

« Oui, cette petite mise en scène de rendez-vous, ces murailles franchies, ce mystère romanesque, étaient amusants, charmants... »

L'esprit sérieux et vigoureux d'Henriette s'irritait sourdement de cette fausse note du président, qui lui parlait comme à une petite fille ordinaire.

« Dans le monde, reprit le président, il y a une autre manière de voir. Je ne vous parlerai pas comme les prêtres, mais je veux vous faire toucher du doigt la vérité.

— Je ne demande pas mieux, dit Henriette à qui la patience revint, en pensant que peut-être, *par hasard*, elle entendrait un bon conseil.

— Ce jeune homme, continua M. de Neuville, celui que vous admirez, n'est qu'un petit *roué!* Ah! vous n'aimez pas une telle qualification, n'est-ce pas? »

Henriette fit une moue dédaigneuse. Elle changeait de disposition, selon que les discours de M. de Neuville étaient maladroits, sensés ou cruels.

« Oui, un petit roué, qui a abusé de votre bonté et comptait faire une excellente affaire en vous épousant.

— On m'a déjà dit cela, répondit froidement Henriette.

— Oui, mais moi je puis vous débrouiller les incidents avec mon expérience d'ancien juge d'instruction.

— Eh bien! reprit Henriette avec une tranquillité un peu méprisante, vous vous trompez complétement. Je connais Emile et vous ne le connaissez pas. Je vous en prie, n'en parlez plus ou parlez-en différemment.

— Ainsi, dit vivement le président piqué, vous êtes décidée à sacrifier à une chimère l'avenir et le bonheur de votre famille. Est-ce du bon sens? Est ce... de la vertu? se risqua-t-il à ajouter.

— Je mets ma vertu à attendre Emile, répliqua Henriette qui se raidissait.

— C'est une vertu qui ressemble singulièrement à une faute, à une grande faute! Pourtant il est si facile d'oublier un être qu'on a à peine vu, lorsqu'il y a de si graves intérêts en balance!

— Ah! s'écria Henriette laissant voir toute sa plaie, je suis bien assez malade et dévorée d'inquiétude, moi aussi. Si je ne m'attache fermement à une conduite fidèle et loyale, quelle femme serai-je donc? que deviendrai-je plus tard?

— Vous voyez bien vous-même, s'écria le président, que votre conscience est bien ébranlée. Allez, chère enfant, aux yeux du monde et au nom du devoir, il faut épouser M. Mathéus, d'autant mieux que vous ne serez pas malheureuse avec lui. C'est le meilleur homme de la terre. Et, continua-t-il avec une gaieté aimable, ce genre de sacrifice est fort honorable et laisse après lui la satisfaction ! Vous aurez dans le monde le rang qui vous convient. Vous êtes digne de la plus grande fortune. La vie vous sera rendue douce et très brillante.

« Est-ce un *vieux* que vous redoutez ? Ils sont bien plus aimables, plus complaisants que les jeunes. Du reste vous avez trop d'intelligence pour qu'on insiste là-dessus. Comprenez seulement une chose : ces devoirs, ces lois, ces raisonnements, n'ont point été inventés exprès pour vous. Ils ont existé de tout temps pour des cas analogues au vôtre. Ils sont le fruit d'une sagesse très mûrie par toutes les sortes d'expériences, la sagesse du monde. Convenez-en au moins ! Pour ce qui concerne Emile, remarquez donc bien que les juges ont l'habitude et la mission de rechercher et découvrir les mobiles cachés. Vous êtes encore bien jeune, la vie s'ouvre admirable devant vous. Il ne faut pas vous perdre dans une fausse route, quand la vraie, la belle, vous est ouverte par ce mariage avec ce vieillard si antipathique ! Votre mère, qui est excellente et vous adore, ne persiste à lutter contre vos obstinations, passez-moi le mot, que parce qu'elle voudrait vous amener à concevoir qu'on ne se rétrécit pas, qu'on ne se parque pas étroitement, dans l'idée de passer ses journées avec un petit garçon plus ou moins gentil. Il y a des femmes qui ont su tout concilier dans la vie. Quelle existence plus active, plus utile, mieux remplie, que celle de votre mère, et vous aurez un plus vaste horizon ! »

Ici le président s'arrêta, n'ayant pas trop le courage de vanter *lui-même* madame Gérard à sa fille.

Puis il reprit : « Savez-vous que je suis très heureux que vous m'ayez écouté si patiemment ? Ceux qui portent des paroles de raison sont généralement mal venus ; la folie est un peu la maladie du monde, *la pazzia regina del mondo!* Que dois-je dire à votre mère? que vous n'avez plus qu'à vous embrasser... »

Le président venait de se tromper étrangement, en présentant à Henriette, comme bouquet du discours, les qualités de sa mère. Outre que cela déplaît généralement aux filles, celle-ci connaissait trop les mystères de la maison, et elle eut un moment cette réponse sur les lèvres : « Dites à ma mère qu'elle aurait dû choisir tout autre que son amant pour m'engager à renoncer au mien ! »

Henriette avec la même froideur répliqua : « Dites-lui que vous m'avez dit tout ceci.

— Ce serait une mauvaise plaisanterie et une inconvenance, s'écria le président fort mécontent de l'effet de son éloquence. Mais enfin quelle impression avez-vous donc ressentie ?

— Ah! le résumé des débats! reprit Henriette, eh bien! dites que j'attendrai encore longtemps! »

Comme elle sentait que le président avait quelque raison, elle était piquée de ne pouvoir répondre par la raison, et elle se laissait entraîner à une impertinence qui marquait l'impuissance.

Le président montra sur son visage aigu tant de mécontentement, que la jeune fille chercha à adoucir ses dernières paroles.

« Je ne conçois pas, ajouta-t-elle, que chaque jour on revienne à la charge. C'est bien inutile. J'ai déclaré mes intentions, je n'ai pas changé. Je vous remercie beaucoup de votre bienveillance.

— Et moi, dit le président, qui voyait en elle un mystificateur, je vous conseille de réfléchir sérieusement quand vous serez seule, et de faire un examen impartial des faits, pour parler le langage de tribunal que vous me reprochez!

— Ah! reprit Henriette plus doucement, c'est ce que je fais à chaque heure de la journée, et ma conviction est bien arrêtée : je ne crois agir ni follement, ni sottement. Mais ce que je ne comprends pas, c'est que personne autour de moi n'ait voulu reconnaître ma sincérité, combien j'aime Emile et quelle douleur on me cause en m'en séparant. Vous surtout, monsieur de Neuville, qui...

— Oh! dit M. de Neuville regagné, du tout, ma chère Henriette. Voilà votre fatale méprise. Nous n'avons pas à discuter avec vous. Vous êtes un malade qui voudrait en remontrer à son médecin.

— Mais, dit Henriette avec un demi-sourire triste, je ne prendrai pas votre remède.

— Ne plaisantons pas, reprit le président. Nous savons ce que vous ne savez pas, nous voyons ce que vous ne voyez pas. Ce jeune homme ne devait-il pas s'adresser d'abord à vos parents et non à vous? Non, non, soyez ce que vous êtes, une personne remarquable et non une enfant. »

« Ah! pensa Henriette, si Emile était revenu, jamais je n'en aurais laissé dire autant. »

« Que voulez-vous? ajouta-t-elle, je répéterai toujours ma déclaration de l'autre soir.

— Alors je vous quitte, très peiné de vous voir dans ces sentiments égoïstes, » répliqua-t-il, empruntant les armes de madame Gérard.

Henriette sentit battre son cœur et elle remonta, puis se jeta à genoux, demandant à Dieu la vérité, bien qu'elle ne fût pas pieuse. Quelqu'un qui eût assisté à son entretien avec le président n'eût jamais soupçonné quelle incertitude secrète se voilait sous son affectation d'inflexible fermeté.

Et pourtant, avec quelle patience de savant elle étudiait les moindres paroles qu'on lui disait! les tournant, retournant, luttant, s'y laissant entraîner, revenant, et toujours accrochée à ce silence d'Emile qui l'épouvantait, l'irritait et l'affligeait. Aussi depuis peu se présentait à son esprit, mais timide et fuyarde comme un lézard, cette pensée, terrible pour elle : « Enfin, si Emile m'a abandonnée, pourquoi ne me marierais-je pas? » Mais alors elle s'indignait de sa faiblesse et se retenait aux séductions que lui présentait l'idée de se sacrifier et dévouer pour Emile.

Madame Gérard haussa les épaules lorsque le président revint, et elle répéta, comme à l'ordinaire : « Nous verrons bien!

— Oh! dit le président, cela a été pour moi une étude de dextérité. Je serai bien étonné si je ne lui ai point déposé dans la tête des germes qui grandiront; mais l'entêtement est, sur le moment, en raison directe des efforts qu'on fait pour le vaincre!

— Ah! que d'embarras! et il ne faut pas que j'aie la réputation d'une madame Barbebleue!

— Il est fâcheux, reprit M. de Neuville, que Mathéus soit si passif!

— Henriette finira par être ravie de tourner la tête à ce pauvre homme, j'en suis sûre, j'y arriverai!

— Oui, mais le temps! le temps!

— Nous avons là une forte corvée, cher ami.

— Je me chargerais bien de la réduire en trois mois.

— Il faudra bien qu'elle cède avant la fin de celui-ci! » dit madame Gérard.

Le soir, le curé apprit à madame Gérard qu'on avait rencontré Emile et qu'il était guéri. Elle se mordit les lèvres.

« Alors, monsieur le curé, dit-elle, nous passerons un ou deux dimanches sans aller à la messe: ce jeune homme n'aurait qu'à se mettre sur le chemin pour se faire voir de ma fille. »

Le lendemain, qui était le dimanche, Henriette fut très surprise en voyant qu'on restait aux Tournelles; déjà elle ne comprenait pas pourquoi les dimanches précédents elle n'avait pas rencontré Emile en allant à l'église. Vers midi, madame Baudouin arriva avec des cartons de toute espèce, et accompagnée de deux femmes qui étaient des marchandes du chef-lieu. Elles étalèrent, avec madame Gérard, sur la table du salon, des étoffes, des dentelles, des boîtes, et la grosse Baudouin alla chercher Henriette en lui disant: « Venez donc, ma petite belle, venez voir les commencements de la corbeille! »

La jeune fille fut frappée de cette annonce inexorable dans sa simplicité, et qui attestait qu'on ne s'arrêtait pas aux protestations d'Henriette. Ce mariage devenait effrayant, en se formant ainsi peu à peu et s'avançant irrésistiblement sans secousse, sans violence.

15.

« Quelle corbeille? dit-elle avec stupeur.

— Eh bien! la vôtre, ma petite.

— Je n'ai point de corbeille, » s'écria Henriette, dont la voix éclata; et elle s'éloigna brusquement, laissant la grosse femme pétrifiée. »

Madame Gérard avait un air de dignité affligée, de tristesse comprimée, que la jeune fille remarqua bien en se retirant.

« Vous voyez! dit madame Gérard à madame Baudouin, comme si elle contenait quelque grande douleur prête à faire explosion.

— Quelle mauvaise petite tête! répondit celle-ci; ma chère dame, j'admire votre patience.

— Il faut bien souffrir patiemment les épreuves d'en haut, » soupira madame Gérard, qui réservait spécialement *le jeu* du chagrin pour madame Baudouin.

Puis la triste madame Gérard et la compatissante madame Baudouin passèrent au moins deux heures à examiner les ourlets de ceci, le tissu de cela, les qualités et les façons.

Aristide était allé à la messe à Villevieille, espérant y rencontrer madame Vieuxnoir.

Sa mère l'avait informé de la guérison d'Emile et lui avait demandé : « Où est donc cet idiot avec lequel tu passes ton temps? Il pourrait servir à suivre le jeune homme et à savoir ce qu'il fait.

— Bon! j'en parlerai à Perrin, » dit Aristide; et, en effet, il passa par Bourgthéroin.

« Tiens! te voilà? s'écria Perrin avec joie; est-ce que tu viens me chercher ?

— Oui, reprit Aristide. Je suis venu pour te donner de l'occupation.

— A quoi?

— Mais il faut y mettre de la malice, et tu n'en as guère.

— Oh! dit Perrin, je le sais bien!

— Voilà : tu sais ce que c'est qu'un renard... dit Aristide, enchanté de ses farces.

— Tiens, parbleu!

— Eh bien! il faut que tu te fasses renard!

— Que je me fasse renard! dit Perrin, inquiet de changer de peau.

— Au figuré! reprit Aristide. Crois-tu pas qu'il faut entrer dans la peau d'une bête? Tu as déjà bien assez de la tienne. Voyons, tu connais Germain de Villevieille, Emile Germain de la sous-préfecture? Ecoute, c'est important, tout va reposer sur toi. Tu resteras dans le chemin, entends-tu bien? Tu feras attention si tu ne vois pas un jeune homme rôder autour de la maison; tu te rappelleras bien tout ce qu'il fera, et s'il voulait passer par-dessus le mur, tu appelleras le jardinier ou tu sonneras de toute ta force. Comprends-tu bien?

— Oui, oui.

— Tu vas y aller tout de suite; en revenant de la messe, je viendrai voir comment tu montes ta garde.

— Et si le jeune homme ne vient pas?

— Tant mieux! Tu me le diras. Allons, en route! »

Perrin, très satisfait, vint prendre son poste avec un zèle tout chaud. Il se promenait gravement dans le chemin, regardant à un quart de lieue alentour, pour ne pas se laisser surprendre par l'ennemi, et ne faisant aucune attention aux jeunes paysannes qui passaient de temps en temps.

Emile se remettait cependant rapidement, il pouvait marcher seul, et il combina, ce dimanche-là, de revenir aux Tournelles, pensant à la fête qu'il aurait en revoyant la route, le bois, le mur et la fenêtre de la petite chambre. Il espérait croiser la voiture de madame Gérard, où serait Henriette allant à la ville, et courir derrière pour arriver au moment où elle descendrait.

Il partit, profitant d'un instant où sa mère était occupée. La route franchissait deux ou trois ondulations de terrain, qui masquaient successivement la vue des Tournelles et excitaient une impatience nerveuse chez lui. Il examina le pays avec une sorte d'inquiétude, comme si on avait dû en changer l'aspect, heureux de constater pas à pas que tout était à la même place. Enfin le massif vert du bois des Tournelles apparut toujours le même, triangulaire, sombre; il s'engagea dans un petit sentier tout couvert par les branches des jeunes arbres et rempli de hautes herbes, accompagné par les bourdonnements des insectes, les cris des grillons qui paraissaient lui souhaiter bonne chance.

Quoique fatigué, Emile ne s'arrêta pas et déboucha dans le chemin de ronde du parc, au delà du point où il accomplissait ses escalades ordinaires... Il découvrait de temps à autre un angle de la fenêtre d'Henriette, se disant : « Pense-t-elle à moi ? » Quand il eut ainsi contourné la muraille, il arriva à une place vide, une espèce de clairière, où restaient cinq ou six souches rasées à quatre ou cinq pouces de la terre, et dont il ne se rappelait pas la physionomie. « Qu'est-ce que c'est donc que cela ? » se demanda-t-il ; et alors, comme si un rideau se levait brusquement, Emile se souvint de la nuit pendant laquelle il avait senti ces souches sous ses pieds et s'était si cruellement blessé. Il trouvait abattus les arbres qui lui avaient servi si souvent pour entrer dans le parc, et qu'il avait vainement cherchés dans cette nuit malheureuse ! Ce fut un signal, pour ainsi dire, auquel se levèrent à la fois, comme des voleurs couchés à terre, mille idées attristantes et décourageantes. Emile se rappela mot à mot sa visite à madame Gérard, et des larmes vinrent à ses yeux, de même qu'au moment où il était sorti du salon. Il n'eut plus confiance, ni dans ses forces physiques, ni dans le hasard, et il recommença le procès qu'il se faisait éternellement sur sa lâcheté, sa faiblesse et sa niaiserie.

Emile n'allait nulle part sans être imprégné de la tête aux pieds de l'idée qu'il était incapable de réussir en ce qu'il poursuivait. Pour agir, il lui fallait la fièvre, la nuit ; il fallait qu'il n'eût pas conscience de ce qu'il faisait. En projets, le jeune homme était imprudent et audacieux, et lorsqu'il s'élançait pour les exécuter, c'était toujours les yeux fermés, afin d'être contraint à ne pas reculer, une fois engagé, et d'être engrené malgré lui.

Il pensa à entrer dans la maison et à aller droit chez Henriette.

En marchant vers la grille du parc, il s'aperçut que Perrin venait derrière lui. Il ralentit le pas, Perrin le dépassa ; alors Emile continua à avancer, Perrin s'arrêta en travers sur la route. Emile, étonné, retourna un peu plus loin, Perrin le suivit. Emile revint vers la grille, Perrin courut se jeter auprès de la sonnette. Emile, rapprochant ces mouvements de la figure stupide de l'autre, ne comprenait guère un espion pareil, mais il s'inquiétait. Il s'avança néanmoins pour toucher la sonnette ; aussitôt Perrin la saisit dans sa main. Emile eut envie de le prendre à bras-le-corps rapidement et de le faire pirouetter ; la crainte d'être surveillé le retint. S'il avait connu toute la simplicité de Perrin, il aurait pu le tirer de ce coin de porte avec quelques discours artificieux ; mais il resta planté devant l'ami d'Aristide, qui le prenait pour une espèce d'animal dangereux. Enfin il leva les yeux sur la maison, aperçut la fenêtre et résolut d'entrer. Il marcha droit sur Perrin, qui fut troublé et recula un peu, et, mettant sur le fil de fer sa main au-dessus de celle de l'imbécile, Emile sonna en disant :

« Pardon ! »

Perrin le regardait idiotement, en tenant toujours le bouton de la sonnette. La porte s'ouvrit. Emile entra et la referma sur Perrin, qui, ne sachant plus que faire, ne bougea pas.

Le jardinier, occupé au fond de sa chambre, prit Emile pour Aristide.

Le jeune homme s'avança rapidement d'abord, parce que l'allée tournait et n'ouvrait pas droit sur la maison. Il était excessivement agité : il y avait dans sa tête le désordre d'une ruche en mouvement.

Au détour de l'allée, il se trouva en face du perron. Il sembla à Emile qu'il courait plus vite que le chemin de fer. Sa rapidité l'effrayait. Il se mouvait, poussé par la folie des audaces qui saisissent les êtres timides. Il aurait voulu se cacher dans les massifs, et cependant il marchait toujours. Savoir ce qu'il faisait, savoir ce qu'il dirait, non ; mais il allait.

Emile arriva jusqu'à la maison. D'un bond il fut dans le vestibule, sans avoir été vu et voyant à peine lui-même, tant son émotion croissait. Il chercha des yeux l'escalier. Un corridor sombre, terminé par une fenêtre éblouissante, s'enfonçait vers la droite. Du fond de ce corridor s'éleva la voix de madame Gérard, qui causait dans le salon avec quelqu'un. Emile fut pris d'une terreur nerveuse, enfantine, et il se jeta dans un petit réduit où on serrait les balais, les lampes, les arrosoirs. Il en tenait la porte avec ses deux mains, blotti dans un coin où personne n'eût pu se fourrer. Au bout de deux minutes, sa terreur passa comme elle était venue, et il sortit du trou noir. Puis, sur la pointe des pieds, il eut la hardiesse d'aller jusqu'à la porte du salon écouter et regarder à travers la serrure. Il vit madame Gérard et madame Baudouin au milieu des étoffes. S'il avait pu rendre d'un mot à madame Gérard toutes les souffrances qu'elle lui avait causées! Il revint sur ses pas et trouva l'escalier, guidé à peu près par l'instinct, car il éprouvait une angoisse effroyable, composée de plusieurs terreurs différentes. Emile parvint enfin dans le couloir où se trouvait la chambre d'Henriette. En y mettant le pied, il pâlit, et son cœur battit si fort qu'il croyait que toute la maison devait en entendre le bruit. Sa bouche devint sèche, sa langue se colla à son palais. Un vague et oppressant sentiment de culpabilité, de faute, lui rendait redoutables l'endroit, le bruit, l'heure, tout. Se voyant là, il croyait rêver. Emile touchait à Henriette et il s'attendait qu'en une seconde quelque catastrophe imprévue allait le précipiter du haut de cet escalier. Des siècles s'écoulaient pour lui, il n'osait plus avancer.

Une porte s'ouvrit dans le corridor, une femme de chambre en sortit et s'éloigna vers le fond. Emile, cédant à ses effrois immaîtrisables, redescendit cinq ou six marches pour se cacher, mais il aperçut dans le corridor inférieur le domestique qui traversait également. Ses jambes fléchissaient comme s'il eût bu, et le jeune homme restait sans haleine, pensant que, sans un miracle, il allait être surpris.

Il entendit un coup de sonnette, puis la voix de madame Gérard, et n'eut même plus la force de se pencher sur la rampe pour voir si on venait à lui. En se haussant cependant un peu pour regarder en haut, il aperçut la femme de chambre qui revenait, tournée de son côté. Il ne réfléchit pas et roula plutôt qu'il ne descendit jusqu'au premier étage.

Là, il écouta encore et s'arrêta. Voyant dans la maison tout le monde passer, remuer et parler, tout le monde, excepté Henriette, Emile eut l'idée qu'elle n'y était plus. Alors il partit machinalement, franchit comme un oiseau vestibule, allée, porte, et se retrouva sur la route, plus étourdi que s'il eût fumé de l'opium, et ne discernant pas encore s'il agissait réellement ou se débattait contre un cauchemar.

Perrin, toujours en faction et désolé d'avoir laissé violer la consigne, lui cria :

« Allez-vous-en ! »

Emile était si troublé qu'il obéit pour ainsi dire à cet ordre, qui correspondait à sa propre impulsion. Il s'éloigna d'une cinquantaine de pas et s'assit sur l'herbe. Perrin se mit derrière un arbre et prit des pierres, balançant à les lui jeter pour le faire partir, et épiant tous ses gestes avec l'attention brute d'un ours.

Emile reprit son sang-froid au grand air ; mais, lorsqu'il repassa tous les grains de sable qui l'avaient arrêté, il pleura de rage de n'avoir su voir Henriette, après être allé si loin avec tant de hardiesse.

« A quoi suis-je bon? s'écria-t-il. Je n'avais cette fois que moi-même à dominer ; il n'y avait pas une madame Gérard pour me garrotter. Ah ! cela doit finir ! »

Perrin, qui le contemplait, imaginait des mystères malfaisants en ce jeune homme pâle, à gestes singuliers. Il en avait peur. Emile se releva, fit quelques pas du côté de Vieilleville, se retourna, regarda les Tournelles, auxquelles on eût dit qu'une longue corde l'attachait, et revint de nouveau se jeter sur l'herbe. Il voulait rester là jusqu'au milieu de la nuit, sans manger, sans dormir, avec l'arrière-intention de se punir, de se mortifier par là. Il pensa à se tuer, se fit le tableau de ce que sa vie aurait pu être s'il avait épousé Henriette, s'épuisa en mille puérilités de désespoir intérieur.

Aristide revint tard de la ville, où il avait joué au billard avec Corbie et une autre personne, au lieu d'aller à la messe. Perrin lui conta que le jeune homme avait tourné toute la journée et qu'il était couché près de là.

« Il fallait lui donner une roulée ! dit Aristide, qui possédait l'organe de la combativité.

— Ça doit être un fou ! dit Perrin.

— Mène-moi où il est. »

Aristide et Perrin se dirigèrent vers Émile.

« Qu'est-ce que vous faites là ? » lui dit insolemment Aristide.

Émile rougit, devinant que c'était le frère d'Henriette; mais il fit le hautain, se retournant de l'autre côté sans répondre.

« Vous pouvez bien répondre quand on vous parle, » reprit brutalement Aristide. Celui-ci, comme beaucoup d'imbéciles, n'était pas du tout poltron. Il avait plus de courage qu'Emile pour les batailles. Il aimait les coups de poing, parce qu'il savait les donner et était assez vigoureux.

Emile le regarda par-dessus l'épaule en affectant un air méprisant et dit : « C'est à *moi* que vous parlez?

— Il ne faut pas être malin pour s'en apercevoir. Vous ne devez pas rester là.

— Mon cher Monsieur, dit Emile, que la perspective d'une querelle émouvait et qui voulait conserver la supériorité des discours et de la dignité à défaut d'autre, je n'ai pas besoin de consulter des gens que je ne connais pas pour choisir les endroits où je veux m'arrêter : ainsi faites-moi le plaisir de me laisser tranquille, je ne suis pas disposé à faire la conversation avec vous.

— Et moi je vous dis que je veux que vous vous en alliez de là, » cria Aristide menaçant.

Emile commença à être un peu inquiet de la figure irritée d'Aristide. Les visages bouleversés par la colère l'impressionnaient toujours vivement. Il était troublé aussi par les droits de frère d'Aristide. Sa faiblesse de malade était exposée devant deux garçons solidement bâtis. Cependant, il trouvait honteux de perdre son sang-froid vis-à-vis d'un homme de son âge, il aurait voulu lancer quelque mot capable d'écraser Aristide, il répondit d'une voix que l'émotion embrouillait : « Je vais vous apprendre, dans votre intérêt, à avoir plus d'esprit que vous n'en avez : quand vous ne vous plaisez pas là où est votre voisin, quittez la place le premier. »

Aristide se mit à rire grossièrement : « En fait d'esprit, vous en avez, vous, s'écria-t-il, pour courir après les filles qui ont de l'argent. »

Aristide et Perrin tombant tout à coup sur Emile ne l'eussent pas autant brisé, foulé et anéanti qu'il le parut à ces mots!

Mais il se releva et s'écria : « Vous êtes tous des misérables!

— Ma foi! je vous vaux bien, » dit Aristide, étonné de l'insulte.

Emile hésita, puis il partit.

« Bon voyage! cria Aristide, et n'y revenez plus, ou on vous en ôtera le goût! » Et il ajouta : « Tiens, Perrin, si tu veux connaître la tête d'une franche canaille, rappelle-toi celle-là! »

Perrin n'osa pas dire qu'il avait laissé entrer Emile, et Aristide se vanta à sa mère de l'avoir chassé.

« Il est bien désagréable que nous ne puissions pas nous débarrasser de cet homme, dit madame Gérard; je vais écrire au commissaire de police! »

Cependant, Emile, malade, faible, la tête certainement troublée, marchait vers Villevieille en parlant tout haut :

« Ah! elle le croit aussi! On le lui aura fait croire! »

Cette accusation de cupidité l'épouvantait. Il ne lui manquait plus que cela! De la part de madame Gérard, un mois auparavant, ce n'était qu'une insinuation à laquelle il ne s'était pas beaucoup attaché. Mais la phrase était si nette, cette fois! Il aurait dû étrangler Aristide, mais il n'avait ni force physique, ni force morale. Il valait bien mieux qu'il n'épousât pas Henriette, au fait!

Il ne savait seulement pas se conduire lui-même courageusement dans les plus simples circonstances; que serait-ce quand il aurait la responsabilité d'un autre être? Saurait-il faire respecter une femme! Pourquoi s'agiter, d'ailleurs, puisque étant pur on passait pour un coquin! Il songeait à sa mère qu'il affligeait, à sa place qu'il perdrait s'il n'avait pas plus d'énergie au travail.

Emile, rentré, mangea à peine, en silence.

« Mon Dieu! mon enfant, que tu m'inquiètes! » dit madame Germain presque tremblante.

Il se fâcha.

« Eh! dit-il, je ne puis remuer ni pied ni patte sans que tu sois inquiète. Il ne faudra bientôt plus bouger. C'est une inquisition qui m'obsède. Je veux être comme il me plaît, triste, gai, sans être condamné à subir un interrogatoire.

— Bien, dit madame Germain, je ne veux pas te contrarier; mais pour toi et pour moi, il vaudrait mieux avouer ce que tu as.

— Ce que j'ai, mon Dieu! ce que j'ai! Nous n'avons pas d'autre conversation! D'ailleurs, je ne puis le dire. Cela se débat avec moi seul. Un jour, je dirai tout; aujourd'hui, c'est impossible, il ne pourrait me sortir une parole. Je le voudrais, mais tout me reste sur la poitrine!

— Ah! s'écria madame Germain en soupirant, je prends cette ville en haine : si tu pouvais être comme moi!

— Moi, au contraire, j'y suis soudé maintenant, dit Emile tristement.

— Si tu voulais ouvrir les yeux, pourtant!

— Mais j'ai pensé à tout cela. Je me le suis dit à moi-même. Et il n'en faut pas moins que je reste jusqu'à ce que cela finisse! »

Emile s'arrêta, accablé.

« Voilà que tu me fais peur encore! s'écria-t-elle; quelles sont tes pensées secrètes? Pourquoi ne pas t'expliquer? »

Emile vit qu'il effrayait sa mère.

« Oh! reprit-il avec un sourire destiné à la rassurer, cela finira bien... par l'oubli, comme il arrive à tout le monde.

— Emile, mon cher enfant, nous ferions mieux de partir!

— Mais non, ce n'est pas nécessaire, je guérirai par moi-même.

— Tu penses donc enfin pouvoir devenir plus calme? Oh! tant mieux!

— Mais il n'y a point de doute! dit Emile, qui ne savait s'il mentait ou s'il disait vrai!

— Pourquoi étais-tu si triste tout à l'heure?

— Pas plus qu'à l'ordinaire, répliqua le jeune homme, à qui cette tendresse de mère faisait un effet adoucissant.

— Voyons! je te connais, mon ami, tu le sais : Qu'est-ce qui te tourmentait?

— Pas grand'chose, reprit Emile, cédant à l'influence de

cette voix affectueuse qui dissolvait doucement, délicatement, son irritation chagrine.

— Oh! et puis, continua-t-il, s'il fallait s'inquiéter de ce que disent les gens!

— Ah! quelque nouvelle aventure, s'écria madame Germain. Eh bien! que dit-on? Je verrai si cela doit t'inquiéter ou non.

— C'est absurde, dit Emile. J'ai rencontré le frère d'Henriette! La voix du jeune homme frémissait... Il paraît que dans la famille..... Il s'arrêta, des larmes venaient à ses yeux... On croit que je voulais l'argent des Gérard!... Il éclata en sanglots nerveux comme une femme.

— Calme-toi, calme-toi, dit madame Germain en lui essuyant les joues avec son mouchoir et en l'embrassant. C'était inévitable, mais tu as ta conscience! Tu leur imposeras silence en marchant la tête droite!

— Oh! dit Emile toujours en proie à son émotion, c'est odieux! Je n'en guérirai jamais.

— Oui, reprit madame Germain, mon pauvre enfant, ne pense plus à cette maison. C'est une rude épreuve pour ton orgueil! Mais ne songe plus qu'à revenir à la santé... pour moi! »

Madame Germain cherchait à ranimer Emile, mais elle était vivement atteinte par cette injurieuse opinion qui, en se répandant dans la ville, pouvait ternir l'honneur de son fils.

« Enfin, c'est peu de chose, ajouta-t-elle, un bruit sans fondement qui tombe de lui-même. Les mauvaises gens n'ont que des insultes à jeter contre les autres! »

Emile secoua la tête, et il devint impossible d'en tirer une parole de plus.

CHAPITRE XIV

CHACUN POUR SOI

Pierre Gérard allait tous les jours à Villevieille chez le f.-geron, le menuisier et le serrurier qu'il avait chargés séparément d'exécuter les pièces de sa charrue.

Il voulait qu'elle fût prête, toute montée, en cinq ou six jours, et avant le mariage d'Henriette. Il rêvait déjà d'immenses manufactures dont il entendait retentir les cent mille marteaux.

Par ses discours enthousiastes, Pierre avait persuadé à certaines gens qu'il s'agissait d'une grande invention. Le bruit en circula à Villevieille, où M. de Gontrand s'écria : « Mais c'est l'arche de Noé que cette maison des Tournelles. Elle seule suffirait pour recommencer le monde ! »

Pierre songeait à joindre la grande industrie à la grande culture. En s'associant avec Mathéus, il eût pris des brevets d'invention et vendu des millions de charrues par le monde entier. Il avait donc de très fortes raisons pour que le mariage se fît. A sa colère de père désobéi s'alliait sa colère d'ambitieux retardé.

Aristide, quoique réjoui de bénéficier de la dot et de la part d'héritage de sa sœur, regrettait de n'être pas *fille*, de n'être pas Henriette, parce qu'il eût alors possédé la Charmeraye et la fortune de Mathéus.

Quant à Corbie, les Tournelles lui devinrent odieuses. Gêné, froissé, inquiet à la fois en présence de sa nièce, les galanteries de Mathéus lui étaient impossibles à supporter. Il ne paraissait guère plus chez sa belle-sœur et bougeait à peine du café de Bourgthéroin.

On lui en fit l'observation. Il répondit qu'il ne voulait pas troubler les préoccupations de madame Gérard. Celle-ci lui dit :

« C'est vous qui avez commencé ce mariage, et maintenant vous avez l'air de ne plus vous en mêler !

— Ma tâche est terminée, dit-il, vous vous y entendez mieux que moi. Dans les affaires délicates, je suis très susceptible. Les hommes sont gauches !

— C'est singulier, dit madame Gérard à Pierre, votre frère a beaucoup changé. N'aurait-il pas quelque liaison de cœur à Bourgthéroin ? A son âge, après la vie paisible qu'il a menée, cela ne m'étonnerait pas.

— Corbie n'a pas de tête du tout, répondit Pierre, c'est un enfant, il faut le laisser comme il est.

— Oh ! je saurai bien ce qu'il y a, reprit madame Gérard. Il serait curieux qu'il courût après quelque femme du village. Qu'est-ce que c'est que la maîtresse de ce café où il va? Elle veut peut-être se faire épouser. Il faudrait y veiller.

— Ah ! ma foi, dit Pierre, qu'il fasse ce qu'il voudra. Je ne me baisserais pas pour l'empêcher de faire une bêtise ; c'est un être inutile à la société. »

D'un jour à l'autre, l'oubli et le ressouvenir, la tranquillité et l'angoisse passaient sur le cœur d'Henriette, comme le flux et le reflux sur le sable des plages.

Elle oubliait d'autant plus sensiblement maintenant qu'une situation et des événements nouveaux réveillaient en elle des idées nouvelles qui l'intéressaient et qu'elle étudiait curieusement.

Les journées de la vie de famille rétablies sur l'ancien pied de calme, de travail et de causerie, l'animation donnée aux Tournelles par les visites, la détournaient bien souvent, malgré elle, de penser à Emile.

Les êtres intelligents ont des ressources de distraction contre la douleur. En deux heures, il est vrai, ils souffrent plus que les êtres secondaires ne souffrent en huit jours, mais en ces deux heures ils ont épuisé tout leur *rendement* de souffrances, et ils en sont reposés par d'autres sensations auxquelles leur esprit est ouvert.

Henriette étudiait donc ses parents et leurs amis, pour bien se définir leur sincérité, ne s'affranchissant pas encore d'un certain respect envers leur autorité. Cependant, elle projetait d'échapper à la domination qui pesait sur elle, parce qu'elle en trouvait indignes ceux qui l'exerçaient. Et il était évidemment impossible qu'elle ne discutât pas et ne mésestimât pas la vie et le caractère de son père et de sa mère. Aussi se disait-elle que, lorsqu'elle serait maîtresse de ses actions, elle les rappellerait à l'humilité.

On la forçait à se replier beaucoup en dedans, à prendre la mesure de son intelligence, de sa fermeté, de sa volonté, qu'elle sentait se développer. Comme on lui présentait toujours et violemment l'idée du mariage, Henriette ne pouvait s'empêcher, par moments, de calculer ou prévoir ce qu'elle devait faire, si elle se mariait; d'admettre la possibilité de son union avec Mathéus et de préparer une règle de conduite envers lui.

Ces méditations s'envolaient ensuite comme des nuages gris devant le soleil, lorsque l'image d'Emile se levait tout à coup. Puis, à leur tour, l'espérance, la lumière, le brillant, disparaissaient, et la tristesse, les larmes, un silence que rien ne pouvait briser, venaient s'emparer des premières ou des dernières heures de la journée.

De son côté, Mathéus était fort agité. Il aimait Henriette avec une convoitise trop égoïste, pour qu'il eût jamais le bon sens ou la générosité de ne plus la persécuter et de renoncer à elle. Néanmoins, il ne savait « sur quel pied danser », se voyant tantôt bien, tantôt mal accueilli. Mathéus ne venait pas tous les jours, retenu par ses conciliabules avec madame Baudouin, qui lui recommandait bien de faire le bonheur d'Henriette. Dans son absorption, il n'imaginait même pas de pénétrer l'histoire d'Emile. Quelquefois le président se trouvait avec lui chez la grosse femme, et la conversation roulait exclusivement sur les moyens d'être agréable à Henriette par des cadeaux, des noces pompeuses, une vie splendide.

Mathéus, à ce sujet, consultait tout le monde, surtout le curé.

« C'est un bien excellent homme, disait la grosse Baudouin : Henriette est bien tombée.

— Il ne songe qu'aux babioles, répondait le président, mais peut-être est-ce de la finesse. »

Corbie ne voyait plus Mathéus, dont la joie et les espérances lui déplaisaient. Mathéus n'y fit pas attention.

Le vieillard s'ingéniait à montrer son bon goût. Tous les jours Henriette recevait de sa part un bouquet de fleurs rares achetées au chef-lieu du département chez un pépiniériste célèbre. Ces fleurs arrivaient tantôt dans des corbeilles de paille fine, tantôt dans de petites jardinières ou boîtes en bois sculpté, en marqueterie, en porcelaine, de façon à fournir Henriette, ensuite, de boîtes à ouvrage, de vide-poches, de cassettes, lorsque les fleurs seraient passées. Chaque présent coûtait au moins cent francs à Mathéus.

« Vois-tu, disait madame Gérard à Henriette, comme l'homme de Paris se révèle ! »

Henriette était flattée et contrariée de ces recherches aimables, et flottait indécise sur l'accueil qu'elle ferait à Mathéus, à sa première réapparition, éprouvant toujours un remords à être brusque, violente, sarcastique, envers cette grande ombre humble, soumise, prévenante.

Mathéus reparut le 4 juin, pour la troisième fois seulement depuis le 28 mai, pliant les épaules comme un homme qui va être battu. Henriette lui accorda un demi-sourire, et le vieillard se redressa : un souffle de la bouche d'Henriette le courbait ou le relevait.

Mathéus s'écria : « Ah ! vous n'êtes pas froide et triste aujourd'hui ! J'aime tant à vous voir un peu...

— Aimable, n'est-ce pas ? » dit Henriette. Cependant elle eût préféré lui répondre : « Si vous ne reveniez plus, je ne serais jamais froide et triste. » Mais elle n'était pas disposée à lutter.

« Aimable ! dit Mathéus, c'est moi qui dois regretter de ne pas l'être...

— Vous m'avez envoyé de très belles fleurs, interromp[it] la jeune fille.

— Elles vous ont plu? demanda-t-il avec vivacité.

— M. Mathéus a tant de goût! » dit madame Gérard, tou[jours] en garde comme un surveillant de prisonniers.

« Puis-je espérer, dit Mathéus à Henriette, que vous con[sen]tiez venir à la Charmeraye? »

Henriette trouva que le vieux homme redevenait traca[s]sier, et répondit d'un ton bien différent : « Demandez à m[a] mère, cela la regarde, je n'ai pas de volonté pour ces chose[s]-là. »

Mathéus, effrayé, se tourna vers madame Gérard.

« Certainement nous irons, dit celle-ci, c'est convenu. »

Mathéus regarda Henriette dont le visage n'exprimait ni o[ui] ni non.

Madame Gérard eut l'idée de laisser Mathéus s'en tirer [un] peu tout seul, espérant qu'une explication entre sa fille et l[ui] amènerait peut-être un bon résultat, et sachant qu'en to[ut] cas les affaires n'en seraient point gâtées : car, si elles avaie[nt] dû l'être, elles l'auraient été déjà cent fois.

« Il fait beau, dit-elle, si nous faisions un tour dans [le] jardin? »

Ils sortirent. Madame Gérard dit à Mathéus de donner [le] bras à Henriette, et elle les laissa prendre le devant. Elle [se] tint en arrière, coupant des roses, ôtant les herbes, et l[es] regarda aller. La grande taille de Mathéus avait de l'élégan[ce] et une fausse jeunesse. Henriette était svelte, légère.

« Eh! se disait madame Gérard, il a l'air d'avoir trent[e-]cinq ans! De quoi se plaindrait-elle? Nos maris n'ont jama[is] eu cette bonne tournure! »

« O Mademoiselle, dit Mathéus à Henriette après avo[ir] parlé du beau temps, voilà l'un des grands bonheurs que [je] vous doive! »

— Lequel donc? » demanda-t-elle, feignant de ne pas comprendre.

Par malheur, la promenade la rapprochait du *massif d'É*-*mile*, ainsi qu'elle appelait l'endroit des anciens rendez-vou[s] et la jeune fille sentit sourdre la haine dans sa poitrine. En même temps elle avait peur, sans savoir pourquoi.

« Le bonheur d'appuyer votre bras sur le mien, de vous parler de bien près, sans que vos yeux soient menaçants. Vous avez été bien méchante envers moi, sans vous douter, peut-être, que vous me faisiez beaucoup de mal. Voulez-vous que je vous avoue une chose qui vous paraîtra ridicule ? j'en ai pleuré comme un enfant. »

Henriette éprouvait toujours cette singulière sensation de crainte, de faiblesse et d'indignation. Il lui semblait que cet homme ne la lâcherait plus, l'ayant ainsi prise par le bras. Chaque jour la persévérance de ses adversaires gagnait du terrain, et elle en perdait courage. Aurait-elle cru, cinq ou six jours auparavant, qu'elle donnerait jamais le bras à Mathéus? Et cependant elle venait de le faire à peu près de son plein gré. Elle fut saisie de remords et de terreur, s'imaginant Emile caché dans le massif et qui la voyait avec le vieillard ; elle avait envie de demander grâce à celui-ci.

« Ah ! si vous pouviez me connaître ! continua Mathéus. Mais le voudriez-vous seulement ! Pour m'apprécier, il ne vous faut qu'un peu plus de bonté envers un être qui vous chérit mieux que qui que ce soit ! »

« Et Emile ! » se disait la jeune fille.

« Vous êtes trop sceptique, reprit le vieillard, qui, de son côté, n'osait la regarder, craignant de retrouver un visage hautain et cruel. Me croirez-vous, ajouta-t-il, si je vous dis l'admiration et le respect que j'ai pour vous? On ne peut vous aimer davantage. Enfin, reprit-il, vous pensez donc devoir être très malheureuse avec moi, uniquement parce que je vous aime? Mais, je vous le jure, vous ne le serez pas. »

La naïveté passionnée du vieillard inquiétait Henriette et la froissait.

« Et, dit encore Mathéus, je vous sais un esprit élevé, une intelligence supérieure, aussi je serai joyeux si vous voulez bien vous servir de moi comme d'un ministre. Ma plus grande fierté est d'être votre mari pour me soumettre à vos volontés. Personne ne vous sera aussi dévoué ; je me remets entre vos mains comme une chose qui vous appartient. »

16

Henriette tenta un dernier effort pour ne pas montrer son tourment, et répondit ironiquement :

« Il n'est pourtant pas encore sûr que nous fassions affaire ensemble. »

Cette tête de vieillard masqué en jeune homme lui causait du malaise.

Mathéus reprit :

« Je n'ai qu'à m'incliner devant votre désir, mais pensez que je vous aime assez pour résister à toutes les blessures que vous me ferez, et que, quoi qu'il arrive, je serai toujours là, à vos ordres ! Comment vous démontrerai-je donc que je ne vous veux point de mal et que vous ne devez point me traiter en ennemi ? »

Une idée déraisonnable entra dans l'esprit d'Henriette à ce mot.

« Un ennemi ! pensa-t-elle ; ah ! si je pouvais en faire réellement un ami ! »

Il fallait qu'elle fût bien troublée et amollie de son énergie et de son sens ordinaires pour se figurer qu'elle fléchirait l'inexorable Mathéus.

« Eh bien, dit-elle, si vous étiez généreux, si vous aviez la... pitié d'un ami !... »

La voix lui manqua ; elle se laissait aller à la faiblesse et ne se maîtrisait plus.

« Vous ne vous joindriez pas aux autres... »

Elle se mit tout à coup à pleurer, et continua, entrecoupant ses paroles de larmes :

« Pour me déchirer... puisque vous savez bien... »

Alors Henriette s'arrêta brusquement, honteuse de son émotion et de ses supplications. Elle fit un effort et essuya ses pleurs.

« Oh ! s'écria Mathéus bouleversé, ne pleurez pas ! Ne pleurez pas, vous me feriez pleurer aussi ! Je n'ai pas voulu vous causer de chagrin. Ne le laissez point croire à votre mère, je ne me le pardonnerais jamais. Que puis-je donc vous dire ? Je suis navré : je ne toucherai jamais votre cœur. Comment m'y prendre, quelle éloquence employer, si la simple, la profonde vérité ne réussit pas ? J'ai su autrefois tromper bien des femmes par des mensonges. Aujourd'hui je ne mens pas et je ne convaincs plus. Ah! que vous disent donc les jeunes gens?

— Tenez, laissez-moi maintenant, rentrons ; dit durement Henriette.

— Et j'ai pourtant la certitude de vous rendre heureuse, s'écria de nouveau Mathéus. Que faut-il pour vous persuader? Venez à la Charmeraye; laissez-moi faire; voyez, touchez, que sais-je?

— Attendons ma mère, » dit Henriette sans répondre.

Elle l'arrêta et madame Gérard les rejoignit.

Celle-ci vit bien que quelques mailles de son filet venaient de se briser et qu'il fallait les raccommoder. Le mécontentement s'installa au coin de ses lèvres qui se serrèrent. Henriette et Mathéus se turent ou ne parlèrent que des roses. Madame Gérard aurait voulu tenir une tarière pour percer en eux et savoir quel mal nouveau s'était déclaré.

Henriette se retira avant la fin de la promenade, et sa mère ne chercha pas à l'en empêcher, afin de rester seule avec Mathéus et de le questionner.

« Qu'y a-t-il eu? » lui demanda-t-elle.

Mathéus répondit :

« Je ne conçois pas Henriette! Elle ne se rend pas compte de mes intentions, car elle prétend que je la persécute et m'accuse de ne pas être généreux !

— Henriette, reprit madame Gérard, est pleine de qualités. Vous la verrez à l'épreuve, quand vous serez mariés. Elle est encore sous le coup des ébranlements nerveux que lui ont donnés des études artistiques trop ardentes. Elle ne sait ce qu'elle veut, s'inquiète, cherche, rêve. Ces sensations-là s'éteignent toujours dans le mariage, dont elles ne sont qu'une sollicitation. Henriette l'ignore. Elle l'apprendra. Elle se méprend sur la vraie direction de ses sentiments: c'est l'affaire de peu de temps.

— Je m'explique maintenant, dit Mathéus, ses tristesses, ses changements. Me voilà rassuré. »

Henriette perdait une partie de sa force à chacun des assauts qu'elle soutenait. Sa fermeté se remplaçait par l'aigreur et la violence. Elle se méprisa d'ailleurs d'avoir pleuré et s'irrita de ce qu'elle appelait sa démoralisation. Ses nerfs étaient excités, sa tête lui faisait mal. Ses yeux, secs, fatigués, rougis, la brûlaient. Elle songea qu'elle s'était humiliée inutilement, elle si inflexible, et un sentiment aigu d'agression contre tout le monde lui donnait une sorte de fièvre. Elle ne pouvait rester en place et avait envie de redescendre pour jeter quelque insulte cruelle à Mathéus, dont la nature mesquine la révoltait. Elle ne se consolait pas d'avoir imploré ce vieil être ridicule et aveuglé.

Tandis qu'Henriette marchait agitée dans sa chambre, Aristide entra tout grave. Il s'arrêta d'abord assez gêné, les bras pendants.

« Que veux-tu? demanda Henriette, d'un ton équivalent à un coup de fouet soudain.

— Je viens te parler raison, » dit Aristide d'une voix et d'une allure grossières.

Ayant vu rentrer sa sœur, il avait jugé à propos de lui faire la morale ce jour-là. Il se sentait en verve. La bienveillance de madame Vieuxnoir avait affranchi ce garçon et le rendait hardi comme un coq.

La double part d'héritage qui devait lui revenir si Henriette se mariait dansait devant lui toute la journée avec de petits grelots et des paillettes, et il trouvait que la question ne se tranchait pas assez vite. Aristide espérait donc obtenir son argent d'Henriette par la finesse de ses raisonnements, ainsi qu'une fraternelle et menteuse tendresse qu'il lui montrerait. Ses projets de douceur furent dérangés par l'accueil de sa sœur.

Quand il eut répondu qu'il venait parler raison, Henriette éclata d'un rire violent, railleur, prolongé, capable d'exaspérer le bois ou la pierre.

« Ah! c'est trop fort! s'écria-t-elle; lui aussi!

— Oui, oui, reprit Aristide s'avançant furieux; tu as beau me regarder comme un imbécile, tout le monde n'est pas comme toi...

— Après cela, interrompit Henriette, tu veux peut-être me conter que tu es brouillé avec Perrin, que ton cheval boite, que Jean s'est battu avec la cuisinière...

— Tu sais bien de quoi je veux parler, dit Aristide en étendant le doigt vers elle.

— Je ne sais point tes affaires, moi, ni ce qui peut t'obliger à parler raison.

— Ce sont les affaires de la famille !

— Ne t'en fatigue pas la tête, mon cher ami. Va t'amuser. Assez de gens intelligents en causent avec moi sans que les...

— Oh ! cria Aristide, toujours la montrant au doigt, tu en causeras avec moi ! Je ne me laisse plus prendre à tes airs. Je sais ce que je suis, et de nous deux c'est moi qui ai le droit de parler le plus haut.

— Mon cher ami, répliqua Henriette, dédaigneuse et moqueuse, parler haut ici, il faut que je le permette. Mais dans le corridor ou dans le parc, tu pourras parler aussi haut que tu voudras !

— Et moi je te dis, s'écria Aristide, que les belles phrases c'était bon autrefois ; mais maintenant qu'on t'a coupé les ailes, c'est fini !

— Comment ? qu'on m'a coupé les ailes ! dit Henriette avec colère.

— Oui, je m'entends. Est-ce que tu voudrais faire croire que tu es encore vertueuse ?

— Monsieur Aristide, répliqua Henriette, dont l'irritation croissait, est-ce de vous-même que vous m'apportez vos sottes impertinences, ou bien vous a-t-on envoyé ? Vous savez bien que je ne reçois chez moi que qui bon me semble...

— M. Emile, par exemple, dit Aristide, riant à son tour avec brutalité.

— Je vais sonner pour envoyer chercher mon père ou ma mère ! reprit Henriette, qui perdait le sang-froid et l'assurance devant l'insolence de son frère.

— Oh ! répliqua-t-il, *monsieur* Aristide ne craint rien de *mademoiselle* Henriette. *Ton* père et *ta* mère sont aussi à moi et n'ont rien à me reprocher. Moi j'aurais honte à ta place !

— Continue, mon cher ami, dit Henriette, dominée par la dure façon dont elle était traitée, continue jusqu'à ce que tu n'aies plus d'haleine. Je verrai ce que tu es capable de jeter de grossièretés en une seule fois. »

Elle prit un livre et essaya de lire, mais la tête lui tournait. Elle aurait voulu saisir son frère à la gorge, ou lui répondre par des brutalités plus grandes que les siennes. Dans ses pieds, dans ses mains, dans ses lèvres, couraient des crispations, et ses regards inquiétaient Aristide, lorsque parfois elle les jetait sur lui.

« Oui, reprit Aristide, animé par le sentiment de la victoire, tu devrais être modeste et même rester cachée. Pas du tout, tu fais la princesse avec tout le monde, et surtout avec ton père et ta mère. Est-ce que tu crois qu'on ne te connaît pas, malgré ta mine de chattemite? Est-ce qu'on ne sait pas que tu es une égoïste, sans cœur, que tu ne cherches qu'à te poser comme les actrices. Ton seul plaisir, c'est d'empêcher ce qui pourrait nous être avantageux. Tu as une jolie réputation dans le pays, va, et tu nous as mis dans de beaux draps!

« Il y a longtemps que je vois ton jeu. Tu as toujours voulu nous faire du mal. On trouve à te marier, à réparer ta faute. Un brave homme veut de toi! Il y en a tant pour qui tu n'aurais été que du rebut et qui t'auraient laissée là en apprenant tes farces. Enfin, tout le monde aurait gagné à ton mariage! Nous nous serions arrangés pour ce qui me revenait, puisque tu aurais été immensément riche, sans l'avoir mérité du reste : car il y a bien des pauvres filles honnêtes à qui ta chance devrait plutôt arriver.

« La Providence est pour nous, de permettre que ça puisse se terminer si bien. Mais toi, tu trouves plaisant d'essayer de faire manquer nos espérances. Tu te soucies bien que ta famille profite d'une si bonne occasion d'être plus heureuse! Ah! bon, le curé disait une fois que ma mère t'avait donné les meilleures leçons. Tu les a bien suivies! C'est encourageant! »

Henriette se demanda si elle n'assénerait pas un coup de son livre à Aristide, pour le contraindre à se taire; mais Aristide ayant terminé son discours et voyant que sa sœur paraissait lire sans l'écouter, lui fit sauter le livre des mains par un coup furieux qu'il y appliqua et s'écria de sa plus grosse voix : « M'entends-tu? »

La jeune fille se dressa si rapidement et sa figure se contracta tellement, qu'Aristide recula, croyant qu'elle allait le tuer.

Elle hésita une seconde, puis, le saisissant par le bras, l'entraîna jusqu'à la porte en criant d'un ton que son exaspération rendait rauque : « Sortez ! sortez ! Je vous défends de jamais me parler ! »

Aristide dégagea son bras, mais, intimidé, il ouvrit et sortit. Dans le corridor, il retrouva de la rage d'avoir été chassé, et revint donner un énorme coup de poing dans la porte, ne pouvant se venger sur un objet qui fût plus proche.

Henriette reparut sur le seuil de sa chambre, et Aristide se sauva.

Jamais la jeune fille n'avait entendu de reproches si crûment brutals, et, pour comble de contrariété, ils étaient mêlés de vérités. Elle descendit comme une flèche, à l'heure du dîner, pour prendre une revanche terrible et les maltraiter tous.

Pierre avait annoncé à Mathéus sa grande nouvelle de la charrue. Il était joyeux et disposé à fêter le jour de cet événement par un gai dîner. Mais son désir fut entravé par la violence d'Henriette.

Aristide regardait sournoisement sa sœur, cherchant quelque malice méchante contre elle. Mathéus avait la figure longue. Madame Gérard montrait une affliction résignée. Elle avait imaginé le système de l'affliction à outrance pour agir sur sa fille.

Le vieillard, assis selon l'habitude auprès d'Henriette, désolé qu'elle semblât ignorer qu'il se tînt à son côté, et remarquant qu'elle lançait quelques mots ironiques contre les *mangeurs* et le *manger*, sujet lancé en avant par Pierre, Mathéus dit à la jeune fille : « Vous voilà encore dans votre état nerveux ; ayez confiance dans l'avenir, calmez-vous, ne cherchez pas à vous tourmenter...

— Je cherche, dit-elle d'une voix vibrante, nette, qui fit tressaillir tout le monde, je cherche des gens de cœur et d'intelligence, et j'ai le chagrin de n'en pas trouver. »

Madame Gérard se renversa en arrière et ferma les yeux,

ainsi qu'une personne qui souffre horriblement. On cessa de manger. Aristide rougit plus que s'il avait reçu un soufflet. Pierre regarda sa femme, puis sa fille, puis le président, puis Mathéus, que l'impertinence pouvait, après tout, seul concerner.

Le vieillard comprit que la foudre allait gronder, et il essaya de la détourner; il répondit à voix basse : « Vous êtes vraiment sans pitié; pourquoi toujours être acharnée contre moi ?

— Parce que vous êtes peut-être le plus faux de tous, » répliqua Henriette.

Elle eut la compassion de prononcer assez bas ces dernières paroles.

« Oh! me juger ainsi! dit-il consterné, effaré.

— Eh bien! j'ai été trop loin! reprit-elle; mais croyez-vous donc, ajouta-t-elle tout haut, que je sois sur des roses! »

Son accent était ironique, plein de bravade et d'amertume.

On se tut; personne ne releva le gant. Le bruit des fourchettes et des assiettes résonna seul. Les têtes se courbaient vers la nappe.

Enfin, madame Gérard, plus virile, rendit la vie à toute la table par des dissertations culinaires.

Henriette était satisfaite et excitée par ce premier succès. Après le dîner, dans le salon, le curé vint lui dire : « Mademoiselle, eh bien! le chagrin de vos parents ne vous touche pas? Une personne accomplie ne devrait semer que la concorde et le bonheur autour d'elle.

— Combien donc gagnez-vous à mon mariage? » demanda Henriette, le frappant en pleine poitrine; car le curé comptait bien un peu sur madame Mathéus pour enrichir sa fabrique, et madame Gérard lui avait promis de beaux présents pour le jour des noces.

Henriette lui épargna l'embarras de se défendre en s'en allant d'un autre côté. Le pauvre curé semblait avoir le front plié sous un casque de plomb, il ne le relevait plus.

Du reste, en le frappant, Henriette avait atteint tout le monde.

Le président, qui n'avait pas entendu ce qui venait d'être dit, se présenta à son tour à la curée.

« Je vois au visage de l'abbé et de M. Mathéus, dit-il à la jeune fille, qu'ils n'ont pas eu à écouter des choses fort agréables. Ne tombez donc pas dans ces travers. Avez-vous l'intention de braver votre mère qui....

—Vous êtes le juge-commissaire de ma mère, riposta Henriette, et vous avez tout à fait ici une autorité de président. Le tribunal est partout où vous êtes...

—Vous recevez bien l'amitié! interrompit-il, froissé.

—Et pourquoi non? *Les Caractères*, dit-elle, faisant allusion aux écrits de M. de Neuville, exigent un esprit juste et non un esprit-juge.

—Et pourtant, répliqua le président avec un sourire de travers, je juge que les jeunes personnes n'ont pas l'esprit juste quand elles prétendent à la méchanceté et au sarcasme! »

Henriette se laissa alors emporter à lui répondre : « Je me trompais : ce n'est pas l'autorité d'un président, c'est l'autorité d'un père que vous avez dans cette maison. »

Heureusement nul autre que lui n'entendit leur entretien. Il la quitta aussitôt.

Pierre demandait des explications sur ces troubles à sa femme, qui ne lui en donna pas. Le curé se réfugia près d'eux. Mathéus était muet. Cloué sur le canapé, il tenait les yeux fixés à terre, cherchant en quoi il était l'homme le plus faux de tous.

Henriette allait à droite et à gauche, feuilletant les livres, ouvrant le piano, dérangeant des chaises pour donner aliment à son agitation. Aristide ne manqua pas de tenter de lui prendre les doigts sous le couvercle du piano.

Le président, tout ému, vint s'asseoir tout à coup près de Mathéus, et d'une lèvre tremblante lui dit: « Cette jeune fille est vraiment charmante, surtout ce soir.

—Mais oui, répondit naïvement le vieillard. Oh! qu'elle me donne le moyen de la convaincre!... Qu'elle ne s'y refuse pas!

— Vous aurez la meilleure femme du monde!

— Il n'y a qu'un malentendu entre nous, soupira Mathéus.

— Elle est douce, aimable! » reprit le président en se levant et en pirouettant furieusement.

Aristide chantonnait derrière Henriette : « On te mariera, tra, la, la, la ; » mais effrayé de ce qu'elle se retournait vers lui, il s'enfuit dans la salle à manger.

Madame Gérard, étendue en *mater dolorosa*, semblait ne vouloir se mêler de rien. Pierre était tout désorienté. Le silence envahit le salon. Henriette, appuyée sur la cheminée, considérait sans le voir le cadran de la pendule, et sa main battait une marche sur le marbre.

Madame Gérard proposa un trente-et-un d'une voix affaiblie. Le curé refusa d'y prendre part, et le président, qui avait à passer son dépit, lui dit : « Vous ne nous croyez donc pas honnêtes gens?

— Dieu m'en préserve! » répondit le curé, trouvant fâcheux de tomber des mains d'Henriette aux griffes de M. de Neuville.

— Eh! vous ne serez pas damné, dit le président; les prêtres veulent toujours jouer le rôle d'un reproche.

— Oh! monsieur Moreau de Neuville, pas plus que les juges ne veulent toujours faire arrêter quelqu'un.

— Bien répondu, monsieur l'abbé, dit Pierre; allons, je vous ferai un piquet. Laissez-vous séduire. »

Les autres regardèrent la partie en silence.

Ce calme apaisa peu à peu les indignations d'Henriette, qui jouissait d'ailleurs de ses triomphes.

La tristesse de Mathéus, qui à chaque instant levait timidement les yeux sur elle, la désarma aussi.

« Pourquoi être si dure avec lui? réfléchit-elle, il est bon au fond. »

Mathéus ayant vu à son visage qu'elle s'adoucissait, s'enhardit à la rejoindre.

« Quand je suis malheureuse, lui dit-elle, je dis beaucoup de choses vives que je ne pense plus un instant après. Puisque vous m'aimez, il faut me le pardonner.

— Ah! combien je donnerais, s'écria-t-il, pour ne jamais vous entendre dire que vous êtes malheureuse! »

Henriette crut que le vieillard allait la fatiguer de nouveau de ses déclarations.

« Il recommencera toujours, » pensa-t-elle, et elle le quitta.

Mathéus revint vers madame Gérard.

« On a donc bien tourmenté Henriette? » demanda-t-il.

Madame Gérard secoua la tête et parut devenir si sombre que le curé lui en fit l'observation.

« Hélas! dit-elle, il est pénible de voir qu'on fait des rêves de bonheur et de paix intérieure si faciles à réaliser et qui cependant ne se réalisent point. — C'est une expiation! »

Pierre laissa échapper une grimace que, seul, le président surprit au passage.

M. de Neuville constatait avec souci que l'ancien et agréable train de la maison était bien changé.

Quant à Mathéus, madame Gérard n'avait plus besoin d'excuser ou de justifier la conduite d'Henriette envers lui : le vieillard s'acharnait de lui-même sans qu'il fût nécessaire de l'aiguillonner.

En partant ensemble ce soir-là, le président et le curé, ayant parlé d'Henriette, finirent par se donner le bras, pour la première fois de la vie, réunis contre l'ennemi commun qui les avait blessés tous deux.

Pierre dit à sa femme en se moquant : « Ça va bien! ah! ça va bien!

— Eh bien, oui, dit-elle, il sera superbe d'en venir à bout. Cette lutte ne me déplaît pas. »

Le curé avoua au président qu'il ne se souciait guère plus de se frotter à Henriette, dont l'abord était si fâcheux. Sa confidence réveilla la malignité de M. de Neuville, endormie par les malheurs de la soirée. Il conseilla vivement au prêtre de ne pas renoncer à sa mission, et le détermina à se sacrifier pour ramener la fille de madame Gérard au bien.

Henriette commençait à apparaître à sa famille comme une espèce de loup ou de sanglier.

Cependant la jeune fille jugeait qu'elle avait encore échoué.

Elle n'avait point dit ce qu'elle aurait voulu dire, ni produit l'effet qu'elle attendait.

« Il faut, pensait-elle, qu'ils soient de bonne foi pour mettre tant de ténacité à me résister. »

Henriette craignait d'être dans le faux. Après avoir attaqué tout le monde, après avoir déclaré qu'elle supposait un motif intéressé sous tous les avis qu'on lui donnait, elle ne savait si elle ne s'était pas trompée et n'avait pas calomnié. « Si j'eusse été sûre de toutes ces vilenies, se disait-elle, je ne les aurais point dénoncées. A quoi bon? N'ai-je point accusé au hasard? Que je pleure, que je les insulte ou que je me taise, ils ne tiennent compte de rien. Je m'épuise et ils restent aussi forts qu'auparavant. C'est donc qu'ils ont la conviction du bon droit, et moi je ne l'ai pas! Ils sont sûrs de me marier, ils le proclament et, tous les jours, ils font une brèche dans ma résolution. Ah! je n'ai plus qu'un moyen, c'est de faire l'inerte jusqu'au dernier moment. Ils me croiront ralliée à leur projet, ils se relâcheront de leur vigilance, me laisseront reprendre des forces, et, quand le jour sera venu, ils faibliront devant ma volonté qui se relèvera et qu'ils auront cru anéantir.

Plus troublée, plus agitée qu'Emile, la jeune fille souffrait cependant bien moins que lui, parce qu'elle agissait, combattait et employait à se débattre toutes ses ressources d'intelligence, d'énergie et de colère.

Emile, au contraire, était désespéré et tombé dans une sorte de prostration. Des idées funestes l'environnaient opiniâtrément. Il ne voyait plus juste ni sain. Tous les raisonnements de madame Germain s'émoussaient contre le morne dégoût qu'il avait pris pour lui-même, et qui, la maladie aidant, le transforma en une ombre maigre, pâle, errante.

Emile ne savait où se mettre. Partout le chagrin et le découragement rongeaient son sein. Rien ne le soulageait: souvenirs, rêves, ni lectures, ni sommeil, ni soleil. Auparavant encore il cachait sa maladie morale à sa mère; maintenant il n'en avait plus le courage. Il sortait peu, ne marchait presque plus, toujours assis, courbé, la tête pliée sur la poitrine, continuellement fatigué de migraines, de fièvres. Sa convalescence le désorganisa plus que sa maladie.

Une chose le soutenait cependant : de loin en loin, il lui prenait un spasme de vigueur illusoire, pendant lequel il revenait à ses plans d'enlever Henriette et de tout briser. Mais agir !

CHAPITRE XV

LA FORCE CHEZ LES FAIBLES

Le mardi, M. Euphorbe Doulinet, échauffé de zèle, propos[a] à madame Gérard de se dévouer auprès de sa fille. Vers l[e] milieu du jour, donc, madame Gérard quitta le salon, laissan[t] seuls le curé et Henriette.

Celle-ci remarquait avec une certaine inquiétude d'inté[rêt] filial le silence glacial, le visage affligé de sa mère, qui ne s[e] livrait plus aux grands discours.

Le curé se prépara héroïquement à être tenaillé ou retourn[é] sur le gril par la férocité d'Henriette. Il commença, penché, parlant doux et bas, comme au confessionnal, prêt à ferm[er] les yeux au moindre geste, car il s'attendait à être saisi e[t] écorché vif.

« Ma chère mademoiselle, mon habit et mon caractère m[e] donnent mission de vous adresser quelques conseils et quel[-] ques petites remontrances. »

La jeune fille se laissait toujours séduire par ces exordes et croyait qu'elle allait entendre des paroles de grand sen[s] et réellement amicales. Mais plus tard elle se moquait de s[a] naïveté, en scrutant la physionomie inférieure de ces préten[-] dus oracles.

« Je crains, continua-t-il, que vous ne pensiez pas assez [à] Dieu.

— Mais je vous assure le contraire, répondit-elle.

— Il n'est personne, je le sais bien, qui ne vive sans avoi[r] l'idée de Dieu présente, mais les actes de la vie sont plus o[u] moins conformes à cette pensée, selon qu'elle est plus ou moins habituelle à l'esprit. Madame votre mère, par exemple, est un modèle de piété, et elle en est récompensée dans sa famille, car je ne crains pas de me tromper en osant prédire que les dissentiments cesseront avec l'aide de Dieu. Et d'après les qualités que vous et Monsieur votre frère possédez, je puis dire que madame votre mère est bénie dans sa postérité. »

Henriette pensa à la force des imbéciles ; le pauvre curé compromettait sa cause.

« J'ai peur pourtant, reprit-il, que vous ne vous écartiez de la foi. Vous ne vous présentez plus à la confession depuis longtemps. La voie que vous suivez loin de l'autel de Jésus est semée d'embûches. Elle vous entraîne, à votre insu, à des tendances mondaines, et vous porte à vous mettre en opposition avec vos parents. Vous savez qu'un de nos plus sacrés commandements veut l'obéissance. Ne donnez jamais scandale à Dieu, chère mademoiselle : la vérité divine vous abandonnerait, et vous vous égareriez. Nul n'a plus de paix que le juste. Descendez dans votre cœur, examinez vos propres déchirements, et voyez si vous avez la paix du juste. Votre chère mère, votre cher père, seraient si heureux de votre bon vouloir !... »

Le curé s'encouragea. Au lieu de montrer les dents on faisait le gros dos.

« Je voudrais vous voir convaincue que la piété doit vous guider dans la vie », ajouta le curé, charmant de douceur et de bénignité.

Elle pensait : « Les discours du curé sont vagues et sans portée ! »

« Vous attirerez la bénédiction divine sur votre tête, chère mademoiselle, en renonçant à des sentiments que notre sainte Église réprouve, reprit la voix nasillarde et cadencée du prêtre. Il n'y a de vérité que dans la vertu, toutes les vertus, vous n'en doutez pas.

— Cela est écrit dans tous les sermons, dit Henriette, qui commença à s'animer, étant touchée à l'endroit sensible.

— La vie ici-bas n'est qu'un long renoncement, s'écria le curé, transporté de son argument. Plus nous renonçons, plus nous méritons : telle est la grande idée qui soutient le chrétien. Est-ce un sacrifice si pénible que de suivre les désirs d'une mère aimante et bien-aimée ?

— Non, c'est en effet bien simple », dit Henriette, ne voulant plus l'admettre à l'honneur d'être un conseiller sérieux.

Mais le curé reprit l'avantage ; il répliqua : « Ce qui n'est point simple, c'est votre persévérance dans le mauvais sentier. Et cependant toute erreur, tout oubli de Dieu est puni, vous l'éprouvez par vos doutes. »

Tous, madame Baudouin, le président, Aristide, le curé, avaient l'un après l'autre frappé dans la plaie d'Henriette en lui reprochant de manquer à la vertu, en l'accusant d'égoïsme, ou en lui rappelant qu'elle doutait visiblement d'elle-même.

Henriette ne voulait point baisser la tête, et alors elle s'irritait de ne pouvoir se justifier mieux que par son amour pour Emile. Elle luttait, moins parce qu'elle croyait avoir raison que parce qu'elle ne pouvait se résoudre à accorder raison à des personnes qu'elle n'estimait pas et à se soumettre à leur direction.

« Nous ne pouvons savoir si votre sentence est bonne, dit-elle, donc rien n'est encore fini.

— Elle est bonne, continua M. Doulinet, la sentence a été prononcée par Dieu même. Il faut songer à tous les malheurs de ce monde et de l'autre que vous pouvez attirer sur vous et votre famille en persistant à ne pas donner satisfaction au bien et à la vertu.

— On me fatigue avec la vertu, dit Henriette. Quelle vertu ? Qui en a ? Moi-même n'en ai-je pas autant que... Du reste j'y réfléchirai encore !

— Oh ! s'écria le curé, arrachez de votre cœur toute semence douteuse, réconciliez-vous avec Dieu et avec les vôtres, au nom de la paix éternelle. Renoncez à vos inclinations pour un jeune homme ennemi à toute votre famille. Mariez-vous et vivez selon l'Eglise. L'amour défendu vient du démon. Revenez à vous. Soulagez votre âme par la confession. La contrition vous y préparera. Je vous attendrai dès qu'il vous plaira. Venez plus souvent à Dieu. »

« Il est faible et emphatique. Il me débite un vieux sermon », se dit Henriette. « Je penserai longuement à tout ceci », répliqua-t-elle pour en finir.

— Alors je puis donner de l'espérance à madame votre mère? » demanda le curé.

« Ah! pensa la jeune fille, c'est elle qui les souffle tous. »

Afin de se débarrasser du curé, elle reprit : « Ne désespérez pas!

— Plaise à Dieu! Nous en serions tous bien joyeux Avec tant de qualités, il était impossible que vous ne rentrassiez pas de vous-même dans la bonne voie. Permettez-moi aussi, chère mademoiselle, de vous rappeler l'accomplissement des devoirs religieux comme la meilleure sauvegarde. »

Madame Gérard rentra, pareille à une statue du chagrin. Depuis trois jours, elle se laissait tomber sur les fauteuils, ou se soulevait avec effort, prenait le bras de quelqu'un pour s'appuyer en marchant, et *languissait* à merveille.

Henriette ne se défia pas de cette nouvelle attitude et en fut émue. « Est-ce donc moi qui ai mis ma mère en cet état pénible? » se demandait-elle.

Madame Gérard dit au curé, afin d'avoir un prétexte pour l'emmener : « Pouvez-vous m'entendre aujourd'hui? » Et elle sortit avec lui, se traînant à son bras. Le curé lui prodiguait des attentions infinies, comme à une grande malade. De tels soins formaient un muet reproche contre l'insensibilité d'Henriette.

« Je suis forte, » répétait avec un sourire triste madame Gérard, paraissant résister à ces attentions et essayer de dissimuler son état.

« Hélas! je ne crois pas, » répondait le curé. Appuyez-vous bien sur moi!

Il était persuadé des douleurs de cette mère frappée dans sa famille.

« Je la fais souffrir! » se dit Henriette avec découragement.

Devoir, obéissance, mariage, ces trois mots s'inscrivaient pour ainsi dire sur les murs du salon. Si la jeune fille fermait les yeux, ils tournaient autour d'elle, persécuteurs, tyranniques, obsédants.

L'idée qu'elle avait peut-être de grands torts était entrée dans son cerveau. En analysant en chimiste tous les discours tenus devant elle, Henriette ne put en extraire rien qui prouvât autre chose qu'un calcul naïvement intéressé. Mais on ne le lui cachait pas, et ce calcul était bien légitime. On lui avouait franchement qu'on trouvait la fortune de Mathéus très désirable et qu'on tenait à faire une bonne affaire. Pourquoi non? Il n'y avait rien de tors et d'excessif là-dedans.

D'ailleurs, point de nouvelles d'Emile! Personne n'en prononçait le nom! Etait-il absent? marié lui-même? quoi encore? oublieux!

En passant, Henriette écoutait parfois ce que disaient les domestiques à la cuisine, et ils ne parlaient jamais d'Emile, eux non plus.

Et cependant ces obsessions, ces mécomptes, ce silence, ne suffisaient pas à la convaincre qu'il fallait cesser d'espérer en Emile.

Pour désincruster une pierre fortement enchâssée, il faut la déloger petit à petit d'un coin, puis d'un autre. Ainsi, l'image et l'affection du jeune homme étaient si fortement enserrés dans le cœur d'Henriette, que, même à demi arrachés, ils y tenaient solidement.

La jeune fille songea à consulter l'oncle Corbie, qui ne se mêlait point du grand combat, et qui avait toujours eu de l'amitié pour elle.

Dans la chambre voisine, le curé sonnait des fanfares aux oreilles de madame Gérard.

« Je suis fort content de mademoiselle Henriette, dit-il, elle est à nous!

— Pourvu que cela dure! répliqua madame Gérard, qui ne croyait pas au succès du prêtre doux et flatteur. Henriette passe du noir au blanc en une heure, ce qui me donne beaucoup plus d'ennuis que si elle ne variait jamais. Au moment où je la crois ramenée, tout est à recommencer.

— Oh! reprit le curé, traducteur infidèle, elle m'a dit qu'elle cédait à mon influence!

— J'en suis étonnée, ajouta madame Gérard; je redoute un piége ou une moquerie. »

Elle était jalouse du succès que s'attribuait le curé.

« Et, continua-t-il, si mademoiselle Henriette n'avait pas négligé ses devoirs religieux, cela ne serait pas arrivé.

— Si elle les a négligés, dit madame Gérard, c'est la faute de mon mari, qui donnait l'exemple de l'indifférence. »

Puis elle ajouta :

« Ah ! quel poids de moins, le jour où je la verrai mariée !

— C'est chose arrangée ! » dit le curé, plein de confiance.

Malheureusement, le soir même, Henriette montra que ce n'était point encore *chose arrangée*. Le curé en fut très désappointé et lui garda rancune.

Madame Gérard n'était que recouverte d'une couche de chagrin : dessous on retrouvait la femme-fourmi. Elle avait le temps d'inspecter des établissements bienfaisants, de griffonner des paragraphes à insérer dans le plaidoyer de M. Vieuxnoir ; elle se levait à six heures du matin, tracassait les domestiques par des ordres multipliés, organisait les blanchissages, les conserves d'office, le charbon, le vin : ensuite elle retournait dans sa chambre, écrivait dix lettres, notait les pensionnaires de la Société de Providence ; après déjeuner, elle faisait ou recevait des visites, ayant encore un moment de la journée à consacrer au curé, qui faisait son office de directeur, puis au président, qui dirigeait les affaires de la famille. En même temps, madame Gérard, de concert avec madame Baudouin, surveillait la confection du trousseau d'Henriette. C'étaient de continuelles conférences sur les dentelles et les batistes.

La charrue de Pierre arriva enfin à maturité. La tête de cet inventeur bouillonnait de projets et de spéculations que l'alliance avec Mathéus pouvait seule féconder.

Il commença à presser sa femme.

« En finissons-nous ? lui dit-il. Il est étonnant qu'on laisse traîner cela en longueur. Le temps de moissonner arrive. Henriette ne se laisse pas mener, elle est plus rusée que vous !

— Demain, répondit madame Gérard, le notaire vient préparer le contrat, et j'envoie Aristide demander la publication des bans à la mairie. Le curé est déjà averti, quant aux bans religieux !

— Ah ! bravo ! » s'écria Pierre, foudroyé par l'activité de sa femme.

Le mercredi, Aristide alla à Villevieille, monté glorieusement sur une vieille jument qui avait une grosse loupe à la croupe, de sorte qu'on aurait pu se passer de selle, à la rigueur. Il fit la déclaration du mariage à la mairie, puis profita de sa journée pour se présenter chez madame Vieuxnoir, qu'il n'avait pas encore revue, malgré son désir.

Après ce long intervalle de six jours, la petite avocate ne l'attendait plus. Cependant, pendant les trois premiers jours, elle avait étudié une valse nouvelle, pour la jouer à Aristide ; mais, à tout hasard, elle se tenait rigoureusement en toilette.

En le voyant enfin, elle fut sûre qu'il était épris ; il ne s'agissait plus que de laisser aller !...

Cette nouvelle entrevue enivra Aristide ; il s'y comporta plus amoureusement, devina les finesses d'aveu de madame Vieuxnoir, en obtint des confidences plus intimes, plus tendres, se risqua à une déclaration où elle sut l'amener.

Aussi la joie le poussa, lorsqu'il fut de retour, à de méchantes inventions ridicules. Il imagina, pendant la nuit, de monter sur les toits et de faire le revenant, afin d'effrayer sa sœur. Il cria par la cheminée de la chambre d'Henriette :

« Je t'ordonne de te marier. Hou ! hou ! »

Henriette reconnut la voix du stupide garçon et demanda qu'on interdît à son frère toute espèce de démonstrations contre elle. Mais, lorsque madame Gérard voulut semoncer Aristide, l'amant de madame Vieuxnoir se regimba fièrement et dit :

« Je ferai ce qui me plaira ; je suis bien mon maître, je crois. »

Madame Gérard, cependant, pria Corbie de s'entremettre à son tour près d'Henriette. A la première ouverture, il s'écria :

« Non, non ! je ne réussirais pas, je ne suis pas propre à porter la conviction...

— Mais vous me rendrez service, insista madame Gérard.

— Je sais bien, mais ce serait peut-être un mauvais service ; je ne suis pas adroit, et j'ai pour principe de n'influencer personne.

— Vous me désobligez.

— Je ne voudrais pas vous désobliger, ma belle-sœur. Je sens que ce que je dirais à Henriette ne lui irait pas, et puis je n'aime pas trop à tenir conversation avec elle.

— Ah çà, vous la prenez donc tous pour une panthère. Je n'ai jamais vu une terreur pareille. Allons, c'est moi qui irai l'apprivoiser...

— Ma nature n'est pas portée à conseiller, » dit Corbie.

Dans le jour, vint le notaire. Madame Gérard fit établir une donation entre vifs, par laquelle Henriette abandonnait sa part d'héritage, et s'engageait, si elle survivait à son époux, à héberger sa famille à la Charmeraye et à servir une rente viagère à Aristide jusqu'à la mort des père et mère.

Mathéus, prévenu, arriva, de son côté, avec un contrat tout prêt, par lequel il donnait, de son vivant même, toute sa fortune à Henriette. Insigne folie en affaires ! Aussi son notaire avait-il difficilement consenti à rédiger l'acte. Madame Gérard se récria beaucoup sur la grandeur de Mathéus ; mais le vieillard dit en souriant un peu amèrement : « Je n'ai point d'autre mérite, il ne faut pas me l'ôter. »

Le soir, madame Gérard dit négligemment à sa fille : « On s'est occupé des actes, aujourd'hui ! »

Henriette acquiesça d'un signe de tête, n'ayant point l'intention de se rebeller ; car, depuis qu'elle cherchait le moyen d'éviter le mariage sans combattre pied à pied comme par le passé, il lui était venu à l'idée de s'enfuir une nuit, ou au moins d'aller à Villevieille savoir des nouvelles d'Emile chez lui-même. Toutefois, la jeune fille avait le cœur serré d'être réduite à ces extrémités, et de n'espérer le salut qu'au milieu d'une sorte de catastrophe. Beaucoup de scrupules s'accrochaient à elle. A toutes ses déterminations, elle entrevoyait une suite scandaleuse et redoutable, et, par moments, elle préférait s'en remettre au hasard et céder, pour gagner quelques heures de tranquillité. Les conseils, les reproches, les avertissements qui lui arrivaient de toutes parts atta-

17.

chaient d'ailleurs quelques-unes de leurs parcelles à sa conscience.

Elle ne reçut pas mal Mathéus, le plaisanta sur son affection et le rendit ainsi très heureux. Il rappela la promesse de venir à la Charmeraye. Mais Henriette ne pouvait se contraindre entièrement à être agréable pour ce vieux fantôme, qui lui causait tant de soucis.

« Cette Charmeraye, dit-elle, m'empêche de dormir et me menace comme un donjon.

— Oh! toujours!... toujours! s'écria Mathéus suppliant, levant ses mains en l'air.

— Eh bien, soit; la Charmeraye a peut-être de bonnes qualités, reprit-elle meilleure.

— Et le propriétaire?

— Je n'en sais rien. »

Elle se mit à rire.

« Vous allez continuer à m'écraser? dit-il en riant aussi.

— A force de vous voir, je m'y habituerai peut-être, » reprit Henriette sur le même ton.

Cette gaieté, rare comme un ciel bleu en décembre, était un baume pour le vieillard.

Madame Gérard, étendue dans un fauteuil, inspirait les sensations de la glace par son apparence morne. Elle se demandait si la gaieté d'Henriette n'était pas une insulte à sa feinte tristesse.

D'autant plus que depuis longtemps l'intérieur était sombre aux Tournelles. Père, mère, enfants, sentaient que les liens se desserraient chaque jour. Les regards étaient gênés, secs, indifférents ou ennemis.

Aussi avait-on imaginé de jouer aux cartes. Le jeu soulageait et donnait une contenance à chacun. On préférait se borner à prononcer les mots consacrés du *vingt-et-un* : Je passe, etc., et éviter de lancer des phrases qui tout à coup attireraient d'une part ou de l'autre des reparties aiguës : car chaque parole semblait porter un éperon d'acier, et la plus inoffensive faisait quelque blessure, sans qu'on y eût mis d'intention. Pierre se déplaisait à son foyer, et le président était effrayé des dispositions de la famille, qui présageaient de grands changements. La possibilité d'être séparé de son amie vint poindre à ses yeux. Il demanda à madame Gérard, un matin, ce qu'elle comptait faire lorsque Henriette serait mariée. Elle répondit qu'on irait probablement s'installer à la Charmeraye. M. de Neuville comprit que la littérature lui resterait peut-être seule pour asile. Sa figure allongée trahissait les méditations soucieuses où le jetait la pensée de ces troubles prochains de son existence.

Le jeu n'avait de charmes que pour Aristide et Mathéus. Le premier était forcené au gain, et le second y trouvait une occasion d'être assis à côté d'Henriette. Il déployait une foule d'attentions muettes qu'elle était obligée de subir. Ils s'associaient pour la partie, et le vieillard emportait le paradis dans son cœur.

Lorsque les vieillards deviennent amoureux d'une jeune fille, ils sont comme les enfants qui tiennent des oiseaux dans leurs mains. Ils les serrent si fort, de peur de les lâcher, qu'ils les étouffent.

Depuis quelque temps, les journées étaient pluvieuses. Des teintes grises couvraient le ciel; le vent sifflait dans les arbres, dont les feuilles, toujours secouées, rendaient un bruissement monotone et engourdissant. Les allées se remplissaient de flaques d'eau. Beaucoup de fleurs, de petites plantes, se couchaient sur le côté, flétries et portant des milliers de gouttelettes pendues à leurs tiges. Le sable était sillonné, roulé, enlevé çà et là, amassé plus loin. Les nuages bas et lourds oppressaient. On aurait craint qu'ils ne vinssent, jusqu'à terre, tout envelopper de brouillard.

Au milieu de juin, le froid obligeait à entretenir du feu et à reprendre les habits d'hiver.

Il fallait vivre renfermés ensemble encore davantage. Henriette passait des heures entières à regarder, à travers les vitres, le parc bouleversé, les nuages courant vite, les oiseaux, le jardinier et les domestiques, qui seuls mettaient le pied dehors.

Les mêmes influences d'atmosphère agissaient sur Emile.

En se réveillant chaque matin, il éprouvait une terreur singulière, maladive, sans cause directe.

Il avait pourtant repris un peu de forces et de chair, mais il gardait sous les yeux deux sillons bleuâtres, « deux chemins de larmes, » et sa bouche restait contractée.

Madame Germain consultait cette figure dévastée avec inquiétude, et devenait à son tour presque aussi malade que son fils, car elle n'osait plus lui parler des Tournelles, le voyant plein d'impatience et toujours disposé à repousser brusquement les plaintes et les questions.

Cependant Emile aurait voulu se jeter une heure au cou de sa mère et lui crier : « Je suis malheureux ! je suis malheureux ! » Mais il avait peur de parler de ses chagrins, comme si, en les disant tout haut, il eût pensé qu'ils redoubleraient.

Une nuit, madame Germain rêva que son fils se noyait, qu'elle lui tendait la main pour le secourir, et que lui refusait de saisir cette main. Elle ne raconta pas son rêve.

Leurs petits dîners à deux étaient affligeants : Emile mangeait à peine, demeurant les yeux fixes, sifflant ou chantonnant des lambeaux d'airs mélancoliques, et laissant échapper trois ou quatre paroles en toute une soirée.

Une pensée le maîtrisait tout entier : « Je ne suis bon à rien ! »

Elle épuisait son cerveau, en le frappant sans relâche, comme un marteau.

« Il faut tout abandonner, » se disait-il ; puis un cri désespéré succédait : « Je ne veux pas perdre Henriette ! »

L'amour surmonta une fois faiblesse et découragement. Emile se décida à retourner aux Tournelles, malgré les présages contraires. Ces présages furent qu'en s'habillant et en mettant ses souliers, il cassa les lacets. Ensuite, en déjeunant, il laissa tomber une assiette qui se brisa. Dans ces deux petites insignifiances Emile retrouva la persécution du sort. Il accompagna d'un ricanement faible cet autre cri de désolation :

« Il en sera ainsi de tout ce que je ferai ! »

Emile partit néanmoins ; il arriva aux Tournelles, sonna,

entra, franchit l'allée tournante, déboucha devant la maison, et la première apparition qu'il vit fut le profil de madame Gérard. Elle travaillait derrière la fenêtre de son boudoir, dont elle avait relevé les rideaux.

Emile frémit, mais eut l'audace folle de marcher jusqu'au perron. Le sable cria sous ses pas, madame Gérard tourna la tête vers lui ; elle ne le reconnut pas tout à fait, et cependant ouvrit vivement la croisée. Elle devinait un danger.

Emile, cloué, pétrifié, ébloui par le bourdonnement de son sang dans ses oreilles et ses yeux, la salua.

Elle le reconnut.

« Qu'osez-vous venir faire ici ? » cria-t-elle, furieuse.

Emile ne vit plus clair : il se croyait entraîné parmi un écroulement immense...

« Ah ! c'est vrai ! Madame », dit-il, pris d'un vertige.

Dans le désordre de son malheureux esprit, cela signifiait : « C'est vrai, j'ai tort, je le reconnais ; je m'en vais, puisque vous me barrez le chemin ! »

Accablé d'une stupeur qui le rendait chancelant, Emile reprit l'allée tournante, éprouvant une sensation étrange, qui, absorbant toutes les autres, était intense, sans limites, atroce. Il croyait sentir derrière lui les deux yeux de la terrible mère d'Henriette, comme deux instruments de mort ou de blessure, d'où allaient s'élancer sur lui je ne sais quels bizarres et redoutables projectiles.

De semblables secousses peuvent donner la fièvre chaude. Peut-être n'était-il pas assez vigoureux, heureusement, pour en devenir la victime. Cependant sa respiration saccadée, ses jambes *coupées*, sa gorge desséchée, ses mains, son front brûlants, lui restaient comme les stigmates de ses souffrances intérieures.

Lorsqu'il revint chez lui, sa mère s'écria :

« Tu ne peux toujours me mentir ou te taire....; tu es encore blessé, je suis sûre, malheureux enfant !

— Ah ! s'écria aussi Emile, ah ! si tu m'avais aidé, comme auraient fait tant de mères ! »

Il accusait la sienne, ne sachant à quoi se raccrocher, démoralisé, éperdu, fou. Tous ses malheurs venaient d'elle! Ce ne pouvait être toujours lui!

Elle comprit le ravage de ce cœur détruit, et elle l'excusa.

« Oui, reprit-il avec exaltation, tu n'as pas voulu t'en mêler, écrire à madame Gérard ; je serais marié à l'heure qu'il est. Il en est toujours ainsi. Sous prétexte d'aimer les gens, on les empêche de réussir et d'être heureux !

— Oh! pauvre enfant! dit-elle, dans quel état ils t'ont mis! Tâche de reprendre un peu de fermeté. Tu vois qu'il faut réfléchir et être prudent dans la vie. Voyons, nous pouvons bien vivre heureux tous les deux. Tu es intelligent, tu avanceras. Tu te marieras, tu seras tranquille. Il ne s'agit que d'un peu de patience. Tu pourras faire bien des choses que tu as dans la tête. L'amour mène toujours à souffrir, c'est vrai ; mais combien de gens ont passé par là et en sont sortis sans faiblesse! Tu avais des idées toutes contraires il y a un an.

— Ah! s'écria Emile, s'il n'y avait que l'amour!

— Qu'y a-t-il donc de plus? demanda madame Germain effrayée.

— Il y a *tout!* les petites choses et les grandes. Tout ce que je veux échoue ; je n'ose plus rien, je ne sais plus que faire.

— Comme ta tête travaille ! reprit la mère ; tu es toujours en exaltation, mon cher enfant. Songe un peu à la vie réelle. Reprends quelques idées saines. Tu vis dans une fournaise que tu te plais à rallumer constamment.

— Tu me dis tout ce que tu peux de bon et de doux, répliqua Emile, et je n'en suis pas plus consolé ! C'est comme de l'air qui passe quand on a très chaud. Pendant deux minutes on est rafraîchi, et ensuite on se trouve plus brûlant. Je ne suis bien nulle part

— Quelle terrible organisation ! dit madame Germain.

— Que veux-tu que j'y fasse? J'en porte le premier la peine, reprit-il.

— Et moi, s'écria sa mère, je ne dors plus.

— Tu as tort, dit Emile ; j'aimerais mieux savoir qu'il n'y a que moi qui ai des tourments.

— Mais, dit madame Germain, tu t'es pourtant laissé soigner pour tes blessures ; en changeant d'air...

— Oh! répondit-il en l'arrêtant de la main, c'est impossible.

— Pourquoi ? demanda madame Germain : tu le répètes toujours sans donner de raison. Si tu n'as pas de bon sens, je ne m'étonne pas que tu sois malheureux ; c'est ta plus grande maladie.

— Qu'est-ce que ça fait d'aller là-bas ? dit Emile : ça ne changera ni moi ni les autres. Si j'y voyais un remède, j'irais tout de suite, mais je suis sûr que non. »

Madame Germain sentit qu'elle se heurtait contre quelque arrière-pensée inexplicable.

« Mais enfin, dit-elle, as-tu des projets ? Que veux-tu faire ?

— Attendre, voilà tout, dit Emile, savoir ce qui va se passer. »

Il conta sa nouvelle course aux Tournelles.

« Tu as bien peu de fierté, dit madame Germain. Tu devrais en avoir fini avec ces gens-là et mépriser tout ce monde. Tu trouveras d'autres familles ! »

Madame Germain, avec tous ses discours, ne produisait pas plus d'effet sur Emile qu'avec une rayure d'ongle sur un rocher.

La vue d'Emile avait excessivement irrité madame Gérard ; elle voulait punir cette insolente bravade qui renversait sa sécurité. Elle tremblait qu'Henriette ne fût prévenue de l'arrivée du jeune homme. Elle en était rouge et émue. Après s'être assurée qu'Henriette ne se doutait point qu'Emile fût si près, madame Gérard écrivit au commissaire de police, en l'informant que le repos de sa famille était troublé par un sieur Emile Germain, dont elle croyait la tête dérangée ou les desseins dangereux, et qui s'était introduit à diverses reprises dans sa maison, malgré sa défense formelle. Elle priait l'officier de paix d'intervenir et de délivrer les Tournelles des entreprises du jeune homme.

Le commissaire de police, flatté d'être utile à des gens importants, fit le soir même comparaître Emile devant lui.

Le jeune homme, en reconnaissant le timbre de la police

sur une enveloppe qu'il reçut à cinq heures du soir, eut peur tout d'abord, sans penser à rattacher cette nouvelle aventure à Henriette. Il était devant sa porte quand le commis lui apporta la missive; il la prit, et sa mère n'en sut rien, heureusement.

Emile se demanda s'il n'avait pas derrière lui quelque crime ou quelque faute à expier. Il ne s'étonnait plus, s'attendant à se voir accusé de quelque chose qu'il aurait oublié, de pensées ou de tendances secrètes qu'on aurait devinées; soumis enfin à son malheur éternel.

Le commissaire de police, homme à physionomie dure, ne le regarda point quand il entra. Le commis lui dit de s'asseoir. Emile sentit des natures ennemies. Il examina la chambre grise, carrelée, le poêle en faïence, les vieux cartons à étiquettes sales remplissant tout un panneau dans des casiers de bois noirci, les deux bancs de bois de chaque côté de la porte, le bureau d'acajou du commissaire, le bureau de sapin du commis, la lampe pendue au plafond. Le commis, de temps en temps, jetait un regard sur Emile.

« Votre nom ? » dit-il enfin, quoiqu'il le sût. Il écrivit et passa un papier à son chef en parlant à voix basse; le commissaire leva la tête en arrière pour voir Emile par-dessus son bureau et remit le nez dans ses écritures.

Le brigadier de gendarmerie entra.

« Vous avez le rapport? » demanda le commissaire d'une grosse voix militaire. Emile sentit son cœur battre; il crut que ce rapport le concernait, et il suivait avec assez d'anxiété la main du gendarme qui fouillait dans une sacoche. Le commissaire donna des ordres à celui-ci pour la ville; Emile respira.

Enfin, après vingt minutes, le commissaire appela le sieur Emile Germain.

« Allez devant le bureau, » dit le commis au jeune homme.

Emile se leva et s'approcha. Son impatience, son malaise, croissaient à chaque instant. Il en vint à se dire que, s'il devait être emprisonné ou guillotiné, il serait prêt à tout. Ce mot : *le sieur*, l'avait aussi froissé.

« Je vous ai fait venir, dit le commissaire, parce qu'on se

plaint de vous. Je vous avertis de prendre garde à vous. Je ne tolérerai rien. »

Emile cherchait dans sa tête les circonstances répréhensibles de sa vie, et il usait sa mémoire sans pouvoir allier les paroles du commissaire avec lui-même.

Voyant son air étonné, celui-ci reprit : « Oui, vous savez parfaitement ce que je veux dire. Vous jetez le trouble dans une famille honorable. Vous vous permettez de violer le domicile d'autrui. Je veux bien vous prévenir cette fois, sans user de rigueur envers vous, bien que vous vous soyez exposé à la rigueur de la loi.

— Mais, enfin, qui est-ce qui se plaint ? » dit Emile, comprenant avec indignation.

Le commissaire lui jeta un mauvais regard, mécontent d'être interrompu par ce coupable.

« Vous feignez de ne pas le savoir, ce n'est pas adroit, dit-il. Soit! je vais vous le dire. Lisez cette lettre. »

Emile lut la lettre de madame Gérard, plein de terreur.

« Eh bien! reprit le commissaire, vous considérez-vous comme suffisamment averti, et avez-vous l'intention de renoncer à inquiéter la famille Gérard? Je vous ferai surveiller d'ailleurs, et félicitez-vous que je n'intervienne pas plus sévèrement...

— C'est très bien! dit Emile; puis-je me retirer?

— Oui, et songez à ce que vous venez d'entendre, » répondit le commissaire.

Emile fut découragé définitivement. Il lui paraissait si énorme de mêler la police à des choses d'amour! Il se trouva si faible, si impuissant! Ce nouveau mécompte s'ajouta à tous les autres, et, comme dans une machine brisée où s'agite encore un seul rouage, l'idée fixe du malheur resta seule en lui : les Tournelles lui semblèrent tout à coup transportées à deux cents lieues de là, et Henriette être un souvenir déjà ancien; puis cet abattement fit place à une colère grandissante contre madame Gérard, contre « cette femme » plus terrible pour l'empêcher d'arriver à Henriette qu'un mur à pic haut de cent pieds.

« Si elle avait voulu! » se disait-il.

Il lui écrivit, en rentrant, toutes les amertumes qu'il avait dans la tête.

Voici sa lettre :

« Madame,

« Je viens d'être appelé chez le commissaire de police, sur votre dénonciation. Je vous devais bien cela, car c'est moi qui vous ai tourmentée, tandis que vous ne m'aviez causé aucunes peines; c'est bien vrai ! Je reconnais là, Madame, cette générosité, cette largeur d'esprit, que vous m'aviez déjà montrées en m'accusant d'avoir *suborné* votre fille et de vouloir m'approprier votre fortune, en compromettant mademoiselle Henriette, pour vous obliger à me la donner en mariage.

« Oui, Madame, vous avez bien raison, les jeunes gens n'ont pas d'autres pensées, et ce sont des misérables qu'il faut faire noter chez le commissaire de police, comme tarés et vicieux.

« Mais les femmes sèches et dures qui détestent un jeune homme parce qu'il est pauvre et loyal, qui lui arrachent par surprise des révélations dont elles se font une arme contre lui, qui le renvoient de leur maison, qui coupent brutalement une liaison pure sans s'inquiéter du mal qu'elles font à deux cœurs, ces femmes-là ont le droit de dormir tranquilles.

« Moi, si je suis malheureux et désespéré, c'est que je suis un coquin. Vous, Madame, qui êtes pleine de cœur et de vertus, vous vous occupez de toilettes, de bons dîners, de charités bruyantes, avec une parfaite sérénité.

« Ah ! que de choses je pourrais cependant relever qui ne sont pas à votre honneur, mais que je tairai à cause de vous savez bien qui.

« Ainsi, Madame, sans me connaître, sans jamais m'avoir vu, vous vous êtes faite mon ennemie et une ennemie acharnée, et cela parce que j'ai aimé votre fille. Vous avez profité du respect que je devais *doublement* vous porter, pour m'insulter de la façon la plus cruelle, lors de cette visite que je vous ai faite et que je n'oublierai jamais. Et à présent encore, sans vous soucier de briser mon avenir, de rendre ma mère malade, vous me signalez à la police comme un être dangereux !

« Vous dites partout, j'en suis sûr, que vous aimez votre fille. Il est même possible que vous le croyiez. Soyez donc bien certaine que vous ne l'aimez pas ; au contraire, vous n'aimez que l'argent et vous n'appréciez que les convenances sociales ; c'est tout.

« Je regrette, je vous l'avoue, de n'avoir pu vous faire souffrir dans votre vanité, car il eût été bien juste que chacun eût sa part. Je ne vous dirai donc pas tout ce que je pense de vous. Puissiez-vous éprouver seulement une partie des rudes moments que vous m'avez fait passer, ou puissiez-vous comprendre enfin la véritable portée de ce que vous avez fait. Vous seriez assez punie.

« Il est vraiment fâcheux qu'il y ait des femmes comme vous. Elles découragent des autres. Vous n'avez rien de ce qu'il doit y avoir de bon, de bienveillant, de doux et de gracieux dans les femmes. *Quelqu'un* vous a desséchée et vous a ôté toutes vos qualités. Tant pis pour nous, Madame, car vous êtes la seule à n'en pas souffrir. »

Cette épître incorrecte et trop juvénile n'était pas propre à plaire.

Madame Gérard reçut la lettre avec assez de dédain ; elle y vit de nouvelles insolences et ne put comprendre le sentiment qui avait poussé Emile.

Elle jeta le pauvre chiffon de papier au feu en disant :

« Quel petit sot ! Je le ferai renvoyer de sa place, s'il continue. »

Cependant, cela la décida à tenter le dernier assaut contre Henriette ; après quoi on mènerait le mariage, à tous risques, le plus vite possible.

Madame Gérard hésita à aller elle-même dans la chambre d'Henriette, ou à la faire venir. Elle choisit ce dernier parti, en réfléchissant que la solennité d'une comparution frappait davantage. En effet, Henriette fut prise d'ennui et d'impatience à cet appel ; elle se demanda avec effroi si ces luttes dureraient longtemps, et elle se sentit très lasse, tellement lasse, qu'elle avait envie de prier qu'on la laissât, qu'on ne lui dit plus rien. Madame Gérard l'accueillit avec son revêtement de douleur, ce même air particulier de sévérité dolente qui inspirait des remords à la jeune fille.

« Assieds-toi, ma fille, dit-elle, et causons sans nous irriter, bien que des entretiens comme ceux-ci me soient très pénibles. Je te parle pour la dernière fois, cela me tue de disputer continuellement. »

Elle s'arrêta, parut respirer difficilement et regarda sa fille, puis ferma les yeux et les rouvrit lentement.

« Toutes ces secousses, reprit-elle, me rendent malade. Si mes contrariétés continuent, je n'y tiendrai pas, je le sens. »

« C'est peut-être la vérité, » se disait Henriette, vaincue par ces plaintes bien mieux que par des cris de fureur.

Madame Gérard se reposa encore fatiguée, et elle passa son mouchoir sur ses lèvres; ensuite elle ajouta : « Il dépend de toi de faire cesser cette souffrance et cette gêne morales qui se sont abattues sur ta famille! »

Il y eut une autre pause; madame Gérard attendait-elle quelque bon résultat d'une infiltration lente dans l'esprit de sa fille?

« Je t'ai nourrie et élevée, dit-elle; je me suis assez dévouée, assez fatiguée pour toi quand tu étais enfant. Maintenant, également, je me suis donné une grande peine pour te sauver. Il est temps de savoir si tu en as quelque reconnaissance et si tu veux me la témoigner. »

Henriette pensait toujours : « Elle a raison! » et se débattait en y opposant : « Elle n'a fait que ce qu'elle devait. »

Madame Gérard continua : « Mais on est malheureux toujours par ceux qui devraient vous rendre heureux, les enfants! Du reste je suis si habituée aux épreuves, ce n'en est qu'une de plus. Mais ce ne sont pourtant pas celles-là que je méritais.

« Et moi, se dit Henriette, ne souffré-je pas aussi? »

« Je serais bien heureuse, reprit madame Gérard, qu'au moins une fois dans ta vie tu eusses quelque déférence pour nous.

— Oh! une fois dans ma vie! répondit Henriette, froissée de l'exagération.

— Oui, répéta madame Gérard, mais peu importe le passé. Je pense que tu sais apprécier tout ce que nous avons fait pour toi.

— Certainement, dit Henriette.

— Tu n'as pas l'air bien convaincu. »

Henriette était mécontente de ces attaques. Elle se disait que, puisqu'on ne voulait pas voir ce qu'elle avait de bon, il était inutile de montrer aucune tendresse, et elle prit un visage plus froid, plus raide. Madame Gérard le remarqua.

« Je vieillis, reprit-elle, variant ses expérimentations, je suis affaiblie. Toi, tu es forte; tu es en âge de mener une maison, de me remplacer. Je voudrais pouvoir compter sur toi. Ce n'est pas peu d'avoir élevé un fils et une fille, d'avoir augmenté la fortune de votre père. Il est temps que je me repose un peu à mon tour et que d'autres prennent la place. Je n'ai rien fait dans ma vie qui n'eût pour but l'avenir et le bonheur de mes enfants. »

Henriette écoutait religieusement cette profession de conduite.

« J'ai cherché, dit madame Gérard, à leur donner le sentiment du devoir, mais on ne réussit peut-être pas dans *tout* ce qu'on entreprend; enfin écartons ceci, et réfléchis que, malgré mes efforts et ceux de votre père, notre fortune n'est pas en rapport avec les nécessités de notre position dans le pays. Si nous mourions, nous vous laisserions toi et ton frère dans un état médiocre, quand vous partagerez. A présent, sept mille livres de rente pour un homme ce n'est rien, et comme dot c'est insignifiant. Quinze mille livres de rente pour toute une famille sont maigres... »

Henriette en convenait.

« Ton père a une infinité de spéculations, de grands desseins, qu'il ne peut mettre à exécution faute de ressources. Son influence dans le département se trouve brusquement arrêtée dans sa marche... Mais au fait je te parle là de choses qui ne t'intéressent peut-être pas beaucoup. »

Henriette fut plus froissée qu'elle ne l'avait jamais été de cette façon désagréable de lui exprimer qu'on la supposait égoïste. Elle se détachait facilement des gens qui ne lui montraient pas de confiance. Ses yeux devinrent menaçants.

« Nous t'avons donné le temps de réfléchir, dit madame Gérard, n'imaginant pas qu'elle venait d'être maladroite, de peser ton amour-propre avec notre satisfaction. Que veux-tu faire ? As-tu de l'affection pour nous ?... D'ailleurs je ne veux pas prolonger notre conversation, cela me fatigue extrêmement. M. Mathéus est bouleversé par tes étrangetés. Nous lui avons donné notre parole d'honneur que le mariage se ferait, et nous voilà dans une singulière situation vis-à-vis de lui. Il t'aime beaucoup pourtant... mais tu repousses tous ceux qui t'aiment. »

Devant cette mère résignée, à la voix brisée, Henriette sentit sa résolution chanceler, et cependant pour tout au monde elle n'eût voulu paraître céder à une influence quelconque ; elle se raisonna, se dit qu'elle était dirigée par une force supérieure, et elle répondit : « Je voudrais savoir des nouvelles de M. Germain, ou bien réfléchir encore.

— Nous t'en avons donné le temps, répéta madame Gérard.

— Il n'y a pas quinze jours passés, dit Henriette.

— Comme tu voudras, reprit madame Gérard, moi je ne t'en parlerai plus jamais ; mais j'y gagne d'être éclairée sur tes sentiments. »

Henriette se taisait.

« Quel cœur sec ! » murmura madame Gérard.

Henriette sembla ne pas entendre, elle fit un pas pour se retirer, et, voyant que sa mère était anéantie et ne la retenait pas, elle quitta la chambre.

Une saignée ne l'aurait pas plus fatiguée ; elle se mit sur son lit, n'ayant plus conscience de ses déterminations. Désolée de résister à sa mère, désolée de manquer de parole à Émile, accablée de ses continuelles incertitudes ; désirant ardemment la tranquillité, cherchant si elle ne la trouverait pas dans le mariage, qui ne pouvait lui apporter de pires journées que celles qu'elle passait ; puis, songeant à Mathéus, un frisson la saisissait, et jamais il ne lui paraissait possible de subir cet homme, même avec l'espérance de le voir bientôt mourir, qu'on lui avait gravée dans l'esprit.

Mathéus vint ce jour-là, quoique sentant les atteintes de son rhumatisme; il apportait de jolis bijoux. Henriette feignit la malade et ne parla que par quelques gestes. Le vieillard souffrant faisait le jeune homme, le galant, tournait autour d'elle, tout velours, tout duvet. De temps en temps il s'arrêtait au milieu d'une phrase, et une sueur froide brillait sur son front : c'était une douleur qu'il dissimulait.

Henriette s'efforçait de lui trouver quelque valeur et l'étudiait minutieusement : jamais il n'avait été si laid, si tracassant, si grimé, si poupée; après une heure, elle ne pouvait plus le regarder et détournait la tête d'un autre côté.

CHAPITRE XVI

NE PAS RÉSISTER

Le lendemain soir, le cœur battit une fois de plus à Henriette lorsque son père l'emmena à l'écart dans le salon.

« Vous ferez donc toujours votre figure de clair de lune? » dit-il; et il ajouta : « Je ne suis ni *Montesquieu*, ni *Voltaire*; mais je veux faire entrer dans votre tête dure vos obligations envers la société! »

La curiosité trouva le chemin de l'esprit d'Henriette, et son père lui apparut comme une espèce de sphinx grotesque.

« On ne s'appartient pas, recommença-t-il; la réciprocité est un grand principe de l'association humaine. »

« Ah! pensa la jeune fille, ce début est singulier! où va-t-il nous mener? »

Pierre reprit :

« On se marie pour être utile à la société : par conséquent il faut se marier le plus avantageusement possible, afin d'être en mesure de concourir le plus possible au bien-être général. Est-ce clair cela, hein? Une grande fortune qu'on utilise est un réservoir destiné à l'alimentation publique de la distribution des richesses... »

« J'ai des parents étranges! » se dit Henriette.

« Epouser un homme sans fortune, continua Pierre, c'est léser la société, lui imposer une charge; se mettre sur le toit pour l'enfoncer, au lieu de se mettre dessous pour le soutenir. »

Pierre rayonnait; jamais, dans son intérieur, il n'avait eu

autant d'autorité et d'éloquence. Il ne se serait point adressé à la foule avec plus de grandeur.

« Il est bon, dit-il, d'apprendre le mouvement économique, pour savoir se conduire. Depuis que je raisonne sur les principes sociaux, j'y vois clair et je n'agis pas au hasard. Il y a une logique dans les faits, il faut régler son pas sur cette logique. Si l'on est producteur, si l'on peut le devenir, tout ce qu'on fait doit être dirigé en vue des consommateurs. Je le prends de haut, et peut-être de loin, mais tu comprendras beaucoup mieux ton rôle dans la solidarité humaine. Il faut produire, pour mettre à la disposition des consommateurs une plus grande quantité de richesses ; l'honneur y est engagé. Si tout le monde s'en rendait compte, les problèmes sociaux seraient bien vite résolus. »

« En effet, songeait Henriette, cela part de haut et de loin ! Il va y avoir quelque conclusion baroque !

« On est, dit Pierre, une unité plus ou moins importante dans le nombre de l'humanité. Les uns comptent comme un, les autres comme dix, comme cent, en proportion de leurs services. On soulèverait la terre, comme le fameux Archimède, avec ces idées-là. »

Madame Gérard se demandait : « Que peut-il lui dire ? »

« Crois-moi, reprit-il, toute la vie est là ; c'est une nécessité de raison pure, c'est la prévoyance de l'avenir... »

Henriette se rappelait vaguement que ces phrases avaient déjà figuré sur l'estrade du comice agricole.

« C'est jeter une base, ajouta Pierre. Est-ce qu'on met ensemble un bœuf étique et une vache maigre ? La richesse est un terreau fertile, où l'homme puise des sucs nourrissants. Les plantes qui viennent dans la bonne terre sont plus belles, plus vivaces. Tes enfants élevés dans la richesse seront de même...

— Mais si je n'ai pas d'enfants ? dit Henriette, pensant à la vieillesse de Mathéus.

— Si tu n'en as pas !... s'écria Pierre, stupéfait de cette observation. Si tu n'en as pas... » répéta-t-il, désarçonné, ne trouvant pas de réponse.

Il se fâcha.

« C'est votre mère, dit-il, qui vous apprend à tous à vous ..... de moi ! »

Henriette se repentit.

Tous les autres se regardèrent, se disant : « Qu'a-t-il donc ? »

Pierre fit quelques pas, et, revenant vers sa fille, tout rouge, il recommença :

« Eh bien ! qu'est-ce que ça fait ? Ton rôle n'en reste pas moins le même, et on ne peut déserter son poste. Voilà ce que j'avais à te dire. Tu feras des enfants ou tu n'en feras pas, je m'en...... moque ! Mais tu te marieras, je t'en réponds ! »

Il était furieux. En allant s'asseoir, il heurta Aristide. Alors il le poussa brusquement, en criant :

« Prends donc garde ! brute ! »

Et, comme Corbie entrait, Pierre marmotta assez haut :

« Celui-là complète la collection ! »

Corbie fit un geste d'étonnement, mais ne réclama point d'explication.

Henriette rit d'abord intérieurement des enseignements économiques de son père ; puis elle reconnut avec effroi combien peu à peu la dominaient les côtés matériels de cette union, si obstinément présentés à son esprit. Elle ne pouvait s'empêcher de calculer les satisfactions qui résulteraient de la possession d'une grande fortune. Elle se rejetait en vain vers Emile : le silence de celui-ci la plongeait dans la colère. Et, d'ailleurs, Henriette s'apercevait enfin qu'elle désirait plutôt le repos, qu'elle n'était pas tenue par l'amour, car elle en voulait à l'amour des soucis cruels qu'il lui avait causés. La liberté absolue devenait en même temps pour elle un besoin impérieux. Il lui tardait de ne plus porter le joug de toutes ces volontés qui la blessaient, sans qu'elle pût se défendre.

Cependant madame Gérard avait battu le rappel pour le jeu. Pierre mit toute sa fureur contre les cartes. Les rois, les dames, les valets et les as furent ses victimes, et il leur lança les plus drôles d'injures. Madame Gérard et Henriette, placées en face l'une de l'autre, gardaient le silence, et leurs figures les rendaient pour ainsi dire les deux pôles glacés de ce petit monde.

Après la partie, Pierre, qui ne se remettait pas, s'approcha encore de sa fille, et lui dit avec un sourire irrité et en manière d'apologue :

« Il y a de petits arbres, ou même de grands, qui ont des racines et qui croient ne pouvoir être arrachés. Eh bien ! par la bêche on attaque la terre tout autour ; on isole le morceau auquel sont attachées ces racines, et, un beau jour, on enlève le tout d'un tour de main. Souviens-t'en ! »

La soirée finit là-dessus, et Henriette emporta une grande impression de cet apologue, qu'elle trouvait au-dessus du niveau de l'intelligence de son père.

Elle eut peur, car il lui expliquait le système employé et à employer contre elle ; et l'impression fut d'autant plus forte, que Pierre semblait d'ordinaire assez indifférent à ce qui se passait chez lui.

Le 10 juin, à huit heures du matin, on fut mis en émoi aux Tournelles par un bruit de grelots et le son de deux musettes. Les domestiques d'abord, Henriette, sa mère, Aristide, mirent le nez à la fenêtre, et virent bientôt arriver Pierre par l'allée tournante, dans son petit habit de toile. Il se planta au détour comme un général, et presque aussitôt déboucha un cortége.

En tête, les deux joueurs de musette, chapeau à rubans verts ; ensuite un valet de ferme en grande toilette, le col de chemise s'élançant jusqu'au dessus des oreilles ; puis la grande charrue traînée par quatre bœufs couronnés de fleurs, un flot de rubans aux cornes, des rubans aussi après la charrue ; et même, pour plus d'ornementation, on avait mis un petit arbre au milieu de la machine. Enfin, derrière, deux autres garçons de ferme portant deux petits joujoux, qui étaient des modèles non adoptés par Pierre. Gens, bêtes et machines défilèrent devant le perron et s'arrêtèrent. Henriette et sa mère, en longs peignoirs blancs, tout le monde descendit, et Pierre, d'un air radieux, supérieur, s'écria, en appuyant amoureusement la main sur le manche de sa charrue :

« La voilà ! »

La grosse mécanique ainsi arrangée était en effet fort belle à voir. Le bois, tout neuf, bien verni, donnait des idées de bons fauteuils et de bonnes chaises à faire. L'acier et le fer, reluisant d'un reflet sombre et bleuâtre, étaient imposants par leurs grandes masses tranchantes.

« Avec ceci, reprit Pierre, il y a une révolution! »

Et il ajouta :

« Si Mathéus me comprend, il y a une fortune immense. Je couvre la France d'usines! »

Les valets de ferme posèrent les joujoux à terre pour écouter et se reposer.

» Voulez-vous les reprendre! » cria Pierre, qui avait ses idées sur l'organisation d'une fête, et qui ne voulait pas tolérer de laisser-aller.

Puis il se retourna vers sa femme et sa fille et leur dit :

« Allez donc vous habiller : nous emmenons la charrue à la Friche pour la faire fonctionner devant mes hommes, ensuite nous faisons une petite fête chez Lamoureux-Brisemiche, à la ferme. »

Pierre comptait donner à boire à une trentaine de paysans, hommes et femmes, leur faire un petit discours, leur laisser les joueurs de musette pour danser, puis revenir à la maison célébrer par un bon dîner bien arrosé la grande journée.

Pendant que « ces dames » s'habillaient, il tournait tout autour de la charrue, se baissait, fourrait son cou dans les socs, qui avaient l'air de couteaux de guillotine, caressait les bœufs, rangeait les fleurs, les rubans, et donnait des explications à Aristide, qui le suivait avec un intérêt marqué. Ensuite, il ordonna aux musiciens de tirer quelques notes de leur instrument bizarre. C'était une sérénade pour sa femme, sa fille et pour lui.

Corbie vint.

« Eh bien? » lui dit son frère avec une simplicité grandiose.

Corbie admira tout. L'appareil des rubans, des grelots, des musettes, communiquait un enthousiasme involontaire.

Henriette et madame Gérard descendirent. On délibéra s'il fallait faire atteler ou aller à pied. Madame Gérard déclara qu'en tout cas elle ne suivrait pas le cortége, ne voulant pas avoir l'air d'un carnaval. Ce mot blessa Pierre, qui répondit :

« Allez au diable ! » devant les douze personnes qui étaient là.

Madame Gérard, à son tour irritée, répliqua dédaigneusement :

« C'est de si mauvais goût, tout cet étalage ! »

Elle eut le tact de ne pas sortir des bornes comme lui!

« Nous irons par la route, ajouta-t-elle.

— Eh bien! en marche alors, nous autres! » fit Pierre, qui se mit en tête de nouveau, flanqué d'Aristide et de Corbie.

Les joueurs de musette reprirent leurs espèces de monosyllabes harmoniques, les bœufs firent sonner leurs grelots, et, au bout de trois minutes, ces bruits aigres et comme sautillants s'éteignirent dans le bois.

Madame Gérard et Henriette sortirent alors sur la route pour aller rejoindre « ces messieurs » à la Friche.

« Qu'est-ce que c'est que cette charrue? » demanda Henriette.

« Ce n'est pas lui qui l'a inventée », pensa madame Gérard, tandis qu'elle répondait :

« C'est une invention très belle, si on peut l'exploiter, et il faut beaucoup d'argent pour monter en grand la fabrication. M. Mathéus sera bien utile....

— Ah! dit la jeune fille, n'est-ce pas sa voiture qui vient là-bas?

— Non, dit madame Gérard regardant au loin une calèche à deux chevaux qui descendait rapidement une côte de la route, il n'a pas deux domestiques.

— Je crois bien que c'est la sienne! »

Le doute ne fut pas long à éclaircir. Une voiture élégante, découverte, à caisse lilas un peu clair, traînée par deux chevaux alezans, approcha. Mathéus et madame Baudouin, qui étaient dedans, firent une exclamation. Le cocher arrêta.

La livrée, la voiture, l'attelage, étaient une livrée, une voiture, un attelage, que Mathéus avait entendu vanter par Henriette et qu'il avait aussitôt adoptés. Il avait pris deux valets de pied en outre. Autrefois il se contentait d'un cocher.

« Où alliez-vous donc ? s'écria madame Baudouin.

— Nous venons vous chercher, dit Mathéus.

— Mon père nous attend, répondit Henriette.

— Ah! dit le vieillard, vous m'aviez promis de venir à la Charmeraye...

— On peut faire prévenir M. Gérard, reprit madame Baudouin.

— Sans doute, dit madame Gérard, et ce n'est même pas nécessaire. Montons en voiture, Henriette : que veux-tu que nous allions faire avec tous ces paysans ?

— Mais, répliqua la jeune fille, c'est sa charrue ; il sera mécontent... sa fête!

— Et moi, dit madame Gérard, je te garantis qu'il nous approuvera; cela me regarde, monte...

— Montez donc, ma belle petite, dit madame Baudouin, une fête vous attend également à la Charmeraye. »

Mathéus était descendu ; les valets de pied se tenaient à la portière, chapeau bas. Madame Gérard s'élança légèrement dans la calèche, Mathéus prit doucement Henriette par la main. Elle regarda de tous les côtés, comme si elle attendait quelqu'un, puis elle se décida.

La portière fut fermée avec fracas, les valets de pied en culotte pensée bondirent sur le siége de derrière, et l'équipage repartit au galop.

« Ma foi! je vous enlève, dit Mathéus gaiement.

— Vous allez donc me conduire en prison ? répondit-elle en souriant.

— C'est moi qui suis votre prisonnier ! » s'écria-t-il.

Madame Baudouin parla de la charrue de Pierre ; les commentaires durèrent à peu près une heure et demie, le temps nécessaire pour arriver à la Charmeraye.

Henriette, le cœur serré, regarda s'éloigner les alentours des Tournelles, puis apparaître d'autres points de la campagne qu'elle connaissait très peu, et, quand on s'engagea dans une magnifique et sombre avenue d'ormes qui conduisait au château, elle crut que des barrières fermaient le chemin derrière elle et empêchaient le retour.

« Je ne peux pas être gaie ! pensait-elle, ni me forcer ! »

On débarqua sur un immense perron garni de fleurs, de

vases et d'animaux sculptés. De belles pelouses semées de corbeilles gigantesques de géraniums, d'hortensias, de fuchsias, enveloppaient le château, entourées d'un bois de charmes qui donnait son nom à la propriété. Des ruisseaux d'eau vive coulaient à travers ; un étang avec un kiosque, des barques, occupait une petite vallée. Des toits élégants, pointus, girouettés, grecs, indiens, turcs, renaissance, surgissaient du milieu des arbres et indiquaient des constructions de destinations diverses.

Mathéus conduisit les trois dames dans un petit salon où était préparé un joli déjeuner de femmes.

« Il faut prendre des forces, dit-il à Henriette, nous avons de grandes promenades à faire.

— Je n'aime pas à marcher, dit-elle.

— Cela te fera du bien », reprit madame Gérard.

La jeune fille se sentait encore moins de forces là, sur un sol étranger, qu'aux Tournelles. Elle mangea à peine. Mathéus s'en inquiéta.

« Je n'ai jamais déjeuné hors de la maison, dit-elle.

— Tu n'es pas si bien servie *à la maison*, dit madame Gérard.

— Vous serez à merveille ici, reprit madame Baudouin : tout est de si bon goût, si commode, si beau ! et il est impossible de voir personne plus aimable, plus empressé, que M. Mathéus. Il ne faut pas le méconnaître !

— Tout vient de vous, s'écria Mathéus, je n'ai aucun mérite. Sans vous, ceci n'était qu'une grande carcasse de pierre et un désert. Encore n'ai-je pu en faire arranger qu'une partie.

— Je suis fâchée, dit la jeune fille balbutiante, inquiète, nerveuse, morne, que vous ayez pris tant de peine.

— C'est la seule chose qui m'ait rendu heureux dans ma vie ! »

Le déjeuner fini, Mathéus proposa de voir le parc.

A peine eut-on fait quelques pas, qu'arriva une autre petite voiture basse à un cheval, à deux places, qui suivit les promeneurs.

« Comme vous m'avez dit que vous étiez fatiguée, expliqua Mathéus, dès que le désir vous en prendra, on vous conduira au petit pas. »

Madame Gérard et madame Baudouin ne tarissaient plus de phrases admiratives à chaque instant.

Henriette ne prit point la petite voiture, qui, pendant deux heures que dura la visite du parc, ne cessa de les accompagner. Mathéus lui offrit un cheval, une belle ânesse blanche, son fauteuil roulant. Elle refusa constamment.

Il les mena à la serre, les bourra de fruits et leur remplit les mains de bouquets.

« La serre vous convient-elle ainsi? demanda-t-il à la jeune fille.

— Elle est ravissante, n'est-ce pas, Henriette? » dit madame Gérard.

Henriette fit signe de la tête.

Mathéus alla ensuite à la volière. Elle vit une grande H dorée sur le treillage.

« Quelles attentions délicates! s'écria madame Baudouin.

— C'est vrai », dit froidement Henriette, pesant sur le bras de Mathéus pour l'emmener ailleurs. Il lui semblait être perdue, loin de sa patrie, toute changée d'habitudes. Par moments, elle se figurait être à côté de quelque grand singe doué fantastiquement d'un langage et de galanterie.

« On m'a parlé, fit Mathéus, de petites perruches très rares : je ne pourrai vous en avoir que dans un mois. »

Ensuite, il lui fit subir la vacherie, qui contenait six stalles en acajou, pavées en marbre. Trois stalles étaient garnies.

« Je vous ai choisi seulement trois petites suissesses, dit Mathéus, blanche, noire et rousse, ne sachant comment vous comptiez les appareiller.

— Oh! cela m'est égal! répliqua Henriette.

— Tu es tellement absorbée, dit madame Gérard, que tu ne remercies pas M. Mathéus.

— Si, si, répondit la jeune fille, il a dû chercher beaucoup pour imaginer tant de...

— Vous m'avez inspiré, reprit Mathéus; mais ce n'est rien, d'ailleurs, c'est une esquisse que vous terminerez.

— C'est très joli, murmura Henriette en regardant tout autour. Rentrons au château !

— Vous ne voulez pas essayer les barques? elles sont douces, dit Mathéus ; j'ai là cinq ou six bons musiciens du régiment qui est en garnison au chef-lieu.

— Cela lui fera beaucoup de plaisir : elle adore l'eau », s'écria madame Gérard.

Mathéus les fit entrer dans une barque dorée, garnie de coussins; les musiciens se mirent dans une autre et jouèrent cinq ou six de ces airs qui forment le répertoire des musiques militaires.

Henriette pensait : « C'est réellement très beau ! mais l'homme... l'homme ! »

Sous l'influence de la musique, elle songea cependant à la vie de Paris, et elle transporta Emile à la Charmeraye. Ah! cela lui eût paru merveilleux, vivre avec Emile au milieu de ce luxe; et puis elle se dit encore que, plus les tentations étaient fortes, plus elle devait y résister.

En sortant du bateau, elle vit une petite allée et s'y engagea sans être remarquée; elle marcha un peu, et, s'imaginant que cette allée pouvait conduire hors du parc, l'idée de se sauver la prit comme une folle : elle se mit à courir.

Elle entendit sa mère, madame Baudouin, Mathéus, crier : « Henriette ! Henriette ! »

Elle courut plus fort, puis s'arrêta, n'entendant plus rien.

« Qu'y gagnerai-je? se dit-elle; où irais-je? »

Elle revint sur ses pas et rencontra à mi-chemin ceux qu'elle avait laissés et qui la cherchaient.

Madame Gérard manifestait quelques signes de colère.

Mathéus s'écria :

« Vous vous êtes donc perdue, curieuse !

— Oui, répondit la jeune fille, je voulais vous surprendre. »

Quand Mathéus lui offrit de nouveau son bras, il lui fit l'effet d'un gendarme qui lui mettait des menottes, et en même temps elle discutait en elle-même si elle trouvait le parc et le château magnifiques ou s'ils lui paraissaient laids.

Henriette ne s'y reconnaissait plus dans ses impressions. Elle ne se rendait compte que d'un désir ardent de retourner aux Tournelles.

Enfin Mathéus annonça la visite des appartements.

On parcourut les grandes salles, les corridors, les petites pièces, et on arriva devant une porte blanche dont les ornements dorés figuraient encore une grande H.

Mathéus ouvrit avec un peu de solennité, et l'on vit une jolie chambre à coucher de femme, tout en lilas clair; rideaux de dentelles, meubles dorés, glaces superbes.

« Voilà le nid, dit madame Gérard.

— Il ne faudra pas en fermer trop souvent la porte à M. Mathéus, » ajouta en riant la grosse Baudouin.

Henriette regarda malgré elle cette chambre avec intérêt et se demanda :

« Comment se fait-il qu'un pareil homme ait du goût? Si Emile avait été riche, je voudrais savoir comment il aurait organisé ma chambre.

— Aujourd'hui vous partez, dit Mathéus; quand donc viendra le jour où vous ne vous en irez pas?

— Je ne sais pas », dit Henriette. Et elle ajouta : « Vous vous êtes donc rappelé mes goûts? Elle est jolie cette chambre! »

Il lui prit la main.

« Ah! s'écria-t-il joyeux comme un enfant.

— Il est trois heures, ajouta la jeune fille, mon père doit être inquiet.

— Eh! mon Dieu! partons, dit madame Gérard impatientée. Monsieur Mathéus, vous revenez avec nous. »

Henriette sentit ses troubles s'apaiser un peu en roulant vers les Tournelles, et lorsqu'elle rentra dans sa chambre pour changer de toilette, un bain ne lui aurait pas paru plus tiède, plus délassant. Elle éprouvait du plaisir à se coiffer, à se laver les mains, à attacher les épingles de sa robe, et à être bien sûre que les murs de cette petite chambre blanche l'entouraient. Son courage s'y retrempa.

« Ils ont beau faire, se dit-elle, je ne suis pas encore mariée, et, à les entendre aujourd'hui, j'aurais pu m'effrayer : « Voilà le nid; vous serez bien ici. Mon chiffre partout! » Je suis revenue de la Charmeraye, je n'y retournerai pas. »

Pierre était aux Tournelles quand sa femme et sa fille revinrent. Il ne put se fâcher de ce qu'elles fussent allées chez Mathéus, mais leur absence avait singulièrement gâté sa cérémonie. A ce moment la brillante charrue, toute dépomponnée, était sous le hangar, honteuse, délaissée, parmi les vieux outils et de vieux harnais, en attendant son sort, car Pierre devait l'envoyer au concours du comice, en septembre ou octobre.

Le soir on fit le récit des splendeurs de la Charmeraye à ceux qui ne les connaissaient pas. Henriette les vanta elle-même, ayant ainsi l'audace de braver sa propre détresse. Elle se jugeait tellement sûre, à cette heure-là, d'échapper au mariage, qu'elle jouait avec cette idée et s'amusait à se faire passer pour convertie. Par instinct plus que par raisonnement, et pour avoir quitté la Charmeraye sans qu'aucun accident l'y eût retenue, elle concluait que la destinée était pour elle et ne voulait pas qu'elle épousât Mathéus.

Madame Gérard, Mathéus, Pierre, tous ceux qui la virent et l'entendirent, la crurent donc enfin vaincue et ramenée, et on tint conciliabule devant elle pour fixer le grand jour.

« Nous sommes le 10, dit madame Gérard, on peut arrêter cela pour le 18; en huit jours nous aurons tout le temps de nous préparer. La corbeille et le trousseau seront prêts le 14, et d'ailleurs, ajouta-t-elle en riant, puisque les *conjoints* se conviennent, il est inutile de les faire attendre.

Madame Gérard pensait que la Charmeraye avait séduit sa fille par ses échantillons de la vie splendide ; mais Henriette, lorsqu'on fixa le jour de son mariage, ne savait si elle devait rire aux éclats d'une illusion si ridicule de tout ce monde, ou s'incliner terrassée, brisée devant une confiance et une volonté si nettes, si imperturbables.

Ce n'était point une menace vague suspendue sur sa tête, et dont l'accomplissement n'avait pas de terme marqué, mais un danger déterminé dont l'heure était indiquée, une condamnation rendue et signifiée.

Toute la nuit elle réfléchit. Que devait-elle faire? Attendre encore jusqu'au dernier moment? Mais, si elle n'avait pas la force d'aller au-devant du mal, aurait-elle cette force de l'écarter au dernier moment ? Qu'est-ce qui pouvait l'en assurer ? Devait-elle déclarer encore qu'elle ne voulait point du vieux homme, et au besoin déchirer, mettre en pièces, contrat, corbeille, trousseau ? Mais cela les empêcherait-il pour ainsi dire de ramasser les morceaux, de les recoller, de l'habiller en mariée malgré elle et de l'emmener à la mairie, à l'église ? Si elle avait porté en elle ce rayonnement, cette autorité de volonté qui courbe toutes les autres, ce qu'elle avait déjà fait aurait suffi à les décourager cent fois.

« Si j'avais quelqu'un à consulter ! » se dit-elle ; et elle songea à l'oncle Corbie, son ancien ami, qu'elle avait un peu laissé de côté depuis quelque temps !

Mais le lendemain Corbie fut singulièrement effrayé en voyant sa nièce venir vers lui. Il feignit d'avoir à chercher quelque chose au jardin et se sauva aussi vite que ses petites jambes purent l'emporter, sous son gros ventre, regardant par un effort curieux à la fois à droite et à gauche : à gauche, pour savoir si Henriette gagnait du terrain, et à droite, pour ne point avoir l'air de regarder à gauche.

La légère Henriette courait sur le gazon, et Corbie essayait vainement quelques crochets dissimulés pour l'éviter. Il se frappait tout à coup le front comme quelqu'un qui a oublié n'importe quoi et il tournait court d'un autre côté, ou bien, s'arrêtant, il semblait considérer avec beaucoup d'attention quelque point éloigné du parc, vers lequel il s'élançait.

Tant d'habileté ne put le servir. Ce fut avec un véritable désespoir qu'il entendit derrière lui la marche et la respiration précipitées de la jeune fille, et il frémit de tout son corps en sentant la petite main qui s'abattit sur son épaule comme un oiseau léger.

L'oncle gris, car il était toujours vêtu d'habits gris, s'attendait à des reproches passionnés, à une colère violente, à des attaques aiguës, et il perdait l'esprit.

Il était tout pâle en se retournant vers sa nièce.

« Eh bien ! eh bien ! il ne faut pas taper si fort, dit-il, essayant de commencer une querelle pour ne pas en subir une autre.

— Ah! je croyais vous avoir à peine touché! » dit la jeune fille.

Corbie se frotta l'épaule.

« Ça doit être tout rouge, répliqua-t-il.

— Je vous demande pardon, alors, répondit Henriette, je ne...

— C'est désagréable, reprit-il; je me promenais tranquillement en méditant, et je reçois une grande tape... J'ai perdu le fil de mes idées!

— C'est fâcheux, dit Henriette, j'aurais voulu vous consulter!...

— On ne s'y prend pas si vivement que ça, continua t-il.

— Ce sera pour une autre fois, voilà tout. »

Corbie reconnut que sa nièce n'était pas irritée.

« Eh bien! qu'est-ce que c'est? demanda-t-il.

— C'est à propos de mon mariage. »

Corbie fut de nouveau bouleversé dans toutes ses fibres.

« Elle va encore me faire une farce, pensa-t-il; elle paraît douce, tranquille : il y a de la traîtrise là-dessous!

— Je ne suis pas votre père, moi! dit-il, bourru et cherchant à s'éloigner.

— Oh! reprit Henriette, je n'aime pas cet homme, je n'en veux pas.

— Je suis neutre! dit-il, je ne conseille personne, jamais!

— Je croyais que vous m'aimiez un peu. »

Il se crut arrivé à la grande explication, et détourna la tête.

« Moi! s'écria-t-il : eh bien! et votre père? et votre mère? et Mathéus? Il vous adore, celui-là!

— Je n'ai personne pour me soutenir.

— Vous serez très riche... Et puis ça ne me regarde pas, vous comprenez... c'est très grave. Je n'ai pas voulu vous parler quand ma belle-sœur m'en a prié, d'ailleurs. Je ne suis pas pour vos parents, je ne peux pas être avec vous. D'abord on donne toujours de mauvais conseils. Je n'aime pas à me mêler comme ça aux affaires des autres, surtout pour un mariage qui convient à tout le monde. »

Henriette était un peu interdite.

19

« Mais enfin, entre nous, dit-elle.

— A quoi cela sert-il ? s'écria Corbie. Je n'y peux rien et je n'y suis pour rien. Je m'en lave les mains, moi !

— Bon ! dit la jeune fille, si cela vous déplaît, n'en parlons plus. »

Ne sachant comment s'en débarrasser, Corbie recommença à se frotter l'épaule ; le trouble, la rancune, la crainte, se mêlaient et se brouillaient en lui.

Henriette haussa les épaules à son tour, et quitta l'oncle gris, n'emportant pas bonne opinion de son intelligence.

Corbie décampa des Tournelles pour n'être pas repris par la jeune fille dans quelque coin.

Un instant après, elle croisa son frère, qui, monté sur la jument à la loupe, était habillé à l'imitation de Mathéus, et tenait de la main gauche, pour ne pas les salir, les gants rose tendre.

« Je vais voir, lui cria-t-il, une femme qui a plus d'esprit que toi, malgré toutes tes manières. »

Aristide n'avait pu attendre jusqu'au mercredi pour retourner près de madame Vieuxnoir.

La petite avocate lui dit qu'elle s'attendait à peu près à sa visite : jamais l'avocat n'y était. Ils causèrent avec beaucoup d'abandon de ce qui s'était passé dans leurs maisons respectives et se donnèrent quelques avis pour être plus heureux. Des choses en apparence insignifiantes amenèrent des situations dangereuses. Toutefois Aristide ne *savait pas*, madame Vieuxnoir ne *voulait* pas encore, et l'avocat rentra dans son foyer, jusque-là respecté, sans se douter que son salon à odeur de moisi avait dû être parfumé par des galanteries et des tendresses.

Madame Vieuxnoir dit à son mari :

« Dans huit jours, le jardinier doit venir à notre *bien* de Villevieille ; si tu veux, j'irai surveiller le travail !

— Le jardinier ? demanda M. Vieuxnoir ; tu l'as donc fait prévenir ?

— Je l'ai rencontré ce matin.

— Tu ne feras pas mal, en effet. »

Or, le vrai jardinier là-dessous était Aristide.

Perrin vit deux fois, ce jour-là, passer de loin son ami à cheval. Mais Aristide délaissait l'idiot. L'amour et les idées sur « la femme » avaient remplacé celui-ci, et Aristide ne quittait plus Corbie, qui était son confident.

Le 13, le procès se plaida et fut gagné. Madame Gérard y assista avec son fils, qui faisait de petits signes à madame Vieuxnoir, placée presque en face.

En d'autres circonstances, Aristide n'eût pas perdu les gestes des juges, du gendarme de garde, des avocats ; mais cette fois il n'était préoccupé que par la passion.

Madame Gérard remarqua avec colère qu'aucun des petits papiers qu'elle griffonnait pour l'avocat ne figurait dans son plaidoyer, et elle se promit bien de lui faire attendre ses honoraires.

Le boulanger Seurot, furieux de sa condamnation, marmotta qu'il ferait un mauvais coup, et la nuit, au risque de s'attirer un nouveau procès, il se contenta de faire jeter dans le ruisseau une quantité de vase, de boues et de fumiers, qui en corrompirent les eaux pendant trois ou quatre jours. D'ailleurs, il en appela.

On avait prié madame Baudouin de rester aux Tournelles pour *garder* Henriette. La jeune fille se renferma dans sa chambre, et la grosse femme resta seule au salon, s'ennuyant beaucoup et pas trop contente.

Henriette imaginait des moyens artificiels d'avoir toujours présente la pensée d'Emile, afin de ne se laisser tenter par aucune rêverie séductrice, par aucune faiblesse. Elle passa toute sa journée à commencer une bourse au crochet avec le nom du jeune homme en noir et jaune sur un fond rouge, vert et blanc, mettant du dévouement et de l'enthousiasme à choisir ses couleurs et à enchevêtrer ses fils de la façon la plus agréable à l'œil.

Mathéus était inévitable chaque soir. Henriette eut la hardiesse de porter sa bourse au salon et d'y travailler devant eux tous.

Ces couleurs voyantes tracassèrent l'œil de Mathéus et de madame Gérard.

« Que faites-vous là ? » demanda le vieillard gracieusement. Il espérait vaguement quelque bonnet grec à son adresse.

Henriette hésita à lui mettre sous le nez les cinq redoutables lettres du nom d'Emile, elle retourna adroitement la bourse et répondit :

« C'est pour quelqu'un ! »

Mathéus pouvait se figurer que le petit chiffon bariolé lui était destiné.

Par moments Henriette remettait les lettres en évidence, mais quand on ne pouvait au juste les distinguer.

Madame Gérard désira en avoir le cœur net ; elle lui prit la bourse des mains en disant :

« Cela me paraît joli ! »

Elle vit le nom d'Emile : ses traits changèrent, et elle rendit silencieusement l'ouvrage à sa fille.

Elle ne fut plus occupée qu'à empêcher Henriette de travailler, afin que Mathéus n'eût pas le désappointement de reconnaître ce nom, effrayant pour lui comme les mots lumineux du festin de Balthasar.

Henriette fut froide toute la soirée pour le vieux homme, elle parut agitée. Au moment de se coucher, quand elle fut seule, la jeune fille jeta subitement la petite bourse à terre avec violence et s'écria : « Mais que fait-il donc ? il n'a donc pas assez d'esprit pour me donner signe de vie ? Ah ! si j'étais homme, moi ! Il faudra donc que j'aille le retrouver ! ou bien ne suis-je pas absurde de tant supporter d'ennuis à cause de lui ? » Ensuite, elle eut envie de pleurer, mais sa fierté servit de digue aux larmes. Elle ne voulut pas pleurer pour un homme qui peut-être ne pensait plus à elle.

Les jours passaient comme la foudre.

Le 14, la maison fut remplie par les marchands qui apportaient les dernières étoffes et lingeries du trousseau. Henriette les entendait entrer et sortir. On mettait tout dans la chambre de madame Gérard, où la cuisinière et deux ou trois paysannes eurent la permission de monter pour admirer. Madame Baudouin arrangeait sur des tables linge, robes, dentelles; madame Gérard disposait de son côté les magnificences de la corbeille, riche en bijoux, en fourrures et en autres dentelles, ainsi qu'en châles de l'Inde et de la Chine. Le blanc de la soie, le blanc du linge, le blanc des dentelles, s'étalaient en grands plis et en grandes masses, drapés avec une sorte de négligence qu'on aurait pu dire inspirée par la quantité; le rouge, le bleu, le noir, le lilas, le vert, des châles et des robes, les chamarrages fous des Chinois, ressortaient luisants, vigoureux, et égratignaient la vue. Le fauve sombre ou clair des fourrures ressemblait à des bordures de cadre en bois doré ou en bois noir auprès des peintures vigoureuses simulées par les étoffes. Du milieu de ces draperies jaillissaient comme des fusées les colliers, les bracelets, les boucles d'oreilles, les flacons.

Les paysannes considéraient cet étalage avec le respect consacré aux objets religieux.

Aristide fut d'abord employé à faire des invitations à la soirée du contrat. Lorsqu'une trentaine furent écrites, pliées, cachetées, madame Gérard réfléchit.

« Il vaut mieux, dit-elle, n'inviter personne, nous ne sommes pas assez sûrs d'Henriette. Nous serons probablement assez tracassés le jour du mariage, sans nous exposer à quelque autre scandale avant! Nous signerons le contrat en famille la veille ou le matin. »

Pour n'immiscer personne à cette affaire douteuse, on convint que les témoins d'Henriette seraient le président et l'avocat, qu'on connaissait pour un homme discret. Ceux de Mathéus devaient être Corbie et un monsieur de Paris, inconnu à tout le monde, décoré et d'un air respectable, que le vieillard présenta sous le nom de M. Héricq, colonel en retraite.

Ils trouvèrent tous, ce jour-là, qu'Henriette avait l'air préoccupé. Elle demanda à voir d'elle-même son trousseau et sa corbeille, examina presque en commissaire-priseur, et se déclara satisfaite.

« Tu es si singulière, dit madame Gérard, que je ne t'avais pas proposé de te montrer ce que nous te donnons. Tu y étais très indifférente !

— Non, répondit Henriette, je ne suis pas singulière ! »

La jeune fille alla trouver Mathéus et lui dit :

« Vous me comblez !

— Moi, du moins, je puis me regarder comme heureux de ce qu'on me donne ! » s'écria-t-il en lui pressant la main entre les siennes.

Et il ajouta :

« Chaque pas que je fais me rapproche du moment que j'attends. Je suis comme les architectes : à présent les fondations de ma maison sont jetées ; j'espère qu'elle s'achèvera. Maintenant que les contrats sont préparés, que vous m'avez permis de vous offrir le peu que je possède, et que vous avez bien voulu accepter ces petits cadeaux, — il désigna la pièce où était la corbeille, — je sens quelque chose de réel.

— Oui, dit la jeune fille, l'œil fixe, pensant à autre chose, pensant qu'il y avait une sorte de vengeance à leurrer ce vieux homme acharné après elle.

— J'ai été désespéré, reprit-il, il y a quelques jours. Maintenant je n'ai plus ce doute qui m'a tant déchiré !... Je vous vois déjà là-bas, dans cette chambre à coucher !...

— C'est vrai, dit-elle avec un sourire menteur, « *nous y serons très bien.* »

— Ah ! vous êtes charmante ! et bonne ! et excellente ! s'écria-t-il, mais vous m'aviez bien tourmenté : pourquoi donc ?

— Je ne sais pas, répondit-elle d'un air vague. C'est bientôt le 18 ! fit-elle.

— Enfin ! continua-t-il, dans quatre jours je pourrai faire tout ce que j'ai dans la tête.

— Je vous en remercie ! »

Mathéus voyait bien qu'elle ne parlait pas d'une manière naturelle. Il la jugea très émue.

Toute la journée se passa à arrêter ou discuter l'ordre et la marche des cérémonies. Henriette causa des apprêts, donna des indications. Madame Gérard épuisait sa sagacité à allier la bourse, la Charmeraye, les nouvelles paroles, et ne parvenait pas à concilier toutes ces contradictions. Elle se les expliquait par une bouderie d'enfant qui contrarie pour se dédommager de céder. Elle craignait aussi quelque soudaine explosion d'une mine cachée.

Mathéus allait, venait, comme l'homme qui faisait le bonheur général, et à tous moments il prenait les mains d'Henriette, disant aux autres: « Ecoutez-la, laissez-lui faire ce qu'elle veut. Elle a raison, elle sera délicieuse en robe blanche ! » Etc.

« Comme vous la gâtez ! » s'écriait madame Gérard.

Aristide et Corbie ricanaient dans un coin.

« Elle va la danser ! soufflait le frère, et avec de vrais violons ! »

Corbie n'élevait pas la voix, intimidé par les richesses dont allait disposer sa nièce. Madame Baudouin ne se lassait pas de vérifier la solidité des coutures ; Pierre racontait au président les développements futurs de sa charrue. Le curé commençait à faire orner l'église; l'organiste du chef-lieu devait venir toucher les orgues. Les candélabres étaient achetés. Madame Gérard organisait des distributions de vivres et de vêtements pour les pauvres.

Le 15 arriva. La corbeille et le trousseau restaient toujours étalés ; Henriette eut presque la tentation d'y mettre le feu. Elle vint considérer, seule, toutes ces beautés.

« Ils ne se doutent guère que cela ne me servira pas », pensa-t-elle. Et, malgré son horreur, car il lui semblait voir des chemises de soufre, elle ne pouvait s'empêcher de manier une jolie robe ou un châle de bonne qualité, par-ci, par-là. Ensuite elle ne remit plus les pieds dans cette chambre.

A midi, sa mère la fit appeler. C'était la couturière qui venait lui essayer sa robe de noces. Henriette se déshabilla, mit la jupe, le corsage, se tourna et retourna devant la glace, se plaignit d'être gênée aux épaules, marcha, et demanda si elle était bien.

« Charmante ! » s'écria sa mère.

Henriette se sentait venir des méchancetés à l'esprit.

« M. Mathéus y est-il ? dit-elle.
— Oui.
— Faites-le donc monter, qu'il me voie !
— Mais non, il aura la surprise... lundi, le 18...
— Je tiens à ce qu'il me voie. »

La cuisino-femme de chambre alla chercher M. Mathéus, qui était dans le salon avec le président et le colonel Héricq.

« Vous voyez, s'écria-t-il, comme elle a des idées délicates ! »

Dès qu'il entra, Henriette lui cria :

« Suis-je à votre goût, monsieur Mathéus ?
— Oh ! répondit-il extasié.
— Le blanc va en général aux jeunes filles, dit-elle ; à présent, allez-vous-en, je me déshabille. »

Il se sauva, emportant dans ses yeux une image blanche qui le remplissait des plus impatientes tentations.

« Depuis que tu es raisonnable, dit madame Gérard à sa fille, je reprends mes forces.
— Qui est-ce qui n'est pas raisonnable ! » répliqua Henriette en remettant sa robe grise.

Madame Gérard ne se rassurait pas complétement. Elle surveilla sa fille. Celle-ci resta pleine de caprices assez gais. On avait peine à calmer l'ivresse de Mathéus. Il lui aurait léché les pieds en présence de tout le salon.

CHAPITRE XVII

L'ODEUR DES FOINS MONTE A LA TÊTE

Madame Gérard remarquait que les bougies d'Henriette étaient brûlées tout entières chaque matin.

Le domestique, en faisant les chambres, redescendait les bougeoirs, qu'on plaçait sur une table du vestibule où chacun les prenait en allant se coucher; et quand les bougies étaient finies, Jean disait à madame Gérard:

« Il faut une bougie pour Monsieur, ou pour Mademoiselle, ou pour M. Aristide. »

Madame Gérard en fit l'observation à sa fille.

« J'aime à y voir clair, répondit Henriette : les veilleuses sont peu agréables ! »

Henriette veillait; depuis deux jours elle voulait fuir.

Les travaux à la suite desquels la volonté peut ainsi s'arrêter fermement à une résolution difficile, pénible, sont comparables à un vannage de grains.

L'idée qui domine est enveloppée, perdue, parmi une foule de petites idées secondaires, contradictoires, qui se pressent toutes à la fois, qu'il faut secouer longtemps avant qu'elles s'écoulent et disparaissent, laissant enfin l'autre seule, nette, évidente.

Vingt fois Henriette avait recommencé les mêmes raisonnements, retardant d'heure en heure, jusqu'à ce que les minutes rapides comme la pluie fussent venues la presser, la rendre haletante !

Elle se disait : « Fuir ! et après? Je le retrouverai, mais comment ? avec qui ? Si sa mère me renvoie, s'il ne veut plus de moi ! »

Elle regardait la bougie, les murs de sa chambre : « Ne dois-je pas quitter la maison ? Si je me marie, sais-je ce qui arrivera, où j'irai, d'ailleurs ? »

Son lit lui paraissait dur, les meubles laids, ses vêtements odieux : « Je veux changer : que puis-je y perdre ? Tout ce qui me rappelle ce monde m'est insupportable. Advienne que pourra, je serai toujours libre. D'ailleurs il y sera, il m'épousera.

« S'il n'y est pas? pensait-elle. Peu importe ! Ils me font étouffer ; ce vieux être est odieux, stupide, mortel à voir.

« Pourquoi continuer à me rendre malheureuse ? Il vaut mieux prendre une grande résolution. Il faut penser à soi. Si je reste, je suis obligée d'épouser cet homme. J'ai un peu d'argent. Je vivrai comme je pourrai, je me ferai servante, plutôt. Si je me sauve, ils seront peut-être découragés et renonceront à ce mariage. Je dois en finir. Je pressens je ne sais quel malheur en épousant ce vieux Mathéus. La plus grande prudence est peut-être dans l'imprudence. Si je trouve Emile, le ciel m'aura servie. Si je ne le trouve plus, tout m'est indifférent. Je puis du reste me tenir cachée quelques jours. On me cherchera, on sera forcé de congédier Mathéus : alors, je reparaîtrai. J'irai de moi-même au couvent encore. Cela peut se faire ! Ils m'effrayent trop avec leur mariage; il y a des moments où la tête me tourne ; je serais capable de me laisser entraîner.

« Il y a aussi une gloire dans l'amour. Une fois hors d'ici, maîtresse de moi, je saurai me conduire, je me ferai professeur de musique, je me tirerai d'affaire !

« Si j'en viens à les détester, c'est qu'ils l'ont voulu. Ils m'ont trop fait souffrir depuis quinze jours. Ma mère n'a pas été bonne. On ne m'aurait pas trouvé en quatre jours un mari, si on n'avait pas voulu me séparer entièrement d'Emile.

« D'ailleurs, ils ne sont pas si sensibles à l'affliction du déshonneur qu'ils veulent bien le dire, et il est atroce de m'expliquer que ce vieillard ne peut pas vivre longtemps.

« J'ai pleuré devant cet homme : il n'a pas de cœur. Enfin, il était tranquille dans ce château auparavant et vivait sans moi !

« Ah ! si par malheur je l'épousais, quelle cruelle existence il aurait !

« Chacun pour soi ! J'ai assez souffert ; ils se consoleront. « *Je partirai !* »

Après toutes ces combinaisons, dont les plus puériles n'étaient pas celles qui avaient le moins de force, Henriette se reposait en s'occupant des moyens de s'échapper. Deux ou trois nuits virent revenir absolument les mêmes considérations sans beaucoup de variantes.

C'est donc parce qu'elle voulait fuir qu'elle se montra à Mathéus en robe de noces, qu'elle caressa le vieux sot, fut aimable, afin que la déception, le regret, fussent plus amers quand elle serait partie.

Tandis que celle-là était en proie à ces secousses, un autre, un peu plus loin, était frappé cruellement, comme par un ricochet lointain.

Les employés du bureau d'Emile venaient le voir de temps en temps pour s'informer de sa santé. Le dernier qui vint dit au jeune homme :

« Eh bien ! vous savez, il y a un beau mariage, mademoiselle Gérard !

— Allons donc ! s'écria Emile, devenant blanc comme un linge.

— Bien sûr ! les bans sont affichés à la mairie.

— Avec qui ?

— Je ne me rappelle plus le nom.

— Il y a plusieurs Gérard.

— Ceux des Tournelles, je vous dis.

— C'est impossible ! Je vais aller voir, du reste, » ajouta-t-il, respirant à peine, comme un homme qui vient de courir.

La mairie n'était pas loin, il y courut sans chapeau. Les

affiches, placées sous un petit grillage, ne pouvaient se lire facilement. Ses yeux, agités comme son cœur, montaient et descendaient, sans s'arrêter, sur les lignes imprimées; il ne vit pas la moitié de l'affiche, et par conséquent il ne vit pas l'annonce concernant Henriette. Il n'osait pas recommencer une seconde lecture plus calme, de peur de détruire le faible grain d'espérance qu'il conservait encore. Mais, fascinés, ses yeux impitoyables s'arrêtèrent sur un petit espace couvert de caractères noircis qui sembla grandir énormément, absorber toute la feuille et présenter bientôt des lettres immenses.

Il lut et relut peut-être vingt fois l'annonce, comme un idiot, ne pouvant mettre deux idées d'accord et de suite; puis tout à coup il haussa lentement les épaules et murmura : « C'est tout simple, je devais m'y attendre ! »

Sa première pensée claire fut celle du sort toujours contraire, du malheur fatal! Elle le conduisait à un désespoir tranquille, raisonné et sans retour.

Il revint très lentement, se disant avec cette même amertume implacable :

« Henriette a bien fait, elle n'a pas été si bête que moi! »

Mais ce calme qu'il s'imposait d'abord fut aussi impuissant à arrêter les débordements d'un esprit désespéré que sont impuissants à arrêter les envahissements de la mer ces matelas, ces couvertures dont on se sert pour boucher les trous dans un navire éventré par un écueil et en péril de naufrage.

L'eau soulève à plusieurs reprises ces obstacles, les imbibe et les balaye ensuite.

Emile rentra chez sa mère et alla la trouver dans sa cuisine.

« On vient, lui dit-il en souriant, comme un malade qui se tord dans les souffrances, on vient de publier les bans de mariage de mademoiselle Marie-Jeanne-Henriette Gérard des Tournelles avec M. Jean-Louis-Pierre-Maximilien Mathéus de la Charmeraye, propriétaire ! »

Il s'assit aussi naturellement qu'il put; il ne tenait plus sur ses jambes.

Madame Germain fit un geste qui signifiait : « Cela devait être ! »

« Les femmes sont des misérables ! dit-il avec un accablement que ne surmontait pas l'irritation. Avec de l'argent on en fera toujours ce qu'on voudra. »

Il leva en l'air ses deux poignets marqués de cicatrices rouges.

« Voilà ce que je lui dois, moi ! s'écria-t-il.

— Eh bien ! dit sa mère, c'est fini à présent ! Elle se marie... nous nous y attendions.

— Non, dit Emile, ce n'est pas fini : cela commence, au contraire.

— Quoi ? demanda madame Germain, qu'est-ce qui commence ?

— En six semaines ! reprit Emile : elle n'a pas attendu deux mois seulement !

— Est-ce qu'elle t'a jamais aimé ? dit madame Germain : tu as eu tort de la prendre au sérieux !

— Qu'elle ne m'ait jamais aimé... il le faut bien ; mais moi, je l'ai aimée... Quelle duperie !... Je comprends qu'il y ait des hommes qui fassent souffrir les femmes...

« Je le vois bien, qu'elle ne m'a jamais aimé ! répéta-t-il... Elle s'amusait !

— Mon Dieu ! dit sa mère, quand tu seras plus calme, tu verras que c'est ce qui pouvait arriver de plus heureux. Tu n'as pas nui à la réputation de cette jeune fille, comme cela était à craindre. Jamais tu ne l'aurais épousée. Elle trouve un mari, tu dois être satisfait dans ta conscience d'honnête homme !

— Ah ! laisse-moi, avec ton bon sens ! s'écria Emile ; c'est une abominable créature : voilà tout ! Si on savait ce que j'ai fait pour elle ! J'ai failli perdre ma place ; oui, tu ne l'as pas su, et il s'en est de peu fallu. J'ai failli me tuer, j'ai accompli des tours de force, en me soumettant aux choses les plus antipathiques à mon caractère, et puis la misérable se marie... Quand même elle aurait été sincère !... ce serait toujours une misérable !...

— Tu n'as que ce mot-là aux lèvres, dit madame Germain.

— Est-ce que ça a du courage, de la force? Est-ce que ça sait supporter le plus petit désagrément? Est-ce que ça ne vous trahit pas pour un billet de banque? s'écria Emile. Si ça n'a pas ses aises, si ça ne doit pas toujours danser, rire, bien manger, dormir, ces petites filles bien élevées, ah! ça se fatigue, ça s'ennuie, ça ne peut rien sacrifier à quelqu'un qui se mettrait au feu pour elles!

« Je voudrais la voir dans un bois, par la neige et la nuit, sans châle, ne sachant si elle mangera ni où elle couchera, et lui faire bien comprendre qu'il faut des sacrifices dans la vie. Je voudrais la traîner huit jours, comme les femmes du *Petit-Faubourg*, jambes nues, en jupon déchiré, sans linge, avec d'énormes charges de bois... et je la ferais mourir de fatigue et de chagrin!

— Tu es fou, dit madame Germain, qui, pour défendre les femmes, ajouta : Eh! sais-tu si on la marie de son plein gré?

— Est-ce qu'on marie jamais une fille malgré elle? s'écria le jeune homme. Elles le disent pour se poser en victimes et attraper quelque homme loyal et crédule; celle-là aussi posait en victime, et elle était grasse et bien portante. C'est comme ça que ça se fait! »

Dans le système qu'employait madame Germain, il ne devait pas entrer de phrases comme celle qu'elle venait de laisser échapper ; la pauvre femme regrettait de ne pas lui avoir dit plutôt : « Calme-toi, n'y pense donc plus, laisse-la pour ce qu'elle vaut. » Elle craignait de réveiller l'espoir du jeune homme et se mordait les lèvres de son imprudence. « Heureusement, pensa-t-elle, Emile était trop furieux, il l'a pris du bon côté. »

« Oui, reprit Emile, c'est charmant et très divertissant de faire une promesse ; mais il est si difficile de la tenir! il faut y penser, déployer un peu de constance, de résolution. « Ah bien! tant pis pour lui, il s'arrangera! Je ne le connais pas moi, ce petit monsieur, ce petit pauvre! » Voilà ce qui s'est passé en elle, j'en suis sûr. Je ne désire qu'une chose, la retrouver et lui rire au nez, moi-même le premier... Ah! il sera heureux, son mari! Il l'aura à lui tout seul!

— Elle peut être très vertueuse par la suite, dit madame Germain.

— Cette créature!... Sa maison sera une caserne! Ah! que j'ai été niais de croire à ce mariage. Si j'avais été comme tout le monde, est-ce que je n'aurais pas pu voir cent fois si elle est bien faite ou non, et ensuite l'envoyer promener. Que dirait-elle à présent, si j'avais eu cet esprit-là? Lequel de nous deux pourrait se vanter d'avoir été adroit? Je ne l'ai pas voulu, parce que j'ai imaginé qu'elle valait la peine d'être respectée. Oh! ces coquetteries, ces sensibleries, pour finir par épouser un vieux coquin qui est très riche, c'est épouvantable! »

Ces paroles étaient prononcées avec un accent impétueux et embrouillé, mêlé de larmes refoulées et de ricanements très amers.

Madame Germain secouait la tête :

« Cela ne t'empêchera pas, j'espère, de rentrer au bureau. Ton avenir est là.

— Ah! s'écria Emile en sortant, j'ai de vous tous par-dessus la tête!

— Cette maudite fille t'a perdu, cria aussi la mère; je souhaite qu'elle soit à jamais malheureuse! »

Le sens et la patience de madame Germain échouaient souvent contre les écueils que présentait l'irritabilité de son fils.

Emile resta abîmé un moment dans une contemplation incertaine, entendant tous les bruits du dehors avec une perspicacité particulière, et remarquant, comme un enfant, dans la cuisine, une foule de petits objets qui s'emparaient de ses yeux et de son esprit.

Il se leva.

« L'air me fera du bien, » dit-il.

Emile prit un sentier derrière la maison, entre des vignes, des champs de blé, et s'éloigna vers un côteau boisé.

La souffrance et la joie reposent sur deux ou trois pensées qui, à peine épuisées, se renouvellent incessamment, comme les coups de piston d'une machine à vapeur, entretenant la sensation dans toute sa force et la rendant plus aiguë à chaque renouvellement.

La poitrine subit physiquement le contre-coup des dilatations de la joie ou des compressions douloureuses.

A mi-chemin, Emile n'eut pas le courage d'avancer davantage ; il revint vers la maison, murmurant :

« Elle va se marier ! elle va se marier ! »

Il repassait tout ce qu'il avait espéré, tout ce qu'il voulait faire pour cette jeune fille ingrate, son bonheur d'avoir aimé, cet élan de tendresse, cette grandeur de cœur dont il se sentait animé envers elle, qu'elle avait dédaignés, méconnus ; et il n'y eut de soulagement pour lui qu'à penser à se tuer.

« C'est mon seul refuge, dit-il, c'est ma seule manière d'être compris par elle. Et quelle vie mènerai-je, d'ailleurs, toujours destiné à ne pas réussir? Une fois débarrassé de la vie, je ne sentirai plus tous ces troubles. Elle en aura un souvenir éternel. Depuis que j'ai connu cette fille, je n'ai point fait un pas sans qu'il m'arrive un accident quelconque. J'en ai assez..... Ma mère ! oui, ce sera cruel pour elle. Ceux qui restent..... Bah ! pour ce à quoi je lui sers !...... Je me tuerai le jour où Henriette se mariera. »

Il se sentit moins triste, comme tout homme qui veut se tuer : « ses maux n'étaient plus sans remède. »

Il passa la journée à écrire des testaments, et se dit : « Encore deux jours, et je serai fort heureux ! »

Il se montra d'une humeur très égale, très empressé pour sa mère, mangea, causa d'avenir, de projets, et, le lendemain, il alla reconnaître à la rivière *un bon endroit*.

Ce lendemain était le 16, Henriette comptait s'échapper pendant la nuit.

Le temps fut pluvieux, il ne vint personne, pas même Mathéus. La maison semblait se recueillir dans le silence et le repos, avant de laisser sortir de ses flancs, le 18, cette bande de femmes à belles robes et d'hommes en noir, ces voitures, ces chevaux, ces laquais, tous les harnais de noces, le bruit, le mouvement, la pompe.

Madame Gérard calcula les frais du mariage, qui étaient considérables.

« D'une façon ou de l'autre, Mathéus payera cela », se disait-elle.

Il y avait quinze mille francs pour le trousseau, cinq cents pour les pauvres, cinq cents pour l'église, cent pour l'organiste, deux cents pour la location de voitures et de cochers, trois cents pour les quêtes, cinq cents pour le dîner, mille pour les toilettes de la mère et de la fille, bien que celle d'Henriette fît partie du trousseau; deux cents de gratification à quatre domestiques, trois cents pour faire manger, boire et danser les paysans. Il fallait compter vingt mille francs largement. Là-dessus, madame Gérard donnait tout au plus directement quinze à dix-huit cents francs, le surplus devant rester fort longtemps sous forme de mémoires à payer.

Henriette dit à sa mère qu'elle voulait emporter à la Charmeraye beaucoup de petites choses qui garnissaient sa chambre, et elle passa deux heures à les mettre de côté. Ensuite, elle fit des questions sur les contrats, sur le mariage, la loi, l'indépendance de la femme vis-à-vis du mari. Madame Gérard lui expliqua la communauté de biens, le régime dotal, et lui apprit que Mathéus, par une générosité sans exemple, se dépouillait de son vivant pour elle et lui donnait la nue propriété et l'usufruit de tous ses biens.

Le notaire, *seul*, avait exigé que le vieillard se réservât une rente viagère de douze mille francs, *en tout cas*.

« Et moi, quelle est ma dot? dit Henriette.

— Cent mille francs! répondit madame Gérard; on signera tout ça demain, tu verras, le notaire en fera la lecture. »

La soirée se passa tranquillement. A l'approche de la catastrophe ou de la fête, on se taisait, chacun faisait ses calculs particuliers. Les femmes travaillèrent, les hommes lurent ou dormirent. Henriette écoutait tomber la pluie avec plaisir. Quand le vent soufflait lugubrement dans les corridors et par les rainures des fenêtres, faisant crier les feuilles comme si elles s'irritaient, et craquer la maison, elle était enchantée, pensant qu'on ne l'entendrait pas, vers minuit ou une heure du matin, ouvrir les portes et faire sonner la grille du parc.

Elle regardait de quart d'heure en quart d'heure à la pendule, et se sentait venir la fièvre. Elle avait préparé là-haut un humble petit paquet, pareil à celui que portent sur leur dos les paysans en voyage; dans ce paquet étaient un peu de linge, une robe, des livres, deux petits pots, une miniature, une boîte à gants, des souliers noirs à petits talons, deux voiles de dentelles, un choix de choses utiles et des objets auxquels Henriette tenait le plus.

Le temps parut long et court à la fois à la jeune fille. Enfin, à dix heures et demie, on alla prendre les bougeoirs. Henriette embrassa son père et sa mère et serra la main à Aristide, ce qui ne lui était pas arrivé depuis six mois.

Elle laissa d'abord sa porte entr'ouverte et écouta si des bruits de voix sortaient des chambres voisines. A onze heures, tout devint parfaitement silencieux. Elle ouvrit la fenêtre et se pencha pour reconnaître si sa mère avait éteint sa bougie. Aucune lumière ne brillait dans la façade. Cependant la jeune fille eut l'idée que madame Gérard ferait peut-être une ronde. Sans fermer sa porte, elle plaça une chaise contre le battant pour le maintenir *poussé* autant que possible; elle souffla sa lumière et se glissa tout habillée dans son lit. Vers onze heures et demie, il lui sembla en effet entendre marcher à pas de loup dans le couloir. Elle se mit à respirer plus fort et régulièrement, comme une personne qui dort, et resta au moins un quart d'heure dans son lit sans bouger.

Alors elle se releva, ralluma sa bougie, plaça des albums devant, afin que la lueur en fût masquée du côté de la porte et du côté de la fenêtre; puis rapidement elle prit une petite robe de mérinos, son chapeau, un châle de laine, à cause de la pluie; dans ses poches elle mit un flacon, un éventail, une bourse contenant mille francs environ, et elle chercha des bottines un peu fortes pour pouvoir marcher sur le terrain détrempé; elle ne les trouva pas, s'impatienta, crut reconnaître qu'on remuait chez sa mère, remit ses petits souliers minces, éteignit de nouveau la bougie, colla son oreille à la porte; des ronflements sonores s'élevaient partout, le vent continuait à saccager les arbres avec des sifflements furieux, la pluie retentissait sur les vitres.

La nuit était affreusement noire, mais tous les aspects physiques qui peuvent refouler un être humain au fond de sa maison, quand la terreur, le froid, l'obscurité, ce qu'il y a de pire dans les éléments, se réunissent pour l'emprisonner, n'arrêtaient pas la jeune fille, qui ne pouvait s'empêcher de dire toutefois par moments :

« Quel temps horrible! »

Elle se glissa dans le corridor, écoutant ce qui se passait dans toutes les chambres ; tout le monde dormait. Elle arriva au vestibule, tira la porte à elle, fit un pas sur le perron, mais recula.

La pluie était fouettée horizontalement et arrivait comme si on eût jeté des pelletées d'eau ; le vent soufflait avec tant de violence qu'il aveuglait et qu'il brisait les oreilles. Henriette hésita devant cette tourmente et cette immensité de noir qui s'étendait de toutes parts ; le ciel lui-même était à peine imperceptiblement plus clair que la terre.

« Enfin, se dit-elle, il ne me reprochera pas d'être timide! »

Elle descendit les marches et s'élança en courant jusque sous les arbres de l'allée tournante. Ce trajet dura une seconde, et elle avait déjà marché dans des mares ; ses souliers étaient transpercés, son châle traversé, le bas de sa robe et de ses jupons, alourdis par l'eau, se collait à ses jambes !

Henriette atteignit la grille, à côté de laquelle se trouvait une porte plus petite qu'on ouvrait en dedans ; elle sortit sur le chemin de ronde ; sous les arbres du bois on n'y voyait plus rien, mais on était un peu protégé contre la pluie.

Elle crut prendre le sentier qui conduisait à la route de Villevieille et le suivit vivement, quoiqu'elle glissât à chaque pas et sentît une boue épaisse se coller à ses souliers. Au bout de cinq minutes, la jeune fille s'aperçut qu'elle se trompait ; elle calcula alors qu'en traversant le massif dans un certain sens elle retrouverait la route ; elle quitta le sentier, tâtonnant avec ses mains pour se garer des plus jeunes arbres, dont les branches lui cinglaient la figure.

L'humidité la pénétrait, elle regrettait de s'être aventurée ainsi sans avoir bien pris ses mesures ; elle tournait tantôt à gauche, tantôt à droite, croyant aller droit devant elle ; elle retomba dans un autre sentier ; des formes vagues, étranges, passaient devant ses yeux ; des bruits inattendus dans le bois la faisaient tressaillir ; elle avait perdu son chemin et luttait contre la boue ; son soulier se détacha et resta dans une flaque ; elle voulut le chercher, salit ses mains, son châle, et fut obligée de continuer déchaussée. Elle grelottait de froid et se voyait bientôt contrainte à passer la nuit dans ce bois.

La terreur finit par la saisir ; elle courut sur un sol qui était un peu mieux battu, abîmée, déchirée, salie à se faire peur, si elle avait pu se voir. Épuisée de fatigue, glacée, la jeune fille vit enfin un peu de jour devant ses yeux ; ne sachant où elle était, elle s'appliquait à distinguer les objets. Elle reconnut la grille du parc, et fut prise de désespoir.

« Ah ! Dieu ne veut pas ! se dit-elle, j'ai fait plus qu'on ne peut faire !... »

Henriette rentra ; elle s'arrêta au perron pour tordre ses vêtements qui ruisselaient, et malgré cela elle laissa une traînée d'eau dans les couloirs, derrière elle ; elle remonta ; tout à coup la porte de la chambre de sa mère donna passage à madame Gérard, qui éleva sa petite lampe en l'air et contempla sa fille dans cet état affreux : pâle, son chapeau tombé derrière sa tête, couverte de boue, un pied nu, son châle collé à sa poitrine ; son petit paquet à la main, d'où tombaient de grosses gouttes dans la lueur tremblottante. Henriette avait la fièvre, le front lui faisait mal, elle ne ressentait qu'une seule sensation, le bonheur d'être hors de ce terrible bois et de ce terrible temps.

« D'où viens-tu donc ? lui cria madame Gérard, mais à voix basse.

— Faites de moi tout ce que vous voudrez maintenant, dit Henriette, je suis morte ! »

Madame Gérard l'accompagna chez elle.

« Qu'est-ce que c'est donc ? Tu as voulu te sauver !

— Faites tout ce que vous voudrez, répéta Henriette, qui

était comme une personne ivre. Réchauffez-moi, ôtez-moi ce qui est mouillé, je n'en puis plus ! »

Madame Gérard lui défit sa robe, ses bas, qu'à elles deux elles eurent beaucoup de peine à tirer. Henriette se coucha, s'enveloppa avec volupté dans ses couvertures.

« Ah ! que c'est bon ! » dit-elle en frissonnant ; et elle répéta une troisième fois d'un ton plaintif : « Faites ce que vous voudrez ! »

Madame Gérard se demandait si sa fille n'était pas devenue folle.

Elle resta auprès d'Henriette. Celle-ci ne tarda pas à s'endormir en murmurant des mots que sa mère ne comprenait pas. Alors madame Gérard la quitta et revint aussi se coucher en se disant : « Grands dieux ! quand donc le 18 sera-t-il passé ? »

Elle était terrifiée d'avoir pu se laisser jouer par sa fille au moment même où tout allait réussir ! Et quel heureux pressentiment l'avait poussée à rester éveillée et à épier ce qui se passait ! Elle frémissait autant que son organisation le lui permettait en voyant qu'Henriette s'était préparée pour *un voyage* et munie d'argent ! Elle ne le lui pardonnait pas.

CHAPITRE XVIII

HOMICIDES PAR IMPRUDENCE

Henriette dormit d'un sommeil d'enfant. Au réveil, elle se rappela l'heure passée dans le bois et se réjouit d'être dans sa maison, chaudement et à son aise. Ensuite, elle pensa à Émile. « Si je suis riche, se dit-elle, je le ferai parvenir sans qu'il sache que c'est moi ! Mais puisqu'*il faut* que je me marie, je voudrais en avoir fini tout de suite. »

Cependant tous les détails de ce mariage étaient un supplice pour elle. Une sorte de terreur pesait sur son cœur, et elle voulait cesser de craindre le plus tôt possible, comme si du retard de cette union elle eût senti que dépendait quelque malheur.

Madame Gérard, dès cinq heures du matin, avait fait partir à cheval le domestique pour prévenir le notaire d'être aux Tournelles à midi, heure à laquelle devait se signer le contrat.

Mathéus, la famille et les témoins réunis, le notaire prit le cahier de papier timbré pour le lire ; mais Henriette s'écria :

« Non, c'est inutile, nous savons tous ce qu'il y a dedans : signons, dépêchons-nous. »

Le notaire interrogea du regard madame Gérard et les autres personnes.

« Ce sera plus simple, en effet, dit-elle.

— C'est une règle cependant !... » objecta le notaire.

Henriette saisit une plume avec un air d'impatience :

« Eh ! non, Monsieur, dit-elle, nous savons ce que nous devons faire. » Elle lui prit le papier des mains et signa.

« Mais il y a un ordre à suivre, criait le notaire, petit homme sec, mince et noir, à figure de fouine et de bedeau mêlés.

— Nous voilà enchaînés ! dit Mathéus, gai, épanoui et grotesquement gênant à regarder dans son bonheur.

— Ah ! vous y avez mis de la persistance ! répondit Henriette ; vous devez être en effet satisfait !

— Votre mère, et vous surtout, devriez me permettre de vous embrasser sur le front ! continua-t-il ; c'est une prière très humble que je vous fais !

— Oh ! mon Dieu ! dit-elle, je sais à quoi je suis destinée ! ainsi vous pouvez bien m'embrasser, si cela vous fait plaisir. »

Elle lui présenta froidement son front ; mais quand les lèvres du vieillard la touchèrent, son visage eut une expression de dégoût.

Mathéus ne la quittait pas des yeux ; il parlait moins, il était moins complimenteur, mais il avait la physionomie d'un avare qui voit arriver des tonnes d'or dans sa cave. L'avidité de l'amour était moulée dans tous ses traits ; ses yeux brillaient, toujours fixés vers une personne unique. Il donnait des poignées de main à tout le monde, sans regarder les gens, et répondait aux questions sans savoir ce qu'il disait.

Il avait été convenu que le vieillard passerait la nuit aux Tournelles, où ses voitures devaient arriver vers huit heures, le soir. Il se retira dans l'après-midi pour s'occuper de ses arrangements, qui étaient compliqués.

« Eh bien ! Baptiste, dit-il à son valet de chambre, que dites-vous de votre maîtresse ?

— Elle est bien jeune.

— Tant mieux !

— Si elle aime Monsieur, il n'y a pas de mal, dit le domestique.

— Puisqu'elle est ma femme ! » s'écria Mathéus.

Du haut en bas de la maison, c'étaient des allées et venues continuelles, des appels : « Où avez-vous mis ceci? Apportez-moi cela! » des inspections d'habits, des revues de mémoire, des ordres, des écritures!

Les domestiques lavaient les voitures, pansaient les chevaux, nettoyaient les harnais. La cuisinière, troublée, fit un mauvais dîner. On retourna de bonne heure dans les chambres. Les équipages de Mathéus arrivèrent, et un vacarme véritable commença lorsqu'il fallut installer bêtes et gens ; le vacarme se renouvela à l'entrée des voitures de louage venues du chef-lieu.

Henriette étouffait ses pensées en contraignant son esprit à toutes ces questions de préparatifs.

On se coucha assez tôt, afin de tuer le temps, et cependant personne ne dormit. Les domestiques demandèrent la permission de faire un petit souper, pour se fêter entre eux.

Henriette se dit toute la nuit : « C'est peut-être une grande faute que je commets, mais il est impossible d'agir autrement. »

Maintenant, résolue à se marier, elle cherchait à rendre l'avenir meilleur que le présent, et elle fermait son cœur à Emile! pour rester forte.

Des questions d'argent constituaient les émotions de tous les autres, sauf Mathéus, que remplissait de triomphe la vanité d'avoir une si belle jeune femme.

Le 18, à six heures du matin, vingt personnes étaient sur pied aux Tournelles, et la grande toilette commençait sur toute la ligne.

Henriette fut la première prête.

« Comme on est long! » disait-elle à la femme de chambre.

Mathéus fut plus long encore que madame Gérard.

Pierre, Corbie, Aristide, en habit noir, avaient l'air de taureaux.

Madame Baudouin amena le président dans sa calèche. Le colonel Héricq vint en remise, M. et madame Vieuxnoir aussi, puis des voisins de campagne : le marquis de Buchey, le comte Péligeard, la baronne de Saint-Martin.

Ce mouvement était une distraction forcée pour la jeune fille.

Devant le perron, dix équipages étaient rangés, seize valets de pieds ou cochers attendaient.

Sept voitures seulement furent remplies.

Pierre, sa fille et Corbie, dans la première; la mère, Mathéus, le colonel, dans la seconde; le président et madame Baudouin dans la troisième. Aristide eut l'esprit de se faufiler avec les époux Vieuxnoir. Les autres suivaient.

Henriette était superbe dans sa robe blanche. On complimentait le père, la mère et l'époux.

La jeune fille montrait la fermeté de ces gens qui, condamnés à mort, meurent courageusement et honorablement. Elle ne parla toutefois pas à Mathéus, et l'évita toujours.

Dans les voitures on n'entendait d'autre mot que celui-ci : « Arrivons-nous ? »

Madame Gérard était radieuse de son ouvrage, et pourtant inquiète. Henriette regardait par la portière et pensait : « Il vaudra mieux changer de pays après le mariage. »

A dix heures précises on était à la mairie.

Quand le maire, s'adressant à Henriette, lui demanda :

« Prenez-vous pour époux M. Jean-Louis-Pierre-Maximilien Mathéus? » il y eut un moment d'anxiété; elle attendit quelques secondes. Madame Gérard se leva à demi, comme ces femmes timides qui s'attendent à un coup de fusil.

Henriette répondit : « Oui! » et comme un torrent qui franchit un barrage, la joie souleva madame Gérard : elle serra la main à Mathéus expressivement.

La cérémonie, l'entourage, le monde, donnaient des forces à Henriette, qui mettait de l'orgueil à paraître maîtresse de sa libre volonté.

On se réengouffra dans les voitures, et on alla à l'église.

Le curé Euphorbe avait tendu des draperies, disposé des fleurs, et se tenait, avec son vicaire, ses chantres, devant le maître autel. L'église était pleine.

Le cortége, Henriette en tête, passa entre les chaises. La jeune fille et Matheus se placèrent sur leurs coussins de velours, et la messe commença, accompagnée par l'orgue !

A son tour le prêtre devait demander à Henriette : « Prenez-vous pour époux M. Maximilien Mathéus ? » Elle le savait, et l'orgue, l'église, les prières, amollissaient son énergie. Elle lisait son livre de messe au hasard.

La question du prêtre s'éleva tout à coup à la suite des bourdonnements de la prière. Henriette savait qu'elle avait répondu oui à la mairie, qu'elle était engagée, qu'ici elle ne pouvait que répéter ce qu'elle avait dit devant l'homme de l'administration civile; et cependant il lui semblait, sous l'impression de ces solennités, que ses paroles allaient être plus décisives.

Ce fut avec l'effort de quelqu'un qui résiste à la douleur d'une opération de chirurgie qu'elle répondit encore ce même oui !

Elle le prononça net, assuré.

La messe continua. Il semblait à Henriette que l'orgue roulait comme des paroles de tonnerre : La femme de Mathéus, la femme de Mathéus !

La messe finit, les paroles du prêtre furent à peine écoutées : il tardait à tous de partir. On traversa encore la foule murmurante, et on arriva sous le portail, au grand jour. La violence des émotions qu'on éprouvait dans la demi-ombre de l'église, sous la haute voûte, au son écrasant des orgues, s'apaisa devant les aspects naturels ! On remonta dans les voitures, qui, pour Henriette, étaient les complices de ces seize personnages qui l'accompagnaient, et qu'elle considérait comme des ennemis. Au grand galop on roula vers les Tournelles, et comme une nichée d'oiseaux s'éparpillèrent dans les appartements tous les gens de la noce, fatigués de la tension de corps et d'esprit où jettent de telles cérémonies.

Madame Gérard n'avait pas voulu qu'on passât dans la sacristie, selon l'usage. On attendit une demi-heure le curé, à qui il fallait donner le temps de quitter le vêtement religieux et de rejoindre; et on se mit à table.

Lorsque Mathéus mit pied à terre aux Tournelles, il serra dans ses bras sa femme, qui se laissa serrer tant qu'il voulut.

« Ah ! c'est donc fait ! s'écria-t-il.

— Plaise à Dieu que personne ne s'en repente ! dit-elle.

— Pourquoi ? Nous sommes tous au comble de nos vœux ! » répliqua madame Gérard.

Le repas dura cinq heures, un peu désordonné à la fin et néanmoins froid, sans gaieté.

La soirée s'acheva au milieu de régals de sirops, de glaces, de gâteaux.

Mathéus avait fait venir des musiciens. On s'occupa surtout à manger. Trousseau et corbeille étaient de nouveau étalés.

A dix heures on partit. Il fut décidé qu'il était trop tard pour que Mathéus emmenât sa femme à la Charmeraye. Les époux restèrent à coucher aux Tournelles.

Henriette se demandait si elle entrerait dans le lit de Mathéus. A ne suivre que son instinct, elle se fût sauvée à cent lieues ; mais elle réfléchit. Son bon sens s'éclaircissait. Elle se résolut à ne point se séparer la nuit de son mari. Elle voulut accepter le mariage tout entier, avec convenance et dignité, puisque le sacrifice était fait.

Henriette se dit d'ailleurs qu'il fallait dominer son mari, et qu'en conséquence il y avait des concessions inévitables.

Elle entra dans le lit avec une froide résignation, et le lendemain elle se réveillait auprès de Mathéus.

Ce fut pour elle une action immense de sa volonté, après laquelle elle se sentit sûre d'elle-même. D'ailleurs, elle reconnut à la tendresse insensée du vieillard, qu'il était dorénavant dans sa main plus que jamais.

Toute femme intelligente est obligée de faire intervenir la ruse dans le mariage, et de rechercher quelle puissance peut résulter pour elle de la passion d'un homme, et comment elle maintiendra cette passion et cette puissance.

Voilà à quoi pensait Henriette en se levant et en considérant Mathéus, comme un mur qu'on toise, tandis qu'il était couché, flétri, fatigué, souriant par grimaces et extasié, dur spectacle pour la jeune femme !

Le matin de ce même jour du 18 juin, Emile dit à sa mère :

« Demain, je rentrerai au bureau. Je me sens en état de reprendre mon travail.

— C'est cela, reprit-elle, tu verras que nous continuerons bien notre petit ménage ensemble. »

« Que dira-t-elle, pensa Emile, ce soir ou demain? Ah! si Henriette ne s'est pas mariée, par hasard !... Alors ma mère lui devra de ne pas avoir quelques mauvaises journées. »

Il se consolait ensuite de la douleur de sa mère, en se disant : « Elle ne sera pas plus malheureuse que je ne l'ai été, après tout ! »

Il n'eut pas le courage d'aller à l'église voir Henriette; il espérait qu'elle ne se marierait peut-être pas !

Le jeune homme se promena dans les rues voisines de Saint-Anselme, attendant la sortie pour s'informer de ce qui s'était passé.

Il n'osa pas questionner les premières personnes qu'il vit; ses lèvres se serraient malgré lui. Enfin il entendit des mots isolés : « mademoiselle Gérard — beau mariage — le mari est bien ! »

Alors toutes les idées confuses de sa cervelle furent balayées, et il n'en resta qu'une seule : aller à la rivière !

La vengeance, la consolation, le repos, l'espérance, tout était contenu depuis longtemps dans la mort, pour le pauvre garçon !

Il ne regardait ni à droite ni à gauche, et il lui était indifférent que le temps fût beau ou couvert ! Maîtresse, mère, avenir, passé, personne et rien n'existait, mais d'avance il avait dans les yeux le blanc de la rivière, la propreté de l'eau, le gazon du bord, les saules tout jeunes dont le pied trempait, et surtout ce petit enfoncement arrondi qu'il avait choisi la veille et d'où il avait calculé qu'il pouvait se glisser jusqu'au milieu de la rivière sans faire de bruit et sans exciter par là quelque pêcheur à lui sauver la vie.

Une seule pensée, puérile, monta à son cerveau comme ces globules d'air qui s'élèvent du fond d'un verre à la surface.

« Quel effet cela va produire ! » se dit-il.

Il ferma les yeux, s'accroupit, et coula, la tête la première, sous l'eau. Il avait rempli ses poches de gros cailloux, son mouchoir aussi, afin d'ajouter à son poids et de rester au fond.

L'eau fit un grand mouvement de cercles ondulés et un bruit prolongé, mais tout au plus pareil à celui du clapotement d'un bon nageur. Ensuite le courant continua tranquille, comme auparavant.

A six heures du soir, deux mariniers qui remontaient la rivière, à deux lieues de Villevieille, aperçurent de loin un gros objet noir qui descendait le courant vers eux.

« Tiens, on dirait un noyé ! s'écria l'un d'eux.

— Allons dessus, » dit l'autre.

Ils gouvernèrent vers l'objet, qui s'enfonça et disparut à peu près au moment où ils reconnurent que c'était bien un corps. Avec la gaffe ils sondèrent la rivière et le ramenèrent enfin dans le bateau.

« Il y a longtemps qu'il est tombé à l'eau, dit le marinier en considérant la face noircie et défigurée du cadavre. C'est un tout jeune homme !

— Il est bien habillé ! dit le second. Ça vous aura glissé sur le bord.

— Ah cà, reprit l'autre, comment que ça se fait que nous l'avons trouvé pas loin de la ville, et qu'il y a bien sept ou huit heures qu'il est à l'eau ?

— Il aura été accroché au fond !

— Il faut voir s'il a des papiers, continua le marinier. »

Ils le palpèrent.

« Il a des cailloux plein ses poches, s'écria un des hommes.

— C'est un *suicide* alors, reprit l'autre. Regarde donc le portefeuille. »

Ils ouvrirent le petit carnet en cuir et trouvèrent des cartes de visite où ils lurent : *Emile Germain*, 37, *rue Sandouix*.

« Aurons-nous une charrette pour le mener à la mairie ? demanda l'un d'eux.

— Voilà une bonne journée, dit l'autre : quinze francs de gagnés. »

Les deux mariniers débarquèrent près du pont de Villevieille.

« Nous avons bonne pêche, dirent-ils, nous avons trouvé un noyé ! »

Aussitôt cinq ou six hommes du port descendirent la berge pour aller voir. Des femmes accoururent, puis remontèrent sur le quai, criant à leurs voisines :

« Un noyé ! un noyé ! »

Les gens quittèrent leurs maisons pour venir regarder le corps, qui était étendu raide au milieu du bateau. Il y eut quatre-vingts personnes en une demi-heure.

« Sait-on ce que c'est ? se demandait-on les uns aux autres.

— C'est le petit Germain, de la sous-préfecture, le fils à madame Germain. Pauvre jeune homme ! On dit qu'il s'est jeté à l'eau exprès. Quel âge a-t-il ? Quelle pitié, se détruire ! »

Ces exclamations sortaient du rassemblement curieux et consterné à la fois.

« C'est pour la petite Gérard qu'il s'est tué ! disaient tout bas quelques-uns.

— Il l'aimait donc bien ! » répondaient d'autres.

D'autres encore, plus émus, se taisaient. Quelques-uns semblaient stupidifiés. Des jeunes filles se glissaient en riant parmi les hommes, qui se rangeaient.

Le secrétaire de la mairie, prévenu par un des mariniers, arriva important, avec un cahier sous le bras, et fendit la foule, dont les yeux se suspendaient à lui.

« Mettez-le dans une charrette, cria-t-il, et conduisez-le chez la mère.

— Il faudrait la prévenir d'avance, dit une mère compatissante, ça pourrait lui faire une révolution !

— Eh bien ! reprit le secrétaire, je vais y aller ; déposez le corps dans un caveau de la mairie en attendant. »

Il griffonna un ordre pour le portier et le remit aux mariniers.

« Vous viendrez vous faire inscrire demain au matin », ajouta-t-il en s'adressant aux deux hommes ; et il s'éloigna vers la rue Sandouix.

On enleva le corps, et on le mit dans une charrette recouverte de toile.

La curiosité des spectateurs sembla mécontente qu'on l'eût privée de son spectacle. Des acharnés rôdèrent encore autour, essayant de voir par les fentes des planches. Ceux qui étaient arrivés les derniers surtout, et n'avaient rien vu, contemplaient la charrette avec une obstination singulière.

Dans les rues voisines, la nouvelle s'était répandue, et, quand la charrette passait, accompagnée de quelques individus qui suivent toujours tout, et regardent stupidement longtemps après qu'il n'y a plus rien à regarder, on entendait dire sur les portes ou aux fenêtres :

« Le voilà! il est dedans! »

En deux heures, toute la ville savait l'événement.

Le secrétaire de la mairie ne savait comment s'y prendre pour l'annoncer à madame Germain.

Il la trouva inquiète comme toujours. Elle fut étonnée de voir ce monsieur inconnu.

« Madame, je viens vous parler de monsieur votre fils..... Je suis le secrétaire de la mairie, dit-il.

— Eh bien! où est-il? s'écria madame Germain, toute changée.

— Il est à la mairie en ce moment, Madame.

— Pourquoi? Comment cela?

— Il lui est arrivé un accident.....

— Ah! mon Dieu!..... J'y vais..... »

Elle prit son châle avec une précipitation tremblante. Elle chercha des yeux un chapeau.

« Je n'ai pas besoin de chapeau, dit-elle.

— Il est inutile de vous déranger, Madame; je vais le faire transporter ici.....

— Mais qu'est-il donc arrivé? cria madame Germain, qui ne pouvait accrocher une épingle à son châle, quoiqu'elle la piquât vingt fois en dix secondes dans l'étoffe, sans s'en apercevoir.

— Eh bien! reprit le secrétaire, il vaut mieux vous dire la vérité!.....

— Il est mort ! » s'écria-t-elle en reculant et en fixant sur le messager un regard singulier, plein de stupeur et d'effroi.

Le secrétaire ne répondit pas, il s'inclina tristement.

« Ah ! c'est cette maudite famille qui me l'a tué ! » dit madame Germain avec un éclat de voix. Elle retomba assise.

Le secrétaire restait, fâché d'être venu, ne sachant comment s'en aller.

« Mais, Monsieur, reprit-elle d'un son de voix pareil à la note d'un instrument brisé, il est mort ! Comment ? Qui vous l'a dit ?

— Mon Dieu ! Madame, ces détails sont bien pénibles, dit le secrétaire ; il vaudrait mieux prendre quelque repos, appeler vos amis.

— On me cache donc quelque chose ?... s'écria-t-elle plus fort. Je vais y aller. Oh ! mon pauvre enfant ! mon pauvre enfant ! » murmura-t-elle en se cachant la figure dans ses mains et en pleurant ; et elle ajouta avec cette voix humble, plaintive, indéfinissable, que donnent les larmes : « Ah ! Monsieur, mon fils unique ! mon fils unique ! on me l'a fait mourir ! j'en avais tant peur ! si vous saviez... Ah ! le pauvre enfant ! comme il a souffert depuis deux mois... je venais de le soigner d'une maladie... j'étais si heureuse de l'avoir sauvé !... »

Elle pleura plus doucement, en pensant à tous les détails de cette maladie, qui apparaissaient clairs à sa mémoire, comme si elle commençait à être au chevet du lit d'Émile. Les larmes s'arrêtèrent.

Le secrétaire était ému, mais contrarié d'être tombé devant la douleur d'une femme qu'il ne connaissait pas.

« Enfin, Monsieur, reprit-elle plus calme et faisant un effort, apprenez-moi !... Est-ce un accident ?... Comment a-t-il pu mourir ?... Je ne puis pas le croire encore.

— Eh bien ! Madame, il paraît que monsieur votre fils s'est noyé ; il a été repêché par deux mariniers de la ville et rapporté il y a une heure à peine !

— Noyé ! dit madame Germain, ah ! pauvre enfant !... On n'a donc pas pu le sauver ? Qu'ont donc fait les gens qui étaient là ?... Quand on tombe à l'eau, il passe du monde... »

Elle s'efforçait de se faire accroire qu'Emile ne s'était pas suicidé.

« Il n'est pas tombé, interrompit le secrétaire; tout porte à croire que monsieur votre fils s'est jeté volontairement.

— Ah ! s'écria madame Germain, ils l'ont rendu si malheureux ! Pauvre enfant ! » murmura-t-elle d'un ton rendu rauque par les pleurs qui recommençaient.

Elle songeait aux souffrances qu'il avait dû éprouver en se débattant dans cette eau, en se sentant étouffer loin de sa mère, seul, sans secours.

« Il a peut-être appelé, se disait-elle, et on ne l'a pas secouru ! »

Il lui semblait qu'elle ressentait les douleurs de son fils mourant.

« Et quelle désolation, pensait-elle, a-t-il eue de me laisser, quand il a dû vouloir revenir à la vie et qu'il n'a pu se sortir de cette rivière ! »

Elle se jeta dans un fauteuil, et ses gémissements donnaient envie de pleurer au secrétaire de la mairie.

Elle se plaignit ensuite comme un malade, souffrant physiquement d'avoir tant pleuré ; puis elle s'apaisa de nouveau, et, mettant un mouchoir devant sa bouche pour étouffer les sanglots qui la reprenaient, elle dit :

« Comment sait-on qu'il s'est suicidé ? Est-ce qu'il a écrit ?

— Non, Madame : on a trouvé des pierres dans ses poches.

— Ah ! pauvre enfant ! s'écria-t-elle.

— Le corps est resté au moins six heures dans l'eau, à ce que disent les mariniers.

— Ah ! pauvre enfant !

— On l'a retrouvé à deux lieues de la ville ; il paraissait à la surface.

— Ah ! pauvre enfant !... » La malheureuse femme accompagnait de ce cri chaque détail du récit que lui faisait le secrétaire de la mairie.

« Dites-moi, Monsieur, reprit-elle, est-il bien défiguré ?

— Oh ! répondit le secrétaire, vous savez, Madame, un séjour de plusieurs heures dans l'eau déforme beaucoup ! »

Madame Germain pleura encore à l'idée qu'elle ne reverrait pas le visage de son enfant, mais quelque chose d'informe !

« Il faut prendre un peu sur vous, reprit le secrétaire, vous avez besoin de vos forces ; c'est un grand malheur, il faut s'en rapporter à Dieu. Ne restez pas seule ; quoique je sois un peu pressé, je puis prévenir quelques personnes pour vous tenir compagnie. Ayez du courage !...

— Oh ! merci, Monsieur ! dit-elle, vous êtes trop bon. Il ne me faut personne que mon fils. Envoyez-le-moi. » Madame Germain avait l'air d'un enfant qui prie.

« Ce ne serait peut-être pas prudent, dit-il ; l'esprit se frappe ; attendez à demain, passez la nuit avec...

— Oh ! je veux le voir, je veux le voir ! s'écria-t-elle d'un accent absolu.

— Eh bien ! qui voulez-vous que je vous envoie parmi vos amis ..

— Personne, personne ! mon fils !... je le veux ! »

Madame Germain regarda le secrétaire comme pour lui demander secours, avec des yeux suppliants ; mais à travers sa douleur elle vit vaguement qu'il paraissait embarrassé. Elle revint un peu à elle, et songea qu'il fallait veiller à bien des devoirs. Elle soupira fortement.

« Il est bien difficile d'avoir du courage ! reprit-elle. Et j'ai à vous remercier de votre obligeance.

— Mais non, dit le secrétaire, c'est si naturel !

— Vous avez été d'une bonté extrême,... il est si ennuyeux de voir pleurer !

— Si je puis vous être utile..., reprit-il pour écarter ce point de la conversation.

— Oh ! merci ! Je vais aller chercher des amis... Mais envoyez-moi mon enfant ce soir, je vous en supplie,... tout de suite.

— Je vous le promets... Calmez-vous, pauvre Madame, je ne vous quitte que si vous vous sentez en état d'être seule... Ne vous frappez pas l'imagination..., pleurez le moins possible. » Elle lui tendit la main et éclata de nouveau en sanglots à ce mot de pleurer.

Le secrétaire salua, tout attendri.

Madame Germain, après son départ, s'habilla pour aller chez une dame qu'elle connaissait assez, sans être cependant son amie intime, afin de demander à son mari de vouloir bien s'occuper des funérailles.

En fermant la porte de sa maison, elle frémit de tout son corps, pensant que sa demeure était vide désormais de ce qui en faisait la joie !

Le mari de cette dame se mit à sa disposition avec beaucoup d'empressement. Tous deux passèrent la nuit auprès d'elle pour veiller le corps, qui fut apporté à huit heures et qu'elle attendait avec une impatience déchirante. On ne voulut pas laisser voir à madame Germain le visage de son fils. Elle passa la nuit à pleurer sans dormir.

Aucune cérémonie religieuse n'eut lieu pour le suicidé, qu'on enterra sans prêtres et sans bénédiction, dès le lendemain, suivi d'une vingtaine d'hommes.

Cette mort eut un grand retentissement à la ville. Madame Germain, pleine de douleur et de haine, racontait tout ce qui s'était passé aux Tournelles, et en général il en résulta en peu de jours une grande malveillance contre les Gérard, surtout parmi les marchands, les employés, la société bourgeoise.

Emile soutenait sa mère, qui n'avait que quatre cents francs de rente ; sa mort la laissait dans une triste position, autre amertume !

Il y eut des gens assez dénués de tout sens moral pour conseiller à madame Germain de demander une pension à la famille Gérard.

« Je suis vieille depuis trois jours, dit-elle, je n'ai pas de besoins ; ce que j'ai me suffira jusqu'à ce que mon tour vienne ! »

Elle ne voulut plus voir ceux qui lui avaient parlé ainsi.

Le 19, à peu près à l'heure où l'on enterrait Emile, on faisait les malles et on attelait les voitures de M. et madame Mathéus, qui devaient partir pour la Charmeraye.

Madame Mathéus, descendue devant le perron, regardait faire ses gens. Le facteur déboucha de l'allée tournante. Il apportait les journaux. Cet homme s'arrêta avec un domestique et lui dit :

« Il y a un jeune homme qui s'est jeté à l'eau hier. »

Le facteur ne savait pas que cela touchait Henriette ; étant rentré très tard chez lui et étant reparti de bonne heure le matin, il n'avait été que grossièrement renseigné. Il ajouta :

« C'est le petit Germain, qui travaillait à la sous-préfecture ! »

Henriette l'entendit. Elle crut qu'on lui serrait le cœur dans un étau par un brusque tour de vis, et quatre ou cinq cris intérieurs bondirent dans sa poitrine ; elle les sentait battre et frapper pour sortir.

« C'est moi ! Je n'ai pas cru en lui ! C'est moi qui ai causé sa mort ! Mais sans eux, sans ce vieillard odieux, sans toutes ces obsessions et ces mensonges, Emile vivrait encore ! »

Rapides comme deux éclairs passèrent ces deux pensées.

Tout habillée, Henriette s'élança dans la maison et arriva tout en courant jusque dans la chambre de son mari ; ouvrant et refermant la porte avec fracas, et encore dans son élan, elle tomba presque sur lui.

Le bruit, la figure de sa femme, pâle, contractée, les yeux agrandis et haineux, ce mouvement de tigre qui la lançait comme pour le déchirer, *saisirent* le vieux homme. Il tomba assis sur une chaise ; ses dents claquaient, et il tremblait de tout son corps, tandis qu'il ne pouvait détacher d'Henriette ses yeux épouvantés.

« Mon amant vient de se tuer parce que j'ai eu la lâcheté de vous épouser ! » cria-t-elle, comme si Mathéus eût été sourd ou que ses paroles prononcées avec plus de force pussent lui causer quelque mal.

Il ne répondit pas, il était imbécile et terrifié. Il suivait avec une angoisse d'idiot les mains de sa femme, nerveusement agitées, et redoutait que ces mains ne s'abattissent sur lui pour le mettre en pièces.

« Mais, misérable homme que vous êtes, reprit-elle en le tenant par les mains et en le secouant avec violence... c'est vous qui l'avez tué !...

— Vous me faites mal! dit faiblement Mathéus.

— Pourrai-je jamais vous faire autant de mal que vous m'en avez fait? s'écria Henriette en le serrant plus fortement... Lâche créature! quand j'ai pleuré, que je vous ai supplié de vous retirer d'ici; quand je vous ai insulté, quand vous avez vu comme je me suis débattue, avez-vous eu assez de cœur pour me laisser? Vous êtes-vous inquiété de l'horreur qu'il y a d'être mariée avec un être hideux, laid, stupide e mauvais!... Ah! je vous ferai expier, à vous et à ces autres misérables, la mort d'Emile! »

Mathéus se laissait secouer comme une masse inerte!

Elle le lâcha et tourna un instant autour de l'appartement; ne trouvant pas à donner une issue assez rapide à sa douleur furieuse par des paroles, elle envoya un grand revers de main sur des porcelaines, des bijoux pressés sur une table, dons du vieillard, et les fit voler en éclats; des morceaux atteignirent la tête de Mathéus. Il joignit les mains et glissa à terre, évanoui!

Henriette ne pouvait se calmer; elle s'approcha, le foula aux pieds, et, comme prise de fièvre, elle continua à briser tout ce qui était dans l'appartement. Enfin, elle s'arrêta et s'appuya au bord d'une commode.

« Oh! quand je pense, s'écria-t-elle, comme si Mathéus pouvait l'entendre, quand je pense que je n'ai pas eu confiance en Emile, que j'ai cédé aux fraudes d'êtres secs et inintelligents, que je l'ai fait mourir! Oh! je voudrais écraser ce vieux corps idiot. Et je suis entrée dans le lit de cet homme indigne, tandis qu'Emile se tuait... C'est là ma fidélité! »

Elle souleva une corbeille en porcelaine et la tint suspendue au-dessus de la tête de Mathéus, qu'elle regardait avec une rage inouïe.

La face verdâtre, le cou penché du vieillard, qui avait l'air d'être mort, cette débilité, cette maigreur, cette laideur, lui donnèrent un dégoût qui remplaça la colère.

Cependant à l'étage au-dessous on avait entendu ces cris, ces bruits. Madame Gérard, Pierre et Aristide, montèrent et trouvèrent Henriette au milieu de la chambre, avec la corbeille entre ses deux mains, prête à briser le crâne de son mari, dans son exaltation sauvage, à ce qu'il paraissait.

« Mais tu l'as tué ! s'écria madame Gérard effrayée en voyant Mathéus étendu sur le parquet.

— Eh non, malheureusement ! s'écria Henriette d'une voix encore plus violente. — Que venez-vous faire ici ? Sortez ! Je suis chez moi. Vous pensez que ce n'est pas assez d'avoir tué Emile ! vous voulez que j'en tue encore un !

— Mais ne laisse pas ton mari !... dit Pierre.

— Si ! je le laisse. Ah ! vantez-vous de ce mariage, réjouissez-vous de votre ouvrage ! Ah ! stupide et faible que je suis ! je n'ai seulement pas su avoir plus de constance que vous tous ; je me suis laissé honteusement duper, et c'est la vie d'Emile qui tenait au bout de vos mensonges ; et j'en avais le pressentiment, je vous avais devinés, mais j'ai manqué de courage ! Oh ! dire que j'ai succombé devant les sermons ridicules de cet abbé et de ce juge qui est votre amant à vous ! » s'écria-t-elle en s'adressant à sa mère, qui recula devant son bras étendu.

« J'aurais donné, continua-t-elle avec la même fureur inapaisable, toutes vos têtes pour qu'il n'arrivât rien à son petit doigt, à lui, à Emile ! Je vous connaissais pourtant ! J'ai toujours eu un profond mépris pour vous tous, mais je ne pouvais vous croire assez cruels pour faire mourir... Car enfin que lui avez-vous donc fait que j'aie ignoré ? Je pensais qu'il m'oubliait, et il est mort à cause de ma misérable faiblesse ! Partez tous, je vous défends de mettre les pieds dans cette chambre. Je suis libre, je suis mariée, eh bien, j'en profiterai contre vous pour vous châtier. Vous avez espéré partager la fortune de ce vieillard imbécile, vous n'aurez pas un sou de cette fortune, dussé-je plutôt la dissiper. Votre maison est devenue honteuse, je ne veux plus y rester, je ne suis plus de votre famille.

— Ne restons pas, dit madame Gérard, cette folle nous massacrerait.

— Mais nous ne pouvons pas laisser son mari ! » répéta Pierre, indécis.

Aristide se tenait plus près de la porte que les autres, se rongeant les ongles par contenance et ayant peur.

« Ah ! dit Henriette en haussant les épaules, je ne l'assassinerai pas, soyez-en sûrs ; allez, partez, que je ne vous revoie plus, que je n'entende plus parler de vous ! »

Tous trois redescendirent, consternés, parlant bas.

« Que va-t-elle faire ? demanda Pierre.

— Heureusement, j'ai la donation, répondit madame Gérard ; il y aura procès ! »

« Oh ! je ne me consolerai jamais, se disait Henriette, d'avoir eu peur d'un peu de pluie et de boue ; il n'a pas eu peur de mourir ! Si j'avais eu la force que je me sens maintenant ! Ah ! sans tous ces êtres qui m'ont fait perdre la tête, qui m'ont étourdie, harcelée, traquée !... Mais je ne m'excuserai jamais.... Qu'on demande à la mère ce qu'elle pense de moi ! »

Henriette marchait, se tordait presque, et cherchait vainement, par une agitation nerveuse, à calmer les douleurs qu'elle ressentait. Un empoisonnement ne l'eût pas fait tant souffrir et jetée tant de fois d'un coin de la chambre à l'autre, d'une chaise sur le lit, de la cheminée au tapis.

Enfin, ses nerfs épuisés restèrent dans une espèce d'atonie causée par l'excès d'excitation ; elle se calma un peu et eut pitié du vieux Mathéus. Henriette le releva, lui frotta les tempes avec du vinaigre et le fit revenir à lui.

Mais il paraissait hébété. Elle le questionna :

« Souffrez-vous ? »

Il répondit par un murmure incompréhensible comme celui d'un enfant, et en la regardant fixement, d'une manière inquiète et heureuse en même temps. Il ne parlait plus.

Elle sonna. Baptiste, le valet de chambre de Mathéus, monta.

« Baptiste, lui dit-elle, Monsieur est malade, mais nous allons partir immédiatement pour la Charmeraye. Vous irez au chef-lieu chercher le docteur. Ne vous inquiétez ni de l'argent ni des chevaux. Partez devant, et tâchez d'être de retour ce soir. »

Henriette arriva donc à la Charmeraye avec son mari paralysé et tombé en enfance, brusquement devenue maîtresse de ses actions et animée d'une énergie qui pouvait se déployer libre.

Elle fit porter le vieillard dans son ancien appartement, et, quant à elle, n'entra pas dans la chambre lilas clair qu'il lui avait fait préparer. Elle parcourut tout le château et choisit une assez grande pièce pour se tenir dans le jour; elle fit mettre un lit dans la chambre de Mathéus, afin d'être près de lui la nuit.

Henriette donna des ordres pour qu'on démeublât la chambre lilas clair, et qu'on fît démolir la vacherie et la volière où Mathéus avait fait mettre son chiffre H.

Elle visita soigneusement le parc et le château, prescrivit quelques nettoyages aux domestiques et revint dîner seule. Ensuite elle alla voir Mathéus. Il ne comprenait pas ce qu'elle lui disait, mais, en la voyant entrer, son œil parut moins terne et ne se détourna plus d'elle. Quand elle sortait, elle remarquait qu'une sorte de tristesse, mais difficile à décrire sur cette figure idiote, envahissait le pauvre vieux homme.

Le docteur reconnut une paralysie de la moitié du corps et déclara que le malade ne vivrait pas trois mois.

Henriette passa donc ses journées à soigner ce vieillard. Elle était presque toujours dans la chambre de son mari, parce que le médecin lui avait expliqué qu'elle pouvait prolonger la vie de Mathéus de quelques jours, en restant près de lui, qui était revivifié par sa présence.

Il y avait quelque chose d'effrayant et de touchant à voir les yeux de cet homme toujours attachés à Henriette, la suivant à chaque geste qu'elle faisait, si elle se levait, si elle marchait, si elle travaillait. Aucun bruit, aucun être ne pouvait le détourner un seul instant. Elle seule pouvait le faire manger, boire, le frictionner. Il manifestait sa répugnance pour tout autre par un cri rauque comme celui d'un petit animal.

Henriette pensait souvent, presque tous les soirs, à ce jeune homme mort pour elle ; mais elle comprenait aussi combien une grande fortune, le changement de lieu, des occupations incessantes, adoucissent le chagrin.

Au bout de quinze jours, elle écrivit une lettre à madame Germain pour se justifier et la prier de ne pas l'accuser de la mort d'Emile, et elle lui demandait la permission d'aller la voir.

Madame Germain renvoya la lettre avec deux mots :

« Madame Germain tient essentiellement à ne voir aucune personne de la famille Gérard ; elle supplie qu'on ne trouble pas son chagrin ! »

Alors madame Mathéus alla chez le sous-préfet, afin de trouver les moyens de faire remettre à madame Germain une pension égale aux appointements de son fils.

Henriette ne voulut pas que la mère d'Emile sût que cet argent venait d'elle. Le sous-préfet arrangea l'affaire, et madame Germain crut avoir une pension officielle.

Mathéus eut trois attaques de paralysie, une chaque mois : à la troisième, il mourut.

Les Gérard réclamèrent alors à leur fille l'exécution des actes qu'ils lui avaient fait signer. Elle refusa et leur montra le même mépris.

Ils lui firent un procès qui dura trois ans et qu'elle gagna.

Elle ne les revit jamais.

Aristide continua quelque temps sa liaison avec madame Vieuxnoir, qu'il finit par battre ; puis il épousa une mauvaise femme.

Madame Germain survécut de plusieurs années à son fils.

Le président resta toujours avec madame Gérard et Pierre. Quand Pierre mourut, madame Gérard retourna à Paris, suivie de M. de Neuville ; mais ils étaient trop vieux pour se marier : ils restèrent ensemble, lui étant une espèce d'intendant, d'homme d'affaires.

A quarante ans, madame veuve Mathéus, femme distinguée sous tous les rapports, spirituelle, belle, d'un esprit de conduite remarquable, et n'ayant d'autre défaut que d'être un peu fantasque parfois, sous l'influence de ses souvenirs, épousa un amiral, diplomate et marin célèbre.

Corbie changea de servante, en prit une plus jeune, et se maria avec elle.

www.ingramcontent.com/pod-product-compliance
Lightning Source LLC
Chambersburg PA
CBHW060055190426